教育科学新探索书系

中国教育学会教育学分会　组编

教育科学新探索书系（10卷）

- 教育美学新论
  何齐宗/著
- 教育哲学论纲
  王坤庆/主编
- 学习哲学论
  曾文婕/著
- 青少年社会教育学
  张良驯/著
- 教育治理论
  吴开华/著
- 课程学
  廖哲勋/主编
- 微课程论
  余宏亮/著
- 教材论
  曾天山/著
- 现代教学论纲要
  李森/著
- 教学活动论
  王天平/著

教育科学新探索书系

青少年社会教育学

张良驯 著

人民教育出版社

·北京·

图书在版编目（CIP）数据

青少年社会教育学 / 张良驯著. — 北京：人民教育出版社，2017. 12（2022.7重印）
ISBN 978-7-107-32097-2

Ⅰ. ①青…　Ⅱ. ①张…　Ⅲ. ①青少年教育—社会教育—教育学　Ⅳ. ①G77

中国版本图书馆 CIP 数据核字（2017）第 297886 号

教育科学新探索书系　青少年社会教育学

出版发行　人民教育出版社
（北京市海淀区中关村南大街 17 号院 1 号楼　邮编：100081）
网　　址　http://www.pep.com.cn
经　　销　全国新华书店
印　　刷　唐山玺诚印务有限公司
版　　次　2017 年 12 月第 1 版
印　　次　2022 年 7 月第 2 次印刷
开　　本　787 毫米×1 092 毫米　1/16
印　　张　26
字　　数　310 千字
定　　价　72.00 元

序

人一生所受教育来自四个方面：家庭教育、学校教育、社会教育、环境教育。但人们常常把眼光盯在学校教育上，忽视其他方面的教育。学校教育固然最重要，它是有意识、有计划、有组织的教育活动；但其他三方面的教育也很重要。不管你重视不重视，它们总是存在的，而且无时无刻不在影响青少年的成长。如果四个方面的教育不能合拍，教育的拉力就不是一个方向，对青少年成长是很不利的。2015 年 11 月联合国教科文组织发布了一份新的研究报告《反思教育：向“全球共同利益”的理念转变？》。该报告提出：过去把教育理解为有计划、有意识、有目的和有组织的学习。正规教育和非正规教育都是制度化的。但是人的许多学习是非正式的。“我们在生活中学习到的许多知识并非有意为之。这种非正式学习是所有社会化经验的必然体验。”特别是当今世界，各种媒体都在向青少年灌输各种知识和价值观。如果不重视学校以外的教育，难以让青少年向正确的方向发展。

社会教育是四种教育中的一种，它也是制度化的教育，是教育的重要组成部分。但社会教育比较分散，散见于各种博物馆、纪念馆、图书馆、文化馆、体育馆等，还有各种文化遗址、旅游胜地，也包括学生参加实践活动的各个场所。它们隶属各个部门，情况比较复杂。要形成社会教育的合力，必须统一到党的教育方针上来，统一到立德树人的观念上来，协调一致。2016 年 9 月，四川省社会教育发展促进会正式成立，这对研究推动青少年的社会教育，就是一个很好的尝试。

社会教育如何有效地进行，特别是针对青少年的教育，需要认真地研究，有组织、有计划地进行。青少年宫、博物馆、纪念馆等青少年活动场所，应该和学校教育结合起来，设计一些有别于学校教育的课程和教育方式。

国外对青少年的社会教育都非常重视，也有许多研究成果。但是我国在这方面的研究较少，尚没有一本以青少年社会教育为名称的学术著作。学术界对于青少年社会教育的概念、本质、特性、功能、内容、方式、管理等基本问题缺乏起码的理论研究，这导致人们对青少年社会教育的认识还较为片面和肤浅，对青少年社会教育内涵的认识不够准确。

张良驯同志长期从事青少年教育研究和青少年工作，运用他的经验和理论，撰写了《青少年社会教育学》一书。该书运用教育学理论，立足于青少年社会教育的生动实践，针对青少年社会教育的一般理论问题进行研究，试图构建起青少年社会教育学的学科框架。这是一个很好的尝试，值得大家关注。

2017年10月25日

目　录

绪 论

一、青少年具有天然的教育性

古语说："玉不琢，不成器；人不学，不知道。"捷克教育家夸美纽斯认为，"只有通过恰当的教育，人才能成为人"①，他把教育作为人之为人的必要条件。人类通过教育活动，传承知识和智慧，才成为万物之灵。英国哲学家洛克说："我们日常所见的人中，他们是行为端庄或品质邪恶，是有用或无能，十分之九都由他们的教育所决定的。人与人之所以千差万别，均仰仗教育之功。"②教育在很大程度上决定了一个人的道德品质和文化知识。夸美纽斯在提出教育造就人的观点之后，进一步指出："人最容易在年轻时形成，若非这个年龄，就不能正确地形成。"③从教育阶段看，一个人尽管终生都在接受教育，但教育的关键期是青少年时期；从教育对象看，所有人尽管都要接受教育，但重点是青少年群体。青少年处在长身体、长知识的人生阶段，处在思想意识和文化知识形成的关键时期，需要进行密集的强化的教育，学习人之为人的思想道德和知识技能。青少年与教育具有天然的内在联系，可以说，教育性是青少年的基本属性。一个有希望的家庭总是把关爱的眼神聚焦孩子，因为孩子的成长事关家庭的幸福；一个有前途的国家总是把关注的目光投向青少年，因为青少年的成长事关国家的富强。青少年教育是青少年自身成长的内在需求，更是国家发展、民族振兴的战略选择。

---

①③〔捷克〕夸美纽斯著，任钟印译：《大教学论·教学法解析》，人民教育出版社 2006 年版，第 51、56 页。

②〔英〕约翰·洛克著，杨汉麟译：《教育漫话》，人民教育出版社 2006 年版，第 7 页。

当代青少年成长在一个科技化、信息化、全球化的新时代，具有更为强烈的教育性。他们与全面建设小康社会的伟大实践同生共长，是我国到21世纪中叶基本实现现代化的青春力量。中共中央、国务院2017年发布的《中长期青年发展规划（2016—2025年）》首次提出了“青年首先发展”的战略思想，明确指出：“青年是国家经济社会发展的生力军和中坚力量。”只有突出青少年教育的战略地位，才能培养出更多的现代化事业的合格建设者和可靠接班人，从而实现国富民强的宏伟目标。

二、社会教育是青少年教育的重要内容

人们一说起青少年教育，自然就会想到上学，就会与学校、教师和课堂相联系。目前，无论是社会还是家庭，都普遍重视学校教育；教育行政部门也专注于学校教育，对社会教育鲜有涉及。面对众多的教育政策、经费、项目，许多青少年社会教育机构只能拥有“春风不度玉门关”的无奈。在许多家庭中，一家人围着孩子的上学、升学转，因孩子考高分、上名校而感到高兴和骄傲。一些家长忽视孩子的社会教育，甚至不少家长根本没有社会教育的概念。殊不知，孩子的学习态度、精神面貌、思想观念、兴趣爱好、生活方式，在很大程度上受到社会教育的影响。实际上，青少年教育包含学校教育、社会教育、家庭教育三种形态，是这三者的有机结合。社会教育能够满足青少年多方面的成长需求，是我国青少年教育格局中的重要组成部分。青少年成长是一个复杂的生理和心理发展过程，需要进行多方面、多层次的教育。青少年发展不是单一的、片面的发展，而是复合的、全面的发展。全面发展是指青少年能得到全方位的完整的发展，意味着青少年的各种能力、各种素质得到充分发展，青少年学会社会规范，具备社会知识和技能，能够与人

和谐相处。青少年多素质发展，不是单一的教育形态能够独立承担的，而必须由家庭教育、学校教育和社会教育共同承担。

自20世纪70年代以来，联合国教科文组织发布了关于教育的三个标志性报告，它们都肯定了社会教育的功能和价值。1972年发布的《学会生存——教育世界的今天和明天》指出：教育必须超越学校教育的范围，把教育的功能扩充到整个社会的各个方面。① 1996年发布的《教育——财富蕴藏其中》提出了教育的四个支柱：学会认知、学会做事、学会共同生活和学会生存，认为“正规教育仅仅是或主要是针对学会认知，较少针对学会做事。而另外两种学习往往带有很大的随意性”，“扩大了的教育新概念应该使每一个人都能发现、发挥和加强自己的创造潜力，也应有助于挖掘出隐藏在我们每个人身上的财富”。②教育在不断变化，“社会提供的校外学习机会在各个领域都在不断增加。”③2015年发布的《反思教育：向“全球共同利益”的理念转变？》提出：“我们必须高瞻远瞩，在不断变化的世界中重新审视教育。”面对世界新的挑战，要重新定义知识、学习和教育；过去，把教育理解为有计划、有意识、有目的和有组织的学习，但是人的许多学习是非正式的。“我们在生活中学习到的许多知识并非有意为之。这种非正式学习是所有社会化经验的必然体验。”④所以，要重视非正式学习。我国制定的一些教育政策也提出了社会教育的必要性。例如，1999年中共中央、国务院颁布的《关于深化教育改革全面推进素质教育的决

① 联合国教科文组织国际教育发展委员会编著，华东师范大学比较教育研究所译：《学会生存——教育世界的今天和明天》，教育科学出版社1996年版，第201页。

②③ 联合国教科文组织总部中文科译：《教育——财富蕴藏其中》，教育科学出版社1996年版，第76、76页。

④ 顾明远著：《中国教育路在何方：顾明远教育漫谈》，人民教育出版社2016年版，第145页。

定》提出，实施素质教育“应当贯穿于学校教育、家庭教育和社会教育等各个方面”。2017 年中共中央、国务院发布的《中长期青年发展规划（2016—2025 年）》提出，要“加大青年社会教育投入”，“创造社会教育良好环境”，“实现对青年教育空间的全覆盖”。在青少年全面发展的过程中，社会是一个重要的教育空间，这个教育空间与家庭和学校存在平行关系。青少年个体在单一学校教育空间内学习优秀是不够的，需要在家庭、学校和社会三个教育空间都受到合适的、必要的教育。

从历史上看，社会教育在家庭、学校产生之前就已经出现，比学校教育、家庭教育更为久远；从现实中看，社会教育今天不但仍然存在，而且非常广泛。“从时间上来看，社会教育对一个人来说是最长的，人在接受学校教育、家庭教育的同时也在接受着社会教育。”①青少年学生每天有高比例的课外校外时间，还有国家法定节假日和寒暑假，综合一年的时间看，在课外校外的时间比上课时间多得多，这些课外校外时间大多在接受社会教育。就业后的青年全都在接受社会实践、单位培训、媒体宣传等社会教育。日本学者新堀通也说：“社会教育远在学校教育之前就已存在。即使在今天，正如其定义所表明的那样，它起的作用也远比学校教育更为重要。”②社会教育虽然未必比学校教育更为重要，但是，对青少年的成长具有更广泛的教育影响。“在现代设有学校，虽然学校分有一部分责任，但是社会经验仍需靠社会来传授，于是社会仍负有教育的责任。”③对于青少年的成长来说，社会与学校、家庭一样，具有十分重要的教育功能，发挥着独特的教育作用。

目前，青少年处在科学技术高速发展、社会思潮风起云涌的新时

---

① 鲁中华：《流动儿童面临的社会教育问题及对策》，《科教文汇（中旬刊）》2008 年第 9 期。

② 〔日〕新堀通也等著，张惠才等译：《社会教育学》，春秋出版社 1989 年版，第 1 页。

③ 詹栋梁著：《教育社会学》，五南图书出版股份有限公司 2003 年版，第 164 页。

期。新科技使得青少年教育的内容和方式发生了根本变化。新媒体的快速发展和广泛使用，为青少年接受新的信息、开阔新的视野创造了新的便利载体。各种思想意识相互激荡，使得青少年教育面临着更为复杂的社会环境。当代青少年处在信息化社会中，所接受的不可能是单一的、孤立的教育，而是一个多种形态相互融合、形成体系的教育。与以往相比，今天的青少年教育具有更独特的含义、更丰富的内容和更多样的方式，对青少年思想观念和文化知识的影响更为显著。青少年社会教育体现在各种各样的宣传教育活动之中，体现在大众传媒的宣传报道和文艺作品的思想引导之中，体现在以青少年宫、科技馆为代表的校外活动场所开展的各种活动之中，体现在微信、微博、社交网络平台之中。为了实现青少年教育的目的，我们应该利用众多的教育形式、丰富的教育资源、广泛的教育场所，而不能仅仅是学校形式、学校资源、学校场所。社会教育与学校教育并行不悖，那种“把社会教育作为对学校教育补充的认识，是不正确的，实际上把社会教育沦为附属地位，导致社会教育独立功能的丧失”，社会教育作为“独立的教育活动，应与学校教育平行并进”。①社会教育是青少年教育的重要形式，是青少年成长的重要渠道，是独立存在的教育形态。

三、加强青少年社会教育研究

社会教育是青少年教育的重要方面，按理说应该进行针对性强的理论研究，具有很多理论研究成果。但是，目前没有形成一个社会教育研究的学术共同体，教育理论界长期以来涉及社会教育的研究很少，与学校教育研究相比是微不足道的。在这些社会教育研究中，许多还没有

---

① 侯怀银、张宏波：《中国社会教育研究的回顾与展望》，《太原师范学院学报（社会科学版）》2009 年第 3 期。

能够准确定位社会教育，没有能够把社会教育作为独立的教育形态，而是片面地从学校本位出发，把社会教育看成是学校教育的“补充”。时至今日，“社会教育尚未形成完善的学科体系。”①

在本来就少的社会教育研究中，对于青少年社会教育的研究更是少之又少了。截至 2017 年 3 月，在“中国知网”上检索，篇名包含“青少年社会教育”的期刊学术文章只有 41 篇，大大少于关于学校教育的研究论文；在“读秀”上检索，除了几本由青少年宫实际工作者编写的工作性论文集之外，没有发现高等学校和科研机构的教育学者撰写过关于青少年社会教育的学术著作。

实践需要理论的指导。目前关于青少年社会教育的理论研究，与丰富的青少年社会教育实践相比是严重滞后的。青少年社会教育的学科定位是什么，在教育学上有什么独特的地位和作用，青少年社会教育的教育概念与学校教育、家庭教育中的教育概念有什么区别，青少年社会教育的理论依据是什么，青少年社会教育的内容和方式是什么，有哪些机构在开展青少年社会教育，关于青少年社会教育的公共政策有哪些，青少年社会教育如何进行管理，这些关于青少年社会教育的一般理论问题都有待学术界加以研究。教育理论界对于青少年社会教育的基础理论缺乏应有的研究，导致青少年社会教育的实践得不到起码的理论指导，没有基本的工作规范，处在低水平发展的状态。

四、本书研究的框架和特色

本书运用教育学的理论和方法，立足于青少年社会教育的生动实践，对青少年社会教育的一般理论问题进行研究，试图构建青少年社会

① 庄西真：《社会建设中的社会教育》，《教育研究》2017 年第 2 期。

教育学的学科框架。

本书除绪论外，共分为九章，分别从不同的角度对青少年社会教育学进行了研究。第一章在分析教育和社会教育含义的基础上，阐述了青少年社会教育的概念和要素。第二章从历史的视角，梳理了青少年社会教育的相关活动，介绍了相关的教育思想。第三章着眼于理论依据，阐述了支持青少年社会教育合理性的代表性理论。第四章基于不同教育形态的差异性，阐述了青少年社会教育的一般内容和目前需要强化的内容。第五章从教育运行机理的角度，总结和概括了青少年社会教育的典型方式。第六章根据教育内容和方式，阐述了青少年社会教育的基本特性。第七章在说明教育内容、方式和特性的基础上，阐述了青少年社会教育的主要功能。第八章从现有教育政策中，筛选出青少年社会教育政策，进行了政策分析。第九章从教育管理的角度，对青少年社会教育的主要机构及其教育功能进行了阐述。

本书的主要特色如下：第一，提出了“青少年社会教育学”的学科名称。学科的本原含义是知识的门类、学术的分类，一门学科作为科学的一个分支，探索某类事物、某个现象、某类人群产生和发展的规律，形成系统的科学知识。青少年社会教育研究运用科学的方法，以青少年社会教育活动为基础、青少年社会教育问题为焦点、青少年成长为核心，对青少年社会教育事实进行多方面的系统研究，属于专门的科学研究，构成学问的一种门类，因而具有学科的意义。青少年社会教育学的提出，有利于吸引更多学者从事青少年社会教育的研究，提升青少年社会教育研究的专业化、系统化和一体化水平，促进青少年教育研究的繁荣发展，进一步推动青少年社会教育活动的开展，促进青少年的成长成才。第二，界定了青少年社会教育学的教育含义。教育概念是说明教育事实的工具，从不同角度看具有不尽相同的含义。青少年社会教育与学校教育、家庭教育的区别，重要的不是教育场所的不同，而是教育含义的差异。秉持大教育观，青少年社会教育具有比家庭教育和学校教育更为丰富和宽广的含义。在青少年社会教育中，既存在有意识的教育，也存在无意识的教育；既存在直接的教育活动，也存在间接的社会影响；既可以有特定的教师，也可以没有明确的教师；既包括他人教育，也包括自我教育。这些教育含义超越了家庭教育和学校教育的范畴，为青少年教育赋予了新的内涵，开阔了新的视野。青少年社会教育含义的界定，有利于人们更完整、准确地认识青少年社会教育的本质，运用更新颖的教育手段、更广泛的社会资源开展青少年社会教育。第三，对青少年社会教育的理论基础进行了阐述。青少年社会教育的基本依据是青少年发展的多元性，这种多元性不可能完全从学校教育中获取。学校教育尽管讲全面发展，但受教育理念、教育场所和教育方式的限制，偏重青少年记忆能力、言语能力、逻辑思维能力的培养，相对来说对个性爱好、心理素质、人际交往能力、创新能力、社会实践能力的培养不足。在学习化社会中，青少年时时处处都在接受教育。无论是人的全面发展理论、多元智力理论、因材施教理论，还是社会学习理论、学习化社会理论，都为青少年社会教育学的独立存在提供了理论依据。第四，对青少年社会教育学的内容和方式进行了阐述。理论界对青少年社会教育研究的缺失，除了对其重要性认识不足之外，很重要的一点是这种研究涉及面很宽，难以形成公认的研究领域和学科边界。本书对青少年社会教育的内容进行了初步的阐述，对青少年社会教育的方式进行了系统的概括。这些阐述和概括，是现有青少年教育理论研究的系统化，更是从青少年社会教育学角度的新概括。第五，对青少年社会教育的实施主体进行了梳理。本书对代表性的青少年社会教育机构进行了分类，阐述了目前常见的青少年社会教育机构的教育功能。这种分类和阐述都是以前没有的。第六，对青少年社会教育政策进行了分析。我国没有综合性的关于青少年社会教育的公共政策，现有的政策散布在一些相关法律法规和对于青少年社会教育机构的相关规定之中。总体上看，由于教育行政部门没有把青少年社会教育作为一种独立的教育形态，因此青少年社会教育缺乏应有的公共政策支持。只有制定青少年社会教育的相关政策，才能促进我国青少年社会教育取得新的更大的发展。总之，本书提出了青少年社会教育学的基本学科框架和学术范式，为青少年社会教育学的深入研究奠定了基础。

第一章　青少年社会教育的概念

第一节　社会和教育

一、社会的含义

青少年社会教育作为镶嵌在人类社会之中的一颗明珠，与家庭教育、学校教育的明显不同体现在“社会”这一名词上。研究青少年社会教育需要从明晰“社会”一词的含义开始。与“学校”和“家庭”两个词相比，“社会”一词的含义更为广大和宽泛，这导致社会教育研究的边界难以准确把握、社会教育活动主体难以完全列举。社会教育主体的复杂性是理论界忽视社会教育研究、实务界忽视社会教育实施的重要因素。无论从理论研究，还是从实际工作的角度看，理解青少年社会教育的内涵，都必须界定“社会”是什么。

青少年社会教育中的“社会”在哪里？这是社会教育研究中必须回答的问题。“家庭教育、学校教育和社会教育都是我国青少年教育格局中的重要组成部分，各有优势，互相影响，也互相补充。社会教育的影响最为广泛，特别是在经济社会深刻变革、社会生活丰富多彩的形势下，社会教育对青少年思想意识的影响更加显著。要认真研究社会教育的新变化，深入分析社会上影响青少年的各种因素和源头，找准‘社会’在哪里，努力探索社会教育新的路径和载体。”①无论是开展青少年社会教育工作，还是进行青少年社会教育研究，都需要找准“社会”

① 共青团中央编：《中国共青团年鉴（2009）》，中国青年出版社2010年版，第82页。

所在，把握“社会”的含义。

每个人都时刻生活在社会之中，对社会应该很熟悉，但是，熟悉某个事物不等于理论上能够准确界定该事物的含义。许多社会生活中常用的概念，一旦进入学术研究领域，就往往不是三言两语能够说清楚的。虽然我们整天生活在社会之中，但要对“社会”这个词的含义做出理论界定，不是一件容易的事情。“社会”一词之所以难以说清，是因为它属于关系概念，具有相对性，在不同的语境下使用，往往具有不尽相同的含义。仔细分析可以发现，“社会”一词包含以下六个方面的含义。

1. 与自然相对应的“社会”概念

我们常说“自然与社会”，把自然与社会作为一对范畴。自然是指天然存在的自然界和各种自然物，而社会则是指人类事务，指基于人与人之间的关系所建构起来的事物。社会的本质是人与人之间的相互关系。人们通过各种社会关系，形成了不同的社会群体。社会是人类生活的共同体，是由相互联系的人们组成的超越个人的、有内在联系的整体，是人们通过交往形成的社会关系的总和。通常说的人类社会、社会发展史中的“社会”，是从与自然对应的意义上对“社会”概念进行界定的。

2. 与个体的人相对应的“社会”概念

马克思有句名言：“人的本质不是单个人所固有的抽象物，在其现实性上，它是一切社会关系的总和。”①这句话说的是，个人总是处于一定的社会关系之中，而不是自足的、孤立的、与世隔绝的。“个人与社会”中的“社会”，是指一个由不同的个人相互联系、相互作用而形成的整体社会。如果说个体意味着私人性，那么社会则意味着公共性。

---

①《马克思恩格斯选集》（第一卷），人民出版社1995年版，第56页。

社会是以个体为主体，通过经济、政治、文化、亲族等关系，以法律、道德、风俗习惯等连接起来的整体。我们常说的社会责任是指一个人不能只是考虑自己的事情，不只是对自己负责，还要考虑社会事务，对社会负责。

3. 与经济、政治、文化并列的“社会”概念

在政府文件中常把社会与经济并列，比如说，经济与社会发展。还有把社会建设与经济建设、政治建设、文化建设并列，统称为国家的四大建设，这使得社会不仅区别于经济，还进一步区别于政治和文化。另外，政府部门尤其是统计部门提到的“社会事业”是指科学技术、教育、文化、卫生、体育等。

4. 与政府对应的“社会”概念

当谈到许多公共事务时，人们会说，不但要发挥政府的作用，还要发挥社会的作用，这里的社会对应于政府。社会资本与国有资本相对应，社会工作与政府工作相对应，社会工作者不是政府公务员。说某项工作社会化，等于说不能采用政府的运作方式，而往往采用市场化的手段。

5. 与学校生活对应的“社会”概念

在教育学中，社会往往作为一个求学后开始就业的概念来使用。一个人就业前在各种学校接受教育，还没有进入社会，只有就业后才真正进入社会。教师常对学生说，等学生将来进入社会后就将如何如何，比如要处理复杂的人际关系，这是指从学校毕业、开始就业后的状态。通常说的社会经验主要是指离开学校后的工作和生活经验。一个博士生读了二十多年书，虽说具有丰富的学校经验，但不会被认为具有社会经验。人们普遍认为，从学校毕业之后，才真正走入了社会。

6. 与学校、家庭并列的“社会”概念

这是教育学常用的概念。教育在家庭、学校、社会三种场所中进

行。从社会学的角度看，“社会”一词可以包括“学校”和“家庭”，但从教育学的角度看，“社会”是作为与学校和家庭相对的概念来使用的。社会生活与学校生活、家庭生活是不同的。青少年在社会生活中可以获得不同于学校生活、家庭生活的教育体验。

青少年社会教育中的“社会”与以上各种含义相关，但直接的是指与学校、家庭并列的含义。大致说来，这种不同于学校、家庭的社会，包括政党、政府、协会、基金会等社会组织、社会机构、社会团体，青少年宫、图书馆、博物馆等文化教育机构，广播电视、报纸杂志、互联网等媒体机构，以及社会传统、社会制度、社会活动、社会事件等，还包括社会生活中的个人。这些社会主体各不相同，相互联系，共同构成青少年社会教育的“社会”。青少年教育与社会存在着广泛的复杂的联系，不仅是家长的责任、学校的责任，也是社会共同承担的责任。只有全社会共同努力，开发和利用社会教育资源，才能满足青少年社会教育的内在需求，解决青少年社会教育中面临的各种问题，更好地促进青少年成长发展。

二、教育的含义

教育是一件每天发生、司空见惯的普通事情，日常生活中各行各业的人都可以对教育现象评头论足，许多家长凭自己孩子的上学情况也能够谈论各种教育事实，学术界关于教育的著作和论文汗牛充栋。“谈起教育来，似乎人人都是‘行家里手’，都敢于且善于对教育加以评论，都能道出一二来，但问到‘教育是什么’时，能说出来且说清楚的却极少。不仅普通人如此，教育理论工作者也如此。”①学术界关于教

---

① 张斌贤、楼世洲主编：《当代中国教育学术思想研究（1949—2009）》，中国社会科学出版社 2011 年版，第 320 页。

育的含义有很多种说法，我们如果不仔细进行辨析，就容易深陷其中，对关于教育的各种说法感到困惑。上文说到，对于社会概念，从不同角度看具有不同的含义。对于教育概念，也是如此。“当人们观察教育的视点（社会现象、人的发展与文化现象等）不同时，其观察到的教育也就各不相同。比如，当人们把教育视为一种社会现象时，就会得出教育即人的社会化；当把教育当作人的发展时，教育就成了各种理想人的培养；当把教育看作文化现象时，教育就成了文化的传承与创新。”①改革开放初期，发生过教育是属于上层建筑还是经济基础的争论。教育太丰富了，太宽大了，为人们从不同角度观察提供了空间。对于学术界关于教育含义的诸多说法，我们要认真分析。虽然对教育的含义进行界定确实是一件困难的事情，但为了理论研究，我们还是要尝试对青少年社会教育中的“教育”含义进行界定。青少年社会教育作为一种教育形态，其“教育”固然与其他教育形态中的“教育”含义具有共同性，但作为一种独立的教育形态，与学校教育、家庭教育相比，其“教育”含义又具有自身的特殊性。只有明晰青少年社会教育中的“教育”的特殊含义，才能进一步分析青少年社会教育的特性、功能、内容、方式、机构。可以说，对于青少年社会教育中的“教育”含义的界定，是研究青少年社会教育学的逻辑起点。青少年社会教育与学校教育、家庭教育的不同，从形式上看是教育场所的不同，但实质上是教育内涵的不同。也就是说，青少年社会教育中的“教育”与学校教育和家庭教育相比，内涵更加丰富，形式更为多样。

德国哲学家卡西尔说：“我们的所有理论概念都带有一种‘工具’的性质。它们归根结底来说都不外是一些工具，一些我们为了解决一些

① 李润洲：《教育定义多元的话语澄明》，《教育发展研究》2015 年第 8 期。

特定的问题而创造出来和要不断创造的工具。”①按照这种思维，教育概念是研究教育问题、进行教育活动的必要工具。从工具的角度看，我们要厘清各种教育定义是针对什么问题而提出的，而不是简单地用一种教育定义去反驳另一种教育定义。只有明晰各种教育定义所针对的问题，才能真正清楚教育概念本身的含义。一旦明晰了各教育定义所针对的问题及其主张，其意涵也就会逐渐清晰起来。从一定意义上说，各种教育定义不过是人们基于某个视角对教育的某方面、某层次和某向度的揭示和阐述。②美国哲学家谢富勒运用哲学方法分析教育问题，对教育定义做出了“规定性定义”“描述性定义”“纲领性定义”的区分。规定性定义是“创制的定义”。例如，有人说：“我知道当前对教育有许多时尚的界说和看法，但为了方便起见，我在整个探讨（演讲、论文、著作，等等）中，将把‘教育’这个词只用来表示社会为了通过有目的的教和学来保存其文化的某些方面，而创造和维护的那种社会制度。”这就是一种规定。也就是说，不管其他人所用的“教育”一词是什么意思，“我所用的‘教育’一词就是这个意思。”描述性定义的实质，不是“我将用这个术语表示什么”这样的规定性主张，而是“适当地描述被界说的对象或使用该术语的方法”。例如，词典试图罗列描述性定义，给我们提供在不同语境中某个词的不同用法。纲领性定义“明确地或隐含地告诉我们，事物应该怎样”。有人可能把教育界说为心智能力的发展，于是也就暗示，课程应该完全以促进学生理智的发展（而不是社交能力或体力的发展）为定向。说某一事物应该怎样，与说某事物实际是怎样完全不同，也与只说“我暂且用这表示它的意思”迥异。教育一词

① 〔德〕恩斯特·卡西尔著，关子尹译：《人文科学的逻辑》，上海译文出版社 2004 年版，第 43 页。
② 李润洲：《教育定义多元的话语澄明》，《教育发展研究》2015 年第 8 期。

的纲领性定义，往往包含是和应当两种成分，是描述性定义和规定性定义的混合。[①]谢富勒对教育定义的这种区分，对于我们分析教育概念的含义是有启发的。这种启发在于定义教育概念可以有不同的视角，既可以探讨教育概念的应然含义，也可以总结教育概念的实际含义。应该指出的是，现有的教育学教科书基本上是针对学校教育的，所下的教育定义总体上是面向学校教育的，不完全适合社会教育。这样的教育定义只能算作谢富勒说的"规定性定义"和"描述性定义"，而不是"纲领性定义"。

从以上讨论可以看出，教育概念具有绝对性，具有确定的含义，同时也具有相对性，从不同视角看可能存在不完全相同的内涵。从教育形态的角度看，社会教育中的"教育"概念与学校教育、家庭教育中的相比，内涵不完全等同，外延不完全重合。对于青少年社会教育中的"教育"含义，我们可以从以下四个方面进行讨论。

（一）关于青少年社会教育的意识性问题

教育界流行着关于教育意识性的观点，如"教育是有意识的以影响人的身心发展为直接目标的社会活动"。[②]这种观点符合学校教育的情况。学校教育包含教师、教材、学期、课程、考试、升学等教育要素，是有计划、有目的、有组织的教育活动。"学校"意味着对学生进行教育，"学校"名称打上了教育的烙印。从学校教育的角度看，教育是一项有意识地培养人的社会活动。学校教育的庞大和强势，使得许多教育研究把学校教育当作青少年教育的全部，把学校教育的理论和观点放大到整个青少年教育之中。其实，在学校教育之外，还有众多的无时不

① ［美］索尔蒂斯：《教育的定义》，瞿葆奎主编，瞿葆奎、丁证霖、施良方选编：《教育学文集·教育与教育学》，人民教育出版社 1993 年版，第 32—34 页。

② 叶澜著：《教育概论》，人民教育出版社 1999 年版，第 8 页。

在的家庭教育和社会教育。对于青少年教育来说，在有意识的教育之外，还有许多无意识的教育；在专门化的教育之外，还有许多非专门化的社会教育。许多社会教育是没有教材、课程、考试的，更没有升学问题。大量社会教育主体首先不是专门从事教育工作的，对青少年产生的教育影响只是其非教育的职业工作的副产品，是无心之举、无意为之的。在青少年社会教育中，存在大量没有计划、没有目的、没有组织的教育活动。例如，青少年在日常生活中、在人际交往中、在外出游玩中，思想受到了触动，认识得到了提高。这种教育活动不是有意识的教育安排，没有明确的教育目的，而是潜移默化、不知不觉地发生的。这是一种“无心插柳柳成荫”的教育。可以说，有意识的教育主要是指学校教育，无意识的教育更多的是指社会教育。

对于教育的无意识性，许多教育家指出过。俄国教育学家乌申斯基把教育分为“有意的教育”和“无意的教育”，认为“作为有意的活动的狭义教育——学校和负实际责任的教育者和教师们——绝对不是人的唯一的教育者，而无意的教育者：大自然、家庭、社会、人民及其宗教和语言，一句话，自然与历史，就这些广泛概念的最广泛的意义来说，也起着同样大的教育作用，也许还起着大得多的教育作用。”①就是说，学校是有意的教育，但这不是唯一的教育，学校之外的教育具有同样的甚至更大的教育效力。法国哲学家、思想家卢梭认为，“我们出生时不曾具备而长大后需要的东西，它们统统要通过教育才能赋予我们。这种教育，或来自自然，或来自人，或来自事物。我们的能力和器官的内生发展，是自然的教育；有人教会我们怎样使用这种发展，是人的教育；从影响我们的事物中获得经验，是事物的教育。”“就这三种不同的

① 〔俄〕康·德·乌申斯基著，郑文樾等译：《人是教育的对象》（上卷），人民教育出版社2007年版，第12页。

教育而言，自然的教育完全不取决于我们，而事物的教育也仅仅在某些方面取决于我们，只有人的教育才是我们能够真正起主导作用的。不过，这种主导作用也只是依据假设，因为有谁指望能够完全控制一个儿童周围的那些人的言语和行为呢？”①他把教育分为三种，并指出每一种教育都是难以控制的。这说明，教育不都是有意识的。美国哲学家、教育家杜威说：“社会环境无意识地、不设任何目的地发挥着教育和塑造的影响。”②他把社会环境纳入教育范畴，指出了社会环境发挥着无目的、无意识的教育作用。从以上三位教育家的观点看，无意识的教育与有意识的教育一样，对于青少年的成长具有很大的促进作用。

青少年社会教育既包括有意识的教育，也包括无意识的教育。有意识的教育存在于青少年宫、图书馆、纪念馆等文化教育单位之中。例如，我国已建立一万多家青少年宫，这些青少年宫作为专门的青少年社会教育机构，有计划、有目的地组织开展各种项目的培训活动、各种主题的社会实践活动，对青少年进行有意识、有针对性的教育。从青少年宫的教育实践看，社会教育并非全部是非制度化、非正规的教育。诚然，在青少年社会教育中，更多的是无计划、无目的、无意识的教育。影响青少年思想品德的社会活动，不全是有计划、有目的、有组织的，很多是随机的、无意的、偶发的。青少年社会教育是不是一定以文化教育机构和设施为载体？显然不是，一本书、一个故事、一句话都可能会对青少年的思想品德产生影响。在正式的文化教育机构之外，社会上存在广泛多样的青少年社会教育活动。例如，人们可以利用微信，通过手机、平板电脑和网页发送文字、图片、视频和语音，传播信息，发表观

---

① 〔法〕让-雅克·卢梭著，李兴业、熊剑秋译：《爱弥儿：论教育》（上册），人民教育出版社 2017 年版，第 9 页。

② 吕达、刘立德、邹海燕主编：《杜威教育文集》（第 2 卷），人民教育出版社 2008 年版，第 21 页。

点，对青少年直接产生教育作用。应该说，青少年在社会生活中受到的教育，并非完全由专门的社会教育机构提供，相反，它所占的比重并不大，大量的是由非专门的文化教育机构所提供的。青少年社会教育是有计划的和偶然的、有组织的和无组织的、外在灌输和自我感化的总和。

青少年社会教育中的“教育”，包括政治活动、经济活动、文化活动等对青少年施加的各种无目的、无计划、无组织的教育影响。一项社会活动往往是从政治的角度看具有政治意义，从经济的角度看具有经济意义，从法律的角度看具有法律意义，而从教育的角度看则具有教育意义。在社会生活中，青少年教育现象远比教育著作和论文所说的教育更加广泛、多样、丰富。除了组织化的教育外，大量社会活动、社会事件、社会文化、社会制度事实上在教育着青少年，影响着青少年的成长。青少年通过学校教育学习知识和技能，而与社会接触也同样能够学到知识和技能。儿童在上学前就具备日常生活的基本语言能力，这种能力显然不是靠学习语言规则，而是通过与家人和小伙伴的生活交往，通过看电视、玩游戏和阅读小人书获得的。法国文学家、思想家蒙田认为，世界的各个角落都是书房，日常的交往、旅行等也都是很好的教育。他认为，应当“让孩子们首先接触事实，用事实进行教育。是用行动去做，而不是只听，是在生活的道路上塑造他们、改造他们、教育他们，特别是用范例和工作，而不是只用规则和文字。所以学习不只是使心灵上获得知识，也要获得品德和习惯，它们不只是获得物而是要变成禀性。”①的确，青少年的成长是在社会生活之中进行的，不仅需要学习知识，也需要养成品德，因此，教育不只是文字，不只是听，事实、

① 吴元训编：《中世纪教育文选》，人民教育出版社 1989 年版，第 484 页。

范例、工作等都具有教育的意义。教育的真正含义应该覆盖青少年的全部社会生活，而不仅仅是学校生活这个特殊领域。

目前在教育研究中流行的把狭义教育等同学校教育的观点是片面的，因为，这会割裂教育的完整性。“教育是随人而存在的，哪一个地方有人，那个地方一定有教育。因为教育对人而言，如影之随形，永远与人分不开。”“有人的地方就需要教育。”“教育成了只要有人的地方，随时、随地可实施的一种活动。”“教育与生活有密切的关系，有人聚集的地方总要过生活，一群人生活在一起，为了生活得有秩序，懂得人与人相处之道，必须有了解生活之道的人来告诉不谙生活之道的人，于是教育就发生了。”①既然教育要告诉青少年如何生活，就不仅仅是指学校教育。既然教育与人相伴而行，就不可能全部是有意识进行的。如何进行生活，如何与人相处，这种教育更多的是无意识的潜移默化的结果。“凡是增进人们的知识、技能，以及影响人们的思想意识和品德的活动，都是教育。这种意义上的教育，作为一种社会现象，可以是自觉地进行的，也可以是自发的；可以是有计划的，也可以是偶然发生的；可以是有组织地独立地展开的，也可以是无组织地融合于其他活动之中的；可以是多种内容的，也可以是单项的。这种教育活动产生的随机性，往往使人们未能意识到这是一种教育活动。”②这里说的“融合”两字精准地揭示了社会教育的基本特点。的确，许多青少年社会教育，不是有计划、有组织进行的，而是无意识地“融合”在其他社会活动中的。“广义的教育，泛指一切培养人的社会活动。凡是有目的地对受教育者的身心施加影响，使之养成教育者所期望的品质的活动，不论

---

① 詹栋梁著：《教育社会学》，五南图书出版股份有限公司2003年版，第163页。
② 厉以贤主编：《现代教育原理》，北京师范大学出版社1988年版，第16页。

是有组织的或无组织的，系统的或零碎的，都是教育。”①教育不在于有无组织、是否系统，而在于能否对人的身心产生影响。一种社会活动，只要能够增进青少年的道德、知识和技能，就是青少年教育活动。青少年社会教育可以是自觉的，也可以是自发的；可以是有计划的，也可以是偶然发生的；可以是有组织的，也可以是无组织的；可以是有意识的，也可以是无意识的。

（二）关于青少年社会教育的社会影响问题

社会教育与社会影响两者之间是什么关系，这是青少年社会教育研究需要回答的一个问题。这个问题与上一个问题是有联系的。从学校教育的角度看，只有有意识的教育才是教育；无意识的教育，即使能够产生教育影响，也不能算作教育。如果主张教育是有目的、有意识的，就会否定社会影响属于教育。但是，从社会教育的角度看，我们没有理由也不能够一概否认社会影响具有教育的意义，因为青少年在成长过程中，不断受到来自家人、同伴，以及电视、互联网、手机、旅游、读书等各方面的社会影响，而这些社会影响能够提升青少年的道德、知识和技能水平。

《现代汉语词典》界定“影响”为“对别人的思想或行动起作用”②。把有的社会影响作为一种教育，是符合教育的含义的。一项社会活动实际上影响了青少年的思想道德和知识技能，就属于青少年教育。“如果把人的整个知识分为两部分，其中一部分是所有人共有的，另一部分是那些有学问的人特有的，那么，与前一部分知识相比较，后一部分知识就显得太少了。然而，世人并不重视人所获得的那些共有的

---

① 黄勇、张景丽、金昌海主编：《新编中国大百科全书（A卷）经济教育》，延边大学出版社2005年版，第157页。

② 《现代汉语词典》，商务印书馆2016年版，第1573页。

普通知识，因为这些知识都是在无形之中，甚至是在人们达到理智的年龄之前获得的。”①也就是说，人们的知识结构中，存在许多为大家“共有”的知识，而这些知识大多不是通过正规教育获得的，而是属于人们生活中“不知不觉”的社会影响。卢梭认为，“教育赋予我们在出生时所缺乏的一切和我们作为成人所需要的一切。”康德说：“人只有通过教育才成为人，除了由教育所形成的东西以外，他什么也不是。”②涂尔干说：“教育是成人一代对那些还不能成熟地应付社会生活的年轻一代所施加的影响。其目的，是在孩童时期为青年一代的身体、智力和道德发展创造条件，并使之在上述方面达到政治社会的统一性和以特殊方式而产生的特殊环境所提出的要求。”“事实上，一种无意的教育从来就未曾停止过。”③卢梭、康德和涂尔干都把教育理解为对受教育者所施加的外部影响，包括无意识的影响。杜威提出“教育即生活”，冲破了学校教育的限制，肯定了社会生活的教育意义。“历史上美国人对教育活动的理解比较宽泛，有时把儿童、青少年及成人在社会文化环境中所受到的陶冶，以及人们在经济、政治、文化活动中形成的具有本社区文化特点的思想行为过程都称为教育。”④《美国百科全书》对于“教育”一词的界定是：“从最广泛的意义说来，教育就是个人获得知识或见解的过程，就是个人的观点或技艺得到提高的过程。”⑤这是一种学习意义上的教育。《美国教育百科全书》提出，“作为一个活动或过程，教育可能是正式的或非正式的，私人的或公共的，个人的或社

① 〔法〕让-雅克·卢梭著，李兴业、熊剑秋译：《爱弥儿：论教育》（上册），人民教育出版社 2017 年版，第 46 页。

②③ 〔德〕沃尔夫冈·布列钦卡著，胡劲松译：《教育科学的基本概念：分析、批判和建议》，华东师范大学出版社 2001 年版，第 23、25 页。

④ 孙启林主编：《社会教育》，吉林教育出版社 2000 年版，第 3 页。

⑤ 吕千飞、张曼真等译：《世界教育概览》，知识出版社 1980 年版，第 1 页。

会的，但是，它总是在于用一定的方法培养各种倾向（能力、技能、知识、信仰、态度、价值以及品格特性）。”①也就是说，只要能够培养人的各种倾向，就是教育。“教育是存在于人与人之间的相互影响。”②每个人无时无刻都受到社会各方面的影响，常见的是人与人之间的相互影响，而教育就存在于这种人与人之间的相互影响之中。可见，“教育”概念包含社会影响的内容。

有人担心把社会影响当成教育，就无法把教育活动与其他社会活动相区分。的确，有的社会影响是有目的、有意识的，有的则是自发的、无意识的。“那些缺乏目的性的自发影响是不应列入教育之内的，它们虽然对人的发展有一定的影响，甚至这种影响有时比那些有目的的影响还要大，但是由于其自发无意识的性质，既缺乏方向性，也并非有意的组织、安排，因而不能称之为教育。否定了这点，就否定了教育的独特性，并在一定意义上否定了教育存在的价值和意义。这样，没有明确目的的，偶然发生的对外界、对个体发展的影响就不能称为‘教育’。”“一个顽皮的孩子偶然地把手指伸到火苗上，被灼伤，并由此获得火的有关知识的过程，也不能算是受到了‘教育’。出于有目的这样一个因素，并不能保证一切促使人发展的活动都是教育活动，还必须进一步明确这种活动的性质。促进人发展的活动，并不仅仅由教育来承担，医疗卫生也是其中之一。例如，通过治疗，人可改变其身体素质，并会对心理产生一定的影响。因此，只有有目的地培养人的那些活动，才能称之为教育活动。”③“因为人是任何社会活动中的主体，在任何活动中都可能‘获得知识或见解’，得到成长，也就是说任何社会活动

---

①〔美〕法兰肯纳：《关于教育哲学的一般看法》，《外国教育资料》1981 年第 2 期。

② 詹栋梁著：《教育社会学》，五南图书出版股份有限公司 2003 年版，第 52 页。

③ 于海臣、金志远：《教育概念辨正》，《前沿》2002 年第 12 期。

都可能对人产生影响。但我们却不能因此把任何活动都称为教育活动，不然，‘教育’与‘社会活动’就成了同义语。”①回答以上观点的质疑，关键在于明确教育影响的边界，区分教育影响与非教育影响。这种区分的标准是有没有对青少年的思想、道德、心理、知识、技能等产生直接的影响。一项社会活动如果促进了青少年思想道德素质和科学文化素质的提高，那么就产生了教育影响，就是一种教育行为。食物、医疗等对青少年身体发展都有影响，但这种影响不具有教育意义，即不会对青少年的道德、知识和技能产生直接的影响，因而不能成为教育因素。教育的独立性体现在促进青少年思想、道德、心理、知识、技能的增长上，而不是形式上的有无意识、有无目的和自发自觉。教育的独特性在于结果，而不在于形式。一个孩子从偶然的手指被火苗灼伤中获得火的知识和安全意识，这就是一种教育行为，这种教育效果与家长和教师的语言教育相比，具有更深的教育记忆、更强的教育效果。“一个人出生后，受到来自社会各方面的影响，这些影响人发展的因素有些是自发的、无目的、无意图的，有些是有目的、有意图的。只要是对人的知识、健康、品德等有影响的，不管是自发的、无目的、无意图的社会影响活动，还是有目的、有意图的社会影响活动，都是教育活动，即为‘教育’。因此，此概念中蕴含着教育的无目的性。”②诚然，大量的教育是有目的、有计划的，尤其是规模化的学校教育出现以后，但是，即使在当代社会，无目的、无计划的教育也随处可见，人人都能感受到这种教育。教育的无目的性说明了社会影响属于教育范畴。青少年社会教育包括社会机构、社会团体以及个人对青少年所进行的有目的、有组织的教育，如青少年活动中心的校外活动，也包括青少年在社会生活中通

---

① 叶澜著：《教育概论》，人民教育出版社 1999 年版，第 7 页。

② 赵燕、邢俊利：《关于“教育概念”争议的回应》，《现代教育科学》2011 年第 10 期。

过社会观察、社会参与、社会实践，不知不觉地获得的道德、知识和技能。青少年在上网、看微信、看电视、听广播中，获得了信息，增长了知识，受到了启发，这就是教育。“现代社会教育不仅包括学校教育和家庭教育之外的一切社会机构、社会团体以及个人对社会成员所进行的有目的、有计划、有组织的教育，也包括人们在社会生活中通过耳濡目染、潜移默化方式，在不经意间所获得的知识、技能和道德启示。”① “不经意”这三个字用得好，因为这是社会教育的常态，打开了社会影响进入教育领域的大门。“凡是增进人的知识、技能和能力，促进人的思想品德，提高人的素质的活动，都是教育。你在家里看报纸杂志，看电视，听广播，增长了知识，或者受到了感染，就是受到了教育。你去参加集会，去看展览，去看演出，都是在接受教育。反过来，你给媒体投稿并被发表，你去开会并发言，你去表演节目，那你就是在教育别人。甚至你哪儿也不去，只是在街上闲逛，也有可能是受教育者和教育者。你看到‘以德治国，从我做起’的标语，觉得很在理，暗下决心要从自己一言一行中体现出中华民族的美德来，那就说明你受到了深刻的教育。一个迷路人向你求助，你热情地帮助了他，不仅使他找到了回家的路（知识教育），而且还使他受到感动（德育中的情感教育），那你就是一个很好的教育者。”②可见，教育与被教育是经常发生的，是司空见惯的，是人们生活的一部分。我们没有理由否认无意图的教育，也没有必要迷信教育的目的性。“一方面，被称为‘教育’的活动并非都真正‘增进人们的知识和技能、影响人们的思想品德’，比如学校的一堂课中，学生没有什么收获；另一方面，一些真正是‘增进人

① 李楠：《社会教育是提升公民道德素质的有效途径》，《吉林省教育学院学报》2012 年第 9 期。

② 王德林、李栋、赵明录：《社会教育刍议》，《成人教育》2002 年第 7 期。

们的知识和技能、影响人们的思想品德的活动'，又不被一些人认为是教育，比如用体罚的方法形成的学生的畏惧。"①在教育活动中，"有心栽花花不发、无心插柳柳成荫"的现象并不少见。在学校教育中，无效的，甚至事与愿违的教育现象是存在的，否则就难以解释一些青少年学生学无所成，更不能解释极少数未成年人的违法犯罪行为。

社会教育包含很多社会影响的因素，社会影响是青少年教育的应有内容。2005年法国巴黎北郊曾发生骚乱，有人认为这反映了青少年教育的缺失。这种教育的缺失更多的是指社会教育的缺失，包括法国种族、民族、文化同化政策导致大城市与周边郊区贫富、治安、就业上存在强烈的落差。"法国在各大城市的郊区都修建了很多高密度的移民居住区，其实这是城市规划的最大失误。在那里，低收入工人和移民被大量'堆'在里面，基础设施完全没有跟上：没有免费的运动场——年轻人无处发泄过剩的精力；没有电影院——满足不了年轻人起码的文化生活需求，连约会场所都没有；缺少公共交通——生活的圈子封闭；没有公共绿地——一眼看去全是冷冰冰的灰色高楼，街上甚至看不到一个公用电话亭。走进郊区的'笼子'里，你可能会看到一个移民家庭十几口人挤在一起，孩子们没有接受良好的教育，缺少一技之长，很难找到工作。而且，的确有很多法国人对他们存在偏见。即使是大学毕业生，移民后代往往因为求职简历中姓名和居住地址的'非法国特征'，就得不到工作机会。"②青少年从这些不平等的社会待遇中，生发出对社会的负面认识，发泄了反社会的情绪。这就是社会影响的教育作用。

应该指出的是，社会影响不等于自然影响。教育属于社会活动，是社会影响，而不是自然影响。在教育史上，有学者把自然现象对人的影

---

① 马凤岐：《教育的概念与本质：一种语言学分析》，《现代教育论丛》2000年第1期。
② 吴蕙仪：《巴黎骚乱折射出青少年教育缺失》，《中国教育报》2006年1月20日。

响也纳入教育的范畴。乌申斯基认为，大自然也是教育者。斯图尔特·米尔说："在最广泛的意义上，教育甚至包括目标完全不同的一些事物对人的性格和能力所产生的间接影响，这些事物是指法律、政府组织形式和工艺美术，以及不以人的意志为转移的一些自然现象，诸如气候、土壤和地理位置。"①涂尔干说："这一定义含有一些极不协调的事物，用一个词来囊括就不能不产生混淆。事物对人的影响，在程序和结果方面与来自人本身的影响是有很大区别的。"②教育概念既不能窄化，也不能泛化。把大自然和自然现象作为教育内涵，与教育属于社会活动不相符合。气候、土壤可以成为教育活动的素材，但不是教育本身。教育作为一种社会活动，主要是人对人的社会影响。

（三）关于青少年社会教育的教师问题

教育研究界主要关注学校教育，普遍把教师、学生和教育影响作为教育的三个要素，认为有了这三个要素就可以构成教育活动。"历史上对教育的诠释不同，就因为各个学者对这三者关系的认识不同。赫尔巴特认为教育者是主导者，教师是中心；杜威则认为受教育者是中心，即儿童是中心。到了 20 世纪 60 年代，结构主义者又认为教材是中心，有了优秀的教材，教师就可以按照教材教学，学生按照教材学习。经过 20 世纪的洗礼，这三个'中心'都没有站稳脚跟。近些年来，建构主义学说盛行，强调教学是儿童作为主体的主客体互动的活动，知识就是建构。""三者的关系是动态的，不同阶段的重点是不同的。在幼儿时期，儿童的生存能力还很差，知识极有限，教育者的作用就很大。随着儿童的年龄增长和相随的知识和能力的增长，受教育者的主体作用逐渐增

①② 张人杰主编：《国外教育社会学基本文选》，华东师范大学出版社 1989 年版，第 1 页。

强。”①这段话实际上讲的是学校教育的三要素及其动态关系。教学是教师的教和学生的学所组成的一种知识传授活动。俗话说：“师傅引进门，修行在自身。”从哲学角度而言，外因通过内因起作用。学校不是“教校”，学生的学是教学的矛盾的主要方面，教师的教是矛盾的次要方面，因此，同样的教师教出的学生大不相同。可以说，在学校教育中，教师的作用是有限的，主要是向学生讲授知识，引导学生读书，至于学生认知多少，能否运用，则取决于自身。“如同没有人可以代替种子发芽生长、开花结果一样，没有人可以代替学生发育成长，学生的发育成长只有他们自己亲身去完成。”②学校教育离不开教师，而一旦超出学校教育的范围，教师就不一定是教育的标配了。在不同的教育形态中，教师的角色和作用是不一样的，甚至教师的必要性都是一个问题。在学校教育中，教师是特定的、明确的，学生清楚地知道谁是自己的教师、谁教某门课。在家庭教育中，更多是由家长来担当教育者的。在青少年社会教育中，有的教育活动有明确的教育者，如青少年宫的教育活动；有的则没有明确的教育者，如媒体教育和同伴教育。“当下正在发生一场信息技术对传统学校教育的改革和重构，网络一代的学习者更习惯于不教的学习方式，‘互联网+’时代要求学校和教师实践不教的教育学，教育学正在发生‘由教向不教’的颠覆性创新。”③把教师作为所有教育活动的要素，是对教育的窄化、片面的理解。在社会教育中，教师未必是十分明确的，更不是特定的。

对于青少年社会教育活动来说，即使有教育者，这种教育者也是一种非专门、非专业的教师，不同于学校教育中的专职教师。“教育”一

---

① 顾明远：《对教育定义的思考》，《北京大学教育评论》2003年第1期。

②③ 谭维智：《不教的教育学——“互联网+”时代教育学的颠覆性创新》，《教育研究》2016年第2期。

词，最早见于《孟子·尽心上》“君子有三乐……得天下英才而教育之，三乐也”①。东汉许慎《说文解字》对这句话中“教育”的解释是：“教，上所施，下所效也。”②“育，养子使作善也。”③也就是说，教育是年长者施加影响、年幼者仿效学习的过程，年长者把自己的人生经验和社会技能教给年幼者是一种快乐的事情。这里说的“教育”显然不是学校教师的专利，而是每一位长辈都在经常进行的社会活动，都能够体验的快乐事情。孟子倡导的仁德之教属于思想政治教育，与其说是由专职教师实施的，还不如说是由政治人物实施的。秦朝政治家李斯提出的“以吏为师”成为秦朝的国家政策。他说的“师”是指法官、法吏，不是指专职的教师。“以吏为师”使得官员承担了教师的职责。孔子讲“三人行，必有吾师焉”，他说的“师”是非常宽泛的，不只是以教师为职业的人，更多的是各行各业的优秀者。在中国历史上，大量的教育不是由专职教师承担的。青少年社会教育中的教育者，更多的是指这种没有教师身份、不以教师为职业的人，如记者、同伴、主持人等。

法国社会学家皮埃尔·布迪厄把教育分为传播式教育、家庭教育和制度化教育三种类型，认为“传播式教育”是指“当一个人和某个社会群体或组织中受过教育的成员打交道时，无形之中就会学到许多东西”。④广播电视、报纸杂志、互联网等传播媒体，能够使青少年增长见识、获得知识、受到教育。在大众传媒的社会教育中，青少年一般不会意识到教育者的存在。即使事实上存在教育者，这个教育者也不与青少年直接见面，而是间接地启发和引导青少年进行学习和思考。人与人之间的社会交往是青少年社会教育的经常方式。人际交往既不讲授系

① 万丽华、蓝旭译注：《孟子》，中华书局2006年版，第298页。
②③ 苏宝荣著：《〈说文解字〉今注》，陕西人民出版社2000年版，第129、474页。
④ 杨善华主编：《当代西方社会学理论》，北京大学出版社1999年版，第291页。

统的知识，也不提供专门的学习素材，而是通过对视、谈话、电话、微信、合作、帮助等，向青少年传递信息、知识和经验。“我们从一开始生活，就开始了对我们自己的教育。我们的教育伴随着我们的生命。”①一个人一生下来就必然受到周围的人和事的影响，而且在生长过程中一直受到社会生活和社会环境的影响。凡是增进青少年的知识和技能、影响青少年的思想品德的社会活动都是青少年教育。从历史看，许多从来没有进过学校的青少年在社会生活中学习社会规范和社会技能，通过社会教育的途径，获得了进行社会生产、从事社会生活的基本知识和能力。从现实看，青少年学生的许多社会知识是在课堂外获得的，许多社会能力是在学校之外学会的。知识包括语言文字表达的知识、“声称的知识”，也包括“缄默知识”“行动中的知识”。前者只是人类知识的一小部分，后者包含大量的智慧。“不管是‘缄默知识’还是‘行动中的知识’，都揭示这样的事实：作为涵养知识的文本有两类：一类是独立于人的符号文本，一类是附着于人的行动文本。”②就是说，在书本外有大量的知识，这些知识是学校不能完全提供的，更多的来自社会教育。

教育研究界对工作单位的教育功能缺乏应有的关注。其实，青年离开学校后，就进入各种工作单位，需要接受工作单位的教育。“工作单位并不是以教育为主要目的而建立的，但它对其所属成员却起着在职教育的作用，包括思想政治教育、业务教育和文化教育。工作单位还以其特有的人与人之间的关系和作风、工作制度和工作实践，对每个成员进行着潜移默化的教育和影响。”③各种企业、机关、协会中的青年职

① 〔法〕让-雅克·卢梭著，李兴业、熊剑秋译：《爱弥儿：论教育》(上册)，人民教育出版社 2017 年版，第 15 页。
② 周作宇著：《教育理论的边缘》，安徽教育出版社 2009 年版，前言第 4 页。
③《中国大百科全书·教育》，中国大百科全书出版社 2002 年版，第 4 页。

工教育，不是由专职的教师实施的，而是由这些单位的领导者、人事部门和业务部门的相关人员进行的，甚至是通过这些单位的规章制度、工作文化和人际关系“告诉”青年职工的。

（四）关于青少年社会教育的自我教育问题

青少年教育中常见的是他人教育，即他人对青少年进行教育。教师是学校教育的教育者，家长是家庭教育的教育者，青少年是学校教育和家庭教育的受教育者。而在社会教育中，存在大量的没有教育者、自己对自己进行教育的自我教育。青少年教育是由他人教育和自我教育两者共同组成的。“自我教育是个体作为教育主体，在自我意识支配下，把自我作为教育对象。”①他人教育是青少年接受教育者施加的教育。自我教育是青少年个体主动地有意识地影响自己身心发展的活动，是自己教育自己。自我教育“是指受教育者为了提高自己的知识和思想，发展智力和才能，形成一定的个性品质，而进行的自觉的、有目的地自我控制的活动。自我教育在人的发展中起着重大的作用，是人参与自身发展的重要形式。”②青少年在自我教育中，根据外部的教育影响，进行自我反思、自我修正、自我启示，能够培养自己的思想品德，控制自己的言论和行为。自我教育要求青少年首先要认识自我，了解自己的优缺点，然后根据自身情况，提出自我要求，再进行自我规范、自我激励、自我强化、自我调整，从而提高自己的道德水准和知识水平。自我教育的特征是主客体的统一。青少年教育是青少年个体获得知识和技能的过程。青少年个体既是自己的教育主体，又是自己的教育客体。从根本上说，只有青少年具有认识世界、改造世界的内在动力，具有向善求真、渴求知识的主观积极性，教育才能进入青少年的内心世界，转化为青少

① 张晓静著:《自我教育论》，黑龙江教育出版社 2004 年版，第 113 页。
② 《中国大百科全书·教育》，中国大百科全书出版社 2002 年版，第 3—4 页。

年的素质。从这个意义上说，自我教育是青少年教育的基础。

中国古代教育思想的重要特征是注重内省与内求，强调启发主体的内在道德功能和自觉性。《论语·里仁》说："见贤思齐焉，见不贤而自内省也。"孔子认为，一个人能否提高自己的道德修养，不在别人，而在自己，因此主张"求诸己"，激发学生的内在学习动机。孔子的学生曾参说"吾日三省吾身"，通过自我检查和反省判定自己的言行是否合"礼"。"求诸己""见贤思齐""三省吾身"，说的都是自我教育。可见，自我教育是我国青少年教育的历史经验。

社会教育是在校外场所中，人们"在学习的必要自觉基础上发展自己的学习欲望，自己培养自身以成为自我教育的主体的一种工作；社会教育'就是民众开展的民众自身的自我教育和相互教育'。这种界定反对社会教育学校教育化，关注社会教育不同于学校教育的独特性，把自我教育和相互教育作为社会教育的本质"①。自我教育和相互教育是青少年社会教育的重要路径。自我教育体现了青少年的教育主体性，相互教育说明青少年教育中教师的广泛性。学校教育主要是教师教学生，是教师主导的教育，而不是自我教育和相互教育。自我教育、相互教育的理念，在学校教育中是难以完全实行的，只有在社会教育中才能够真正落到实处。

我们从以上讨论可以看出，青少年社会教育与学校教育、家庭教育的区别，重要的不是教育场所的不同，而是教育含义的差异。教育概念是说明教育事实的工具，从不同角度看具有不尽相同的含义。社会教育具有比家庭教育和学校教育更为丰富和宽泛的含义。青少年社会教育"既可以是有意识的，也可以是无意识的；既可以是直接的教育活动，

① 吕慧、侯怀银：《日本的社会教育研究》，《日本问题研究》2014 年第 4 期。

也可以是间接的社会影响；既可以有特定的教师，也可以没有明确的教师；既可以是他人教育，也可以是自我教育。”①这些教育含义超越了家庭教育和学校教育的范畴，为青少年教育赋予了新的内涵，提供了新的视野。青少年社会教育的教育含义反映了青少年教育的本来意义。明晰青少年社会教育的含义，既有利于从一种宽广的视野去看待青少年教育，更完整准确地认识青少年社会教育的本质，也有利于开发更多的社会资源、采用更多的社会手段去对青少年进行教育，从而促进青少年的健康成长和全面发展。

第二节　社会教育和青少年社会教育

一、社会教育概念的出现

社会教育作为一种社会活动由来已久，早在远古时代就存在，但作为一个名词，直到 19 世纪中叶才出现。学术界普遍的看法是，“社会教育”一词是 1835 年德国教育学者狄斯特威格在《德国教师陶冶的引路者》一书中首先使用的。他认为，“传统的教育应该扩大至国民的各个阶层，必须实施实际的‘社会帮助’，尤其是生活关系的观察，以发现生活的需要与国民的需要的因素。”②为解决当时因工业化而造成童工和儿童失学的问题，他提出设立专门学校供失学儿童就读，让儿童学习一些实际知识和技能，使他们成为有用的公民。1838 年，他在《论爱国主义教育》一文中提出“社会教育学”，认为“社会教育应与社会政策配合，那些在工厂中工作的儿童，没有能接受正式的学校教育者，应该

---

① 张良驯：《青年社会教育含义探析》，《青年学报》2017 年第 2 期。

② 詹栋梁著：《社会教育学》，五南图书出版有限公司 1983 年版，第 2 页。

用社会的力量来教育他们。”社会教育的提出是为了解决社会问题，社会教育的最初含义是与“社会帮助”相连，但是这种社会帮助具有教育意义。当时，有的学者认为，“社会教育不只是实际的‘社会帮助’，而且也是通过社会之一种教育。社会教育的理论具有教育学的观点。”① “社会教育学通常要牢牢地把握教育学的课题。”②也有学者认为，“社会教育学所表示的不但是一种原则，它隶属于综合的教育学之下，而且它既不属于家庭教育，也不属于学校教育。社会教育学的意义包括社会的教育的照顾与国家的教育的照顾，甚至学校以外的教育的照顾。这种教育的照顾被视为急难的帮助。也就是它被接受的概念为：正常的与健康的学校与家庭，其教育负荷者能力所无法达到者，才实施急难的帮助。”③应该指出的是，经过近代社会教育的广泛发展，“今天的社会教育不只是急难的帮助，而且是扩大至教育的范围，成为一种教育形式”，“社会教育学逐渐成为一门独立的科学”。④的确，社会教育源于社会帮助、社会照顾，但今天已发展为一种教育形态，成为一门独立的教育学科。

中文“社会教育”一词是20世纪初从日文翻译过来的。在留日学生的助推下，中国当时创办的教育刊物大量介绍日本的教育思想和做法。中国近代第一份教育刊物《教育世界》，在1902年7月第29号中刊登了日本利根川与作所著的《家庭教育法》，出现了“社会教育”这个名词；在1902年8月第31号中翻译介绍了日本佐藤善治郎所著的《社会教育法》。该文提出，“余所谓社会教育者，对学校教育而言，目的在高社会之智识、道德而已。”这是我国对国外“社会教育”名词的最早介绍。1903年6月10日，我国留日学生创办的《游学译编》第8

①②③④ 詹栋梁著：《社会教育学》，五南图书出版有限公司1983年版，第83、4、37—38、47页。

册翻译了日本中岛半次郎的《论学校对家庭与社会之关系》一文。该文指出："教育之事，析为三段。幼年受教于父母，曰家庭教育。稍长就业于师傅，曰学校教育。处世、接物、立身、行事，曰社会教育。"这里划分了人的一生的三个教育阶段，提到社会教育的内容。该文还指出，社会具有教育意义，社会与家庭并立而成为一种教育场所。到处是社会，因而到处是教育场所。刊登在《游学译编》第 9 册上的《教育泛论》一文指出："有家庭之教育。有学校之教育。有社会之教育。家庭教育之范围狭，而学校教育与社会教育之范围广。家庭教育之势力小而学校教育与社会教育之势力大。"这明确指出了教育存在的三种形态。刊载在《游学译编》第 11 册上的《社会教育》一文分析了家庭、学校与社会的关系，指出家庭接受社会之影响，学校只不过是"出入家庭、社会间这一过渡的时代耳"，从而突出了社会教育比家庭教育和学校教育更为重要。该文认为，社会的思想、知识存在一条水平线，水平线之上的人要担负起教育水平线之下的大部分人的责任。这篇文章是我国最早的社会教育专论。此外，1904 年 2 月《教育世界》第 69 号发表的《论近代教育学之变迁》一文介绍了西方教育学流派，指出了西方教育学的演进过程。《教育世界》从 1904 年 10 月第 84 号起，连续介绍德国代表性的社会教育学家的思想主张，德国社会教育家的新观点似潮水涌入我国教育学界。①可见，"社会教育"一词 20 世纪初已经在我国教育理论界出现，这是源于对日本和德国社会教育思想的介绍。

二、社会教育的含义

对于社会教育概念，学术界从不同的角度进行了界定。主要情况

---

① 王雷：《"社会教育"传入中国考略》，《河北师范大学学报（教育科学版）》2000 年第 4 期。

如下。

一是教育主体角度的界定。这种界定旨在说明社会教育是由社会实施的。典型的说法有："社会教育就是社会的教育，社会化的教育。"①"社会教育是指由社会各界所开展的教育。"②"社会教育是以社会作为教育主体实施的教育"，是指"社会为促进人的全面发展和社会进步，而采取的有目的、有计划、有组织的种种教育实践活动"。"社会作为教育主体，不能一般意义上谈'社会'发挥教育作用，而应该强调社会中行政机关、警察、赋税等物化的政治因素，法律、国家政治体制等抽象制度层面的政治因素，以及哲学、宗教、道德和伦理等思想层面的意识形态因素都要发挥教育的作用。""社会教育化"是指："社会体现出教育的形态，具有教育功能；从动态角度看，指社会的发展过程就是教育的过程，就是人的社会化的实现；从静态视角看，指社会内涵教育因素。""我们可以这样定义社会教育，它是整个社会的职责，是社会有意而为之的一种独立的教育活动，是由社会组织计划的，在个体学习与社会教育共同发挥作用过程中促使人的社会化完成的教育实践。"③

二是教育对象角度的界定。这种界定旨在说明社会教育是面向社会全民实施的。典型的说法有："社会教育者以社会之全体为教育之客体而施教育于社会全体之谓也。"④社会教育是"对社会全体成员进行的有目的、有系统、有组织、独立的教育活动"⑤。"国家、公共团体或私人，为图谋民众资质的向上，以社会全体为客体，使影响及于社会全

①④ 王雷著：《社会教育概论》，光明日报出版社2007年版，第35、66页。
② 彭正文：《新加坡中小学的社会教育》，《外国中小学教育》2011年第10期。
③ 龚超、尚鹤睿：《社会教育概念探微》，《浙江社会科学》2010年第3期。
⑤ 侯怀银：《学习型社会呼唤社会教育》，《教育与职业》2008年第13期。

体的教育，叫作社会教育。”①“社会教育的对象是社会，是民众，是全民，不是个人。”②“社会教育是以社会全民为对象的。无论是老是幼，是为男为女，不拘是贫是富，不问其职业的地位如何，社会全民都是社会教育的对象。”③社会教育“使全体民众不论男女老幼贤愚贫富，凡未受教育的人得补受国民应受的基础教育，已受教育的人得有受继续教育的机会，以增进社会全体教育的程度”④。社会教育是“对社会成员，特别是青少年所进行的教育”⑤。

三是教育内容角度的界定。这种界定旨在说明社会教育是教什么的。典型的说法如下。社会教育是“以经济、政治、文化、生活为内容的多种形式的教育”。社会教育包括了“处世、接物、立身、行事”。⑥“就其内容来说，社会教育包括确立社会意识、形成社会观念、塑造社会性格、养成社会能力、学会社会规范、了解社会文化、融入社会生活、培育社会影响力等方面，其实也就是帮助教育个体树立正确的人生观与社会观。”⑦

四是教育方式角度的界定。这种界定旨在说明社会教育是如何实施的。典型的说法如下。 社会教育是指“在广泛的社会生活和生产过程中所进行的教育活动”⑧。“社会教育是学制系统以外的，以政府推动为主导的，社会团体和私人推动为辅助的，利用和设置各种文化教育

---

① 马宗荣著：《社会教育概说》，商务印书馆 1933 年版，第 1 页。
②④ 王雷著：《社会教育概论》，光明日报出版社 2007 年版，第 67、34 页。
③ 马宗荣著：《社会教育事业十讲》，商务印书馆 1936 年版，第 8 页。
⑤ 厉以贤著：《现代教育原理》，北京师范大学出版社 1988 年版，第 334 页。
⑥ 侯怀银、张宏波：《“社会教育”解读》，《教育学报》2007 年第 4 期。
⑦ 袁国富、唐安渝：《当代青少年社会教育现状及对策思考》，《中国校外教育》2012 年第 6 期。
⑧ 全国十二所重点师范大学联合编写：《教育学基础》，教育科学出版社 2002 年版，第 8 页。

机构与设施，对全体国民所实施的一种有计划、有目的、有组织的教育。”①“关于社会教育，一般认为是因在教育场所及对象方面具有自身特点而区别于学校和家庭教育的一种传统教育形式，包括国家各级党政机关、社会团体及企事业单位进行的有主题、有目的的宣传教育活动，从而提升社会成员的思想道德水平，此外也包括社会成员之间有意识地相互影响。”②

五是教育功能角度的界定。这种界定旨在说明社会教育能够发挥什么作用。典型的说法如下。社会教育的目的在于与学校教育“共同促进全体国民身心之充分发展，社会生活之全面改善，社会文化水准之普遍提高，以增进国家社会之繁荣与进步”③。社会教育的“基本含义是指一切社会生活影响于人的身心发展的教育，泛指一切增进人的知识、技能、智力、身体健康以及形成或改变人的思想意识的活动”④。

六是广义狭义角度的界定。这种界定旨在说明社会教育概念具有广义和狭义之分。典型的说法如下。“社会教育可以从广、狭义两方面去理解：广义的社会教育，是指有意识地培养人，并使人身心和谐发展的各种社会活动。狭义的社会教育是指由政府、公共团体或私人所设立的社会文化教育机构对社会全体成员所进行的有目的、有系统、有组织、独立的教育活动。”⑤广义的社会教育“指与学校教育、家庭教育并行的影响个人身心发展的社会教育活动；狭义指社会文化教育机构

---

① 王雷著：《社会教育概论》，光明日报出版社2007年版，第11页。

② 康喆清：《试论汉代社会教育策略及对当代的启示》，《山西大学学报（哲学社会科学版）》2012年第1期。

③ 李建兴著：《社会教育新论》，三民书局股份有限公司1981年版，第5页。

④ 张少军、韩秋红：《社会教育理论的实践方式研究——在中外社会教育比较视野下》，《外国教育研究》2006年第12期。

⑤ 侯怀银、张宏波：《“社会教育”解读》，《教育学报》2007年第4期。

对青少年和人民群众开展的各种文化和生活知识的教育活动”①。“狭义的社会教育指的是学校教育和家庭教育之外的文化、教育等机构及社会团体、企业事业单位、个人对各种社会成员所开展的教育。广义的社会教育，指的是社会发展、社会生活过程中的具有教育意义的一切活动。”②

七是教育形态角度的界定。这种界定旨在说明社会教育是一种不同于学校教育、家庭教育的教育形态。典型的说法如下。“社会教育为家庭教育、学校教育以外，所实行的教育活动的泛称。”③“社会教育是与家庭教育、学校教育相对应的，区别于家庭教育和学校教育的促进个体社会性发展的教育活动的总和。”④“社会教育是教育的三种形式之一，是指在除学校和家庭以外的其他任何场所里所进行的一切教育活动和教育事业，包括国家机关、社会团体、企事业组织和社会成员间有意识、有组织和有目的影响人的成长和学习的活动。”⑤“从教育学学科的意义上，社会教育是区别于家庭教育、学校教育的一个独特领域和基本教育形态。”“现代教育层次、种类繁多，其基本存在形态有家庭教育、社会教育和学校教育，它们分别从不同的时间、渠道，以不同的形式对人的发展和社会发展起着不同的作用，构成了社会完备的教育有机系统。”⑥

综上所述，社会教育概念包括以下基本含义：从教育主体看，社会教育是由社会实施的；从教育对象看，社会教育是面向社会全体成员进

---

① 顾明远主编：《教育大辞典》，上海教育出版社1998年版，第1353页。
② 程方平主编：《中国教育问题报告——入世背景下中国教育的现实问题和基本对策》，中国社会科学出版社2002年版，第140页。
③ 吴学信著：《社会教育史》，商务印书馆1939年版，第1—2页。
④ 佘双好：《青少年社会教育的本质与内涵》，《中国青年研究》2007年第12期。
⑤ 车如山：《社会教育的历史考察》，《继续教育研究》2009年第1期。
⑥ 刘梅：《论思想政治教育的社会教育形态》，《思想教育研究》2011年第9期。

行的；从教育内容看，社会教育不是以书本为教材，而是以经济、政治、文化、生活为内容的教育；从教育方式看，社会教育是在广泛的社会生活和生产过程中所进行的教育活动；从教育形态看，社会教育是与家庭教育和学校教育并列的教育形态；从教育功能看，社会教育促进人的素质的提升和社会文化的进步。

三、青少年社会教育的含义

青少年社会教育是把青少年作为社会教育的对象，是对青少年进行的社会教育，属于社会教育的一种类型，因此，青少年社会教育概念从属于社会教育概念，是社会教育概念的下位概念。在梳理了社会教育概念的含义后，我们再来看看学术界对青少年社会教育概念的界定。

关于青少年社会教育概念，学术界代表性的观点主要有以下三种。

一是青少年社会教育与家庭教育、学校教育并列。典型说法如下。“青少年社会教育是与家庭教育、学校教育相对应的，区别于家庭教育和学校教育，促进青少年个体社会性发展的教育活动总和。”①青少年社会教育“不是家庭教育和社会教育的补充，而是具有独立教育形态的一种教育形式。社会生活是青少年除家庭、学校以外的主要生活领域，在社会生活中，存在着各种各样的社会教育资源，各社会教育机构和部门也积极提供着各种各样影响青少年发展的教育性经验。这些教育性经验有些对青少年成长发展起着积极影响，有些则发生着消极影响，因此，社会教育资源需要积极整合。”②“青少年社会教育是指由家庭和学校以外的社会文化教育机构对全体青少年实施的有目的、有系统、有

---

① 钟红：《创新社会管理与青少年社会教育体系建设探讨》，《山东青年政治学院学报》2013 年第 2 期。

② 佘双好：《青少年社会教育的本质与内涵》，《中国青年研究》2007 年第 12 期。

组织、相对独立的内容广泛的教育活动。”①青少年社会教育主要是指针对青少年群体，“在学校教育与家庭教育之外，通过一定的文化教育机构与设施所实施的有目的、有计划、有组织地影响青少年个人身心发展的教育活动”②。“青少年社会教育是指青少年在除家庭教育和学校（单位）教育以外的社会生活中所接受的教育性经验的总和，是社会提供给青少年的所有教育性经验的总和。”③

二是青少年社会教育不同于一般的社会教育。典型说法如下。青少年社会教育是以青少年为主体的，要“把青少年社会教育与一般社会教育区别开来”。“青少年个体在社会生活中是以主体的身份和姿态进入社会生活的各个领域，感受着社会生活实践的各种变化，接受着各种社会教育的信息。青少年在社会生活中接受的各种各样的教育性经验，只有通过青少年个体所接受、感悟，并内化为自身的基本观念，并转化为个体日常生活中的能力和素质，才能发挥作用。从这个意义来说，青少年社会教育的开展应以青少年本身的需求与发展为基础，从积极或优势视角展开社会教育活动。”④青少年社会教育的特点“是以公共社会生活为基础，以青少年个体主动参与社会活动和经验性体验为特点，以青少年个体社会性发展为主要内容的教育形式及活动”⑤。

三是青少年社会教育是青少年在社会生活中获得的教育性经验。

---

① 张荣：《当前我国青少年社会教育现状的调查与分析——以山东省为例》，《山东青年政治学院学报》2013 年第 5 期。
② 马云鹏、王雷：《对我国青少年社会教育研究现状的审思》，《基础教育研究》2010 年第 12 期。
③ 陆士桢、蔡鲁南、徐选国：《论共青团在青少年社会教育中的统筹作用》，《中国青年政治学院学报》2013 年第 1 期。
④ 佘双好：《青少年社会教育的本质与内涵》，《中国青年研究》2007 年第 12 期。
⑤ 钟红：《创新社会管理与青少年社会教育体系建设探讨》，《山东青年政治学院学报》2013 年第 2 期。

典型说法如下。“青少年社会教育不仅仅指社会教育专门机构对青少年所开展的教育活动，而是青少年在社会环境中获得的所有教育性经验的总和，以直接经验为主，并随着青少年的成长和发展不断拓展。”① “人们对社会教育存在一种误解，以为一些专门的社会教育机构在有目的、有计划地对青少年实施教育。……事实上，除专门的青少年教育和活动机构外，其他社会文化机构和团体并不专门实施针对青少年的社会教育，而青少年在社会生活中受到的教育也并非由专门的社会教育机构提供，相反，它所占的比重非常小。由此细想，社会教育的传统定义似乎存在很大的局限。我们认为，社会教育的概念不应从教育者的角度来界定，而应从受教育者的角度来界定，即社会教育是青少年在社会环境中所获得的教育经验的总和。如此一来，我们就会发现，青少年在成长过程中所获得的社会教育是多元的……随着青少年的成长，其在社会环境中获得的教育性经验会不断拓展，不仅包含从专门机构那里获得的经验，也包含从所有社会环境中获得的经验；不仅包含具有明确导向性、显性的经验，也包含那些无意中获得的教育经验；不仅包含以理论形态和知识形态呈现的经验，也包含直接经验和以活动形态呈现的经验。”②

从学术界关于社会教育概念和青少年社会教育内涵的普遍观点看，青少年社会教育是社会机构、社会组织和个人，在学校和家庭以外场所进行的、促进青少年成长发展的社会活动。这就是青少年社会教育概念。这个概念包含以下四个方面的含义。

（一）青少年社会教育的主体是社会机构、社会组织和个人

对青少年社会教育进行界定，首先要明确实施教育的主体，即由谁

①② 佘双好：《在社会教育中积累成长经验》，《中国德育》2013年第2期。

对青少年进行社会教育。社会教育的主体，顾名思义是社会。对于青少年社会教育来说，这个“社会”可概括为社会机构、社会组织和个人。这三者在社会活动中都会对青少年的思想道德、知识技能和身心健康产生具有教育意义的影响，因此都可以成为青少年社会教育的主体。政党、政府、企业、团体、媒体等都可以成为青少年社会教育的主体。例如，在政党选举中，竞选者的竞选活动、竞选言论会影响青少年的社会认知；政府的各种公共管理活动会直接影响青少年关于公平、平等的价值观；媒体的宣传报道会影响青少年对社会事务的看法，进而影响青少年的思想道德观念。当然，尽管各种社会机构、社会组织都可能对青少年产生教育影响，但是，不同的社会机构、社会组织对青少年的教育影响不是完全相同的，同一个社会机构、社会组织在不同时期对青少年的教育影响也不是一成不变的。

除社会机构、社会组织外，个体通过自身的言论和行为，也会对青少年的思想、知识、心理等产生着一定的教育影响。例如，一个人在日常生活中说的话、做的事会影响青少年的思想观念、行为习惯；在媒体上发表的言论会影响青少年的社会认知、价值观念和道德情感，因此，个体也可以是青少年社会教育的主体。特别需要指出的是，青少年具有强烈的好奇心和成才梦，特别容易受到公众人物的教育影响。英雄人物、文体明星对青少年的人生观念、生活方式产生超乎寻常的教育影响。一些少男少女热衷于追星，成为所崇拜明星的粉丝，不仅在价值观方面认同明星，而且在言行方面甚至穿着打扮上模仿明星。信息技术放大了个体对他人和社会的教育影响。通过微信、微博等自媒体，个体对青少年的教育影响是经常的、多样的、广泛的。

（二）青少年社会教育是在家庭和学校之外的场所进行的

学术界普遍认为，社会教育是一种不同于学校教育和家庭教育的教育形态。社会教育不在家庭内，也不在学校中，而是在这两者之外的场所进行的。青少年社会教育指的是青少年在家庭和学校之外的广泛社会生活中，所接受到的各种具有教育意义的社会影响。陶行知说“生活即教育”“生活无时不含有教育的意义”，这里说的教育指的是社会教育。社会教育的课程不是几本书、几门课，而是广泛的社会生活。社会生活是丰富多彩的，也是纷繁复杂的。社会生活中的世间百态、万千事物都是青少年教育的现实素材，都可能会对青少年产生教育影响。青少年在社会生活这个大课程中学习成长。课堂在学校、家庭之外，而且是没有边界的，这是青少年社会教育场景的写照。以社会生活为平台的青少年社会教育是有目的与无目的并存、有组织与无组织共举。在社会生活中，存在由专门的教育机构开展的组织化教育活动，如青少年宫教育、科技馆教育，但更多的是润物细无声、无声胜有声的非组织化的教育影响，如政府部门对某一个社会纠纷的处理、媒体对某一件社会事件的报道、电视剧中的某一个人物形象。对于青少年的学习成长，如果说学校教育有时存在“有心栽花花不开”的失落，那么社会教育则常常存在“无心插柳柳成荫”的惊喜。相较学校教育，社会教育更需要发挥青少年的主观能动性，需要青少年主动学习、自我教育，在是否学、学什么、如何学上做出自己的选择。

应该指出的是，社会教育场所的广泛性使得青少年社会教育与学校教育、家庭教育相比，在教育主体、教育资源和教育载体上都存在较大差异。社会教育团体和社会教育设施都是主要的社会教育活动要素。其中，设施“以物质因素为基础，而团体则意味着由人组织起来的集团的定型的样态，是以人的因素为核心的概念”①。社会教育设施是为了

① 〔日〕新堀通也等著，张惠才等译：《社会教育学》，春秋出版社 1989 年版，第 102 页。

达到社会教育目的而设置的“建筑、设备以及利用这些建筑、设备援助人们所进行的活动的职员构成的。即社会教育的目的和物质的、人的条件有机地统一起来，便是社会教育设施的基本性格”①。“目前我国青少年的社会教育主要包括三大类：机构教育、社区教育和传媒教育。机构教育，即由青少年宫、博物馆、科技馆、图书馆等社会教育机构开展的社会教育。社区教育，即是以社区为场域和平台开展的社会教育活动。传媒教育，即是由大众传播媒体开展的潜移默化而影响深远的社会教育。”②我国青少年社会教育资源分为三大类：自然遗存、物质文明载体和精神文明载体。自然遗存是指那些自然界本来就存在的名山大川，花鸟鱼虫，日月星辰等。这些是人类赖以生存和发展的基本条件。本身就包含美的要素，可以借以培养广大青少年对祖国的大好河山的热爱和健康的审美方式；物质文明载体主要包括风景名胜区、博物馆、文物馆、爱国主义教育基地、森林公园、自然保护区、园林建筑、科研基地、大学、工业基地、农业基地、水利工程、特色城市、风物特产等包含人类的智慧和劳动的客观存在的实体。这类社会教育资源一般很受青少年的欢迎，是对重理论重成绩的应试教育模式的一个很好的补充。这些资源可以开阔青少年的眼界，有助于他们的价值观和动手实践能力的养成。精神文明载体是指人类精神文明成果的表现形式的物化，包括戏剧歌舞、宗教习俗、盛典节庆、文学艺术、烹饪技艺等。这类社会教育资源可以很好地让青少年身临其境感受文化与艺术的魅力，奠定其人文底蕴，完善他们的人格。③青少年社会教育资源包括：(1) 博物馆、文物陈列室、纪念馆、图书馆、文化馆、艺术馆、爱国主义教育示范

① 〔日〕新堀通也等著，张惠才等译：《社会教育学》，春秋出版社 1989 年版，第 93 页。

② 张荣：《当前我国青少年社会教育现状的调查与分析——以山东省为例》，《山东青年政治学院学报》2013 年第 5 期。

③ 王美娟：《社会教育资源与素质教育的联系及作用》，《科技风》2012 年第 12 期。

基地、新华书店、影剧院、音乐厅等文化部门社会教育资源；（2）科学宫、科技馆、青少年科普教育基地、科研院所等科技部门社会教育资源；（3）工人文化宫、妇女儿童中心、少年宫、青年宫等群团系统社会教育资源；（4）体育馆（场）、社区体育设施、体育活动、体育训练等体育系统社会教育资源；（5）劳动就业培训中心、职业技能训练中心、政策性培训等劳动和社会保障系统社会教育资源；（6）电台、电视、网站、影视及动漫基地、图书出版机构、报社杂志社等新闻多媒体与出版教育资源；（7）现代农业基地、现代林业基地、现代牧业基地、现代工业基地、现代商储与物流基地、交通运输枢纽与“大动脉”等现代农（林、牧）工、商储物流基地；（8）标志性建筑物、自然和人文景观、公园、动物园、保护区、地质公园等建设与园林、国土资源与环保系统社会教育资源；（9）会展、节庆、习俗、工艺等会展与节庆活动社会教育资源；（10）教育培训机构、所属设施、参观展示物、相关人力资源等政府、司法、社区机构及其他教育资源。①

（三）青少年社会教育的核心是为青少年提供知识和经验

人们的社会活动纷繁复杂，不可胜数，许多社会活动对青少年不具有直接的教育影响。青少年社会教育属于教育范畴，是一种教育形态。只有那些对青少年的思想、道德、知识和技能产生了直接的社会影响、发生了直接的促进作用的社会活动，才属于教育范畴，具有教育意义，成为教育活动。对青少年是否产生了直接的教育作用，是衡量一种社会活动是否属于青少年社会教育的根本标准。社会活动对青少年产生了教育影响，发生了教育作用，这是青少年社会教育要把握的基本问题。一般来说，不同的社会活动由于性质不同、类型不同，对青少年产生的

① 肖俭伟：《开放整合社会教育资源，构建全面素质教育的社会环境研究》，《江西广播电视大学学报》2012 年第 4 期。

教育作用是不同的。社会活动对青少年的教育影响，有的是单一的，有的是多重的，同时，影响力度也不同。

需要指出的是，社会组织和个人在对青少年发生教育影响的过程中，不是单向度的输入，不是简单的教师讲学生听，更不是不加区别的照单全收，而是一个非常复杂的选择、判断、扬弃的过程。青少年在社会教育中不是被动的受教育者，而是主动的学习者，因此社会活动的教育影响力在很大程度上取决于青少年个体在学习中的自主意识和主动精神。

（四）青少年社会教育的对象是青少年

青少年是青少年社会教育的对象，这点是非常明确的。诚然，所有人都需要接受也在不断受到社会教育，社会教育的对象是全体社会成员，社会教育具有终身教育的意义。但是，我们不能仅仅从终身教育角度看待社会教育，更不能用终身教育取代社会教育，不能忽视青少年社会教育的特殊性。社会教育的重点是青少年，因为青少年处在生理和心理发展的关键期，处在社会化的过程之中，可塑性很强，成长空间很大，最具有教育价值。社会各个方面同学校、家庭一起担负起教育青少年、培育青少年的重要责任。青少年社会教育针对青少年这个快速成长的群体，比成年人的社会教育更具有教育价值和社会价值，也更为必要和重要。青少年社会教育学是要研究青少年社会教育的一般理论，发现青少年社会教育的一般规律，促进青少年在社会教育中得到健康成长和全面发展。

第三节　青少年社会教育的要素

一、青少年

青少年包括青年和少年，是青少年社会教育的对象，也是青少年社会教育活动的一个基本要素。从社会教育对象的角度看，青少年群体可分为四类：第一类是在校就读的青少年群体；第二类是离校就业的青年群体；第三类是离校但无业的青年群体；第四类是特殊青少年群体，如违法犯罪青少年群体。

我国法律法规对未成年人的年龄有明确的规定，但对青少年的年龄却没有统一而明确的界定。青少年概念在我国用得很模糊，比较混乱。2015 年，团中央办公厅委托中国青少年研究中心开展“青年年龄”课题研究。来自中国青少年研究中心、北京大学、中国社会科学院、中国青年政治学院的专家学者在该课题论证会上，从不同的学科角度，发表了各自不同的意见。该课题报告提出，现实生活中，关于青年的年龄范围存在不同的界定方式。一是青年年龄范围的单一性界定。这是指对青年的年龄范围做出明确的界定。代表性的是，联合国对青年的年龄范围界定为 15—24 岁，俄罗斯为 14—30 岁，挪威为 13—30 岁，比利时为 10—29 岁。总体上看，大部分国家对青年的年龄范围设有下限和上限。有的只规定了下限或上限，比如芬兰青年法的实施对象为 29 岁以下，只是规定了青年年龄的上限。二是青年年龄范围的复合性界定。这是指在明确界定青年的年龄范围基础上，再对青年群体内部进行多阶段的年龄划分。复合性界定对青年的年龄范围跨度较大，年龄下限一般为 14 岁左右，年龄上限或为 35 岁，甚至达到 40 岁。一般划分为青年前期、青年中期、青年后期，或青春早期、青春中期、青春晚期等三个阶段。这种复合性界定，多适用于心理学、生理学、社会学等学科的相关研究。三是青年年龄范围的弹性界定。这是指以青年的生理发展、心理发展、社会发展的标志来界定青年，而不是以具体的年龄来划定青年群体。例如，美国学者斯腾伯格在《青春期：青少年的心理发展和健康成长》一书中，从生理、情感、认知、人际关系、社会、教育、法律、时序和文化九个方面，对青年的开始标志与结束标志进行了论述，但都没有具体化为某一个年龄时点。有的是把青年年龄下限和上限划定为一个区间，比如，有研究认为，青年年龄的下限平均在 13—15 岁，青年的年龄上限为 35 岁甚至 40 岁。另外，还有一种采取否定性的办法来进行界定。比如，匈牙利的青年法规定：“凡参加工作并组建家庭后即不再是青年。”

青年概念无论怎么界定，最终都要落到年龄上，要明确多少岁，不能在年龄上模糊不清。如果把年龄之外的心理成熟、就业、成家等作为衡量青年的标准，那么青年概念就会成为一个难以把握、飘浮不定的名词。因为，心理成熟本身是相对的，一些中年人心理也不是很成熟。至于成家和就业时间，也具有相对性。我们不能把青年看作一个相对的概念，而要准确界定青年的年龄。

1985 年是联合国大会确定的“国际青年年”，当年 11 月召开的联合国大会把 15—24 岁的人定义为青年。1995 年召开的第 50 届联合国大会通过了《到 2000 年及其后世界青年行动纲领》。该文件规定青年为“15—24 岁的年龄组”，同时提出“关于青年的定义随着政治、经济和社会文化情况的波动而不断有所改变”。①我国无论是在青年研究中，还是在青年工作中，都没有采用 15—24 岁这个青年年龄的说法。我国不同地区、不同所有制的企业普遍把青年的年龄上限界定为 35 岁，有的企业还根据 35 岁以下职工的人数拨付企业团委工作经费。共青团中央青工部开展青年文明号活动和青年岗位能手活动时，界定青年年龄上限为 35 岁；而共青团中央统战部开展十大杰出青年评选时，界定青年年龄上限为 39 岁。2016 年 12 月 6 日全国青联十二届二次常

① 《到 2000 年及其后世界青年行动纲领》，《青年研究》2001 年第 2 期。

委会审议通过的《青年联合会组织办法》第十八条规定："新出任委员年龄小于 40 周岁，连任委员年龄小于 45 周岁。"这样，在全国青年联合会中，40 岁以上的委员不少，有的超过 45 岁。社会上，一些 45 岁左右的企业家、科学家、作家被媒体称为青年企业家、青年科学家、青年作家。2016 年重庆市作为全国群团改革试点城市，在相关文件中规定，按 6—35 周岁户籍人口数每人每年 1.1 元纳入年度部门预算安排，且逐年递增 0.1 元。这意味着 35 周岁是青年年龄的上限。

青年年龄不确定带来多方面的负面影响。一是导致关于青年的理论研究缺乏科学性。如果青年年龄跨度二三十岁，那么对青年的一般理论研究就没有多少实际价值，不能成为公共政策制定的依据。因为，一个 16 岁的人与一个 36 岁的人，无论生理、心理、思想状况，还是知识能力、社会阅历、个人生活都大为不同，更不用说与 46 岁的人相比，要知道一些 40 岁人的孩子可能已经有 16 岁。青年是人生的一个阶段，没有道理说一对父子都是"青年"。青年年龄跨度大，使得针对青年的研究有可能走向片面，偏离青年的实际情况，不是严谨的科学研究。二是导致共青团工作缺乏针对性。共青团工作要从青年的实际出发，开展符合青年特点的社会教育。毛泽东在《青年团工作要照顾青年特点》一文中说："青年人和成年人不同"，"青年就是青年，不然，何必要搞青年团呢？"①诚然，不同年龄的人在生理、心理、为人处世等方面，往往表现出不同的特点。如果青年年龄不确定，青年人群就不确定，所谓的青年特点也必然不确定，这样，共青团工作就没法照顾青年的特点。毛泽东说："青年人就是要多玩一点，要多娱乐一点，要跳跳蹦蹦，不然他们就不高兴。以后还要恋爱、结婚。这些

① 《毛泽东文集》（第六卷），人民出版社 1999 年版，第 279 页。

都和成年人不同。”①这样的特点在30岁以上的人身上能有多少，更何况超过40岁的人？从毛泽东对青年特点的描述看，他说的青年是结婚前、爱好玩乐的人。毛泽东说：“十四岁到二十五岁的青年们，要学习，要工作。”②可见，他对青年年龄的界定是14—25岁，这个界定倒很接近联合国对青年年龄的界定。事实上，1925年中国社会主义青年团第三次全国代表大会、1949年中国新民主主义青年团第一次全国代表大会、1978年中国共产主义青年团第十次全国代表大会都把团员年龄规定为14—25岁。1982年中国共产主义青年团第十一次全国代表大会才把团员年龄调整到14—28周岁。从青年工作的实际看，把青年年龄上限过分扩大，使得一些共青团干部热衷于开展面向少数优秀青年的工作，忽视对更需要帮助的普通青年的工作，因为35岁以上的通常会比25岁的在事业上获得更大的成功。2015年7月召开的中央党的群团工作会议提出，要克服群团工作的“机关化、行政化、贵族化、娱乐化”问题，核心是解决群团组织脱离群众的问题。2016年开始的共青团中央改革针对团代会代表、团中央委员、全国青联委员、团属青年社团成员中普通青年比例偏低，部分工作不接地气，在一定程度上存在重“精英”轻“草根”、工作对象高端化等问题，明确要求要完善代表大会和委员会制度，在团的领导机构中保证基本群众代表的合理比例，注重吸收农民工、社会组织骨干、自由职业者等新兴青年群体中的优秀党员、优秀团员，明显提高基层和一线团干部、团员的比例。团十八大时，团的代表大会、团中央委员会、团中央常委会中基层一线代表的比例分别不低于70%、50%、25%。在团十七届中央委员会界中调整时大幅增加基层和一线委员、常委的比例。对于共青团组织来说，只有把工

①② 《毛泽东文集》(第六卷)，人民出版社1999年版，第277页。

作重心放在最需要帮助的十多岁、二十多岁的青年身上，才能真正加强与普通青年的联系，团结引导广大青年群众。三是导致青年政策难以出台，不利于青年利益的实现和权益的保护。青年政策重要的是对处于成长期的青年予以特别关照，对青年的学习、就业、生活给予一定社会照顾。十多岁、二十多岁的青年最需要政府出台青年政策，得到特别保护和特殊待遇。如果一名 39 岁甚至 43 岁的成功企业家都属于青年，那制定青年政策、给予特别照顾就成为多余的、不公平的，事实上也是不可能的。青年年龄不清是制约青年政策制定的一个基础性因素。

青少年概念是一个年龄概念，以生理、心理为基础，不能人为地加上社会意义。青年的界定是以生理发育为基础的，而生理发育主要取决于年龄，年龄在很大程度上反映出一个人的生理发育程度。人的一生可以分为“幼年”“少年”“青年”“中年”“老年”等阶段。这几个概念的联系和转化，反映着人的生命的变化过程。可见，“青年”这个概念表示人生的一个发展阶段。一个人是青年人，就意味着已越过了生命的少年阶段，下一步将迈入中年阶段。“青年是指生命的一定年龄，指具有超时空意义的生命过程的一个阶段，因为在任何时代，任何地方，每一个人都毫无例外地经历这个时期。”①年龄决定了青年的其他属性。青年处在身体发育、心理发展、人格形成的时期，集中接受中学、大学教育，开始第一次就业，这些特性都是由其年龄决定的。心理学讲的青春期，也是由年龄决定的。青年的年龄是本，其他属性是末，定义青年概念时不能本末倒置。不能只看到青年的心理发展、结婚成家、就业等属性，更不能夸大这些属性，而应该清楚这些属性都是源于青年的年龄。因此，青年概念是一个与年龄相关的概念。把年龄作为青年概念的本质

① 中国青少年研究中心、中国青年研究会编：《'94 国际青年研究文摘》，1995 年 1 月，第 139 页。

属性，符合生活常识。每类事物所固有的质的规定性往往不止一种。从什么方面、什么角度强调其质或属性，以区别于其他事物，要依实践的需要。①青年既是一个科学概念，也是一个生活概念。青年概念的定义不能违背人们的生活认知。“大众乐于去接受青年的年龄标准，抛开实用性和可操作性外，易于接受是最重要的。”②目前在青年研究领域存在把青年概念泛化的现象，如把青年作为一种文化现象，这不是进行概念界定。

应该指出的是，从共青团工作和青年工作的实际看，人们普遍把35周岁作为青年年龄的上限。中共中央、国务院2017年发布的《中长期青年发展规划（2016—2025年）》界定的青年是指14—35周岁的人群。也就是说，在青年工作中，可以把青年年龄认定为14—35周岁。从教育的角度看，青年年龄上限尽管是35周岁，但重点是28周岁以下的这部分青年。在我国青少年社会教育中，青年年龄的基本依据是《中国共青团章程》提出的团员年龄，即年龄在14—28岁的人群；少年年龄的基本依据是《中国少年先锋队章程》规定的少先队员年龄，即年龄在6—14岁。也就是说，青少年是指年龄在6—28岁的人群。“青少年是指从儿童到成年的这一年龄段的群体，在中国共产主义青年团章程中，把14—28岁界定为青年，而参加少年先锋队组织中要求的是小学生（小学生6岁入学），那么青少年的年龄界定也就在6—28岁。”③对于当代人来说，6—28岁是生理心理快速发展时期。人们在28岁时，大多已经完成学校教育、开始就业，对社会生活具有初步感受。28岁是一

---

① 刘韵冀主编：《普通逻辑学简明教程》，经济管理出版社2013年版，第18页。

② 陈自满、疏仁华：《“识别”与“总括”：试析青年概念的三位一体结构》，《沈阳大学学报（社会科学版）》2012年第3期。

③ 马云鹏、王雷：《对我国青少年社会教育研究现状的审思》，《基础教育研究》2010年第12期。

个人在政治、经济、文化等社会生活中发挥不同作用的一个重要年龄分界点。从一定意义上说，我们周围存在明显的“28 岁现象”。另外，联合国提出的青年定义获得国际学界和决策界的广泛认可和普遍参照。联合国系统出版和发布的涉及青年的“统计数据和报告，不管是人口、教育、就业领域，还是健康与保健等方面都依据前述的年龄界线”。联合国相关部门每年推出的各种旗舰报告，像人口基金会的《世界人口状况》、经济与社会事务部的《世界青年报告》、世界卫生组织的《世界卫生统计年鉴》和《联合国千年发展目标报告》等概莫能外。①可见，我们不能以联合国关于青年的年龄界定是为了统计需要而简单地否定该定义。青年概念自然具有统计的价值。青年概念固然不是一成不变的，与各个国家政治、经济、文化等因素相关，但我们不能据此否定某一个国家、某一个历史时期青年概念的稳定性。对于青年年龄，许多国家的界定集中在 20 岁上下。准确界定青少年概念，既是开展青少年社会教育研究的前提，也是推进青少年研究学科化的基础。

二、青少年社会教育者

青少年社会教育者是指进行青少年社会教育活动、对青少年施加教育影响、促进青少年身心发展的人。青少年处在感知外界、认知社会、获取知识的重要时期。人们的思想道德、言论行为、精神风貌都会对青少年产生一定的教育影响。政治、经济、文化、科技等社会子系统各领域人员，都可能在自身职业活动和社会生活中，对周围的青少年产生某种教育影响，从而成为青少年社会教育者。青少年社会教育者从事社会教育活动，包括专门社会教育机构的教育活动，也包括非专门社会

① 胡玉坤、刘文利：《进入国际发展议程前沿的“青年”——概念、多元政策议题与优先关注目标》，《当代青年研究》2012 年第 6 期。

教育机构的社会教育活动，但不包括学校内部和家庭内部的教育活动。学校的教师在本校内从事学校教育、家庭中的长辈在本家庭内进行家庭教育，不能列入青少年社会教育者的范围，但一旦超越本校、本家庭，对本校外、本家庭外的青少年施加教育影响，也就成为青少年社会教育者。青少年社会教育者除了专门教育机构的专兼职教师外，更多的是有意识或无意识充当社会教育者角色的社会人员。教师的专业化，更多地体现在职业道德和专业知识上，而不是职业准入。中国历史上有许多著名的教师，他们没有什么职业准入。20 世纪初，蔡元培任北京大学校长时，聘请一些知名学者担任北京大学教授，有的学者别说职业准入，就是学历也不高。其实，教师的本义是传授知识、经验的人。“老师”最初指年老资深的学者，如《史记·孟子荀卿列传》中说的“齐襄王时，而荀卿最为老师”。后来把教学生的人也称为“老师”。青少年社会教育讲的教育者是指广泛的教师，是存在于社会生活中的大众，而不是学校中的小众。其实，世界上许多伟大的教育家并没有接受系统的教育学专业的训练，而是基于自己的哲学、经济学、社会学等专业知识和社会观察，发现了教育的一些规律，提出了一些独到的教育见解，从而成为教育家。

在社会教育中，人人可能是教师，也可能是学生。唐朝韩愈在《师说》一文中说：“师者，所以传道授业解惑也。”①这应该是教师的经典定义。这个定义与孔子说的“三人行，必有我师焉”②是一致的。凡是能够向青少年传道、对青少年授业、为青少年解惑的，无论是在学校内、还是学校外，都是青少年的教师，都是青少年社会教育者。近代社会教育学家马宗荣说：“学校教育的教育者是教师，这是极明白的事

① 钱仲联、马茂元校点：《韩愈全集》，上海古籍出版社 1997 年版，第 130 页。
② 刘兆伟译注：《论语》，人民教育出版社 2015 年版，第 143 页。

实。社会教育的教育者，不像学校教育的教育者要限一定的资格。广泛地说，社会全体都是社会教育的教育者：不拘个人与团体，教育家可以做社会教育的教育者，学者、农人、工人、商人、军人、宗教家、学生，只要有一点可以传达于他人的知识与技能的人，均可做社会教育的教育者。国家、地方政府、官厅、学校、教育会、学术团体、农会、工会、商会、学生会、兵营、宗教团体、报馆以及其他一切团体，无一不可做社会教育的教育者。”①这段话是对青少年社会教育者的很好注解。青少年社会教育者，不只是指各种职业的人，也包括社会机构和社会组织。“社会教育的教育者的范围规定得这样宽大，也有理由在。因为社会教育的目的，是想实施社会全民的教育，范围浩大：好比狂澜一般，不是双手能挽的；又好比大厦一般，不是独木能支的。孤掌诚难鸣，众擎则易举。”②政党、政府、社会组织、社会团体、企业、乡镇、社区，以及工人、农民、知识分子、企业管理者、打工者等，都可以成为青少年社会教育者。

我们可以把众多的青少年社会教育者大致分为以下三类人群。

第一，从事青少年社会教育的专门人员。这些人员有着对青少年进行教育引导的明确目的，有意识地根据社会发展需要和青少年个体成长需求，在社会实践和社会生活中引导、促进、帮助青少年经风雨，见世面，长本领。这些青少年社会教育者主要包括青少年组织和机构的人员，最典型的是共青团干部和青少年校外活动场所的教职工。

共青团干部是青少年社会教育者的重要力量。根据《中国共产党章程》和《中国共青团章程》的规定，共青团是“广大青年在实践中学习中国特色社会主义和共产主义的学校”。可见，“学校”一词存在多种含

①② 马宗荣著：《社会教育纲要》，商务印书馆 1947 年版，第 26、28 页。

义，有义务教育意义上的学校，也有社会教育意义上的学校。共青团这所“学校”是一种不同于大中小学的学校，实际上是社会教育意义上的学校。从教育形态的角度看，共青团工作属于社会教育范畴，共青团组织是青少年社会教育的重要主体。作为社会教育的学校，共青团的基本职能是培养青少年，服务青少年，促进青少年成长发展。目前，我国有数以万计的专职共青团干部，数以百万计的兼职共青团干部，这些专兼职共青团干部活跃在农村、城市、企业、学校、部队等青少年社会教育的众多场所和广阔舞台。各地区、各行业都有共青团干部，他们文化程度高，相对年轻，生机勃勃，是本地区、本单位的青少年社会活动的组织者和实施者。围绕青少年的学习成长，共青团干部组织开展了大量具有教育意义的社会活动。首先，共青团干部要对青少年进行思想道德引导，增强青少年的民族自尊、自信和自强精神，帮助青少年树立崇高的理想信念和正确的世界观、人生观、价值观。同时共青团干部还要对共青团员进行中国特色社会主义共同理想和共产主义远大理想教育，在青少年中倡导富强、民主、文明、和谐，倡导自由、平等、公正、法治，倡导爱国、敬业、诚信、友善，帮助青少年树立和践行社会主义核心价值观。其次，共青团干部要组织青少年参与政治、经济、文化生活，使得青少年在推动经济社会发展中受到教育，得到提高。他们要带领青年在经济建设中发挥生力军和突击队作用，充分调动和发挥青年的积极性和创造力，组织青年参加改革开放和现代化建设的伟大实践，为发展社会生产力，增强综合国力，提高人民生活水平，实现我国经济发展的战略目标建功立业。最后，共青团干部要动员和组织青年在岗位上学习成长成才。

除共青团干部外，青少年社会教育专门人员还包括青少年校外活动场所的教职工。青少年校外活动场所是我国独特的青少年社会教育阵地。我国目前有一万多家以青少年宫、青年宫、少年宫、青少年活动中心、儿童活动中心、青少年活动营地为名称的青少年校外活动场所，有一支由专职教师和兼职教师组成的青少年社会教育工作者。这些青少年社会教育机构，尽管隶属共青团组织、教育行政部门、妇联组织等不同的主管单位，但都是在学校教育之外，面向青少年开展思想道德、科技知识普及、体育运动、文化艺术、游戏娱乐、劳动与社会实践等活动，为青少年提供有计划、有目的、有组织的社会教育服务，实现为青少年培养兴趣爱好、发展个性特征、提高综合素质的教育目标。青少年校外活动场所的教育工作者是自觉的社会教育者，不仅组织开展大量的社会教育活动，而且倡导社会教育理念，进行社会教育理论研究。

第二，社会文化教育机构的工作人员。以科技馆、纪念馆、博物馆、图书馆为代表的文化教育机构，通过讲解、讲座、展览、展示、宣传等方式开展社会教育，是社会教育的重要场所。这些社会文化教育机构面向全体社会成员，虽说不是专门针对青少年，但是青少年是主要服务对象。这些机构的工作人员专职从事社会教育工作，为青少年提供各种社会教育服务。

第三，对青少年产生教育影响的社会人员。这些社会人员没有明确的群体边界，但共同的是其所言所为直接影响青少年的道德、知识和技能发展。在社会生活中，每个人的言行都可能对青少年产生一定的教育影响。从这个意义上说，人人都是青少年社会教育者。他人的影响是青少年社会教育的重要途径。青少年通过他人的言行，能够获得新的信息、新的知识，增进对社会生活的了解和认识。当然，由于社会角色、社会地位不同，每个人对青少年的教育影响是不完全一样的。现实生活中，文体明星、成功人士、意见领袖等对青少年的教育影响远比普通百姓更大。在青少年社会教育中，要特别关注社会公众人物对青少年的教育影响。

青少年社会教育者是不同于学校教师的“教师”。在学校，教师是主导者、讲解者，是知识多于学生的人，而且是一种职业。有人说，自从有了学校就有了教师，其实这说的是学校教师。实际上，没有学校时，就有了教师。在社会教育中，一个人的某个言行对其他人有启发教育作用，这个人就充当了社会教育者的角色，但这个人的知识并不一定比受到他影响的其他人多。对于青少年社会教育者，不仅要从群体上进行把握，而且应该从本质上进行把握，核心是在学校和家庭之外，在社会生活中，所作所为对青少年的道德、知识和技能等产生了促进、提高、增强的作用。在青少年社会教育中，师生关系发生了根本变化，存在许多不是专职教师的教师，有时甚至没有明确的教师。

三、青少年社会教育影响

青少年社会教育影响是指青少年社会教育者作用于青少年的全部信息，包括教育内容、教育方式和教育效果等。

青少年社会教育的内容和方式具有自身特点。在教育内容上，青少年社会教育没有像学校教育那样的教学大纲，没有规定的教育内容，也没有指定的教材。青少年社会教育的内容来自青少年的社会生活，涉及面宽，不断更新，不可能事先设定、统一规定。在教育方式上，青少年社会教育主要不是采用课堂讲授的方式，而是社会生活的方式。教育蕴于生活之中，生活即教育。青少年时时处处在生活，因而时时处处在接受教育。即使在青少年宫这样的专门教育机构，教育方式也大多不是课堂讲授，而是开展各种教育活动，像夏令营活动、营地活动。总体上看，在青少年社会教育中，教育内容是丰富的，教育方式是多样的，内容和方式都是没有统一规定的。教育内容的广泛性、教育方式的多样性，是青少年社会教育的鲜明特征。教育内容无论多么广泛、教育形式无论多么灵活，都要统一到教育结果的实效上。教育影响是教育活动区别于一般的社会影响的根本所在。一项社会活动，只有对青少年产生了实实在在的教育影响，才能成为青少年教育活动。这是青少年社会教育的确定性。

正如前文所说，青少年社会教育对青少年产生的教育影响，有的是有意识的，但更多的是无意识的。有意识的是青少年宫、科技馆等青少年校外活动场所通过开展社会教育活动，服务青少年的多方面教育需求，促进青少年的成长发展。无意识的是政府部门、社会组织、社会成员等在社会管理、社会参与和日常生活中，提供了纷繁复杂的社会教育素材，这些素材对青少年的思想道德、知识技能产生了促进作用。这样的社会影响，对于教育者和被教育者来说，许多都是在不知不觉的情况下进行的。在很多青少年社会教育中，人们没有意识到自己的教育者和被教育者的角色，对自己行动是否具有教育意义、具有什么教育意义也没有清晰的自觉。

青少年社会教育对青少年产生的教育影响，有正面的、积极的影响，也有负面的、消极的影响。在教育研究中，有一种观点认为，教育是正面的，负面的东西不是教育。这种凡教有益的观点是不符合教育尤其是社会教育的实际情况的。事实上，“社会思潮中的拜金主义、享乐主义、极端个人主义对学生产生了很大的负面影响；黄色书刊、不健康录像以及网络中的不良信息引诱学生想入非非；社会上少数犯罪分子的欺骗、诱惑、教唆使其心灵深受毒害，不正之风的滋生以及社会生活中那些不文明的言行都会对学生造成不良影响。”①这些都是社会教育

① 邵建华：《浅析社会教育对中学生的影响》，《中国校外教育》2012 年第 35 期。

的负面影响，是需要我们认真对待、加以克服的。在信息时代，社会知名人士、媒体从业者、网络从业者尤其要坚持正确的价值观，宣扬主流思想观念，开展正面教育，摒弃负面影响。

在青少年社会教育中，青少年、青少年社会教育者和青少年社会教育影响三个要素是相互联系、密不可分的，共同构成了一个完整的青少年社会教育活动，形成了一种独立的青少年教育类型。

第二章　青少年社会教育的历史

第一节　青少年社会教育活动

一、古代青少年社会教育活动

社会教育作为一个概念在近代才出现，而作为一项社会活动则古已有之。大致说来，自从有了人类社会，就有了社会教育活动。这项教育活动在不同的历史时期都存在，一代又一代青少年从中养成思想道德，学会知识和技能，完成社会化过程。

在远古社会，为了帮助晚辈在艰苦的自然条件下获取食物，学会生存，长辈会把生活经验和谋生技能传授给他们。青少年在日常生活和劳动实践中了解生产条件和生活环境，学习谋生的知识和技能。有的青少年拜师学艺，跟着师傅学习某种专门技能。“原始时代人类生活简单，儿童和青年可以从实际生活中学习社会生活的知识和技能，当时的自然环境和社会环境就是教育机关，成年人是教师，这是一种广义的教育，也就是社会教育。”①当时的青少年社会教育源于人类社会初期的实际生活需要。在渔猎经济时代，长辈在获取食物的过程中教育青少年如何捕鱼、猎取鸟兽、采掇植物果实。在畜牧经济时代，长辈在生产劳动的实践中教育青少年如何搭建栅栏、寻逐水草、喂牛牧羊。那时，劳动与教育融为一体，父母就是教师，猎场与牧地就是教育场所。在我国古代，有巢氏教民穴处巢居，燧人氏教民钻木取火，伏羲氏教民渔猎，

① 李建兴著：《中国社会教育发展史》，三民书局1986年版，第10页。

神农氏教民稼穑。“这些某某氏，教民做某某，都是当时的社会教育。”①这些社会教育主要是向青少年传授谋生知识和生活技能。青少年从年长者的口头传授和行为示范中，学会如何生存和生活。在原始社会，“一个人是通过共同生活的过程来教育自己的，而不是被别人所教育的。家庭生活或氏族生活、工作或游戏、仪式或典礼等都是每天遇到的学习机会；从家里母亲的照管到狩猎父亲的教导，从观察一年四季的变化到照管家畜或聆听长者讲故事和氏族巫士唱赞美诗，到处都是学习的机会。”②在当时，教育与生活融为一体，青少年在日常生活中接受教育、进行学习。

周朝时，官吏对包括青少年在内的民众进行社会教育。乡大夫、州长、党正、族师、闾胥等地方官，要在正月、七月、十二月的第一天，集合民众诵读邦法，进行政治思想教育和遵纪守法教育；在春秋的社祭日，集中进行道德教育。这种社会教育具有一定的目的性和组织性，主要包括以下三个方面内容：一是知、仁、圣、义、忠、和“六德”，即明白事理、爱人及物、通达而能预见、适时决断、言谈发自内心、刚柔适宜；二是孝、友、睦、姻、任、恤“六行”，即孝敬父母、友爱兄弟、和睦九族、亲爱姻戚、信任朋友、救济贫穷；三是礼、乐、射、御、书、数“六艺”，即礼仪、歌舞、射法、驾驭车马法、造字法、数学计算法。③“聚民讲法”是周代典型的社会教育方式。据《周礼》记载，大司徒把形成文字的教法悬挂在象魏上，让万民观看教法，过十天而后收藏起来。④州长正月初一聚集本州的民众而宣读法令，用以考察州民

---

① 吴学信著：《中国社会教育概述》，国民图书出版社 1942 年版，第 1 页。

② 联合国教科文组织国际教育发展委员会编著，华东师范大学比较教育研究所译：《学会生存——教育世界的今天和明天》，教育科学出版社 1996 年版，第 27 页。

③④ 杨天宇撰：《周礼译注》，上海古籍出版社 2004 年版，第 156、154 页。

的德行和道艺而加以劝勉，用以纠正州民的过错而加以告诫。利用在春秋二季祭祀社神的时候，聚集州民而宣读法令，对州民进行劝勉和告诫。①党正在四季的第一个月的初一和春秋举行祭祀时，都会聚集民众宣读国家法令，用以纠察和告诫民众。②族师在每月初一和春秋祭神时，都会聚集民众宣读国家法令，记录民众中孝顺父母、敬爱兄长、和睦姻戚和学有所成的人。③闾胥在春秋举行祭祀、田猎、乡射礼或饮酒礼、丧事等聚集民众的时候，以及四季校比民众的时候，就向民众宣读法令，并记录民众中具有尊敬长上、及时行仁义、信任朋友和救济贫困等德行的人。④这些做法使得青少年与其他民众一起，经常受到多方面的社会教育。

春秋时，孔子周游列国，一路进行政治游说，也一路开展社会教育。他在 14 年间先后到卫、陈、宋、曹、郑、蔡、楚等地，传播他的政治主张和教育思想，使包括青少年在内的许多民众受到教育。这种社会教育没有固定不变的教育场所，采用灵活的教育方式，明显不同于之前的官学。那时的私学遍布各地，没有围墙的限制，流动性强，这扩大了受教育的人群，使得有些平民子弟也有机会受教育，因而更具有社会教育的性质。

秦朝时，李斯说："今天下已定，法令出一，百姓当家则力农工，士则学习辟禁"，"若有欲学习法令，以吏为师"。⑤"以吏为师"是指官吏承担了教育行政官员和教师的职责。当时，各级官吏在政治活动中，对包括青年在内的民众进行法律意识和法律规范的教育引导。

汉朝时，朝廷把孝道作为社会教育的核心理念。"孝观念从家族血

①②③④ 杨天宇撰：《周礼译注》，上海古籍出版社 2004 年版，第 173、175、177、179 页。

⑤ 李建兴著：《社会教育新论》，三民书局股份有限公司 1981 年版，第 218 页。

缘关系中推广到社会生活中，在民间得到广泛的普及，人们在衣食住行等方方面面都能感受到孝道的力量。”在孝道教育中，形成了完善的社会教育网络。例如，最高统治者率先垂范践行孝道，国家通过政策奖惩实施孝道教育。“自西汉惠帝至东汉顺帝期间，对孝悌的全国性褒奖达32次，地方性的褒奖则更多。”用法律手段推行孝道教育。“以孝为根据来立法并治罪量刑，以处罚不孝行为，这样，就正式形成了中国古代法律出礼入刑、礼刑结合的重要特征。”把孝道教育与官员选拔结合起来。“儒学教育与选官制度形成双向互动，官员教育意识得到增强。”汉武帝开始，不少官员都是以儒家孝廉为标准选拔而得，从而营造了一种“在家为孝子，出仕做廉吏”的社会风气。地方官员在治理过程中普遍注重社会教育。经过儒家学说熏陶的各级官员普遍认为地方治理不仅包括治狱听讼、收税征赋等行政事务，还包括教民导民、移风易俗、劝学兴礼等社会教育措施。汉代官员既是“吏”，又是“师”，在做好政府行政工作的同时，还开展社会教育活动，通过劝学兴教和息讼化民等，对社会民众进行教育引导。地方官吏在施政过程中注重运用道德力量，利用社会教育，以德化民，正风俗、端人心，通过宣传教化，对当事人双方进行道德感召，促使其良心反省，最终达到息讼的目的。汉代在乡里设立“三老”，乡以下设立“里正、伍长、父老”等职，他们的共同职责在于为民表率并推行教化。“汉代社会教育不仅仅停留在口头说教上，而是非常重视自身的社会认同，例如在推行孝道教育时，不仅在理论上进行论证和推广，而且在民间结合文学、绘画、歌谣等形式贯彻实施，具备了通俗化的特点，这也是汉代社会教育能够取得成功的重要因素之一。”①另外，汉代的举孝廉既是一种选官制度，也是一种社

① 康喆清：《试论汉代社会教育策略及对当代的启示》，《山西大学学报（哲学社会科学版）》2012年第1期。

会教育方式。被推荐人选的孝行是否卓著，行止是否廉明，最初是由乡里评议决定的。老百姓在评议被推选对象时，形成和强化了关于“孝行”“廉洁”的标准意识。举孝廉制度引导人们争当孝子、廉士，产生了“彰显善行，以厉风教”的教育作用。

宋、明、清时期盛行的“乡约”是当时社会教育的独特方式。乡约是乡里公约。“乡约均以儒学礼教作为指导思想，以劝善惩恶、广教化而厚风俗为目的。”①在宋朝时，乡约作为民间群众自订的规条，是一种乡里之民互劝互助、旌善惩恶的形式。北宋著名学者吕大钧为了教化乡民，1076年在其家乡陕西蓝田制订《乡约》《乡仪》，这在历史上被称为《吕氏乡约》。《吕氏乡约》包括“德业相劝”“过失相规”“礼俗相交”“患难相恤”四条规约。每条都包含具体内容，如“德业相劝”包括见善必行、闻过必改、能治其身、能治其家、能事父兄、能教子弟、能御童仆、能事长上、能睦亲故等二十一项。②《吕氏乡约》规定了乡人修身、立业、齐家、交游应遵循的行为规范以及婚丧嫁娶等日常活动的礼仪俗规。根据这乡约，人们定期举办集会，进行赏罚，以便劝善惩恶，净化民风。《吕氏乡约》是我国历史上第一部成文的村规民约。到南宋时，朱熹对《吕氏乡约》的内容稍加整饬，定名《增损吕氏乡约》。朱熹基本保留了“德业相劝”“过失相规”“患难相恤”三大规条中的原貌，只增改了个别文字，而对“礼俗相交”这规条做了较多的修改。原约中关于聚会的规定很简单，朱熹修改后，对聚会的时间、地点、会场布置、与会者、请假、会场、聚会程序、会场礼仪等，都设计得十分具体。朱熹这位学术名家的提倡，使得《吕氏乡约》在当时声名远播。到了明朝，乡约受到朝野的重视，形成了制度。明太祖朱元璋于

---

① 黄书光主编：《中国社会教化的传统与变革》，山东教育出版社2005年版，第133页。
② 谢长法：《乡约及其社会教化》，《史学集刊》1996年第3期。

1397 年颁布《圣训六谕》，其内容为“孝顺父母，尊敬长上，和睦乡里，教训子弟，各安生理，毋作非为”①。他命令每里选派一位有经验的老者，手持木铎，边走边敲，边敲边讲，教化民众。明成祖在永乐年间“取蓝田《吕氏乡约》列于性理成书，颁降天下，使诵行焉”。于是，各地纷纷以《吕氏乡约》为蓝本，进行宣讲活动。王阳明参酌《蓝田乡约》，以协和南赣山谷之民呻而制订《南赣乡约》，并对其进行实践，这可谓明代推行乡约教化的代表与典范。他在乡约中倡导儒家人伦之理，希望乡民相互体恤，相互尊敬，共同育成地方的仁厚之俗。他认为，乡里风俗环境对人们的道德和行为影响很大。“故今特为乡约，以协和尔民。自今凡尔同约之民，皆宜孝尔父母，敬尔兄长，教训尔子孙，和顺尔乡里，死丧相助，患难相恤，善相劝勉，恶相告戒，息讼罢争，讲信修睦，务成良善之民，共成仁厚之俗。”②与朱熹《增损吕氏乡约》比较，这个乡约简化了礼仪，增加了约众的参与，以及组织者和约众的相互呼应，强调戒谕、读约、彰善、纠过、申戒、宣言的仪式。清代康熙的《圣谕十六条》和雍正的《圣谕广训》的基本内容是：敦孝悌以重人伦，笃宗族以昭雍穆，和乡党以息争讼，重农桑以足衣食，尚节俭以惜财用，隆学校以端士习，黜异端以崇正学，讲法律以儆愚顽，明礼让以厚风俗，务本业以定民志，训子弟以禁非为，息诬告以全善良，诫匿逃以免株连，完钱粮以省催科，联保甲以弭盗贼，解雠忿以重身命。《圣谕广训》刊刻颁发，在官员和百姓中广泛宣讲，对包括青少年在内的民众实施社会教育。乡约从民办发展到官办，使社会伦理道德深入穷乡僻壤，对培育青少年的思想道德素质起到了重要作用。

古代为忠烈之士立碑颂德、设祠祭祀，引导人们学习道德楷模，这

① 谢长法：《乡约及其社会教化》，《史学集刊》1996 年第 3 期。
② 谢廷杰辑刊：《王阳明全集》，中央编译出版社 2014 年版，第 552 页。

是一种青少年社会教育方式。例如，宋代苏州州学祭祀范仲淹的目的是使“诸生朝游而夕思，景行先哲，睹文正容貌，而企慕其为人”①。“朝游而夕思”属于社会观察式、自我领悟式的社会教育。青少年进入先烈宗庙，受到庄严肃穆的圣贤气氛的感染，会自然生发崇敬之情，获得教育启示。在明代，庐陵祭祀文天祥、成都祭祀李冰、沂州祭祀诸葛亮、杭州祭祀于谦等社会活动，激起了参与祭祀的青少年的敬仰思念之情，对培育青少年的民族心理和爱国情感发挥了很好的教育作用。这种社会教育往往比起学校教育尤其是课堂上的说教和灌输，具有更好的教育效果。

图书、报刊是青少年社会教育的重要载体。在古代，盛行的通俗道德教育读本，如汉代刘向的《孝子传》、宋代黄光大的《积善录》、明代吕坤的《好人歌》、清代姚廷杰的《戒淫录》，都宣传社会道德规范，在青少年社会教育中发挥了思想涵养、道德引导的重要作用。另外，街头巷尾的说书人，用一把扇子、一张桌子，凭着一张能说会道的嘴，涵盖了万里疆场的征战厮杀、历代朝廷的冤假命案、民间流传的鬼怪神说。青少年爱听书，从中了解历史故事和文学故事，增长知识和见识。

综上所述，青少年社会教育活动在中国古代源远流长，绵延不断。古代的青少年社会教育融于全民的社会教育之中，主要内容是思想道德教育，教育方式多种多样，教育效果比较明显。

二、近代青少年社会教育活动

从社会教育的内涵看，清朝末年维新派和革命派开展了大量面向

---

① 董志霞:《书院的祭祀及其教育功能初探》,《大学教育科学》2006 年第 4 期。

青年的社会教育活动。维新人士在教育活动中除了办学堂，还建学会、设报馆，进行青年社会教育。著名的学会有康有为、梁启超等于 1895 年在北京，不久又在上海设立的强学会和 1898 年在北京设立的保国会，由谭嗣同等在湖南组织的南学会和湘学会。各学会翻译西方书籍，发行报刊，组织学术演讲，有的还设立图书馆和博物馆。康有为 1895 年创办《中外纪闻报》，宣传维新思想。汪康年、梁启超等 1896 年发起创办的《时务报》在当时具有很大的影响。这些学会、报馆通过介绍西学、传播维新思想、唤起改革社会等方式，对青年进行社会教育。梁启超在《论报馆有益于国学》一文中说："去塞求通，厥道非一，而报馆其导端也。""阅报愈多，其人愈智；报馆愈多者，其国愈强。曰：惟通之故。"梁启超主笔的《新民丛报》议论新颖，文字生动，成为当时最畅销的报纸。另外，孙中山等革命派组织各种革命团体，印发书籍和刊物，在秘密会党、农民团体和军队中组织革命思想的宣传教育活动。革命派创办了《民报》等许多报纸杂志，发表大量文章和著作，批判封建意识，传播民主思想，如邹容的《革命军》热情歌颂革命，陈天华的《猛回头》《警世钟》有力批驳清政府。革命派的社会教育对青年产生了广泛影响，是辛亥革命得以发生的思想基础和重要原因。

从教育学角度看，青少年社会教育活动在民国时期获得了很大的发展。这主要表现在以下几个方面。

（一）建立青少年社会教育制度

民国初年，教育部设立社会教育司，这确立了社会教育在国家教育行政上的位置，成为我国近代社会教育制度的开端，推动了青少年社会教育的发展。当时，曾留学德国、受到德国社会教育影响的蔡元培任临时政府教育部总长。看到西方各国教育发达、我国却有很多失学民众的情况后，他大力提倡社会教育。他说："学部旧设普通教育、专门教育两司，我为提倡补习教育、民众教育起见，于教育部中增设社会教育司”，“以为必有极广之社会教育，而后无人无时不可以受教育，乃可谓教育普及”。①他提出的教育普及是实施广泛的社会教育，使得每个人时时可以获得教育。他主持起草的教育部官制，把社会教育与普通教育、专门教育三司并立，确立了社会教育在国家教育行政系统中的独立地位。他推荐当时的知名社会教育学者马宗荣担任教育部社会教育司司长。自此以后，在整个民国时期，教育部都设立了管理全国社会教育的专门部门。

1912 年 1 月 30 日，教育部通电各省积极筹办社会教育，“惟社会教育，亦为今日急务。入手之方，宜先注重宣讲”，宣讲“应专注此次革新之事实，共和国民之权利、义务，及尚武、实业诸端，而尤注重于公民之道德”。②自 1914 年 7 月教育部公布《教育部官制》至 1918 年 12 月公布《教育部分科规程》，教育部社会教育司分科及职能逐渐得以完备。《教育部官制》规定：“教育部置总务厅及下列各司：普通教育司、专门教育司、社会教育司。”其中，社会教育司的职责是：(1)关于通俗教育及演讲会事项；(2)关于感化事项；(3)关于通俗礼仪事项；(4)关于文艺、音乐、演剧事项；(5)关于美术馆及美术展览会事项；(6)关于动植物园等学术事项；(7)关于博物馆、图书馆事项；(8)关于各种通俗博物馆、通俗图书馆事项；(9)关于公众体育及游戏事项。③《教育部分科规程》规定：社会教育司设第一科、第二科。第一科负责博物馆、图书馆事项；动植物园等学术事项；美术馆、美术展览会事项；文艺、音乐等事项；调查及搜集古物事项。第二科负责厘正通

---

① 于述胜：《民国时期社会教育问题论纲——以制度变迁为中心的多维分析》，《北京大学教育评论》2005 年第 3 期。
② 杨才林著：《民国社会教育研究》，社会科学文献出版社 2011 年版，第 61 页。
③ 王雷著：《中国近代社会教育史》，人民教育出版社 2003 年版，第 39 页。

俗礼仪事项；通俗教育及讲演会事项；通俗图书馆、巡行文库事项；通俗戏剧、词曲等事项；通俗教育之调查、规划事项；感化院及惠济所事项；不属他科所掌事项。①蔡元培邀请鲁迅来主持教育部社会教育司第一科的工作。可见，民国初期的社会教育是与普通教育、专门教育相对应的概念，社会教育进入了国家教育行政工作的范围，得到了教育制度的保障。

在教育部社会教育司的领导和推动下，从1912年民国成立至1919年“五四”运动，我国社会教育事业逐渐开展起来。在任中华民国大学院院长时，蔡元培在大学院内设立社会教育处，通令全国各省市，规定社会教育的经费应占全部教育经费的10%—20%。社会教育事业与活动1931年已达60多种，包括图书馆、博物馆、展览馆、科学馆、美术馆、民众教育馆、体育场、电影院、动植物园、民众茶园、通俗讲演、阅报处、游泳池等公众式社会教育事业，识字运动、推行注音符号、改良民众娱乐、改良社会风俗、推行国历、音乐戏曲改良等社会教育活动。②

（二）开展生活教育运动

生活教育运动是陶行知等所倡导的一种社会教育运动。1913年，时任江苏省教育司司长黄炎培在《江苏今后五年间教育计划书》和《学校教育采用实用主义之商榷》两文中，首次使用了“生活教育”这一名词。1918年11月，陶行知在黄炎培主持的《教育与职业》杂志上发表《生利主义之职业教育》一文。他在该文中说：“生活主义包含万状，凡人生一切所需皆属之。其范围之广，实与教育等。”这是陶行知最初

---

① 王雷著：《中国近代社会教育史》，人民教育出版社2003年版，第40页。

② 王雷：《劳动人民知识化：一个不容忘却的教育课题——从近代教育家争论社会教育能否制度化谈起》，《沈阳师范大学学报（社会科学版）》2004年第1期。

对于生活教育的认识。1922 年，陶行知提出“教学做合一”思想，为生活教育活动提供理论依据。

1927 年春，陶行知等人在南京郊外创办晓庄师范学校。晓庄师范学校既为发展乡村教育培养师资，又成为生活教育理论研究和试验的基地。晓庄师范学校培养的人才是与改造乡村生活紧密联系在一起的。“在晓庄周围，他们办了乡村医院、民众夜校、中心茶园，还修路，打井，建民众戏台、民众运动场，开办石印厂、织袜厂、合作社，提倡造林，推广农业新技术、新知识等，努力把乡村教育与乡村生活结合起来，为广大的农民及其子女服务。”①这种与乡村生活结合的教育已经不是普通的学校教育，而是一种社会教育。20 世纪 30 年代初，有人成立生活教育研究会，写文章、出专辑，倡导生活教育。

陶行知于 1932 年 10 月在上海创办“山海工学团”，实行“生活即教育”，把工场、学校和社会打成一片，使生活教育与工农业生产和社会政治斗争紧密结合。“山海工学团”方圆十里的村庄，成立了青年、儿童工学团、养鸡、养鱼、棉花工学团，一下子办了十几个工学团，入学的有好几百人。1938 年 12 月 15 日，生活教育社在广西桂林正式成立，陶行知被选为理事长。该社成为领导全国生活教育运动的组织者和领导者。1938 年，陶行知在香港九龙山创办中华业余学校，实施职业教育。1939 年，陶行知在重庆创办著名的育才学校。该学校为普通教育和职业教育提供了良好的经验和指明了改革的方向。

（三）开展通俗教育运动

通俗教育运动是民国初期开展的旨在向包括青少年在内的社会大众传播通俗文化知识的一项社会教育活动。1912 年 5 月，中华通俗教

① 周洪宇、操太圣：《生活教育运动的历史及对当代教育的影响》，《教育研究》1997 年第 10 期。

育会在上海成立，黄炎培等担任理事。伍达在《今日施行通俗教育之方针》一文中主张，通俗教育应以宣传国家理念、公民道德、谋生与卫生为主要内容，要把报馆、图书馆、补习学校、剧场、说书场、活动影剧馆、影灯、美术馆、常识博物馆、动物园、共进会、公园、运动场、体育会等，当作直接传播的机关。①

1914 年 12 月，教育部提出了《整理教育方案草案》，将社会教育分作“学艺的社会教育”和“通俗的社会教育”两类。“通俗的社会教育”分为通俗教育、通俗演讲、通俗书报三种。其中，通俗演讲即集合一定数量民众，进行道德和常识谈话。演讲因地而异，如在监狱、工场、军营等。另外，设立通俗书报社、通俗图书馆、巡行文库。1915 年，教育部设立通俗教育研究会，以研究通俗教育事项、改良社会普及教育为宗旨，分为小说、戏剧、讲演三股。②同年，教育部公布了《通俗教育讲演所规程》《通俗图书馆规程》等。此后，各省也成立了通俗教育会，建立通俗讲演所、通俗图书馆。教育部 1919 年 3 月公布的《全国教育计划书》针对社会教育提出了整理扩充图书馆、建设博物馆、扩充及补助通俗讲演所、筹设美术馆、筹设动植物园、提倡文艺、提倡公众体育、制造通俗教育用具、翻译编印东西方文艺作品等事项。③1921 年，全国有通俗图书馆 286 所、图书馆 170 多所、阅报所 1 825 处、巡回文库 159 处、博物馆 13 所、讲演所 1 881 所、通俗教育会 233 个。

（四）开展平民教育运动

平民教育运动是“五四”时期兴起的以平民为教育对象、以扫盲教育为主要手段的社会教育运动。一些青年知识分子到工厂和农村去，从

①②③ 杨才林著：《民国社会教育研究》，社会科学文献出版社 2011 年版，第 62、63—64、66 页。

教育入手，提高国民尤其是劳动群众的文化素质。北京大学“平民教育演讲团”于1919年成立，力图增进平民知识，唤起平民自觉性。教育活动采取露天讲演方式进行，定期讲演在每个星期一下午进行，不定期讲演则根据需要在假期和重大节日进行。在1919年4月1日第一次露天演讲中，邓中夏发表了题为“现在的皇帝倒霉了”的演讲，其他团员演讲的题目有“平民教育演讲之意义”“勤劳与知识”“如何求幸福”“爱国”“国民应尽之责任”等。①他们的演讲受到广大劳动群众的欢迎。演讲团团员最多时有六七十人，起初在北京街头以城市平民为对象，利用一些庙会进行不定期的讲演，后来在北京大学旁边设点定期进行演讲。从1920年春假起开始前往北京丰台、长辛店、通县等地农村面向农民进行讲演。这些演讲活动一直持续到1925年前后。

1920年晏阳初回国后，先在上海主持青年会平民教育科工作。他认为，当时中国存在“文盲众多，知识不能普遍提高，代议政体无法实现”和“贪污无能的官僚政制继续存在，社会经济不能改善，健全舆论无从建立，仍为内乱外患的根源”两大问题，提出“推行平民教育是解决这两大问题的大前提，必须迅速发动”。②他策划了平民识字运动，号召“除文盲、做新民”。1922年，平民教育在湖南长沙开展。晏阳初在长沙举办了50多处平民教育班，第一期毕业生有956人，最小的只有14岁。1923年7月，山东烟台平民教育毕业生达1 500人，最小的只有10岁。③可见，平民教育是包括青少年在内的社会教育。第一次全国平民教育大会于1923年8月在北京召开，晏阳初任中华平民教育促进会总干事。他选择了湖南长沙、山东烟台、浙江嘉兴、湖北武汉等

① 祝彦：《评20世纪20年代的平民教育运动》，《党史研究与教学》2005年第2期。
② 吴相湘著：《晏阳初传——为全球乡村改造奋斗六十年》，岳麓书社2001年版，第30页。
③ 杨才林著：《民国社会教育研究》，社会科学文献出版社2011年版，第70页。

地，进行平民识字教育实验。到 20 世纪 20 年代中期，全国大部分省市成立了中华平民教育促进分会，华北、华中、华东、华南的大城市先后掀起了轰轰烈烈的扫除文盲的识字运动，成为 20 年代中国教育史上的一个壮举。据 1920 年 6 月 3 日《汉口新闻报》发表的《平民学校之发达》一文报道，湖北平民教育社武昌第一平民学校开学三个星期就有学生 69 人，其中，15 岁以上、30 岁以下的有 42 人，11 岁以上、15 岁以下的有 27 人。①可见，平民教育的对象主要是青少年劳动者。晏阳初从 1926 年起带领一批有志乡村建设的知识分子到河北定县推行平民教育，开展"实验县"工作。这项工作历时 11 年。1940 年，晏阳初于四川创办了中国教育史上第一所为乡村改造培养专门人才的中国乡村建设院，开展平民教育与乡村建设的实验，并组建培训农民抗战教育团。

平民教育除学校式之外，还有社会式、表证式。社会式采用讲演、戏剧、展览、电影、音乐等形式。平民教育的内容与生产生活相结合。平民教育采用了当时先进的教学工具，如幻灯片、图画、广播等，并让平民自己编排、表演、回去教授别人，这激发了他们的学习兴趣。平民教育上课的场所不是局限于课堂，而是将教学延伸到家庭、田间地头和社会生活各个地方，力求实现教育与平民的真实需求相结合。可见，平民教育本质上是一种社会教育，而且注重青年农民的组织和活动。

（五）建立民众教育馆

民众教育馆是民国时期一种综合性的社会教育机构，源于通俗教育馆。1932 年 2 月，教育部公布的《民众教育馆暂行规程》规定，各省市（直辖市）及县市（省辖市）应设立民众教育馆，举办关于语文、生计、公民、健康、家事、休闲各种教育事业，并从事研究及实验工作。

---

① 祝彦：《评 20 世纪 20 年代的平民教育运动》，《党史研究与教学》2005 年第 2 期。

内容包括办理图书阅览、展览及讲演，举办民众学校、民众问事处或职业补习学校（班），提供职业指导及职业介绍、改良农事，组织各项体育运动，开展群众性卫生教育及艺术娱乐活动，出版有关社会教育的刊物等。全国的民众教育馆在 1936 年达到 1 512 所。1939 年 4 月教育部颁布的《民众教育馆规程》规定了民众教育馆的设置和组织机构。民众教育馆分为省立民众教育馆和县立民众教育馆，实施各种教育事业，辅助地方教育机关进行教育管理。省立民众教育馆设有总务部、教导部、生计部、艺术部和研究辅导部，县立民众教育馆设有总务组、教导组、生计组和艺术组。总务部（组）负责文书和不属于其他各部（组）管理的事项；教务部（组）负责民众学校、补习学校、图书阅览和召开演讲比赛等事项；生计部（组）负责就业指导、农业推广等事项；艺术部（组）负责电影、戏剧、音乐及各种展览等事项；研究辅导部（组）负责调查、统计、实验及民教工作人员的进修与训练等事项。①教育部 1942 年在重庆设立国立中央民众教育馆，1943 年规定民众教育馆的中心活动为美术、生计、家庭、音乐、艺术、科学、国防、礼俗、国民、戏剧、语文、电化等教育。②

（六）开展抗战主题的社会教育

抗战时期，社会教育在于唤起民众的民族意识，提高抗战知识和能力。

在陕甘宁边区，社会教育面向不脱离生产的民众，教育对象包括青少年。社会教育是当时对农民群众进行教育的主要方式，也是最有效的方式。社会教育的内容包括识字组、冬学和民众教育等。陕甘宁边区《社会教育工作纲要》提出，“社会教育不仅是教育民众识字，而主要

① 曲大富主编:《教育百科全书》(第 1 卷)，北方妇女儿童出版社 1999 年版，第 454 页。
② 杨才林著:《民国社会教育研究》，社会科学文献出版社 2011 年版，第 121 页。

的是给民众以民族革命意识，民族自卫战争中所必需的理论和技能，参加实际救国行动，争取抗战胜利。”陕甘宁边区先后建立起了各种抗战救国团体和男女自卫队，这些组织开展了“抗战光荣”“减租减息”等政治和政策教育。1939 年 8 月 5 日，边区政府公布了《陕甘宁边区各县社会教育组织暂行条例》。该条例指出，为了对广大群众经常有组织地进行政治文化教育，各县要建立各种社会教育组织。社会教育的组织形式有识字组、冬学、民众教育馆、图书馆、墙报、黑板报、戏曲、秧歌、社火等。灵活多样的社会教育形式适应了边区个体经营的生产方式和人口分散、劳力缺乏的实际情况，有利于最大限度地把一切生产者组织到社会教育的运动中来。这一时期，参加社会教育的人数众多，规模很大。据陕甘宁边区参议会的报告，仅 1940 年就对五万多名农民实行了不脱产教育。①

另外，民国政府支持后方社会教育人员组成社会教育工作团、工作队，广泛开展宣传教育活动。例如，教育部社会教育巡回施教车装有收音机、放映机、留声机等，1938 年由长沙出发，到贵阳、重庆等地沿途施教。

综上所述，青少年社会教育活动融合在全社会的社会教育活动之中，自古以来就客观存在，近代还曾经涌现出多种教育载体，形成了教育热潮。

第二节　青少年社会教育思想

一、古代青少年社会教育思想

春秋时期，孔子的许多教育思想超越了学校教育的范围，属于社会

① 秦龙：《陕甘宁边区抗战文化运动研究》，山东师范大学 2015 年硕士学位论文。

教育思想。孔子的青少年社会教育思想主要内容包括：一是向身边人学习。孔子说："三人行，必有我师焉。择其善者而从之，其不善者而改之。"①意思是，几个人同行，其中必定有值得我学习的人。我要选择那些好的方面学习，找出那些不好的方面来改正。"夫子焉不学？而亦何常师之有？"②一个人要向别人学习，把任何人都当作老师，不一定有特定的教师和专门的讲授。二是到处可以学习。"子入太庙，每事问。"③一个人在生活中可以处处向别人请教。三是执政者要发挥道德示范作用。孔子主张德政。"君子之德风，小人之德草；草上之风，必偃。"④意思是，执政者的作风好比风，老百姓的作风好比草；风向哪边吹，草向哪边倒。上行下效，上梁不正下梁歪。"政者，正也。子帅以正，孰敢不正？"⑤正字的意思就是端正，你自己带头端正，谁敢不端正呢？"其身正，不令而行；其身不正，虽令不从。"⑥执政者自身端正，不用下命令，百姓也就会跟着行动；相反，如果执政者自身不端正，而要求百姓端正，那么，纵然三令五申，百姓也不会听从的。四是音乐能够育人。移风易俗是典型的社会教育。孔子说"移风易俗，莫善于乐。"意思是说，要想转移社会风气，改变民间习俗，没有比音乐更好的。"人而不仁，如乐何？""歌乐者，仁之和也。"孔子把音乐与仁联系起来，认为音乐是"仁"的艺术表现形式。孔子认为，个人修养"兴于诗、立于礼、成于乐"。音乐可以表现情感，以情感人，从而引导民众在不知不觉中培养起仁、义、忠、孝等道德观念。

老子和庄子主张"行不言之教"，通过身教体现教育要求，在潜移

---

①②③④⑤⑥ 刘兆伟译注：《论语》，人民教育出版社2015年版，第143、474、47、272、270、284页。

默化中启发学生。老子说："圣人处无为之事，行不言之教。"①庄子说："夫知者不言，言者不知，故圣人行不言之教。"②根据《吕氏春秋·君守》，广漠的天虽然不创造万物，万物却自然生成，这是不教化的教化。可以说，在道家的教育思想中，不教之教是一种备受推崇并被付诸实践的教育方法。"不言之教"要求尊重受教育者的自然本性，采用自我省悟的方式。这种身教思想、自我教育思想超越了学校教育，具有社会教育的意义。

孟子主张"仁政"，提出政治要教育化。他说："善政不如善教之得民也。善政，民畏之；善教，民爱之。善政得民财，善教得民心。"③这是说，良好的政治不如良好的教化深入人心。孟子主张性善论，人生来就有恻隐之心、羞恶之心、恭敬之心、是非之心。要使这"善端"不被污染而丢失，就要"存心养性"，而"养性莫善于寡欲"。"存心养性"需要"反求诸己"。孟子把教育看成一个引导人们养护"善端"的过程，这种教育具有浓烈的自我教育味道和强烈的社会教育因素。

墨子以素丝和染丝比喻环境造就人性。墨子见染丝者而叹曰："染于苍则苍，染于黄则黄，所入者变，其色亦变。五入必而已则为五色矣。"④"非独染丝然也，国亦有染。"⑤"非独国有染也，士亦有染。"⑥"其友皆好仁义，淳谨畏令，则家日益，身日安，名日荣，处官得其理矣……其友皆好矜奋，创作比周，则家日损，身日危，名日辱，处官失其理矣……"⑦意思是，洁白的丝染在青色染水里就成青色，染在黄色染水里就成黄色，浸入的染料变了，丝的颜色也就变了，

---

① 陈剑译注：《老子译注》，上海古籍出版社 2016 年版，第 7 页。
② 方勇译注：《庄子》，中华书局 2010 年版，第 359 页。
③ 万丽华、蓝旭译注：《孟子》，中华书局 2006 年版，第 294 页。
④⑤⑥⑦ 苏凤捷、程梅花注说：《墨子》，河南大学出版社 2008 年版，第 93、93、95、95—96 页。

丝五次入于不同的染水，就成为五种颜色；不只染丝如此，国君同样也要受到近臣的影响；不单是国君要受近臣们的影响，一般的士人也要受到朋友的影响。一个人所交的朋友都爱好仁义，都淳朴谨慎，慑于法纪，那么他的家道就日益兴盛，身体日益平安，名声日益光耀，居官治政也合于正道了；一个人所交的朋友若不安分守己，结党营私，那么他的家道就日益衰落，身体日益危险，名声日益降低，居官治政也不得其道。这种人与人之间的影响就是交往式社会教育。墨子说的这种交往式社会教育思想，与“近朱者赤，近墨者黑”“与善人居，如入兰芷之室，久而不闻其香；与恶人居，如入鲍鱼之肆，久而不闻其臭”等思想具有内在的一致性。环境对青少年成长产生着重大影响。“孟母三迁”说的是孟子的母亲为选择良好的环境教育孩子，多次迁居的故事。墨子的环境教育思想说明，青少年受到社会环境和人际交往的重要影响，因此要重视青少年社会教育。墨子把实践作为教育的基础，强调“口言之，身必行之”。墨家的教育实践除了道德、政治之外，还包括生产、军事和科技，这远远超出先秦其他各家教育实践的范围。

汉代时，王充认为，“知能之士，不学不成，不问不知。”“圣人不能生知，须任耳目以定实情。”“如无闻见，则无所状。”“不目见口问，不能尽知也。”①他重视直接经验在教育中的作用。

宋代时，朱熹主张“存心养性”，不失本心，反省检查。他从“性即理”的思想出发，认为每个人都有与生俱来的善性，也有气质之偏和物欲之蔽，因此要通过“存养”发扬善性，发明本心。他说：“如今要下功夫，且须端庄存养，独观昭旷之原。不须枉费功夫，钻纸上语。”②“存养”就只要收敛此心，将其安顿在义理上。对天理要存养，对人欲

① 肖建彬主编：《中国教育思想史》，高等教育出版社 2001 年版，第 149 页。
② 张传燧著：《解读中国古代教育思想》，广东教育出版社 2009 年版，第 100 页。

要省察。当不良念头产生之时，即应当反省和检查，把它消灭在萌芽状态，这就是“省察于将发之际”；当不良言行暴露之后，应当及时检查和纠正，这就是“省察于已发之后”。他还主张“力行”。“夫学问岂以他求，不过欲明此理，而力行之耳。”①他重视自我学习，认为“读书是自家读书，为学是自家为学，不干别人一线事，别人助自家不得。”②存养、省察、力行、自我教育等思想都具有社会教育意义。

明代王阳明认为，教育的作用是“致良知”。他说的“静处体悟”“事上磨炼”“省察克治”等教育方法具有社会教育的意义。例如，“事上磨炼”是指通过“声色货利”这些日常事务，去体认“良知”，是一种实践教育和生活教育。

明末清初，王夫之提出“性日生日成”的思想，认识到生活环境和后天学习对于形成人性所具有的决定作用。他说：“夫性者生理也，日生则日成也。”所谓日生日成，就是指“目日生视，耳日生听，心日生思。”③他认为，“力行而后知之真”，力行而后才能知“见闻讲习之非虚”，力行是获得真才实学的可靠途径，力行比读书讲习，甚至比见闻都更加真切。“学者非躬行而心得之，则因不知其指归之所在。”“君子之学，力行而已。”④“知者非真知也，力行而后知之真。”他说：“何以谓之德？行焉而得之谓也。”“知之尽，则实践而已。”⑤道德是将道德认识转化成道德实践的行为。他的生活中生成人性和道德力行思想超越了学校教育的范畴，具有社会教育的含义。

颜元批判传统教育与生活实际相脱离，提出“习行”的实学教育思想。在他看来，“力行近乎仁”。劳动具有德育的意义。它不仅能使人“正心”“修身”，去除邪念，“吾用力农事，不遑寝食，邪妄之念亦自

---

①②③④⑤ 张传燧著：《解读中国古代教育思想》，广东教育出版社 2009 年版，第 101、102、119、136、139 页。

不起。”“人不作实则暇，暇则逆，逆则惰，惰则疲。”①因此，颜元一生事必躬亲，身体力行。为批判理学静坐读书、空谈心性，他提倡“习行”教育法。“吾辈只向习行上做功夫，不可向言语文字上著力。”那种“心中醒、口中说、纸上作、不从身上习过的”教育都是“无用之学”。②因此，他强调教育要联系实际，坚持练习和应用于实践中，只有这样，所学才是真正有用的知识。他的在实践中学习的思想是社会教育的思想。

二、近代青少年社会教育思想

与近代社会教育活动蓬勃发展相一致，近代涌现出许多社会教育家，他们提出了丰富的青少年社会教育思想。

（一）蔡元培的青少年社会教育思想

蔡元培是著名的教育家。人们较熟悉的是他担任北京大学校长时，采用“思想自由，兼容并包”的办学方针，开创学术自由的新风气。他在中国近代教育史上还有一个很大的贡献，这就是推动社会教育的开展。

很多人把教育仅看作学校的职能。针对这种对教育含义的窄化理解，蔡元培在1921年发表的《何谓文化》一文中指出：“教育并不专在学校，学校以外，还有许多的机关。”这些机关包括图书馆、研究所、博物院、展览会、音乐会、戏剧、书籍和报纸。③“教育亦并非全靠学校，如演讲会、阅书报室都是教育，如动物园、植物园、博物院、图书馆、戏院、影戏馆都有教育的作用。”④他认为，通过社会教育，人人

---

①② 张传燧著：《解读中国古代教育思想》，广东教育出版社2009年版，第155、159页。
③ 高平叔编：《蔡元培教育论著选》，人民教育出版社1991年版，第451页。
④ 高平叔编：《蔡元培教育文选》，人民教育出版社1980年版，第180页。

时时都可以接受教育，这才是教育普及。他在《北京通俗教育研究会演说词》中说：“鄙人在德国时，尝见彼邦之大学生徒，每天校外出其所长，教授一般工人以实用知识或外国语言。至法国则有所谓平民大学，为大学教员所组织，专在夜间讲演，无论何人均得入校听讲，不因贫富年龄之故稍有歧异。凡此皆所以济教育之不平，而期于普及。”他希望社会教育可以补充学校教育不足，从而达到普及教育的目的。①

他倡导“扩充教育”，主张学校要承担社会教育。他说：“现在的学校教育，书本上的空话太多，实际上做事、做人的训练太少了，所以，学生到社会上，多不能适应环境。现在解决的办法，要使学校能社会化。”②他提出“大学办理社会教育”的设想，即全国划分为若干大学区，每区设立一所大学，区内的社会教育，“如通讯教授、演讲会、体育会、图书馆、博物馆、音乐、演剧、影戏”都由大学办理。社会教育事宜“虽非学校教育所包含，而未尝不可利用学校出发点。学校的建筑、设备、人才都可利用”③。他主持北京大学工作时，对校役开设夜校，鼓励学生在校外参加平民教育活动。

1931 年，蔡元培主持的关于社会教育的宗旨报告指出：“社会教育，必须使人民认识国际情况、了解民族意义，并具备近代都市及农村生活之常识，家庭经济改善之技能，公民自治必须之美德。”④这就是说，要通过社会教育增强国民的社会责任意识，培养国民的公共道德观念，提高国民的文化科学知识水平。

---

① 王玉洁：《蔡元培社会教育思想初探》，《鸡西大学学报》2008 年第 1 期。
② 高平叔编：《蔡元培教育论著选》，人民教育出版社 1991 年版，第 635 页。
③ 王雷著：《社会教育原理》，中国社会科学出版社 2015 年版，第 115 页。
④ 夏林林、杨丽琴：《试论蔡元培的社会教育思想及其现实意义》，《中国市场》2011 年第 5 期。

（二）陈独秀的青少年社会教育思想

陈独秀曾在日本东京高等师范学校学习，是新文化运动的主要倡导者之一，也是教育活动家。

陈独秀认为，教育有广义和狭义之分。“自狭义言之，乃学校师弟之所授受；自广义言之，凡伟人大哲之所遗传，书籍报章之所论列，家庭之所教导，交游娱乐之所观感，皆教育也。”①他说的广义教育主要是指社会教育。看书读报、结交朋友、进行娱乐都是社会教育。他在担任广东省教育委员会委员长时，明确提出发展图书馆、博物馆、剧院等社会教育。

作为政治家，陈独秀注重将教育与政治、经济和社会革命联系起来。他宣传民主科学，提倡新文学，具有浓烈的思想启蒙色彩。他提倡新教育，反对旧教育，认为“旧教育将社会与教育分离，其弊之最大者莫如减少教育的效力”。教育要趋向社会而不能趋向个人。教育与社会要打成一片，建立在社会需求之上。与社会需求联系在一起的教育，才是活教育。

陈独秀在 1915 年 9 月 15 日为《青年杂志》撰写的发刊词《敬告青年》中说：“青年如初春，如朝日，如百卉之萌动，如利刃之新发于硎，人生最可宝贵之时期也。青年之于社会，犹新鲜活泼细胞之在人身。新陈代谢，陈腐朽败者无时不在天然淘汰之途，与新鲜活泼者以空间之位置及时间之生命。”青年是“自主的而非奴隶的”“进步的而非保守的”“进取的而非退隐的”“世界的而非锁国的”“实利的而非虚文的”“科学的而非想象的”。这六点既是他对新青年的界定，也是他对青年教育的要求。1916 年 9 月 1 日，他发表《新青年》一文，号召大家做新青年而

① 戚谢美、邵祖德编：《陈独秀教育论著选》，人民教育出版社 1995 年版，第 30 页。

不要做旧青年，做真青年而不要做伪青年。

（三）陶行知的青少年社会教育思想

陶行知曾在美国哥伦比亚大学研读教育行政，师从杜威等著名教授。他从近代中国国情出发，提出了“作十万新民”的教育主张。要培养新民，只靠学校是不够的，必须发展社会教育。他认为，当时中国的乡村教育办成都市教育，是走错了路。他在《中国乡村教育之根本改造》一文中说：“中国乡村教育走错了路！他教人离开乡下向城里跑，他教人吃饭不种稻，穿衣不种棉，做房子不造林；他教人羡慕奢华，看不起务农；他教人分利不生利；他教农夫子弟变成书呆子；他教富的变穷，穷的变得格外穷；他教强的变弱，弱的变得格外弱。”“生路是甚么？就是建设适合乡村实际生活的活教育。”①他的青少年社会教育思想是生活教育理论。

生活教育的第一个内涵是“生活即教育”。这不同于美国教育家杜威提出的“教育即生活”观点。杜威认为，教育是生活的过程，而不是将来生活的准备，主张把社会生活引入学校，使学生通过这种生活来获得经验，形成能力，以适应社会生活的需要。陶行知则认为，“教育即生活”只是把社会上的生活引入学校，还不是真正的社会生活，仍然是一种“鸟笼式”的生活教育。他主张以真正的社会生活，以民众改造社会和自然的全部社会实践作为教育内容，实行真正的生活教育。他说：“生活教育是生活所原有，生活所自营，生活所必需的教育。教育的根本意义是生活之变化。生活无时不变即生活无时不含有教育的意义。因此，我们可以说，‘生活即教育’。”②可见，“生活即教育”的意思是，

① 华中师范学院教育科学研究所主编：《陶行知全集》（第一卷），湖南教育出版社 1984 年版，第 653 页。

② 华中师范学院教育科学研究所主编：《陶行知全集》（第二卷），湖南教育出版社 1985 年版，第 633—634 页。

教育最初就是为了人的生活，生活是教育的中心和目的，教育必须与生活相联系；生活本身就是一种教育，具有教育的作用，生活有好有坏，生活的教育作用也有好有坏，只有积极向上的生活，才能教人积极向上。“生活教育是以生活为中心之教育”，“生活与教育是一个东西，不是两个东西”，“是生活便是教育”，“过什么生活便是受什么教育”。“好生活是好教育；坏生活是坏教育；高尚的生活是高尚的教育；下流的生活是下流的教育；合理的生活是合理的教育；不合理的生活是不合理的教育。”① “从定义上说：生活教育是给生活以教育，用生活来教育，为生活向前向上的需要而教育。从生活与教育的关系上说：是生活决定教育。从效力上说：教育要通过生活才能发出力量而成为真正的教育。‘教学做合一’是生活法亦即教育法。”②

生活教育的第二个内涵是“社会即学校”。这针对的是“学校即社会”的说法。陶行知认为，“学校即社会”的说法好像把一只活泼的小鸟从天空里捉来关在笼里一样。如果以一所小的学校去把社会所有的一切东西都吸收进来，就容易弄假，而且会在学校与社会中间造成一道高墙，把学校与社会生活隔开了。他坚决反对这种自我封闭的“鸟笼”式学校以及横亘在学校和社会之间无形的“高墙”。他提出“社会即学校”的观点，认为“社会即学校”这一原则是“要把教育从鸟笼里解放出来”。他说：“到处是生活，即到处是教育；整个的社会是生活的场所，亦即教育之场所。因此，我们又可以说：‘社会即学校’。”③

1945 年陶行知发表《创造的社会教育论纲》一文，提出了关于创造的社会教育主张。“创造的社会教育，是社会所有，社会所办，社会

①③ 华中师范学院教育科学研究所主编：《陶行知全集》(第二卷)，湖南教育出版社 1985 年版，第 288、634 页。

② 中央教育科学研究所编：《陶行知教育文选》，教育科学出版社 1981 年版，第 267 页。

所需的教育。”社会教育是一种社会事业，其内涵为教育是整个社会的事情，社会各界都应该办教育。创造的社会教育是“社会教育以社会为大学”。“社会大学有两种：一是有形的大学；二是无形的社会大学。社会大学运动是要把有形的社会大学普及出去，并且要给无形的社会大学一个正式的承认，使每一个人都承认这无形的社会大学之存在，随时随地随事进行学习。”“无形的社会大学，虽无社会大学之名，实实在在它是一个最伟大的大学，最自由的大学，最合乎穷人需要的大学。有形的社会大学是夜大学、早晨大学、函授大学、新闻大学、旅行大学、电播大学。”他指出，社会教育是一种教育事业，社会就是学校，社会有教育的功能与效果。“社会即学校，大众教育用不着花几百万几千万来建造武汉大学那皇宫一般的校舍。工厂、农村、店铺、家庭、戏台、茶馆、军营、学校、庙宇、监牢都成了大众大学的数不清的分校。客堂、灶披、晒台、厕所、亭子间里都可以办起读书会、救国会、时事讨论会。连坟墓都可以做我们的课堂。谁能说庙行的无名英雄墓和古北口的‘支那’勇士墓不是我们最好的课堂啊。”“在社会的伟大学校里，人人可以做我们的先生，人人可以做我们的同学，人人可以做我们的学生。随手抓来都是活书，都是学问，都是本领。”他 1946 年在《社会大学颂》一文中赞叹道：“青天是我们的圆顶，大地是我们的地板。太阳月亮是我们的读书灯，二十八宿是我们的围墙。人民创造大社会，社会变成大学堂。”①他在回答为什么主张“社会即学校”，反对“学校即社会”时说：“我们主张‘社会即学校’，是因为在‘学校即社会’的主张下，学校里面的东西太少，不如反过来主张‘社会即学校’，教育的材料，教育的方法，教育的工具，教育的环境，都可以大大增加，学生、

① 王雷：《“开民智”、“作新民”——陶行知与近代教育家群体论社会教育》，《南京晓庄学院学报》2007 年第 2 期。

先生也可以更多起来。因为在这样办法下，不论校内校外的人，都可以做师生的。‘学校即社会’，一切都减少，校外有经验的农夫，就没有人愿去领教，校内有价值的活动，外人也不得受益。”① “社会即学校”是要把学校教育延伸到大自然、大社会，去与社会生活实践密切结合。

生活教育的第三个内涵是“教学做合一”。陶行知说：“教学做合一是生活教育之方法之理论。这理论同时叙述生活教育之现象与过程。”② “教学做合一是生活现象之说明，即是教育现象之说明。在生活里，对事说是做，对己之长进说是学，对人之影响说是教。教学做只是一种生活之三方面，而不是三个各不相谋的过程。同时，教学做合一是生活法，也就是教育法。它的含义是：教的方法根据学的方法；学的方法根据做的方法。事怎样做便怎样学，怎样学便怎样教。教与学都以做为中心，在做上教的是先生，在做上学的是学生。”③ 教学做是一件事，不是教、学、做三件事。要在做中学，做中教。在他的教学论思想中，不仅教师的教和学生的学是相互联系、相互转化的整体，而且明确指出了联系教和学的纽带、评价教和学的标准是“做”。

（四）马宗荣的青少年社会教育思想

马宗荣是著名的社会教育学家，曾在日本东京大学社会教育系学习社会教育理论，回国后毕生从事社会教育工作。他积极从事培养社会教育专门人才的活动，在大夏大学教育学院设立四年制的社会教育系，首开我国大学开设社会教育系之先河。他将社会教育的理论和实践有机结合起来，形成了一套自己独特的社会教育理论体系。1935年，马宗荣任民国政府教育部社会教育司司长，从事社会教育行政工作。

---

①②③ 华中师范学院教育科学研究所主编：《陶行知全集》（第二卷），湖南教育出版社1985年版，第201、288、289页。

马宗荣认为，社会教育是“国家、公共团体或个人，为图谋民众资质的向上，以社会全体为客体，使影响及于社会全体的教育”。社会教育“将教育事业的范围扩张，使其民众化，借学校、家庭以外的种种教育机关，应用种种手段，在社会的实际生活场所中，无论老幼、男女、贫富和贵贱，凡属未成熟之人皆教化之”，这可以提高一般社会民众的教育程度，对社会的发展和进步产生有益的影响。社会教育的方法有“口讲手画的讲演法、质问讨论的研究法、自学自习的读书法、化装变态的艺术法、直观主义的观览设施法、报纸杂志化的宣传法、白话体的广告宣传法”等。他编辑出版了《社会教育概说》等大量的教材和社会教育理论著作，构建出自己的理论框架，当时的社会教育著作皆以他的著作为参考。①

马宗荣对社会教育的主体和客体做了阐述。他认为，“社会教育的主体为社会——社会全体负着社会教育的责任，不拘个人与团体。教育者可以做社会教育的主体。学者、商人、工人、农人、军人或宗教家，只要愿为社会服务，均可以做社会教育的主体。国家、地方政府、学校、教育会、商会、工会、农会、兵营、庙宇、教会、图书馆、报馆以及其他一切团体，无一不可做社会教育的主体。”②“社会教育的本旨是由道德、学术、政治、实业、艺术和体育各方面，以启发一般社会民众的智识为标准。那么凡关于上述任一方面未成熟的人，无论为男女，为老少，不拘其职业与阶级，均为社会教育的客体。”③

（五）晏阳初的青少年社会教育思想

晏阳初是平民教育运动的主要代表，于 1923 年担任中华平民教育

---

① 吕春枝：《略论马宗荣的社会教育思想及实践》，《河北师范大学学报（教育科学版）》2006 年第 6 期。

②③ 马宗荣著：《社会教育概说》，商务印书馆 1933 年版，第 2、3 页。

促进会总会总干事。晏阳初认为，中国问题的根本在人，从根本上解决中国问题要从提高人的素质入手。开展“除文盲，作新人”的平民教育活动，能够促使民族焕发新的生命力，实现“民族再造”。当时三亿多农民是国家的基础，却最缺乏教育，因此，民众教育要注重到乡村去，为农民办教育。他认为，中国农村当时存在愚、穷、弱、私四个问题。解决这四个问题，就要以文艺教育攻愚，以生计教育攻穷，以卫生教育攻弱，以公民教育攻私。推行四大教育，要依靠学校式教育、社会式教育、家庭式教育。所谓社会式教育是通过读书会、演讲比赛、演剧、写稿投稿、成立自助社和合作社、农业展览会等形式。

（六）陈鹤琴的青少年社会教育思想

陈鹤琴曾获美国哥伦比亚大学教育硕士学位，1940 年在江西省泰和县创办“江西省立实验幼稚师范学校”（后改为“国立幼稚师范学校”），专门为幼儿教育培养师资。

陈鹤琴从批评书本主义的传统教育开始，提出了“活教育”理论。什么是“活的教育”？“简单地说一句，就是‘不是死的教育’。书本主义的教育就是死的教育。”①传统教育的课程是“把‘学校’与‘社会’‘自然’隔离的，社会上发生的事情，自然界发生的现象，完全漠不相关，把学校变成了‘知识的牢狱’”②，不问儿童是否了解，不管与时令是否适合，只管一课一课地教。“教科书我们并不反对用，不过我们要用活的教科书”，“不是在夏天来谈雪，在冬天来谈蚊子和苍蝇。不知道用又新鲜又方便的实物，而出钱去买挂图（可是还有连挂图都不知道用，只是靠口述的），我们是主张到田间去，到动物园去，到大自

① 陈秀云、陈一飞编：《陈鹤琴全集》（第五卷），江苏教育出版社 2008 年版，第 17 页。
② 王伦信著：《陈鹤琴教育思想研究》，辽宁教育出版社 1995 年版，第 242 页。

然界，一切的一切都是活的，都是与儿童有密切的关系，有重大价值的。”①“我们也要活的教育，教材是活的，方法是活的，课本也是活的。”“尽量地利用儿童的手、脑、口、耳、眼睛，打破只用耳朵听、眼睛看，而不用口说话、用脑子想事的教育。我们不能再把儿童的聪明、儿童的可塑性、儿童的创造能力埋没了。”②小学里的儿童整天坐在课堂上死读书，结果变成了诸事不分的书呆子，幼稚园更像是“幼稚监狱”。在传统教育中，人们的观念被书本严重束缚住了。“学生在学校肄业，称读‘书’。教师授各种学科，又称为教‘书’。结果是大家把‘书’当成了唯一的教育材料，把‘读书’和‘教书’当成了学校教育的全部内容。”③他提出，“书本上的知识是间接的、死的，大自然、大社会才是我们活的书，直接的书。”书本知识是死的知识，“大自然、大社会都是活教材”。“活教育的课程是把大自然、大社会做出发点，让学生直接向大自然、大社会学习。”他认为，要把儿童培养成适应现代社会的年轻人，就必须逐渐扩大和丰富儿童对自然、社会的了解。可见，“活教育”非常重视直接经验在课程中的地位，“让学生直接向大自然、大社会去学习”，把过去“书本万能”的错误观念抛弃，去向活的直接的“知识宝库”探讨研究，在与自然、社会的直接接触、亲自观察中获取经验和知识。这种直接在大自然、大社会中学习的教育思想，本质上是一种青少年社会教育思想。

陈鹤琴提出，“活教育”与“死教育”相比，具有十大区别。第一，活教育中，一切设施、一切活动以儿童做中心的主体，学校里一切活动差不多都是儿童的活动；而死教育中，一切设施、一切活动，

---

①② 陈秀云、陈一飞编：《陈鹤琴全集》（第五卷），江苏教育出版社 2008 年版，第 18 页。

③ 王伦信著：《陈鹤琴教育思想研究》，辽宁教育出版社 1995 年版，第 241 页。

教师（包括校长）是中心、是主体，学校里一切活动都是教师的活动。第二，活教育的目的在于培养做人的态度，养成优良的习惯，发现内在的兴趣，获得求知的方法，训练人生的基本技能；死教育的目的在于灌输许多无意义的零星知识，养成许多无关紧要的零星技能。第三，活教育的一切教学集中在“做”，做中学，做中教，做中求进步；而死教育的一切教学，集中在“听”，教师口里讲，儿童用耳听。第四，活教育实施分组学习，共同研讨；而死教育由个人学习，班级教授。第五，活教育以爱以德来感化儿童，而死教育以威以畏来约束儿童。第六，活教育中，儿童自订法则来管理自己；而死教育中，教师以个人主见来约束儿童。第七，活教育的课程是根据儿童的心理和社会的需要来编订的，教材也是根据儿童的心理和社会的需要来选定的，所以课程具有伸缩性，教材是有活动性而可随时更改的；而死教育具有固定的课程，呆板的教材，不问儿童能否了解，不管与时令是否适合，只是一节一节地上，一课一课地教。第八，活教育使得儿童天真烂漫，活泼可爱，工作时很静很忙，游戏时很起劲很高兴；死教育使得儿童呆呆板板，暮气沉沉，不好动，不好问，俨然是个小老人。第九，活教育中，师生共同生活，教学相长；而死教育中，师生界限分明，隔膜横生。第十，活教育中，学校是社会的中心，师生集中力量，改造环境，服务社会；而死教育中，校墙高筑，学校与社会毫无联系。①这十个区别虽说得有点绝对和夸张，但在很大程度上揭示了青少年社会教育与学校教育的不同。

陈鹤琴认为，活教育与传统教育在教育目的、教学课程和教育方法上，都是不同的。

---

① 陈秀云、陈一飞编：《陈鹤琴全集》（第五卷），江苏教育出版社 2008 年版，第 21—22 页。

一是在教育目的上。“传统教育以获得知识，预备升学为目的，所以处处地方都注重文字上的知识；而活教育的目的，则注重在培养儿童适应环境，控制环境，利用环境，怎样做人，怎样接待事物，接待人。”①活教育的目的是“做人，做中国人，做世界人”。“人之所以异于其他的动物，就因为人是一种社会的动物。自有人类历史以来，人都是过着社会生活的，人不能离开社会而独立。既然如此，人就必定在人与人之间相互发生关系，怎么使这个关系正确而完好地建立起来，以通过这个关系参与共同生活，通力合作以谋控制自然，改进社会，使个人及全人类得到幸福，便是一个做人的问题，所以活教育要讲做人，应当努力来学习如何做人，如何求得社会的进步，人类的发展。”②他提出，做一个现代中国人应具有健全的身体、创造的能力、服务的精神、合作的态度和世界的眼光五个条件。③

二是在教学课程上。“活教育”的课程是活动课程，打破惯常按学科组织的体系，采取活动中心和活动单元的形式。“传统教育注重于文字的知识，听得来的知识，换句话，就是未经自己考验的知识；活教育注重于大自然，大社会，以实际生活做出发点，观察事物，调查情况，从事实验，通过这许多活动的课程——‘做’的课程，获得实际的知识，真实的经验。所以要求得真知识，仅仅靠通过文字的课程是难以得到的，一定要从实际的经验，自己来获得的。有了科学的根据，更加以自己的判断，从这样得来的知识，才可算是儿童自己的。”④“活教育”课程包括儿童健康活动、社会活动、科学活动、艺术活动和文学活动五个方面内容。其中，儿童健康活动是指通过体育活动、个人卫生、公共卫生、心理卫生等方面来培养儿童健全的身心；儿童社会活动是指

---

①②③④ 陈秀云、陈一飞编：《陈鹤琴全集》（第五卷），江苏教育出版社2008年版，第57、59、64、57页。

通过公民、历史、地理、时事等项活动，使儿童明了个人与社会的关系，使儿童参加社会活动以培养其技能和兴趣，使儿童了解乡、镇、县、省和全国的关系及中国与世界的相互影响，激发起爱国、爱群及民族精神；儿童科学活动是指以生物、论理、工业及生产劳动为范围，增进儿童科学知识，培养儿童实验兴趣，启迪儿童创造能力；儿童艺术活动包括音乐、美术、工艺、戏剧等项内容，以陶冶儿童的情感，启迪儿童的审美感，发展儿童的欣赏力，培养儿童的创造力；儿童文学活动包括童话、诗歌、谜语、故事、剧本、演说、辩论、儿童应用文和书法，目的在于培养儿童对于文学的欣赏能力和发表能力，培养儿童对于中国文字的认识和运用，培养儿童对于文法修辞的研究兴趣，培养儿童对于文学的创造能力。以上说的五种活动犹如人一只手上的五个指头，是相互联系、缺一不可的整体。“五指活动”的课程设计方案具有非常突出的特点，这就是以儿童为学习的主体，以活动为中心，打破了以科目为原则的传统教育课程观。

三是在教育方法上。传统教育的方法集中在“先生讲，学生听”，儿童始终处于接受一些未经自己实践检验的书本知识的被动地位，得到的全是间接经验。在他看来，间接知识是不够的，还要通过自己的观察和探索，获得直接经验，才能加深认识和理解，才能检验这些间接知识的真实性。他提出，活教育的教学方法应“做中教，做中学，做中求进步”。“所谓‘做’，并不限于双手做才是做，凡是耳闻、目睹（观察），调查、研究，都包括在内。也就是我们通常所说的‘实践’。‘做’是儿童对生活直接地体验。”①他说：“你要儿童怎样做，就应当教儿童怎样学”，“你要儿童游水，你一定要在水里教他学；而且要他自

① 北京市教育科学研究所编：《陈鹤琴教育文集》（下卷），北京出版社 1985 年版，第 148 页。

己也实地在水里去，否则，光是你游泳给他看是没有用处的”。①

“做”强调儿童的主体作用，重视直接经验。“传统教育完全注重知识的传授，而活教育注重于实际的做，要学生自己做，注意分组学习，集体讨论，以相互的经验，来相互切磋。传统教育以教师为主，活教育以儿童为主。传统教育以社会为中心，所以教师就成了无上的权威，以恐惧来约束儿童；而活教育则以爱以德来感化儿童，每个儿童能自觉地来遵守集体公约，在‘爱’的空气中陶冶儿童优良的品格。传统教育把‘学校’与‘社会’‘自然’隔离，社会上发生的事情，自然界发生的现象，完全漠不相关，把学校变成‘知识的牢狱’；活教育是使儿童与社会打成一片，和自然界紧密地呼吸在一起，注意社会上一切的活动，了解一切的变化。帮助社会，把意见贡献给社会，并且要尽力改造社会。”②

（七）梁漱溟的青少年社会教育思想

梁漱溟是现代新儒学的早期代表人物之一，曾倡导乡村建设运动。梁漱溟认为，当时中国举办新式教育几十年，不仅没能达到目的，反而弊端丛生，原因在于袭用模仿欧美教育制度而忽视中国国情。他提出要在教育上实现从都市教育向乡村教育、从人才教育向民众教育的转变。

梁漱溟说：“什么是教育？统同是教育。在学校里读书是教育，在家庭里做活也是教育；朋友中相得的地方是教育，街上人的谈话，亦莫不是教育：教育本来是很宽泛的东西。”③教育的功用在于“绵延文化而求进步”，“不使文化失传、不使文化停滞不进”。这就是说，他心目

---

① 北京市教育科学研究所编：《陈鹤琴教育文集》（下卷），北京出版社 1985 年版，第 656 页。

② 陈秀云、陈一飞编：《陈鹤琴全集》（第五卷），江苏教育出版社 2008 年版，第 57—58 页。

③ 宋恩荣编：《梁漱溟教育文集》，江苏教育出版社 1987 年版，第 245—246 页。

中的乡村教育、民众教育是一种广义的社会教育。他主张“学校教育、社会教育不可分”。

1933 年，教育部拟议在学制系统中确立社会教育的地位，其办法有两条：一是将社会教育加入现行学制系统，二是于学校系统外另立一平行的社会教育系统。梁漱溟认为，这样的社会教育仍然与学校教育一样，同样会走向为教育而教育、脱离中国社会和民众生活实际的老路。他强调学制应该“以社会教育为本而建树一系统”。他认为，当时的中国正处于改造时期，“完成社会改造的工程即教育”，“而今日中国所需完成的工程——教育——乃特大；非特有设施，将必无从完成其改造”。这个设施就是“社会本位的教育系统”。1933 年，他起草了《社会本位的教育系统草案》。他认为，“既不能在现行学制系统之外另立社会教育，也不能在学制中建立社会教育与学校教育两个平行系统，而应以社会教育为本另立教育系统。其基本精神是打破既有学校教育系统，按照行政区划，设立从乡学、区学、县学、省学到国学的五级教育设施，体现的是学校社会化、社会学校化的教育理念。”“社会本位的教育”实际上是纳学校教育于大社会教育之中。

他主张通过社会教育来改造社会，提出乡村社会教育思想。“如果要从正面解决社会问题就一定要归到教育，归到社会教育。中国的民众多在乡村，故民众教育即乡村民众教育，中国是乡村社会，故社会教育即乡村社会教育。此种教育是很活的、很实际的教育，此教育即乡村建设。”①他是从乡村建设的立场来看待社会教育的。他曾在山东省邹平县创办“山东乡村建设研究院”，开展乡村建设实验。他认为，社会教育就是以社会为对象的教育。“中国此时一切应兴革的事业，均应放在

① 宋恩荣编：《梁漱溟教育文集》，江苏教育出版社 1987 年版，第 246 页。

教育里去作。此所谓教育，非以个人为对象，而是以社会为对象，所以是社会教育。”①1934 年 10 月，他在“社会教育与乡村建设之合流”的演讲中说：“此刻的中国已不能用学校式教育，而应以社会式的教育为主体”，“事实上非在其（指农民）原来的环境里头，教以农业改良，教以乡村自治不可”。②他说：“中国此时不应视成人教育或社会教育为临时补充枝节应付之事，而应视其为教育的主要工作。”③

综上所述，与青少年社会教育活动相适应，我国历史上尤其是近代具有丰富的青少年社会教育思想。许多思想至今仍然闪烁着真理的光辉，具有现实的价值。

---

① 王俊明：《梁漱溟乡村建设中的社会教育问题论纲》，《河北师范大学学报（教育科学版）》2010 年第 5 期。

② 于述胜：《民国时期社会教育问题论纲——以制度变迁为中心的多维分析》，《北京大学教育评论》2005 年第 3 期。

③ 王雷：《“开启民智”、“改良社会”、“扩充效能”——辛亥革命后中国社会教育的几点突破》，《河北师范大学学报（教育科学版）》2011 年第 11 期。

第三章　青少年社会教育的理论

第一节　人的全面发展理论

一、人的全面发展理论的基本内容

人的全面发展理论是基本的、由来已久的教育理论。古今中外，许多思想家提出人的全面发展的教育思想。例如，中国先秦思想家提出对人的礼、乐、射、御、书、数等“六艺”的要求。古希腊思想家柏拉图在《理想国》中阐述了音乐、体育和培养“哲学王”的教育等丰富的教育思想。德国哲学家黑格尔认为：“社会和国家的目的在于使一切人类的潜能以及一切个人的能力在一切方面和一切方向都可以得到发展和表现。”①潘光旦1941年在《大学一解》一文中说：“所谓整个之人格，即就比较旧派之心理学者之见解，至少应有知、情、志三个方面。”人格包括理智、情绪、意志。“今则不然，大学教育所能措意而略有成就者，仅属知之一方面而已，夫举其一而遗其二，其所收修明之效固已极有限也。”②青少年人格发展是理智、情绪和意志的统一，如果只是知识教育，就不利于青少年的全面发展。

马克思认为，人的全面发展是人类最高理想，更高级的社会形式是“以每个人的全面而自由的发展为基本原则”③。马克思在《1844年经济学哲学手稿》中指出，人的全面发展是“人以一种全面的方式，也就

① 〔德〕黑格尔著，朱光潜译：《美学》（第一卷），商务印书馆1979年版，第59页。
② 郑也夫著：《吾国教育病理》，中信出版社2013年版，第152页。
③ 《马克思恩格斯全集》（第23卷），人民出版社1972年版，第649页。

是说，作为一个完整的人，占有自己的全面的本质”①。人的全面发展是人的需要、劳动、能力、个性和社会关系等方面的全面发展，人的本质是在这种全面发展的历史过程中不断生成的。马克思在《德意志意识形态》中指出：单个人受分工的支配，分工使人成为片面的人，使其畸形发展并受到限制，导致异化劳动的产生。马克思在《资本论》中说："从工厂制度中萌发出了未来教育的幼芽，未来教育对所有已满一定年龄的儿童来说，就是生产劳动同智育和体育相结合，它不仅是提高社会生产的一种方法，而且是造就全面发展的人的唯一方法。”②

我国农村包围城市的革命道路决定了社会教育是青年农民全面发展的基本途径。毛泽东强调教育与生产劳动相结合。1927 年他在武昌举办农民运动讲习所。1944 年他在解放区提出："在教育工作方面，不但要有集中的、正规的小学、中学，而且还要有分散的、不正规的村学、读报组和识字组。”③1957 年他在《关于正确处理人民内部矛盾的问题》一文中提出："我国的教育方针，应该使受教育者在德育、智育、体育几方面都得到发展，成为有社会主义觉悟的有文化的劳动者。”这是人的全面发展的教育方针。生产劳动同智育和体育相结合，这只能在社会教育中才能真正得到实现。

二、人的全面发展理论的社会教育意义

人的全面发展理论为青少年社会教育提供了理论依据，因为全面发展的青少年要求由全面发展的教育来培养和造就，要求社会教育与

---

① 《马克思恩格斯全集》(第 42 卷)，人民出版社 1972 年版，第 123 页。

② 《马克思恩格斯全集》(第 23 卷)，人民出版社 1972 年版，第 530 页。

③ 游心超：《毛泽东非正规教育与正规教育相结合思想探讨》，《教育评论》1994 年第 1 期。

家庭教育、学校教育共同承担教育任务。人的全面发展包含多方面内容，不是哪一种教育形态能够单独承担的。而且，在青少年发展的很多方面如个性爱好、人际交往、社会活动等，社会教育可以发挥比学校教育和家庭教育更大的作用。“学生在校期间所学的知识仅占一生中所需知识的10％左右，其余90％的知识都要在工作中不断地获取。”①从教育实践看，学校教育尽管实施了多年素质教育，也进行了各种改革，但以考试看分数、以分数论优劣的评价标准并没有发生实质性的改变，青少年为了考试分数片面追求学科教育的情况也没有发生根本性的变化。家庭教育大多是为了帮助子女补习学校的功课，许多家庭教育实质上是服务于考试升学。学校教育和家庭教育集中在“应试教育”上发力，存在片面性，难以成为全面发展的教育。学校考试大都是“要么正确，要么不正确，没有中间派”，“学校可能是地球上绝无仅有的答案如此直截了当的地方”。②其实，社会生活的诸多方面并不是这样只有唯一的正确答案。有一份语文考卷中有一道题是关于朱自清《梅雨潭的绿》的，题目要求考生指出作者的观察点。“许多考生都选择了梅雨潭，但是非常不幸的是，正确的答案是‘梅雨潭边’。有一道题要求在众多元曲作家中选出元曲四大家，但是，这个问题连大学教授都说，在文献上有不同说法。长期如此，造成了一个可悲的局面：中学教师辅导不了小学生，大学中文系教授做不好高考语文试题。据说，前几年，把高考语文考卷拿给全国著名的中学语文教学权威去做，也只能得到70多分。”③有人认为，这样的语文考试成了“一场莫名其妙的文字游戏”，“50％以上考的是‘伪语文’‘伪能力’”，“考出来的结果，高分低能是普

① 程健康：《试析人的全面发展理论的基本内涵及其教育意义》，《教育与职业》2008年第27期。

② 郑也夫著：《吾国教育病理》，中信出版社2013年版，第196页。

③ 钱理群、孙绍振著：《对话语文》，福建人民出版社2005年版，第37—38页。

遍的现象”。有一位作家在一本中学语文教学参考书上，看到自己的一篇文章被选用来作为“现代文阅读材料”。他“发现文章后面出了10道‘阅读题’，诸如画出了原文中的一句话，询问‘作者的本意是什么’，下面列有四个备选的答案”。他尝试着做了一遍，题目的难度远远超过了他的想象。他写文章的时候也没有消耗这么多的智力和精神。好容易答完了题目，对照后面的标准答案，不由地倒吸了一口凉气：结果10道题都做错了！他感叹道，那位出题的语文老师比作为作者的他更了解“作者的本意”。①这样的考试难以考察将来工作和生活中实际运用的语言能力。青少年社会教育从素质提升、能力提高出发，立足兴趣爱好和个性发展，不与考试挂钩，不进行分数评价，考察的是真能力，成为青少年全面发展的教育。

人的全面发展理论要求在教育中强化主体性，即强化青少年在教育实践活动中表现出来的知识生成的能动特性。发展青少年的主体性不仅是人的全面发展的重要内容，而且是达到人的全面发展的重要条件。素质教育要求正确对待青少年的个性差异，发现和开发青少年的潜质，使每名青少年的个性得到充分自由的发展。在学校教育、家庭教育中，教师、家长是权威，青少年是听从者，缺乏主体性。青少年社会教育以人的全面发展理论为指导，倡导教育过程的建构性、合作性，通过教育者与被教育者之间广泛的讨论交流，可以形成新的认知，达成有益共识。

第二节　多元智力理论

一、多元智力理论的基本内容

教育的基本目的是开发人的智力，但人们对于智力的含义却一直

① 潘新和著：《语文高考：反思与重构》，福建人民出版社2009年版，第40页。

存在争议。为了衡量人的智力，人们探索了多种智力测量方法。美国心理学家加德纳在批评单一智力测验的基础上，提出了多元智力理论。

多元智力理论源于对学校教育的批评。学校教育实施标准化、规模化教学，学生学习基本相同的课程，教师尽可能地以相同的方式将既定的学科知识讲授给学生。衡量学生学习成绩的基本手段是频繁的标准化的纸笔测验。加德纳认为，“纸笔测验（或标准化考试）可能只对两种类型的人有利，即拥有较强语言智力和逻辑—数理智力的人，以及善于适应中立的、非情境化评估的人。智力测验或标准化试题都需要运用语言和逻辑、数理的能力才能快速地解答，这种快照式的回答只需要人在短时间内的反应能力，而且只需要重复或再认以前所记住的内容即可，因此，它是非情境化的。学生在学校里要学会教师传授的认知技能，比较擅长没有任何情境的功课。这致使学生都认为他们所碰到的问题都是旧问题中某一类问题的重复或变相重复，可以用一些通用的规则来加以解决，都认为应该熟记每一种题材，把这些题材安排成有组织的结构会比较好记，应该以某种特定的方式（如三段论）来进行推理，应该和比自己年长的人谈论一些与自身没有什么关系的话题，包括在功课上的表现，应该在测验中得到好的成绩或通过各种考试。而对教师来说，他们按规定做一些非常耗时、耗力的工作，被迫缩手缩脚，以致没有多余的时间和精力来进行创新。”大多数教师“采取一种‘防卫式的教学’，与学生一起心照不宣地按统一的要求进行教学，遵守规定，不对任何人（包括自己）做过分的要求，只要求学生通过死记硬背的方式来记住教材上规定的内容，而不要求学生去面对有挑战性的问题，最终师生只好苟且偷安地向‘标准答案’妥协。”“学校不断培养出了‘少量的成功者’‘大量的失败者’，而成功者往往是那些在语言智力和逻辑—数理智力上占优势的学生。”①在日常生活中，我们经常会发现这样的现象，即有许多所谓高智商的人出了学校以后却一事无成，而有些在学校成绩普通甚至中下的人，在走向社会以后却成为有成就的人。究其原因就在于一个人有效处理新信息或适应环境的能力与在智力测验中所获得的高分并没有多大的关系。②因此，加德纳不相信智力测验能完美无缺地测量出人的智力。“智能是在特定的文化背景下或社会中，解决问题或制造产品的能力。”③人的智力可以分成“与物有关的智力”“与物游离的智力”“与人有关的智力”。“心理测验仅仅强调了言语—语言智力和逻辑—数理智力以及一部分视觉—空间智力，而其他形式的智力则被完全忽视了，而且大多数智力测验都没有考虑到各种智力在日常生活中的明智的表现，如，即席发言（语言智力）或在陌生的城镇里找到路（视觉—空间智力）等。”④加德纳认为，智力是以组合的方式存在的，每个人都是具有多种能力组合的个体，而不是只拥有单一的、用纸笔测验可以测出的解答问题能力的个体。

加德纳说的多元智力包括九种智力。在 1983 年出版的《智力的结构——多元智力理论》一书中，他提出了言语—语言智力、逻辑—数理智力、视觉—空间智力、音乐—节奏智力、身体—运动智力、人际交往智力、自我内省智力七种智力。在此基础上，1996 年他增加了自然观察者智力，1999 年又增加了存在智力，这样形成了九种智力。这九种智力的含义分别是：第一，言语—语言智力指的是人对语言的掌握和灵活运用的能力，表现为个人能顺利而有效地利用语言描述事件、表达思想并与他人交流；第二，逻辑—数理智力指的是对逻辑结构关系的理

---

①②④ 夏惠贤著：《多元智力理论与个性化教学》，上海科技教育出版社 2003 年版，第 48，6，2 页。

③〔美〕霍华德·加德纳著，沈志隆译：《多元智能》，新华出版社 2004 年版，第 16 页。

解、推理、思维表达能力，主要表现为个人对事物间各种关系，如类比、对比、因果和逻辑等关系的敏感以及通过数理进行运算和逻辑推理等；第三，视觉—空间智力指的是人对色彩、形状、空间位置等要素的准确感受和表达的能力，表现为个人对线条、形状、结构、色彩和空间关系的敏感以及通过图形将它们表现出来的能力；第四，音乐—节奏智力指的是个人感受、辨别、记忆、表达音乐的能力，表现为个人对节奏、音调、音色和旋律的敏感以及通过作曲、演奏、歌唱等形式来表达自己的思想或情感；第五，身体—运动智力指的是人的身体协调、平衡能力和运动的力量、速度、灵活性等，表现为用身体表达思想、情感的能力和动手的能力；第六，人际交往智力指的是对他人的表情、说话、手势动作的敏感程度以及对此做出有效反应的能力，表现为个人觉察、体验他人的情绪、情感并做出适当的反应；第七，自我内省智力指的是个体认识、洞察和反省自身的能力，表现为个人能较好地意识和评价自己的动机、情绪、个性等，并且有意识地运用这些信息去调适自己生活的能力；第八，自然观察者智力指的是人们辨别生物（植物和动物）以及敏锐感知自然界其他特征（云朵、石头等的形状）的能力，表现为能够认识到其他物种或类似物种的存在，能够把几种物种之间的关系罗列出来等等；第九，存在智力指的是寻找生命的重要性、死亡的意义、身体和心理世界的最终命运，以及沉浸在艺术领域内的种种深奥经验中给自己定位的能力等。①他认为，每个人都在不同程度上具有上述九种基本智力，大多数人某些智力非常发达，某些智力表现一般，而其余智力则稍欠发达。智力通常是以复杂的方式进行组合运作的，智力之间的不同组合表现出个体间的智力差异。正常人都需要运用多种智力的

① 夏惠贤著：《多元智力理论与个性化教学》，上海科技教育出版社 2003 年版，第 7—28 页。

组合来解决问题，因此，大多数的智力总是相互作用，以整体或组合形式进行运作的。例如，一名青少年踢球时，需要身体—运动智力（奔跑、踢和接等动作）、视觉—空间智力（预期来球的方向和接应球的部位等）、语言智力（在运动中与他人交流）等。“每一个人都是具有多种智力组合的个体，而不是只拥有单一的、用纸笔可以测出的解答问题智力的个体。”①每个人都拥有相互联系又相互区别的多重智力结构，这些智力之间的不同组合表现出个体间的智力差异，问题不在于一个人有多聪明，而在于怎样聪明，在哪些方面聪明。聪明与否，关键看能否解决实际生活中的问题和创造出社会所需要的有效产品，这种能力是衡量智力高低的标准。因此，智力是个体解决实际问题的能力和生产或创造具有社会价值的有效的产品的能力。由于智力上的差异，个人的学习兴趣、思考问题的方式以及解决问题的方法也不尽相同。一个人有没有智力，要看他怎样解决生活中所面临的各种问题、各种考试和各种需求，而不是其智商高低、有无大学文凭和有无声誉所能决定的。

加德纳认为，传统的智力理论过分狭隘，以传统智力观为基础的众多智力测验不能全面准确地反映学生的能力。以往的智力理论和智力测验主要集中在社会、文化方面，尤其是学校重视的语言能力和数理—逻辑能力方面，而忽视了对人类和个体生存发展具有同等重要性的其他能力，如音乐、空间、交往能力等。传统智力测验也许对学生在学校里的学习成绩有较好的预测性，但在预测学生离开学校、走上社会以后的潜力和表现方面则几乎无能为力。②他说：“我们的社会今天将语言和逻辑—数学智能置于最重要的位置上，大部分智能测试都建立在这一

---

① 夏惠贤著：《多元智力理论与个性化教学》，上海科技教育出版社2003年版，第39页。
② 桑新民主编：《步入信息时代的学习理论与实践》，中央广播电视大学出版社2000年版，第105—106页。

基础上。如果你的语言和数学很好，你的智商测试和 SAT 的成绩一定很高，从而可以进入一所名牌大学就读。但当你一旦离开学校，是否仍然能有良好的表现，往往在很大程度上取决于你是否拥有和能否运用除此之外的一些智能。”①以往的大多数智力概念集中在取得学业成功的那些能力上，而加德纳的智力概念把问题解决作为一个关键因素。事实上，创造产品、写一首交响曲、画一幅画、表演一个剧目、建立和管理一个组织等能力是无法用简短的测验来衡量的，同时，智力测验的设计应该考虑到不同文化背景的影响。加德纳 1999 年在《多元智能》一书中译本序言中说，多元智力理论“并不建立在考试以及与考试分数相关的数据基础上。的确，如果继续依赖考试，人们可能就会接连不断地发现智能单一的证据。与此相反，我们的理论来源于两个非同寻常的证据。一个是千百年来对人类大脑的认识，另一个是各种文化背景所看重的角色和技能的种类”②。

二、多元智力理论的社会教育意义

加德纳的多元智力理论为青少年社会教育提供了理论依据。传统的比较单一的智力测验通行于各类学校，成为学校对青少年学生进行评价的尺子。这种智力测验意味着青少年接受学校教育、在学校考试中获取高分数就够了，不需要考虑解决问题的实际能力。而依据多元智力理论，教育要考虑青少年多种智力的发展，要考虑青少年教育的情境，尤其是解决实际问题的能力。这样的教育更多的是青少年社会教育，而不是学校教育和家庭教育。青少年社会教育不以纸笔考试分数论优劣，而是在各种社会情境下进行的，往往针对现实的具体的社会问题，能够

①② 〔美〕霍华德·加德纳著，沈致隆译：《多元智能》，新华出版社 2004 年版，第 8、2 页。

更切合青少年成长的实际需要，更好地发展青少年认识现实问题、解决现实问题的能力。

多元智力理论拓宽了人们对于人的智力的认识，暴露了传统智力测试、智力开发和智力评价的缺陷，对以学校教育为主导的智力观、教育观提出了批评，这从反面印证了青少年社会教育的独特价值。既然人的智力结构具有多元性、差异性、开发性，青少年素质的发展就不可能由学校独立承担，社会教育机构在开发青少年智力方面起着独特而重要的作用。青少年素质是一种包含思想素质、知识素质、技能素质、身体素质、审美素质和心理素质的综合体。学校教育能够开发青少年的语言能力、思维能力、数理能力、专业能力等，在青少年智力开发的系统性、专业性上具有明显的优势，但是考虑到时空、环境、手段等的有限性，难以承担青少年多元智力的培育和开发工作。可以说，仅靠学校教育不可能真正实现青少年整体素质的全面提升。多元智力理论要求教育者根据青少年的智能结构和个性特征，选择和创设多种适宜的、能够促进每名青少年全面发展的教育方法和手段，这在标准化、规模化的学校教育中是不可能做到的。与此不同，一些青少年社会教育机构可以做得更好。例如，青少年宫没有统一教材的约束和升学考试的压力，能够适应青少年个体的特点，不断变换教学方法和手段，青少年个体有机会找到适合自身智力倾向的方法来受教育。青少年宫通过演讲活动，能够提高青少年的语言智力；通过文艺培训、演出，能够提高青少年的音乐智力；通过各种体育活动，能够培养青少年的身体智力；通过群体性活动和夏令营活动，能够提高青少年的人际交往智力；通过各种户外活动尤其是青少年营地活动，能够提高青少年的自然观察智力。从实践情况看，青少年宫具有独特的教育方式和丰富的社会教育资源，在培养青少年的兴趣爱好、艺术能力、交流能力等方面具有优势，在青少年智力开发方面可以发挥自身作用。

美国心理学家斯腾伯格在《成功智力》一书的序言中说：“你所了解的智力——也是心理学家们常常认为的智力——只涉及了内涵宽广、结构复杂的智力的极小一部分，也是非常不重要的一部分，即所谓‘呆滞的智力’。”①他以自己小时候智商测验考砸了、经历了“彻头彻尾的失败”为例，说明了这样一个道理：“呆滞智力测验的低分并不妨碍你今后获得成功，同样，高分也不能保证成功。”②他关于分数与成功不能画等号的观点与加德纳的多元智力理论是相吻合的。加德纳说：“很多智商高达160的人在为智商只有100的人打工。因为前者内省智能低下，而后者内省智能高超。在日常世界中，没有哪一种智能比人际智能更加重要。如果你缺少人际智能，你就不知道该和谁结婚，该做什么工作。”③在现实生活中，高分数低能力的现象是普遍存在的。浙江省杭州市天长小学有一位教师通过10年的跟踪记录，发现了一个耐人寻味的现象，即在小学期间前几名的尖子生在升入初中、高中、大学，乃至工作之后，有相当一部分会“淡出”优秀行列，而许多名列第10名左右的学生在后来的学习和工作中出人意料地表现出色。这种“第10名现象”很快得到了社会的共鸣，同时它反映了学校教育评价的缺陷。④弥补学校教育的缺陷，必须大力发展青少年社会教育。“智力在多数人从事的社会工作中远远没有在科学研究中那么重要。相反，在社会生活的多数领域和场合，比如官场、商场、投资、择偶中，智力的作用有限，而情商很可能发挥着更大的功能。”⑤青少年的情绪智力是通过与人相处、玩耍、交流的日常生活得到传承的。一个人天资聪明固然好，

①② 〔美〕斯腾伯格著，吴国宏、钱文译：《成功智力》，华东师范大学出版社1999年版，第2、4—5页。

③⑤ 郑也夫著：《吾国教育病理》，中信出版社2013年版，第157、158页。

④ 夏惠贤著：《多元智力理论与个性化教学》，上海科技教育出版社2003年版，第6页。

但是如果一味地追求书面考试上的智力，却缺乏与他人、同伴互动、合作的能力，这其实是教育的失败。

第三节　因材施教理论

一、因材施教理论的基本内容

因材施教是指根据学习者的知识基础、智力状况和个性特征，有针对性地进行教育，使学习者得到良好的发展。青少年个体存在知识、技能、个性的差异，因此，教育要根据青少年个体的智力差异，有的放矢地进行差异化教育。

我国因材施教的教育思想由来已久。孔子说："生而知之者，上也；学而知之者，次也；困而学之，又其次也；困而不学，民斯为下矣。"①他看到了人的天赋和学习态度的差异。"中人以上，可以语上也；中人以下，不可以语上也。"②这是说，智力中等以上的人，可以告诉他高深的学问；智力中等以下的人，不可以告诉他高深的学问。他对不同学生问的同一个问题给予了不同的回答。例如，子路问："闻斯行诸？"子曰："有父兄在，如之何其闻斯行之？"冉有问："闻斯行诸？"子曰："闻斯行之。"公西华曰："由也问'闻斯行诸'，子曰'有父兄在'。求也问'闻斯行诸'，子曰'闻斯行之'。赤也惑，敢问。"子曰："求也退，故进之；由也兼人，故退之。"③这是说，当子路问是否"听到就干起来"时，孔子的回答是，父亲和哥哥都健在，不能这么做；当冉有问同样的问题时，孔子却说可以这么做。之所以回答不同，

①②③ 刘兆伟译注：《论语》，人民教育出版社 2015 年版，第 400、117、245 页。

是因为孔子为平时做事退缩的冉有壮胆，给平时胆大的子路泼冷水。这是孔子因材施教的典型例子。因材施教是宋代思想家对孔子教学方法的概括。北宋哲学家程颐说：“孔子教人，各因其材，有以政事入者，有以言语入者，有以德行入者。”①这是说，孔子教育学生之所以收到很好的效果，重要的原因就是针对不同资质的学生实施不同的教育方法和内容。有的学生可以从政，则教之以政事；有具备语言天赋的，就教之以语言；有的学生德行欠缺，教育的重点就放在培养其德行之上。南宋思想家朱熹在解释孔子对自己弟子的分类时说：“孔子教人，各因其材。”②“圣贤施教，各因其材，小以小成，大以大成，无弃人也。”③这是说，善于施教的人，是根据每个人的特长而进行教育的，才能低的人可以取得较低的成就，才能高的人可以取得较高的成就，没有不可以教育的人。不管青少年个体是什么样的，教育者都要根据其才能、兴趣、爱好、气质、性格等进行相应的教育。明末清初思想家王夫之提出，要发现每个学生的长处和短处，引导其长处，矫正其短处。他说：“教思之无穷也，必知其人德性之长而利导之，尤必知其人气质之偏而变化之。”④他认为，教育者要根据学习者的接受能力和基础乃至于主观努力的程度等因材施教，要引导发展学习者的长处，使他能够进步，矫正学习者的偏处，使其走上正当的道路。陶行知说：“教的法子根据学的法子”，学生“怎样学就须怎样教，学得多教得多，学得少教得少，学得快教得快，学得慢教得慢。”教师只有量力而行，因材施教才能使教师费力少而成效多。⑤

---

① 〔宋〕程颢、程颐著，王孝鱼点校：《二程集》（第一册），中华书局 1981 年版，第 252 页。

②③ 〔宋〕朱熹撰：《四书章句集注》，中华书局 1983 年版，第 123、362 页。

④ 《四书训义》卷十五。

⑤ 夏惠贤著：《多元智力理论与个性化教学》，上海科技教育出版社 2003 年版，第 53 页。

国外也具有丰富的“因材施教”思想。文艺复兴时期，一些人文主义教育家提出要重视儿童的个性发展。例如，蒙田认为，只有实行个别化教学才能发挥学生的能力，因此，无论是语言文字教学，还是品德训练，都应采取个别化教学。教师要了解学生，根据学生的性格、爱好等进行教学。到了近代，夸美纽斯提出了教学要适应自然的原则，呼吁教学要适应个别差异。洛克说：“两个儿童很少有能用完全相同的方法去教导的。”教师“应该仔细研究儿童的天性和才能，并且应该经常试试，看他们最容易走哪一条路子，哪一条路子与他们最相适合”。卢梭提出了“自然教育”的思想。他认为，教育要适应自然。这里的“自然”就包括了儿童的年龄特点和兴趣爱好。“儿童在那些毫不理解而一味超量死记的知识重压之下，却找不到半点能够灵活运用的属于自己的知识，这真是一种险境。”赫尔巴特认为，教育的起点是个性，教学的任务是要使个性向多方面发展，并根据学生的兴趣来进行教学。第斯多惠说：“要求学生学习同一教材，同样的分量，达到相同的程度，这是完全不合理的。一个记忆力较强的儿童能做到的，不能要求一个记忆力较弱的儿童去做。”“绝不允许任何人压制学生的个性自由和个性发展。”杜威提出以儿童为中心，让学生在做中学，主张课程内容必须以儿童的直接经验为依据。蒙台梭利强调儿童个性的发展，认为每个儿童都有自己的心灵，有自身的需求、潜能，这就决定了儿童本身发展的进程和方向。她认为，儿童的个别差异很显著，没有两个儿童是完全一样的。因此，学校教育要强调个人学习和个别活动。①

① 夏惠贤著：《多元智力理论与个性化教学》，上海科技教育出版社 2003 年版，第 54—55 页。

二、因材施教理论的社会教育意义

因材施教是各种教育形态共同的原则和方法，因此，在各种青少年教育中都应因材施教。但是，与学校教育相比，青少年社会教育更能够实行精准化的因材施教。

学校教育偏重知识教学，具有统一的教学要求，实施班级授课制，采用成型的教学模式，进行标准化的考试，相对来说难以照顾到青少年个体的特性，难以做到精准化的因材施教。因材施教根据不同的学生选择适合学生自己的教学方法，从理论上说，是一种最佳的教学模式，但在课堂教学的实践中，对每个学生完全做到因材施教是不可能的。“因为课堂教育采用班级上课的形式，一位教师要面对整班的学生。在课堂教学中，假如我们把因材施教中的‘材’定位于成绩为差等的学生，以成绩为差等的学生为对象设计教学方法，一方面，我们从成绩差等的学生角度来看，我们的教学实践是‘因材施教’；但另一方面，从成绩为优等学生层面，我们又可以推出我们所用的方法不是‘因材施教’的。如果我们以成绩为优等的学生或成绩为中等的学生为对象设计教学方法，同样可以得出上述结论。”学校的“教学是以班集体为单位、以统一的教材和教学目标为条件进行的，而因材施教的教育教学思想是从个体教育教学中得出的。我们把从个体教育教学中得出的教育原则用于群体教学，必然导致在教学实践中存在难以调和的矛盾”。学校的“教学目标存在过多的统一，比如统一的教学目标、统一的教材、统一标准答案，与‘因材施教’的个性化教学存在着目标上的矛盾”。①教育对象的集体性、教材的规定性和考试的统一性，使得教师往往用同一种方法教育全班、全年级的学生，难以对全体学生的学习状况有充分的

---

① 李芳亭:《“因材施教悖论”现象探析》,《黄河水利职业技术学院学报》2011 年第 2 期。

了解，难以照顾每个学生的个性特征，因此，学校教育不能普遍地切实地做到因材施教。因材施教的基本依据是青少年个体之间在学习条件上存在差异，不同的青少年在生理和心理上具有相对稳定的特点。学校教育既然不能很好地符合每一个青少年的个性特征，因材施教就往往只是一个美好的愿望。社会教育之所以可以更好地对青少年进行因材施教，是因为青少年社会教育大多不是集中教育，而是个别教育，没有既定的教育模式，没有升学考试的压力，可以因人而异，因活动而异，更好地照顾青少年的兴趣爱好，满足青少年的个性需求。从实践情况看，青少年社会教育的多种类型，如媒体教育、青少年宫教育，都是注重青少年自主选择、个性学习的教育，能够较好地做到因人而学，因材施教。

第四节　社会学习理论

一、社会学习理论的基本内容

社会学习理论兴起于 20 世纪 60 年代。“社会学习理论是关于人类个体在社会情境中的学习现象的一种理论，它研究各种社会因素如何影响和改变人的思想、情感与行动的过程，目的是要说明和解释人的行为及其规律。”①美国心理学家阿尔波特·班杜拉是社会学习理论的主要创始人之一，他所著的《社会学习理论》一书于 1977 年出版。

班杜拉认为，人的行为产生于人与情境之间的相互作用。“人与环境因素并非作为独立的决定因素发挥其功能的，相反，它们是相互决定

① 高申春著：《人性辉煌之路：班杜拉的社会学习理论》，湖北教育出版社 2000 年版，第 1 页。

的”，“相互作用是一个交互作用的过程，行为、人的因素和环境因素都是相互连接着起作用的决定因素”。[1]社会学习理论用人的因素与环境因素双方的交互作用来解释人的心理机能。人既不完全受内部力量的驱使，也不完全受环境刺激的支配。

观察学习是班杜拉社会学习理论的核心内容。班杜拉把观察学习的基本含义界定为“一个人通过观察他人的行为及其强化结果而习得某些新的反应，或使他已经具有的某种行为反应特征得到矫正，同时，在这一过程中，观察者并没有对示范反应做出实际的外显操作”[2]。在观察学习过程中，被观察的对象称为榜样或示范者，观察主体称为观察者，榜样通过观察者的观察活动而影响观察者的过程，称为示范作用，所以观察学习也可以被称为示范作用过程。观察学习是通过观察他人（或榜样）的行为（这种行为对于观察学习者来说是新的行为），获得示范行为的象征性表象，并引导学习者做出与之相对应的行为的过程。个体把刺激在他人身上发生的反应情况作为信息，通过观察他人的行为结果，获得新的行为反应模式。

班杜拉分析了人的行为的起因。人们要么通过直接经验，要么通过观察获得新的技能。行为习得具有两种不同的学习，一是“由反应结果引起的学习”。这是一种来自直接经验的、由各种动作所产生的积极和消极影响而形成的学习方式。“人们在处理日常事务时，他们的某些反应证明是成功的，而另一些反应则没有效果或是带来一些惩罚性结果。由于这种不同的强化过程，那些成功的行为方式终于被挑选出来，无效

① 〔美〕阿尔伯特·班杜拉著，陈欣银、李伯黍译：《社会学习理论》，中国人民大学出版社 2015 年版，第 7—8 页。

② 高申春著：《人性辉煌之路：班杜拉的社会学习理论》，湖北教育出版社 2000 年版，第 124 页。

的行为方式就被抛弃。”①这种学习方式不仅给人们提供信息，而且能够诱发人的行为动机，强化人的某些行为。以往的经验使得人们知道不同的行为会产生不同的结果，包括有利和有害的结果。基于预期，人们会把未来可能产生的结果转化为当下行动的动因。二是“从示范过程中学习”。人们不只是依靠自身行为的效果来学习该做什么，人的大多数行为“都是通过示范过程而观察学会的：人们从观察别人中形成了有关新行为如何操作的观念，这一编码的信息在以后场合中就作为一个行动的向导。因为人们在操作任何行为之前，至少可以以一种近似的形式向榜样学习做些什么，所以他们可以避免一些不必要的错误。”②“所有的学习现象都是从观察别人的行为及其结果，在替代的基础上所发生的直接经验那里来的。”“有些复杂的行为，仅仅借助示范作用也能形成……即使在有可能通过其他手段建立新行为时，示范作用也能使获得过程大大缩短。”③人们可以通过身体演示、图形表征和言语描述等进行观察学习。“示范作用能够加强或减弱对观察者先前习得的行为的抑制”，“看到受惩罚的原型，旁人就会抑制同样的行为。反过来，看到别人从事危险的或者被禁止的活动没有什么不利的后果，就会减弱观察者的抑制”。④“社会学习大多是在日常情境中对别人所操作的行为进行偶然或直接的观察基础上发生的。随着言语技能的发展，言语示范逐渐代替行为示范，而作为反应指导的优先方式。人们遵循对如何行为的文字描述，就能帮助其获得社交的、职业的以及娱乐的各种技能。”⑤各种大众媒介在塑造人的行为和社会态度方面起着一个重要的作用。人们可以通过电视、电影和其他视觉媒介进行社会观察。“示范

①②③④⑤〔美〕阿尔伯特·班杜拉著，陈欣银、李伯黍译：《社会学习理论》，中国人民大学出版社 2015 年版，第 13、18、10、41、31 页。

影响指导着人们的行为，但在影响程度上有所不同，并非所有的原型在诱发他们所表现的行为类型中都有相同的效力。”“那些地位高、能力强和有权力的原型，在促使别人产生相似行为方面要比身份较低的原型更为有效。”“名人的行为比那些在职业的、智慧的或社交的能力上相对说来较低的原型的行为更可能获得成功，因而对观察者就有更大的功能价值。”①青少年“可以从电影的和电视的示范作用中获得态度、情绪反应以及新的行为方式”。“随着应用符号性示范作用的增加，父母、教师以及其他传统的角色原型在社会学习中占有的位置，可能没有以前那么突出了。”②“对于发展中的儿童来说，那种把大量道德冲突形象化的电视示范，构成了社会学习的另一个主要的部分。符号示范作用，凭借其描述什么是可接受的或可谴责的行为，凭借对它所描述的行为的社会制裁和辩护，来影响道德判断的发展。”③在以上两种学习方式中，前者为通过直接经验获得行为反应模式的过程，后者为通过观察示范者的行为而习得行为的过程。班杜拉的社会学习理论所强调的是观察学习。

观察学习是由注意、保持、产出和动机四个相互关联的过程构成的。一是注意过程。“注意过程决定着在大量的示范影响中选择什么作为观察的对象，并决定着从正在进行的示范事件中抽取哪些信息，因此，选择性注意在观察学习中起着关键作用。”注意过程是观察学习的起始环节，决定了个体在大量繁杂的示范榜样表征中选择什么来进行观察和怎样进行观察。“示范者行动本身的特征、观察者本人的认知特征以及观察者和示范者之间的关系等诸多因素影响着学习的效果。”④

---

①②③〔美〕阿尔伯特·班杜拉著，陈欣银、李伯黍译：《社会学习理论》，中国人民大学出版社 2015 年版，第 76、32、36 页。

④ 耿静：《班杜拉的社会学习理论对教育工作的几点启示》，《出国与就业》2010 年第 2 期。

二是保持过程。这是一个学习者将在观察活动中获得的有关示范行为的信息以某种方式储存于记忆之中以备后用的过程。要使示范行为在记忆中保持，需要把示范行为以符号的形式表象化。通过符号这一媒介，将观察获得结果内化，短暂的榜样示范就能够被保持在长时间的记忆中。三是产出过程。这是一个学习者将在早期情境中观察到并存储于记忆中的行为信息符号转化成为外显行为的过程。学习者会把记忆中的符号和表象转换成适当的行为，再现以前所观察到的示范行为。学习者通过按照榜样行为方式组织自己的反应而达到行为再现。四是动机过程。学习者因实施所学到的行为而受到激励的过程。学习者能否实施示范行为受到诱因的影响。人们能够通过观察模式而获得新知识，但人们可能对这种模式进行操作，也可能不去操作，这要取决于强化引起的动机作用。当观察者与示范原型特征相同或相似时，示范者的成功更易引起观察者的替代强化。观察学习的四个过程是一个紧密联系的整体，任何个体重复示范原型的行为都离不开在一定的动机作用下注意某一行为，通过记忆该行为然后转化为自己的实践。示范榜样的多元性和示范作用方式的多样性，决定了观察学习过程具有不同程度的复杂性。

班杜拉的社会学习理论以观察学习理论为主，此外还包括自我调节、三元交互决定和自我效能理论。自我调节理论认为，人的行为不仅受外在因素的影响，也受到通过自我生成的内在因素的影响，可以自己调节自己的行为。自我调节是个人的内在强化过程，是个体通过将自己对行为的计划和预期与行为的现实成果加以对比和评价，来调节自己行为的过程。人具有符号表征及自我反应能力，能依照自我确立的内部标准和自我激励来调节自己的行为。三元交互决定理论认为，行为、认知和环境三者在社会学习过程中彼此相互联结、相互决定，发生交互作用。行为和环境作为交互决定的因素而起作用，人的认知和行为同样是彼此交互决定的因素。自我效能理论认为，个人会评估自己完成某方面工作的信念和能力，评估的结果直接影响到行为动机。自我效能的形成主要受成败经验、替代性经验、言语劝说以及情绪和生理状态四种因素的影响。

二、社会学习理论的社会教育意义

社会学习理论揭示了人们学习的一种普遍途径、行为的通常方式，为青少年社会教育提供了理论依据。主要表现在如下几个方面。

（一）社会观察最直接、最经常的发生在社会教育中

青少年通过观察他人所表现的行为及其结果，可以知道自己是否应采取这种行为、如何实施这种行为，能够从社会观察中获得自身的行为模式。虽然学校、家庭中存在一定的社会观察，但宽广的社会是在校园和家庭之外，因此，广泛的社会观察发生在多样的社会生活之中。社会是青少年教育的广阔空间，而观察学习是青少年在社会这个宽阔平台上进行的有意或无意学习的主要方式。青少年正处于身心快速发展时期，好奇心、模仿性很强，是观察学习的黄金时期。在丰富多彩的社会生活中，青少年可以随时随地进行观察学习。观察学习对于青少年的文化知识的获取、生活方式的养成、道德品质的塑造、社会行为的习得，都具有积极的推动作用。父母、教师、同学、朋友，以及包括公众人物、历史人物、文学人物在内的各方面人物，都是青少年学习观察的对象，他们的言谈举止对青少年语言、行为和思维的方式，具有立竿见影或潜移默化的影响。青少年个体的观念、意识、情感、知识、技能等能够通过社会观察习得。社会教育是青少年观察学习的广阔领域和重要渠道。青少年通过社会教育，可以强化社会观察的学习理念，培养社会观察的实际能力，获得社会观察的行为模式。

（二）社会学习更能够提高青少年的沟通能力

社会学习既有利于青少年认清自己的社会角色，了解自己的兴趣爱好，认识自己的能力水平，又有利于加深对生活情境的认识，对自己生活的环境进行正确的观察与分析，这能够促进青少年沟通能力的发展。青少年通过社会观察，对人和事有了新的了解和认识，并把自己的所知所想用语言表达出来，告诉别人，与别人交流，这可以增强青少年的沟通能力。

（三）社会教育比学校教育和家庭教育更能发挥榜样教育作用

社会学习理论注重榜样示范作用。社会学习理论与“身教胜于言教”的教育原则具有异曲同工之妙。根据社会学习理论，接触多种榜样的人更具有创新性。培养青少年的创新性，一个重要途径是为青少年提供多样化的示范者。榜样愈加多样化，青少年就愈有可能做出创造性的反应。青少年生活于社会中，自觉或不自觉地、有意识或无意识地会根据自己的经验来评价他人的行为，受到他人的影响，因此，为青少年树立正面的、积极的榜样是青少年社会教育的重要方式。家庭教育和学校教育虽有榜样教育，但往往数量很有限，且缺乏生动形象。数量的局限性使得青少年不能仅仅根据家庭、学校提供的榜样来塑造自己的行为模式；形象的不够生动使得青少年缺乏自觉学习的积极性，有的榜样过于简单化、标签化，还容易使青少年产生逆反心理。青少年社会教育可以提供众多的示范者，而且是鲜活的、真实的榜样，这使得青少年选择余地大，感到亲切可学，更愿意自觉学习。在榜样教育中，青少年社会教育具有比学校教育和家庭教育更生动的方式和载体。例如，互联网、微信等为青少年榜样学习提供了广泛的信息来源，为青少年观察学习提供了极大的便利。

（四）社会教育是一种自我选择的教育，比学校教育更具有自主

性，从而更能够产生教育效能

社会学习理论注重自我效能观，提出要在正确估计自己的水平与能力的前提下，树立长远的以提高自己的个人能力为目标的学习动机。自我效能的树立，使得青少年对做什么和做的过程中要付出多大的努力进行预期，能够有效引导青少年进行行为选择。如果说学校教育整体划一，青少年缺乏足够的成功体验，那么社会教育生动多样，能够让青少年有更充分的成功体验。青少年社会教育开展形式多样的活动，培养青少年的兴趣爱好，发掘青少年的特长，尽可能多地让青少年表现自己。一些在校学习成绩不是很好的青少年，在社会教育中发挥自身特长，能够获得更多的正面激励，从而增强自信心，更加积极向上。

第五节　学习化社会理论

一、学习化社会理论的基本内容

“学习化社会”这一概念是由美国教育家赫钦斯 1968 年在《学习化社会》一书中首先提出的。他说：“全体成年男女，仅经常地为他们提供定时制的成人教育是不够的，还应以成长及人格的构建为目的，并以此目的制定制度，以及更以此制度来促使目的的实现，而由此建立一个朝向价值的转换及成功的社会。”①社会的迅速发展和人的闲暇时间的增多，为学习化社会的建立创造了条件。人们可以利用闲暇时间进行学习，提高自身素质。他确定了教育的概念，认为在未来的社会中，教育不再是培养人才，不再是为经济发展培养所需的人才，而是将人性的

① 林均著：《国外学习化社会理论与实践研究》，中国经济出版社 2013 年版，第 2—3 页。

发展和完善作为教育的目的，使人成为一个人。①在《学习化社会》一书的序言中，他指出，教育的目的在于“培养人类的智慧，由此而发扬仁性，以成仁人。其目的是人格，不是人力”。他把完善人性作为学习化社会的基本目标。所有的人都应该受到充分的教育。每一个人都应该受到全面的教育，人不能只是在一个方面或一些方面获得发展，而是应该在所有能够促进人自身更加完美的方面都获得发展。学习化社会的根本立足点是对人、人性和人生价值的培养与实现。“每一个人应受完全而正确的教育，这种教育不仅限于一事一物，或几种甚至多种事物”，“而应包括一切完美人性的事物”。②

1972年联合国教科文组织发表的报告《学会生存——教育世界的今天和明天》对“学习化社会”进行了阐述，提出要“向学习化社会前进”。学习化社会是“一个教育与社会、政治与经济组织（包括家庭单位与公民生活）密切交织的过程。这就是说，每一个公民享有在任何情况之下都可以自由取得学习、训练和培养自己的各种手段，因此，从他自己的教育而言，它将基本上处于一个完全不同的地位。教育不再是一种义务，而是一种责任了”③。这就是说，青少年教育与各种类型的社会组织密切交织，与青少年的日常生活融为一体。“把重点放在教育与学习过程的‘自学’原则上，而不是放在传统教育学的教学原则上。”“我们不仅必须发展、丰富、增加中小学和大学，而且我们还必须超越学校教育的范围，把教育的功能扩充到整个社会的各个方面。学校有它本身的作用而且将有进一步的发展。但是我们越来越不能说，社会的教

---

①② 林钧著：《国外学习化社会理论与实践研究》，中国经济出版社2013年版，第71、75页。

③ 联合国教科文组织国际教育发展委员会编著，华东师范大学比较教育研究所译：《学会生存——教育世界的今天和明天》，教育科学出版社1996年版，第203页。

育功能乃是学校的特权。所有的部门——政府机关、工业交通、运输——都必须参与教育工作。地方共同体和国家共同体都显然是具有教育作用的机构。”①这就是说，除了学校这一专门的教育机构外，众多的其他社会机构参与青少年教育工作，开展青少年教育活动，发挥青少年教育的作用。有人希望专门的学校体系能够完全承担起青少年教育的任务，但是从实践看，这种希望是不切实际的。事实上，众多不同于专门学校的社会机构和社会组织在青少年教育中发挥着广泛而重要的作用。“教育，如果像过去一样，局限于按照某些预定的组织规划、需要和见解去训练未来社会的领袖，或想一劳永逸地培养一定规格的青年，这是不可能的了。教育已不再是某些杰出人才的特权或某一特定年龄的规定活动：教育正在日益向着包括整个社会和个人终身的方向发展。”②如果过分依赖学校，把青少年教育全部交给学校，就会导致学校无法负荷这样的重担。“不要把教育的权力交给一个单独的、垂直的、有等级的机构，使这种机构组成社会中的一个独特团体。相反，所有的集体、协会、工联、地方团体和中间组织都必须共同承担教育责任。”“社会与教育的关系，在其性质方面，正在发生变化。”③单一的机构，即使是专门的学校，也无法独自完成青少年教育的重任，其他社会组织和社会机构同样责无旁贷。学校教育除了无力独自承担青少年教育的任务之外，本身还具有教育功能的不足。“传统的学校教育体系将教育建立在与就业和相应报酬的机械联系之上，不仅扮演着社会选拔者的角色，也为少数精英或者特权阶层的利益而不惜造就众多的失败者，这造成了教育与丰富多彩的现实生活相脱离，进而掠夺了社会的

①②③ 联合国教科文组织国际教育发展委员会编著，华东师范大学比较教育研究所译：《学会生存——教育世界的今天和明天》，教育科学出版社 1996 年版，第 201、199—200、202 页。

教育功能。”①现实中，“应试教育”使得许多青少年从小成为分数排行榜上的落后者，影响了这些青少年的进取精神和自信心，不利于他们的成长。“未来的教育必须成为一个协调的整体，在这个整体内，社会的一切部门都从结构上统一起来。这种教育将是普遍的和继续的。从个人的观点来说，这种教育将是完整的和富于创造性的，因而也是个别化的和自我指导的。”②理想的教育是学校教育与校外教育并举，他人教育与自我教育共存。青少年教育需要创新教育理念，拓宽教育渠道，增加新的资源，这就要求发展社会教育。青少年教育不能试图依赖于任何一种单一的机构和载体。长期以来，青少年是通过社会生活来学习生活知识和技能的，社会生活提供学习的机会。建立学习化社会必须超越学校教育体系，把青少年教育的功能扩展到学校之外、扩展到全社会的各个领域、各个层级。

1971 年美国思想家伊凡·伊里奇在《非学校化社会》一书中批判了现代学校教育制度的种种弊端，提出了学习网络的替代选择方案。这种“非学校化”的主张是矫枉过正的，也是不可能实现的，但是，他关于学校教育的一些批评对于学习化社会的建设具有借鉴意义。他指出，学校只是教育的载体形式之一，但绝非唯一形式，如私立学校的正规教育、各种非正规教育形式（教会、家庭、工作坊等）也可以承担教育年轻一代的任务。“大部分的学都是教的结果，这一错觉是学校系统赖以生存的基础。”学习并不局限于学校之内，我们所获取的知识大部分都是在校外获得的，并不一定依靠教师的指导。的确，“社会的教育功能不是学校的特权，社会不能过分依赖于学校，不能通过一个单独的机构

---

① 林钧著：《国外学习化社会理论与实践研究》，中国经济出版社 2013 年版，第 27 页。

② 联合国教科文组织国际教育发展委员会编著，华东师范大学比较教育研究所译：《学会生存——教育世界的今天和明天》，教育科学出版社 1996 年版，第 203 页。

发挥其广泛而有效的作用，不管这个机构多么庞大，也不管这个机构的功能得到了如何充分地发挥。因此，我们在丰富和发展各级各类学校教育，使学校不断发挥其应有的功能的同时，应超越学校教育的范畴，将视野从学校扩展到整个社会，更加重视诸如家庭生活、卫生保健、社会服务、法律机构和大众信息媒介工具等的教育职能；教育应突破学校的限制，走入社会的每一角落，每一机构。”① “除非人们从现代学校教育系统的咒语中解放出来，否则其他制度的教育功能将严重受限。”他主张打破学校对教育的垄断，让学校丧失无可争议的合法教育权，让学生在实际操作中接受教育，发挥其他各种制度、机构、场所的教育功能，还原真正的教育，进入“教育不再是特定机构之任务的新型社会”。他设想建立自由自治的学习网络，把学校教育和社会教育融为一体，使整个社会成为一所大学校。美国 1983 年发布的《国家处在危险中：教育改革势在必行》报告指出：在学习化社会中，受教育的机会远远超过了之前的学习场所——中小学和大学。“学习机会发展到家庭、工作场所、图书馆、美术馆、博物馆和科学中心，甚至发展到在工作和生活中个人得以发展和成熟的一切场所。”②

2002 年 10 月，党的十六大报告把“形成全民学习、终身学习的学习型社会，促进人的全面发展”作为小康社会的重要目标。2003 年 10 月，党的十六届三中全会通过的《中共中央关于完善社会主义市场经济体制的决定》提出“构建现代国民教育体系和终身教育体系，建设学习型社会”。2007 年 10 月，党的十七大报告提出“建设全民学习、终身学习的学习型社会”。建设学习型社会已是当前我国的重要发展战略，是全面建设小康社会的奋斗目标之一。2010 年 7 月颁布的《国家中长

① 漆玲玲：《伊里奇“非学校化”思想述评》，《外国教育研究》2004 年第 10 期。
② 林钧著：《国外学习化社会理论与实践研究》，中国经济出版社 2013 年版，第 148 页。

期教育改革和发展规划纲要（2010—2020年）》把“到2020年，基本实现教育现代化，基本形成学习型社会，进入人力资源强国行列”作为我国教育发展的战略目标，并提出学习型社会是“人人皆学、处处可学、时时能学”的社会。“学习型社会就其形式来说，是要创造一个全民学习和终身学习的社会；就其实质来说，就是一个‘以学习求发展的社会’。其具体内涵包括：以个体的学习来追求个体的发展，以组织的学习来追求组织的发展，以国家的学习来促进国家的发展；以终身的学习来追求终身的发展，以灵活的学习来追求多样的发展，以自主的学习来追求内在的发展；把满足全体人民基本学习需求，促进全民学习、终身学习看成是建设小康社会、落实科学发展观的社会条件和根本动力。”①

二、学习化社会理论的社会教育意义

学习化社会理论为青少年社会教育提供了理论支持。主要表现在以下三个方面。

（一）突破学校教育和家庭教育的界限，进入社会教育的广阔天地

学习化社会包括学校教育和家庭教育，但不局限于这两种教育，而是超越这两种教育，这直接说明了青少年社会教育的合法性。学习化社会思想的提出，本质上是对学校教育思想的一种超越。“从结构上看，学习化社会是各级各类学习型组织构成的网络系统。学习型组织，简单地说是在行使专业职能的同时，行使教育和学习职能的组织。迈向学习化社会，必须使尽可能多的组织或机构成为学习型组织。因此，从结构上看，学习化社会实际上是一个以各级各类学习型组织为基础，以文化

① 顾明远、石中英：《学习型社会：以学习求发展》，《北京师范大学学报（社会科学版）》2006年第1期。

教育系统为核心，具有教育功能的其他系统构成的复合性教育社会。”①既然学习化社会具有一个成网络的学习型组织，是一个复合性的教育社会，那么构建学习化社会就不能仅仅依靠一种或几种教育方式，而是需要各种教育方式互相衔接、沟通，共同发挥作用。这必然要打破学校教育和家庭教育的封闭性和单一性，增加教育的开放性和多样性，更广泛地开展社会教育。与社会教育相比，学校教育和家庭教育都是一个相对封闭的系统，学校和家庭都是一个与真实的社会生活有着很大不同的系统。学校教育的封闭性使得学校对社会的新发展关注不够，对如何应对社会的新变化应对不足，这导致经济社会发展的现实需要在学校教育体系中不能得到完全的、及时的、有效的反应，导致学校教育与经济社会发展之间出现较大的脱节现象。构建学习化社会，就要冲破学校教育的封闭性，推动学校与社会之间相互开放、良性互动和密切合作，使青少年教育成为一体化的过程。在学校教育规模化之后，我们为学校教育的批量教学所吸引，有时甚至以为青少年教育只是学校教育，学校教育等于青少年教育的全部。这种片面认识，既不利于青少年社会教育资源的开发利用，造成社会上大量教育资源闲置和荒废，又人为地加重了学校教育的负担，导致学校教育不能承担起过重的教育责任。学习化社会意味着学校不应该垄断教育，社会各个机构在行使自己的专业职能的同时，也具有一定的教育功能，发挥教育的作用。在青少年教育中，学制教育不是唯一的教育类型，上学不是唯一的学习途径，正式的与非正式的教育类型大量存在，对青少年成长产生重大的教育影响。在学习化社会中，“教与学的机会处处存在”，“学习的内容应与工作和生活相结合，使个体能有效地解决生活问题和工作问题，并提

---

① 周洪宇：《论学习化社会及其建设策略》，《教育科学研究》2005年第2期。

高效率。学习的方式则是多元与多样，学习的场所则是处处存在。提供学习的团体，则包括各种教育及非教育的组织与机构。”①

对于学习化社会的内涵，人们无论给予什么样的理解和把握，都离不开时间和空间两个角度。从时间角度看，学习化社会的核心是时时可以学习。时时可学，既指上课与课后、上学与放学都要学习，这包括社会教育的领域；也指人的一生都要学习，这是终身教育的领域。从空间角度看，学习化社会的核心是处处可以学习。学校固然是学习的重要地方，但学校以外众多的各种单位和公共场所都是学习的地方。学习化社会是一个终身学习的社会，也是一个社会生活中学习的社会。在学习化社会思想的理解上，教育界给予终身教育许多的关注，却较少关注社会教育，这是一种成人化的思维。对于青少年来说，学习化社会的现实价值是社会教育。学习化社会是一个各种社会组织和社会机构共同发挥教育作用而形成的教育社会。我们要建设学习型家庭、学习型社区、学习型机关、学习型政府、学习型企业，变封闭的教育体系为开放的教育体系，构建学校内与学校外相互联结的教育网络。学习化社会契合青少年社会教育在空间上的开放性，使得社会上一切教育资源向青少年开放，一名青年可以在课堂学习，在校园学习，也可以在社区学习，在工作场所学习。时时可学，处处可学，这是一种非常开放的、不限于学校的教育理念，是一种融学校教育、家庭教育和社会教育为一体的全方位教育。

（二）在当今学习化社会中，社会教育对于青少年成长具有更大作用

在学习化社会中，青少年无论是从家庭还是从学校中获得的知识和信息都是有限的，许多知识和信息来自社会这一更为广阔的天地。社

---

① 詹栋梁著：《教育社会学》，五南图书出版股份有限公司 2003 年版，第 136 页。

会生产和生活为青少年提供众多、便利、快捷的教育服务，使得青少年可以充分利用各种教育资源和条件，自主选择合适的载体和途径进行学习。学习化社会是一个青少年教育与社会、政治与经济组织密切交织的过程，每一个青少年在社会生活中可以方便地取得学习、训练的各种手段。学习化社会的构建表明，单一的学校教育体系已经远远不能满足青少年求知和学习的需求。“教育不应再限于学校的围墙之内。所有现有的机构（无论是否为了教学而设置的）和各种方式的社会经济活动都必须用来为教育宗旨服务。”①学习化社会打破了学校的“围墙”。日本教育学者平泽薰认为，社会教育具有对学校教育和家庭教育的超越职能，能够调整学校教育和家庭教育的不适应性。“这种不适应性既包括由于家庭教育职能的减退所引发的青少年对家庭和社会的不适应，也包括劳动青年在学校教育与社会现实的差距中对工作和生活的不适应。”②这种说法是有道理的。社会教育可以帮助青少年更好地适应家庭和社会生活，帮助青少年更好地适应就业需求和工作文化。

根据学习化社会的思想，青少年教育需要学习知识，能够做事，也需要培育道德，学会做人。赫钦斯认为，教育是以培育人性为目标，完善人性是教育的最终追求。他批评了“培养适应社会发展所需人才”的教育目的观，认为这种教育目的观是不人道的、非人道的，甚至是反人道的。学习化社会理论强调，教育对人的基本性质和价值观念的培养，是对教育不断外在化和工具化的批判与修正。目前，学校教育在就业导向下，普遍重视知识技能的教育，忽视思想道德的教育。而且，思想道德建设方面，学校教育的作用是很有限的。社会教育要更多地关注青少

---

① 联合国教科文组织国际教育发展委员会编著，华东师范大学比较教育研究所译：《学会生存——教育世界的今天和明天》，教育科学出版社 1996 年版，第 224—225 页。

② 张少军、韩秋红：《社会教育理论的实践方式研究——在中外社会教育比较视野下》，《外国教育研究》2006 年第 12 期。

年思想道德问题，用生动的教育方式和教育实例，引导青少年树立积极向上的思想意识。

（三）利用青少年闲暇时间，开发青少年闲暇教育的价值

人有充足的闲暇时间是建立学习化社会的基础条件。随着科技的进步和社会的发展，人的空闲时间普遍增多，为社会教育提供了广阔的空间。社会教育既是对青少年闲暇时间的利用，也是对闲暇教育价值的开发。1995 年联合国大会通过的《到 2000 年及其后世界青年行动纲领》，把游戏、运动、文化活动、娱乐和社区服务等闲暇活动作为青年工作的十大优先领域之一。该纲领指出："闲暇活动对青年人的心理、认识能力和身体发展非常重要。""为青年制订的适当闲暇方案，是旨在打击诸如药物滥用、少年犯罪及其他越轨行为等社会弊病的任何措施的要素。虽然消遣方案非常有利于青年人的身体、智力和感情潜力的发展，但其设计应非常慎重，以免利用它们作为使青年无法参加社会生活的其他方面或作为向他们灌输思想的手段。"该纲领提出，要把"闲暇活动作为青年政策和方案的一个组成部分"。具体包括："各国政府在青年组织积极参与下规划、设计和执行青年政策和方案时，应确认闲暇活动的重要性。对闲暇活动的重视应在有关经费拨款中体现出来。""各国政府在国际组织的协助下在农村和城市地区设立公共图书馆、文化中心和其他文化设施，并向爱好戏剧、美术和其他文化表现形式的青年人提供援助。""各国政府鼓励青年人参与旅游业、国际文化盛事、体育和青年特别感兴趣的所有其他活动。"要把"闲暇活动作为教育方案的要素"，"将闲暇活动纳入城市规划和农村发展"。①1992 年 2 月，日本青少年校外教育活动调查研究者协会提出《增加休息日必须充实少

① 共青团中央国际部译：《到 2000 年及其后世界青年行动纲领》，《青年研究》2001 年第 3 期。

年儿童校外教育活动》的报告。该报告指出：日本“家庭和社会教育效能低下，整个教育过度依赖学校”，近年来“由于经济条件的丰厚，生活环境的优越，学生中出现人际过于淡薄、意识行为消极，间接信息过剩而直接信息不足，个人目标和社会发展不予适应、生活节奏过于散漫等问题”。“尽管学校教育本身也在力求弥补这种不足，可是仅靠学校这个基本途径是非常为难的。”“从某种程度来说，在培养人格和提高能力方面，校外活动能更好地发挥其教育功能。”①该报告既指出了青少年社会教育活动的必要性，又说明了社会教育活动在培养青少年人格和提高青少年能力中具有独特的作用。

目前，我国青少年拥有较多的闲暇时间。中小学生“一年之中，双休日和节日有 115 天，暑假有 45 天，寒假有 28 天，共计休假 188 天，再加上每天课后的时间（睡眠除外），少年儿童一年中有半年多时间是在校外度过。”②一年 365 天等于 8 760 小时。如果学生在学校接受教育的时间按照 200 天、每天 7 小时计算，那么“全年的学校教育时间是 1 400 小时，可以说只占青少年成长所需时间约 16%，可见青少年学生 84%的生命时间应该是在学校之外度过”③。从闲暇时间看，青少年教育不能局限于学校，学校教育不是教育的全部，这一点是显而易见的。在青少年闲暇时间如此之多的今天，面对教育途径和载体的日益多样化，如果还有教育工作者再对社会教育缺乏认识，忽视青少年社会教育的存在，那就难以被人理解了，因为这种忽视在丰富的青少年社会教育实践面前是那样格格不入、不合时宜的。现在很多事情都讲“不忘初心”，教育工作者也不能忘记初心，需要认真思考教育是什么这个基本

① 顾渊彦：《中日高中校外教育比较》，《外国中小学教育》1994 年第 5 期。

② 康丽颖：《现代校外教育的基本特征》，《教育评论》2001 年第 1 期。

③ 张成明：《校外新教育新时代与新视野》，《中国校外教育工作年鉴（2007—2008）》，河北教育出版社 2009 年版，第 150—151 页。

问题，切实应对如何引导和帮助青少年学生更好地利用学习日放学后、周末和放假时间的问题。在青少年闲暇时间内，是举办考试科目补习班、服务学校的升学考试，还是开展校外活动、服务青少年的素质提升，这需要教育行政部门做出教育制度的合理安排。教育工作者不能只看学校教育时间，而漠视占比更大的校外教育时间。如果把青少年的校外时间利用好了，就能够帮助青少年完善知识结构，发展兴趣爱好，增进对社会的了解；而如果没有利用好，就可能使得青少年出现人格不健全、知识不全面、缺乏人际交往能力等素质缺陷。在校外，仅靠家庭教育是不够的。现如今，受“应试教育”影响，青少年学生学业负担本来就重，加上一些家庭“望子成龙”心切，不懂得家庭教育的科学方法，往往盲目地给孩子增加考试科目的学习，使得中小学生缺少必要的休闲娱乐，身心健康受到影响。尽管减轻中小学生过重的课业负担已经说了多年，但是目前许多中小学生在校外时间，仍然是作业多、补课多，休息少、娱乐少，缺少玩的时间、玩的场所。减轻课业负担不容易，而一旦减轻课业负担后，如何引导中小学学生利用好校外时间，避免无所事事甚至参与不健康活动，也是教育工作者需要解决的问题。从落实和应对减轻课业负担两个方面看，最好的办法是实施青少年社会教育、组织健康有益的青少年校外活动。社会教育有益于引导中小学生学会合理安排闲暇时间，校外活动有利于培养他们高尚的道德、全面的素质和良好的兴趣。社会教育利用课后和节假日时间，通过组织丰富多彩的教育与娱乐活动，可以在青少年闲暇教育中担当重要角色。为了应对从1995 年 9 月 1 日起实行的五天学习日制度，国务院办公厅 1995 年下发了《关于安排好中小学生节假日休息和活动的通知》，提出“要重视和发挥各地少年宫、青少年科技馆、儿童少年活动中心、少儿图书馆等少年儿童校外教育机构的育人功能，开展丰富多彩的活动，使中小学生在娱乐中受到教益”①。青少年校外活动场所要在节假日为青少年学生开展寓教于乐的教育活动，在青少年闲暇活动中发挥更大作用。只有大力发展青少年社会教育，不断完善青少年社会教育制度，才能使得青少年充分利用闲暇时间，过有意义的校外生活。政府需要关注青少年的闲暇生活，建立起一个有利于青少年健康、有效地利用闲暇时间的青少年社会教育制度。

① 国务院办公厅：《关于安排好中小学生节假日休息和活动的通知》，《中国校外教育工作年鉴（2001—2003）》，中国福利会出版社 2004 年版，第 64 页。

第四章　青少年社会教育的内容

第一节　青少年社会教育的一般内容

一、社会制度

社会制度是基础性和普遍性的社会规范体系，除了调整人的社会关系和社会利益之外，还能够培育人的思想道德，引导人的价值观念，规范人的行为，从而产生教育效应。美国政治学家奥勒姆说："任何社会为了生存下去都必须成功地向社会成员灌输最适合于维持其制度的思想。"①每个人一出生就生活在一定的社会制度中，必然会受到该社会制度的教育影响。无论是政治制度、文化制度，还是经济制度，都会对青少年的思想、情感、行为产生教育作用。社会制度的性质影响着青少年的社会化，在一定程度上决定着青少年认同和持有何种政治主张。任何一种社会制度都天然地具有伦理性和价值性，对青少年的思想道德会产生深刻的影响。

社会制度的教育，学校固然要开展，但学校对于社会制度的教育效果是非常有限的。思想政治理论课是进行社会制度教育的主渠道，但是，这门课在一些高校不是很受学生欢迎。有的教师"一言堂"，照本宣科，讲得枯燥无味，为此只能依靠点名维持学生听讲人数，保证学生的出勤率。一些学生身在课堂心不在，看别的书，甚至玩手机，使得这

① 〔美〕安东尼·M. 奥勒姆著，董云虎、李云龙译，张妮妮校：《政治社会学导论——对政治实体的社会剖析》，浙江人民出版社1989年版，第365页。

门课很大程度上成了大学生的自习课和休息课。不少高校教师对思想政治教育顾虑多，不够理直气壮，回避政治上的敏感话题，更不敢让学生对这些话题发表自己的看法。大学生对民主、自由、人权等有自己的关注和看法，但这些话题较为敏感，有的教师在思想政治课上就不敢谈及。其实，教师应该有制度自信，可以让学生自主讨论，而不是一味回避，甚至刻意压制。有的思想政治理论课教师自身对马克思主义理论和中国特色社会主义理论缺乏研究，对社会热点问题和敏感话题缺乏认识，对大学生中的社会思潮不了解，因而不能很好地为大学生释疑解惑，这影响了思想政治教育的效果。如果教师的讲课缺乏亲和力，没有针对性，不能满足大学生成长发展的需求，就不会赢得大学生的喜欢。“对于高校思想政治工作，各级党组织、教育行政部门和高校发过不少文件，开过许多会议，采取过许多措施，取得了一些成绩，但不可否认的是很多工作脱离实际，流于形式，没有能够达到预期的效果。”①

青少年社会教育在社会制度教育方面可以发挥更大的作用。学校教育中思想政治课的教育时间是有限的，针对性不强，而社会生活中关于社会制度的教育是随时随处的，尤其是事实胜于雄辩，具有更强的针对性。社会制度的教育不仅需要思想的介绍和理论的解释，而且需要实践的论证。任何国家的执政党和政府都会通过社会教育的途径，利用电视、电台、报纸、网络等媒体，向广大民众尤其是青少年大力宣传现有社会制度产生的必然性、存在的合理性和比较的优越性，努力把青少年培养成现有社会制度的认同者、维护者和继承者。各种国家机构都会利用各种机会、各种渠道对青少年进行社会政治制度、经济制度和文化制

① 张良驯：《高校思想政治工作创新的路径研究》，《青年发展论坛》2017年第1期。

度的教育，试图把青少年塑造成统治集团需要的、为统治集团服务的人。社会生活是进行青少年制度教育最为重要的潜移默化的领域。青少年对社会制度的认知，需要课堂上的讲解，但不可能只在课堂上生成，更重要的是来自社会生活。社会生活是青少年认识和感受社会制度的现实途径，也为青少年的社会制度教育提供了便利的环境条件。例如，美国非常重视青少年思想教育的生活化，利用社会生活的各种时机和场所，宣传美国的价值观念、生活方式和民主制度。无论是独立节、感恩节、阵亡将士纪念日，还是总统就职典礼，美国政府都不遗余力地进行宣传教育，帮助青少年了解美国历史，认同美国的价值观，增强自身的国家责任。美国善于利用大众传媒对青少年进行社会教育，美国经典大片充斥着美国的社会价值观念。例如，《阿甘正传》《勇敢的心》《拯救大兵瑞恩》等赞扬了民主、自由、平等和奋斗的美国精神，歌颂了美国社会制度的“优越性”和公民的责任感。青少年最爱看的好莱坞大片，往往就渗透了美国宣扬的政治制度和价值观念。在电影《独立日》中，男主角为了拯救地球，开着飞机撞向外星飞碟，嘴里大喊着“为了美利坚合众国！”这就是在告诉美国的观众尤其是青少年：“我们美国拯救了世界，只有美国能拯救世界。”这极大地增强了美国青少年对国家的热爱和对制度的认可。

在我国，执政党的宣传部门、新闻出版部门、广播电视部门、共青团组织等都是对青少年进行社会制度教育的重要主体。我国新闻媒体报道重视正面宣传导向，把宣传中国特色社会主义制度的优越性作为重要内容。媒体有时不是直接地对社会制度进行宣传，而是把这种宣传融入具体的事例和评论之中。例如，中央电视台新闻报道都是选择政治、经济、文化方面具有正能量和教育意义的内容。共青团组织把巩固和扩大党执政的青年群众基础作为根本任务，实际上也是一种社会教育意义上的社会制度教育。共青团的职责是“建功育人”，育人是用社会主义核心价值观对青少年进行教育，引导广大青少年坚定跟党走中国特色社会主义道路，培养社会主义事业的建设者和接班人；建功是动员组织青少年投身社会政治、经济、文化、社会建设，发挥青年的生力军和突击队作用。无论建功还是育人，共青团都是在共产党的领导下，致力于维护我国的社会主义制度，使得社会主义事业后继有人。

在对青少年进行社会制度教育的过程中，要引导青少年正确看待社会存在的负面因素。社会生活不可能尽善尽美，许多事情存在缺陷和不足，许多领域存在矛盾和问题，这是社会发展的常态。青少年普遍关注家庭破裂、教育不公平、贫富差距大、发展机会不均、法治不完善等。青少年社会教育机构要敢于直面社会问题，不能回避社会矛盾，引导青少年用发展的眼光，正确看待社会的不完美、不公平之处，坚定制度自信，树立正确的人生观和价值观。

二、传统文化

传统文化是反映一个民族的特质和风貌的历史文化。中华民族具有悠久的历史，几千年来创造了灿烂的文化。中国传统文化包括思想理论、典章制度、语言文字、文学艺术、科学技术、风俗习惯、历史遗迹等多方面的内容。中国在历史上不仅拥有灿若群星的思想家和科学家，更以先进的文化制度而傲然于世界。中华优秀传统文化是中华民族团结奋斗的重要纽带，是中华民族兴旺发达的不竭动力。只有弘扬优秀传统文化，中华民族才能保持特色，发挥优势，实现民族复兴中国梦。

中华优秀传统文化能够给力青少年的成长发展，因为这是为人处世的文化、适应群体的文化和融入社会的文化。这种文化关注的不仅是一时一地的人情世故，而是超越时空的社会意识、社会适应和社会责任，传播的是做人做事、服务社会、报效国家的思想和智慧。不管经济和科技如何发展、人们的知识和技能如何扩展，人类社会总有一些思想意识、价值观念、道德原则是相对不变的。例如，如何处理个人与他人的关系，如何扮演社会角色，如何对待事情成败，如何求得职业发展等，这些是古今相通的。青少年如果真正理解了儒家的仁、义、礼、智、信等价值观，就能够更好地为人处世；如果真正理解了孔子说的“己所不欲，勿施于人”，就能够诚实守信，不会做坑蒙拐骗的事情；如果真正理解了孟子说的“天将降大任于是人也，必先苦其心志、劳其筋骨、饿其体肤、空乏其身”，就会把艰难困苦看作成功的阶梯，更自觉自愿地吃苦耐劳。中华传统文化是一种以道德教化为核心的伦理型文化，蕴含着刚正不阿的气节、内省修身的自我观照、厚德载物的情怀、贵和持中的和谐等丰富的思想。开展中华优秀传统文化教育，有利于引导青少年加强人文修养、提升精神境界，做到崇尚礼仪、宽宏博大、诚实刚正、与人为善、乐善好施，成为一个在信念、意志、情感、毅力、伦理上健康发展的人。可以说，中华优秀传统文化包含许多深刻的哲理，仍然是当今时代青少年成长的文化基础。例如，儒家讲仁爱，提倡从爱亲人做起，生发出对他人、对国家、对社会的爱心。这种依人伦常情而发、据社会道德规范而行、不断向外辐射的爱是社会稳定发展的动力源泉。这种由近及远的爱有助于青少年认识到孝敬父母与关爱他人，以及爱人民、爱国家的重要性。孔子的仁爱思想，墨子的兼爱思想，孟子的“富贵不能淫，贫贱不能移，威武不能屈”的大丈夫精神，范仲淹的“先天下之忧而忧，后天下之乐而乐”的忧乐观，文天祥的“人生自古谁无死，留取丹心照汗青”的生死观，顾炎武概括的“天下兴亡，匹夫有责”思想等，都是优秀的中华传统文化。中华优秀传统文化中的思想、道德、文学、科学、艺术等，能够促进青少年的成长发展。

很长时间以来，青少年接受传统文化知识的主要途径是学校语文课的一部分古文，这不足以提供必要的传统文化教育。在目前学校教育中，没有专门的传统文化课，传统文化教育散落在德育、语文、历史等相关课程之中。2014 年 3 月教育部发布的《完善中华优秀传统文化教育指导纲要》提出要“在课程建设和课程标准修订中强化中华优秀传统文化内容”，包括“在中小学德育、语文、历史、艺术、体育等课程标准修订中，增加中华优秀传统文化内容比重”，“地理、数学、物理、化学、生物等课程，应结合教学环节渗透中华优秀传统文化相关内容”，鼓励各地各学校“开设专题的地方课程和校本课程”等。这些措施是有一定积极意义的。但是，毋庸讳言，这种把传统文化教育“融入”和“渗透”课程和教材体系的思路，未必符合传统文化教育的规律。一般来说，传统文化中的著作和文章，都具有自身的写作背景、知识结构和逻辑体系，只有进行专门的全面的教育，才能完整、准确地了解其本来含义和真实意思。“‘渗透’是一种对传统文化进行碎片化教育的思维，不能给青少年以传统文化的整体形象，会使得青少年产生瞎子摸象的错觉。”①在数学、物理、化学、生物理工类学科中加入传统文化内容，这是难以实行和不好把握的，因为存在一个加入什么内容、讲到什么程度的问题，一旦加入过多的传统文化内容，就会喧宾夺主。进一步说，中华传统文化持有一种辩证的整体思维，这种思维不同于西方文化的逻辑思维。一个人如果不是专门学习中医科，而是把中医内容一点一点地“渗透”进内科学、外科学、耳鼻喉科学、妇产科学、儿科学之中，就不可能学好中医。每一种传统文化科目都有或多或少的内在逻辑和体系，仅靠在几门学科中像撒胡椒面似的涉及一点内容、浅尝辄止地

① 张良驯：《青少年传统文化教育方式的改进探析》，《当代青年研究》2015 年第 2 期。

讲解只言片语，是不可能真正提升青少年的传统文化素养的。经典原著本身是一个相对完整的思想体系，难于分解到划分越来越细的自然学科之中。长期以来，我国传统文化教育的不足导致不少青少年缺少起码的传统文化学习，缺乏基础的传统文化知识和基本的传统文化素养。有调查显示，95％的中学生认为自己没有接受过系统的传统文化教育，45.4％的学生对于目前的传统文化教育表示不满意，有近 7 成的学生不认可目前的传统文化教育；大学生对古典著作的阅读很少，77.2％的大学生未读过《说文解字》，86.8％未读过《道德经》，72.4％未读过《资治通鉴》，58.9％未读过《史记》，就连《三字经》未读过的也达 69.4％；50％的大学生对中国传统文化失去兴趣，20％的大学生持无所谓的态度，20％是中间派，仅有 10％的大学生以中华传统文化为自豪；大学生在课外主要是阅读应用型书籍、娱乐休闲类书籍，很少阅读古代经、史、子、集，大学生特别是理工科大学生对于文学、历史、哲学知识很少涉猎，对于中国传统文化不甚了解。①可见，青少年传统文化教育已经严重缺失，这种缺失导致形形色色的西方文化的“倒灌”，把青少年淹没在五花八门的外来文化之中。当代青少年严重缺乏传统文化的滋养和熏陶，离传统文化倡导的精神、价值、伦理是有较大差距的。传统文化教育的缺失，使得不少青少年精神世界迷茫、人生态度浮躁和社会责任感淡薄。

在青少年传统文化教育中，社会教育是重要渠道。在学校开展传统文化教育是必要的，但仅此是很不够的。对青少年进行传统文化教育，不能停留在课堂上、校园内，而应该放眼校园之外，在社会生活中进行。从历史看，青少年传统文化教育是在全社会进行的，而不是局限在

① 张良驯、周雄、刘胡权著：《当代青少年中华优秀传统文化教育研究》，北京理工大学出版社 2015 年版，第 163—164 页。

学校之内。例如，春节、端午节等的民间风俗不是通过学校教育，甚至不是通过有意识的教育而传承的，唐诗宋词也并非依靠教育行政部门圈定的教科书而流传下来，明清小说更不是因为学校讲授而被广泛阅读。青少年在实际生活中了解到长久以来百姓生活的理念和习俗，认识了大众化的传统文化。“如果说学校教育因文言文的系统学习和教师的专业讲解而在学习经典原著方面具有优势，那么社会教育则因为融入青少年的日常生活而在了解传统文化的习俗、器具、食物、服饰等方面具有优势。现在多数青少年不具备阅读文言文的能力，面对文言文阅读的鸿沟，没有真正阅读过几本历史文化书籍，对经典名著了解甚少。在这种情况下，教育界应该更加重视运用社会教育方式开展青少年传统文化教育。”①在青少年传统文化教育中，学校外的社会文化机构、社会组织、大众传媒等发挥着重要作用。“青少年宫如果能够根据青少年的不同需求，举办经典名著学习班，开展传统文化教育实践活动，那么就会形成一股强大的传统文化社会教育力量。如果说私塾读经与义务教育相冲突，耽误青少年的义务教育，那么青少年宫作为校外活动场所组织开展读经活动，就不但不会耽误义务教育，而且会促进义务教育。此外，博物馆、纪念馆、历史遗址等是青少年传统文化教育的重要场所。”②教育部门、文化部门要协调和组织青少年学生参观，使得他们能够受到优秀的传统文化教育。要运用多种传播媒介，大力传播优秀传统文化，使青少年能够耳濡目染。电视、互联网等各种媒体宣传区域性的传统文化，有利于营造青少年健康成长的良好舆论导向。例如，中央电视台科教频道继“中国汉字听写大会”“中国成语大会”“中国谜语大会”之后，推出“中国诗词大会”，吸引了许多青少年学生观看，产

①② 张良驯：《青少年传统文化教育方式的改进探析》，《当代青年研究》2015 年第 2 期。

生了良好的社会反响。“中国诗词大会”在2017年春节期间迅速走红，上海复旦附中一位高一学生的出色表现惊艳了春节期间千家万户的荧屏。“中国诗词大会”的成功说明，电视在优秀传统文化教育中具有独特的优势，能够产生比学校教育大得多的社会影响力。文化单位可以创作适合青少年的读物和视听产品，以青少年喜闻乐见的艺术形式展示优秀传统文化的魅力。共青团和少先队组织可以结合重要节日、纪念日，组织瞻仰、祭扫活动，开展以优秀传统文化为主题的专题讲座、知识竞赛和征文活动等，让青少年直接感受优秀传统文化的无穷魅力，引导青少年自觉学习和弘扬优秀传统文化。

三、社会事件

社会事件是指社会上出现的产生较大社会影响的事情。社会事件发生在政治、经济、文化、军事、生活等各个社会领域。每个社会事件或多或少地都会对青少年产生一定的教育影响，普遍具有社会教育的意义。社会事件的教育有助于激发青少年的学习和探究兴趣，培养青少年的思考能力和判断能力，增强青少年的社会意识和社会责任。中小学根据课程标准，按照既定的教材开展教学，主要是已有知识和历史内容，很少顾及鲜活、崭新的社会事件。停留在过去事件、成型知识和理论灌输的学校教育，消解了青少年的关注兴趣和情感共鸣。社会事件教育具有现实性和即时性，在媒体无所不在、社会事件传播快捷的今天，社会教育通过社会平台可以对社会事件进行渗透性教育，是对青少年进行社会事件教育的重要途径。社会事件广泛传播、广为人知，身边人都关注，是社会热门话题。在社会事件中出现的先进人物、感人事迹能够吸引青少年的注意和思考，成为青少年社会教育的现实素材。社会事件普遍蕴含着丰富的育人价值和教育作用。政府部门、社会组织和新闻媒体可以发掘社会事件的教育意义，将社会主流核心价值观融入社会事件的宣传报道，引导青少年正确看待、判断社会事件的性质和处理方式，提升青少年对政治制度、道德规范和社会文化的认可度和接受度。

热点社会事件会引起青少年的特别关注，更是对青少年进行教育的好素材。例如，针对中日钓鱼岛争端，青少年社会教育机构可以从历史和法理的角度，解读钓鱼岛的归属争端，使青少年理解和支持我国对钓鱼岛的主权。对于个别砸日本车的偏激行为，要引导青年克服非理性行为，理性表达爱国情感。

大型体育赛事、展会是对青年进行社会教育的好机会。这一方面可以展示一个国家、一个地区的发展成绩，增强青年对社会发展的认可意识，另一方面为青年的社会参与提供了途径。社会有关部门要组织青年参与各种体育赛事和展会，让青年在参与中获得体验教育，增强社会意识和服务他人的意识。从2008年北京奥运会到2010年上海世博会，青年志愿者的参与和服务得到了社会广泛的认可和赞扬，这些青年也从中体会到了自身的价值和参与的快乐。

四、先进人物

从教育学角度看，先进人物是一种具有现实性和感召力的教育符号。先进人物教育是以先进人物的形象为价值载体和核心内容的教育。通过树立先进人物形象，可以引导青少年学习其所代表的思想道德、价值观念和行为方式。社会上，政治、经济、文艺、体育等各个领域的成功人士，容易引起青少年的崇拜和模仿，对青少年成长具有较大的教育影响。先进人物在青少年社会教育中具有示范作用，是青少年社会教育的重要内容。

中华民族是在波澜壮阔的历史进程中形成的。几千年历史中充满了血与火的战斗、生与死的考验。在一次又一次的救亡图存中涌现出一批又一批优秀的卫国英雄。这些民族英雄面对"山河破碎风飘絮"，不畏强敌，挺身而出，带领人民群众拿起武器，保家卫国，这才使得国家一次次转危为安、化险为夷。挽狂澜于既倒，扶大厦之将倾，这是民族英雄的写照。面对侵略敢于战斗，面对强敌敢于亮剑，这方显英雄本色。卫国英雄是中华民族的脊梁，是永远值得青少年敬仰和学习的榜样。抗日战争和解放战争中，杨靖宇、张自忠等英雄人物弘扬了伟大的民族精神，董存瑞、黄继光等英雄人物彰显了革命英雄主义。在和平环境下成长起来的当代青少年，尤其需要培育敢于担当的意志。中国历史上存在许多道德先进人物。在全面建设社会主义时期，雷锋、王进喜、焦裕禄等先进人物弘扬了艰苦奋斗、助人为乐、为人民服务等道德风范。改革开放之后，涌现出一批科学家、企业家等先进人物。运用先进人物引导和教育青少年，是共青团组织经常采用的工作方式。共青团中央每年都树立各领域的青年典型，如全国十大杰出青年、全国五四奖章获得者、全国青年岗位能手、全国优秀青年企业家等，引导广大青年学习先进青年的道德品质、奋斗意志和科学精神。做共青团工作，树立和宣传先进青少年很重要。因为先进青少年既有先进思想，又有先进事迹，还在青少年身边，是生动的具体的形象，容易被普通青少年所接受。

先进人物的现实教育，学校里有，但主要在社会上，因为学校里的先进人物是书本上的、是过去的，而社会上的先进人物是现实生活中的、是当下的。青少年在社会生活中，通过学习先进人物的价值观念和示范行为，形成自身的思想意识和行为方式，提高自身的思想素质和行为能力。学雷锋活动自 20 世纪 60 年代以来，一直是青少年社会教育的重要内容，对一代又一代青少年成长产生了积极影响。青少年往往会对文艺体育明星、名人表现出热烈的喜欢、赞赏，甚至崇拜，也会把政治家、科学家、文学家、企业家等社会精英作为榜样。目前，一些成功的企业家在青少年中很有影响力，成为青少年的偶像。青少年对社会人物学习，存在一个从认知名人情况、认同名人事迹，到共鸣名人情感、仿效名人做法的发展过程。对先进人物的模仿和学习，可以帮助青少年获得社会规范、成功路径和利他行为。在青少年社会教育的过程中，通过媒体宣传、巡回演讲、座谈讨论等，让先进人物的思想和行为不断为青少年所了解和认识，有利于青少年学习先进人物的道德观念，习得先进人物的行为方式。社会人物教育能够对青少年产生价值引领和道德示范的作用。

在对青少年进行社会人物教育的过程中，要注重人物的现实性和真实性，切忌人为地拔高人物的思想和行为。这些年，许多先进人物没能得到青少年的认同，一个重要原因是这些典型高高在上，不接地气。对英雄人物进行“高、大、全”的宣传，实际上是对英雄原型的误读，纯属“帮倒忙”，反而给历史虚无主义以可乘之机。我们应该汲取这方面的深刻教训。当榜样被塑造和树立得过于完美时，受教育者可能敬重榜样、认同榜样，但却无法仿效榜样。所以，根据个体模仿行为的规律，模仿者与被模仿者之间存在适当的位势差是模仿行为产生的基本条件。也就是说当被模仿者与模仿者在道德品质、知识储备、社会地位等存在一定差距，更易引发模仿者的模仿。但这二者不能差距过大，不能具有不可比性，否则，效果适得其反。①青少年容易对高大上的社会人物保持距离，甚至产生逆反心理。社会人物教育要满足青少年对真善美的心理需求，使青少年产生感动、赞叹、崇敬、仰慕等一系列积极的

① 许瑞芳：《“学雷锋”与榜样教育模式》，《光明日报》2013年5月4日。

情感，由此激发青少年去效仿、去实践，形成稳定的行为模式。英雄值得青少年崇敬和学习。近年来，抹黑英雄、恶搞历史一度成为网络公害。有人调侃先烈，恶搞英雄，说什么黄继光堵枪眼不合理，刘胡兰是被乡亲所杀，雷锋日记全是造假，狼牙山五壮士其实是土匪。①有人“假借言论自由、学术研究之名，质疑英雄、抹黑英雄、诋毁英雄。他们用粗浅的物理分析法泼污黄继光堵枪眼，用一般的生理学常识质疑邱少云的血性，用求生存的两个萝卜丑化狼牙山五壮士，用道听途说的历史细节矮化刘胡兰……这种做法，不是闲得无聊，而是居心叵测；这种做派，不是一门心思考证历史，而是坐在敌对势力的板凳上解构我们的历史、亵渎我们的英雄。”②抹黑英雄就是否定历史共识，混淆是非标准，扭曲价值判断，这不利于培育青少年的正确思想意识，还会损害青少年的健康成长。

第二节　青少年社会教育需强化的内容

一、人性教育

人性是指人区别于其他事物的基本属性，是只有人才具备的特性，是人之为人的根本所在。

在中国传统哲学中，关于人性的善恶有四种观点。一是人性本善论。以战国时期孟子为代表。孟子说：“恻隐之心，人皆有之；羞恶之心，人皆有之；恭敬之心，人皆有之；是非之心，人皆有之。恻隐之心，仁也；羞恶之心，义也；恭敬之心，礼也；是非之心，智也。仁、

① 蒋波：《抹黑英雄恶搞历史成网络公害》，《人民日报》2015 年 6 月 25 日。
② 陈文：《面对英烈，我们唯有无限崇敬》，《解放军报》2016 年 9 月 28 日。

义、礼、智，非由外铄我也，我固有之也，弗思耳矣。”①这就是说，仁、义、礼、智不是其他人教某个人的，而是这个人原本就有的。另外，《三字经》开篇即为“人之初，性本善，性相近，习相远”。二是人性本恶论。以战国时期荀子为代表。在荀子看来，人性是人的自然本性，是“生之所以然者”，其自然表现为“饥而欲饱，寒而欲暖，劳而欲休”。荀子认为，人的这种天然的对物质生活的欲求是与道德礼仪规范相冲突的。人性“生而有好利焉”“生而有疾恶焉”“生而有耳目之欲，有好声色焉”。如果“从人之性，顺人之情，必出于争夺，合于犯纷乱理而归于暴。”所以说人性是“恶”，而不是“善”。“人之性恶，其善者伪也。”②这就是说，人的本性是邪恶的，人的善良的行为是人为的。三是人性无善无恶论。代表人物为战国时期告子。告子说：“生之谓性。”③天生的东西叫作天性。“食、色，性也。”④饮食男女是人的天性。“人性之无分于善不善也。”⑤四是人性既善又恶。代表人物是西汉扬雄。扬雄说：“人之性也，善恶混。修其善则为善人，修其恶则为恶人。”⑥就是说，人性是善恶混杂、有善有恶的。以上四种关于人性的主张，无论哪一种都说明人性需要教育和培养。如果说人性是善的，那么不加以教育和培养也会变为恶的；如果说人性是恶的，那么只有通过教育和培养才能变为善的；如果说人性无善恶，那么不进行教育和培养就可能变为恶；如果说人性有善恶，那么就需要加以教育和培养，使得人们发扬善，克服恶。

在总体上，中国社会具有重视道德教化的文化传统，更多的是主张

①③④⑤ 万丽华、蓝旭译注：《孟子》，中华书局 2006 年版，第 245、240、241、239—240 页。

② 安继民注译：《荀子》，中州古籍出版社 2006 年版，第 377 页。

⑥ 李守奎、洪玉琴译注：《扬子法言译注》，黑龙江人民出版社 2003 年版，第 30 页。

人性善，而西方社会具有基督教的文化传统，更多的是主张人性恶。根据伊甸园的神话，亚当和夏娃因为偷食禁果而被惩罚下到凡间，人具有原罪。人一旦失去外在束缚就会作恶。西方人不像中国人那样把希望寄托在人的自觉和道德品质上，而是相信外在的束缚。他们不期待人做善事，而是想尽办法约束人不去作恶。正因为人性本恶，所以民主是必需的；正因为人性向善，所以民主是可能的。

在实际生活中，人性通常是指人具有的道德、情感和理智。从这个意义上说，并不是每个人天然具有人性。“灭绝人性”“惨无人性”“毫无人性、猪狗不如”，这些说法是指一个人完全丧失人应该具有的理智与感情，极端残忍，就如同野兽一般。我们不愿意把这些词用在青少年身上，但是当你听到未成年人抢劫、强奸、杀人等事件时，一定会感到震惊。2010 年 10 月 16 日晚，河北大学学生李某驾车在校区内撞倒两名女生，导致一死一伤，不但没有停车，反而继续去校内宿舍楼送女友。返回途中被学生和保安拦下时还态度嚣张，高喊：“有本事你们告去，我爸是李刚！”①2010 年 10 月 20 日晚，西安音乐学院大三学生药某驾车撞上前方同向骑电动车的张某，下车查看后发现张某倒地呻吟，因担心张某看到他的车牌号、以后会找麻烦，便杀人灭口。②2013 年重庆长寿区发生了一名 10 岁女孩李某虐童事件，她对男婴很残忍地打、踢、摔。这几起违法犯罪事件表现出施暴者很强的施虐心理和残暴行为。2016 年 12 月，由北京市海淀区中关村第二小学校园欺凌事件引发的未成年人暴力事件引起社会热议，不少人主张降低刑事责任年龄。人性有善与恶两面，当恶的因素在教育缺失、没能得到有效抑制后，就会表现出来，形成施虐心理和暴力倾向。一个人的施虐心理和暴力倾向，

① 车广秀著：《好家教培养好孩子》，译林出版社 2014 年版，第 239 页。
② 张彦等著：《底线——生命的罪与罚》，人民出版社 2014 年版，第 99 页。

如果没有被化解和抑制，在某种情境下就会演变成暴力行为。青少年社会教育首先是向善的教育，要引导青少年涵养善性、光大善性，改变恶性、去除恶性。我们可以不去讨论人性原本是善是恶的问题，但是人性的现实表现是善恶并存，人们在社会上经常看到伟大的美好的善，也会看到震惊的丑陋的恶。当一个人追求的物欲、情欲、权欲超越了社会规范、损害了他人利益的时候，就触犯了道德甚至法律，就表现出人性的恶。光大青少年的良好本性是青少年社会教育的首要内容。

按理说，各类教育都要培育人的善性，消除人的恶性，促进人的社会化。但是，学校教育忙于学科考试和升学竞争，对人性的教育明显不足，常常无暇顾及。学校开展一些思想品德教育活动，但主要是品德课的教学和书本的学习，针对性不强，效果也不很理想。学校教育重点放在基础知识和基本技能的教育，过分追求考试分数，忽视对青少年人生观和价值观的引导，缺乏对青少年善性的培育。

与学校教育不同，青少年社会教育不看重考试和分数，可以把人的善性作为重点，教育方式更加灵活，教育效果更加明显。如果说学校教育要教给学生道德、知识和能力，那么青少年社会教育最重要的是思想意识和道德观念的教育。善性的培养重要的不是说教，而是耳濡目染，因此社会教育在青少年人性的培养上发挥着更大作用。青少年身上那些善良的和不善良的东西，不是天生的，而是由社会给他们的，是由社会上许许多多成年人的“身教”和“言教”带给他们的。青少年时刻在模仿生活中看到的周围人，以及书本和媒体上看到、听到的人。人性的教育不光是嘴巴上讲，不只是读书，课堂和校园的讲解往往是苍白的，更具有影响力的是公众人物的一句话、一种态度、一种行为。社会名人的言行无形中会对青少年产生教育影响。这就是社会教育，也是更广泛的教育，因为教育不只是在教室里教点什么，整个社会都是教育。青少年处在人性形成的关键时期，需要发挥社会教育的特殊教育作用。鲁迅在其文学作品中深刻揭露和批判了人的劣根性。青少年社会教育的最高目的是培养青少年的善性，引导青少年脱离人的“劣根性”，脱离低级趣味，超越自我，走向利他。青少年社会教育可以整合各种社会资源，开展主题鲜明的教育活动，营造有利于青少年健康成长的社会环境和社会氛围，引导青少年提高道德水准，提升人生境界。

人性教育是学会关心的教育。关心他人、关心社会是人的善性的具体表现。1989 年联合国教科文组织召开的“面向新世纪教育”国际研讨会的主题是“学会关心：新世纪的教育”。会议报告认为：教育必须教导青少年“学会关心”，即要关心社会和国家的经济、生态利益，关心全球的生态条件，关心他人、家庭、朋友，关心真理、学习。至此，“学会关心”的教育理念被明确提出来了。其实，关心与被关心是人们的基本需要。亲情、友情、爱情对每个人来说都是不可缺少的。现在有的人对任何人和事物都漠然视之，“各人自扫门前雪，莫管他家瓦上霜”，关心自身生活、工作和健康，甚至关心家里的宠物和绿植，却对身边的人缺乏起码的同情和关心。某地几名小学生私自到一处鱼塘游泳，有一名同学因体力不支，在水中挣扎，生命垂危，已上岸的 4 名学生因为害怕老师和父母责备，置落水同学的生命于不顾，任其溺死，并将其衣服藏在南瓜地里。①这件事令人震惊，不能不引起我们的沉痛反思：是什么样的东西扼杀了这几位小学生“性本善”的天性？关心意识的缺失是当今我国教育凸显的一个亟待解决的问题。青少年社会教育需要培养青少年的关心意识和关心能力。

人性教育是道德教育的核心，因为善性是道德的根本。很多青少年

① 郝孚逸：《人性教育解秘》，《湖北社会科学》2003 年第 9 期。

社会问题尽管原因各异，但根本上还是教育出了问题、人性发生了偏差。2011 年 8 月，英国伦敦等多个城市发生了以年轻人为主要参与者的打砸抢烧街头暴力骚乱事件。政界、教育界、媒体和家长们普遍反思英国青少年教育。时任英国首相戴维·卡梅伦说，英国整个社会的"道德崩溃"是发生如此令人震惊的社会骚乱的根本原因。他说，骚乱给整个国家敲响了警钟，让人清楚地看到，社会道德和价值体系长期以来缓慢而持续不断地沦丧。他宣布，将对政府现行的所有政策逐一评估，开始重建社会道德价值体系。时任英国教育大臣迈克尔·戈夫说："很多人即使生活艰难也从来不偷不抢，把暴力骚乱和贫穷联系起来，是对那些为生活所累的普通民众的一种侮辱。"①他认为，贫穷和弱势地位不能成为发动骚乱的理由，追根究底还是道德感和价值观的问题。我国教育首先讲德育，强调立德树人，这是很正确的，也是很必要的。但是，立德首先是如何"做人"。在德育上，不能仅仅以意识形态、政治观点的教育取代人文修养、道德观念的教育，不能把德育内容仅仅集中在政治立场、政治态度上，而忽视甚至弃绝人的基本品格、基本行为规范、基本道德情感（如同情心、怜悯心等）和人类的基本价值观念（真、善、美等）的教育。

全社会尤其是政府部门、大众传媒、文学艺术、社会名人等不能只是随心所欲地从事职业范围的事情，而要考虑自身的所作所为是否在褒扬和宣扬人性的善良，是否会对青少年的人性教育产生消极影响。现在，一些人没有道德约束，不信天不信地，只是一味损人利己，甚至损人不利己的事情也大有人在干。这是德性的缺失。有的家庭教育教导孩子如何出人头地，学校教育盛行如何成功、如何找到好工作、如何赚很

① 胡乐乐：《英国反思青少年教育》，《教育》2011 年第 28 期。

多钱，恰恰缺失了宝贵的人的善行和良知的教育。有人说，大学培养了“精致的利己主义者”，这种说法肯定是夸大的，也是偏颇的。但是，学校教育和家庭教育对人的良知的培养是很不够的，这恐怕是不能否认的事实。青少年社会教育要努力克服家庭教育和学校教育在人性教育上的不足，多宣传人的良知、好人有好报、“多行不义必自毙”，尤其是政府部门要真正树立依法行政、公平正义的观念，努力消除社会的不公平。如果社会存在太多的好人吃亏、坏人得利的现象，那么任何提倡做好人的说教都会是苍白的、没人信的，因为人们相信事实胜于相信理念。

人性教育是一种社会情感的教育。在青少年社会教育中，要培养青少年对待生活的真诚和热情，怀着强烈的社会情感，形成宽容、自省的品格。毋庸讳言，在当今片面追求个人利益和成功的社会环境的影响下，对他人、对社会的冷漠心态在一些青少年身上滋生和蔓延。社会情感的荒漠体现在对他人善良情感的嘲弄和鄙视，对弱者的疏离和漠不关心。每个成年人在公共场合中的行为不仅体现着个人的文明素养和道德水准，也同样会给模仿力很强的青少年提供明确的行为参考。良好的社会环境可以增强青少年的社会情感。

青少年的人性教育可以蕴含在多方面的社会教育内容之中。我国具有光辉灿烂的历史和博大精深的文化，这是青少年社会教育的重要内容。对青少年进行文化传统的教育有助于塑造青少年的善良人性。我国政治、经济、文化等制度具有鲜明的特色，在社会教育的宽广平台上对青少年进行教育引导，可以帮助青少年形成核心价值观，养成善良人性。政治、经济、文化活动有助于青少年体验社会生活，发展人的善性。社会上经常发生各种各样的社会事件，利用这些社会事件对青少年进行教育，这有助于青少年观察社会现象，认识社会现实，修养自身人性。

二、感恩教育

感恩是对别人的帮助和外界的给予表示感激，并尽力地加以回报。现在的家庭教育、学校教育普遍缺乏感恩教育。在许多家庭中，全家人围着一个孩子转，满足孩子的所有需求，这使得孩子感觉从家长那里获得是理所当然的。有的孩子只知道索取，不知道回报，更不会去关心别人。很多青少年学生买高档服装、手机、电脑，常常下馆子、看电影，对于花父母的钱一点也不珍惜。一旦某一天有一个要求不能得到满足，就可能反应过度，甚至做出极端的事情。对于发生在 2011 年的留日学生汪某机场弑母案，有人说“不懂感恩的孩子比狼更可怕”。2016 年 2 月 19 日，华东师范大学一位青年教师自缢身亡，一首位居知识殿堂的生命之曲戛然而止。人不仅是自然存在物，而且是社会存在物，一个人不仅要对自己负责，还要对社会负责。无论什么原因，都不能放弃自己应尽的责任。“人的生命的责任性包括对自己、他人和社会负责。一个人只有尽到这三种责任，才能实现生命的价值。如果因为自我感觉生存不下去，就自寻短见，以为一了百了，其实是极端不负责任的。”①自杀就没有机会回报家庭和社会，是家庭的重大损失。自杀行为无论出于什么原因，都辜负了自己的责任，因而是不道德的。

我们生活在地球上、社会中，万事万物都可能有恩于我们。每个人都是社会和时代的产物，应该感谢哺育自己、成就自我的社会和时代。一个人能够有所作为，固然需要个人的奋斗，但根本在于社会和时代提供了发展机会，正所谓“时势造英雄”。社会这个大环境是有恩于我们每个人的。以上是从大的方面说。从小的方面说，人的生命是父母给的。一个人一出生就领受父母的养育之恩，上学后领受教师

① 张良驯：《生命性质视角下青年教师自杀事件的哲学分析》，《中国青年社会科学》2016 年第 4 期。

的教育之恩，工作后领受领导的提携和同事的帮助之恩，年纪大了之后又免不了要接受晚辈的赡养和照顾之恩。一个人不可能离开家人和周围人的帮助。懂得感恩，说明一个人对自己与他人、与社会的关系具有正确的认识。“乌鸦反哺”“羔羊跪乳”“谁言寸草心，报得三春晖”，这些名言说明，作为万物之灵的“人”理应把感恩作为做人的根本。

我国传统的青少年社会教育具有丰富的感恩内容。文学艺术作品是青少年社会教育的重要形式，而许多文艺作品描写了动人的感恩故事，充满着丰富的感恩精神。《诗经·卫风·木瓜》有关于感恩的典型描述“投我以木桃，报之以琼瑶”，其意是“他送我鲜桃，我以佩玉回报他”，表示一个人对他人盛情的丰厚回报。我国古代有“滴水之恩，当涌泉相报”“饮水思源”“投桃报李”等古训，当今有“吃水不忘挖井人”的故事。感恩文化深深地渗透在我国深重浓厚的文化中，对一代又一代青少年产生教育影响。

感恩是一种人生哲学。一个人只要从感恩的心出发，就不容易做错事。怀有感恩意识的人绝不会去做那些道德败坏、伤天害理的事情，而会乐于助人、团结友善。一个人如果没有感恩意识，那么即使一时帮助别人，也只是在道德的约束和法律的强制下不得不这样做。这种外在的非自愿的助人是难以持续的。学会了感恩，才会在生活中发现美好，用微笑去迎接每一天，用微笑去面对每一件事情。对于生活心存感恩，一个人就不会有太多的抱怨，就会有更多的理解和宽容。这种理解和宽容可以稀释一个人心中的狭隘和仇恨，可以帮助一个人克服生活的痛苦和挫折。感恩是生活的智慧，能使一个人感受到大自然的美妙、生活的美好，能培育一个人阳光的心态，对别人、对环境就会少一份挑剔、多一份欣赏。英国作家萨克雷说：“生活就是一面镜子，你笑，它也笑；

你哭，它也哭。”①的确，一个人感恩生活，生活就会赐予他灿烂的阳光；如果不感恩，只知一味地怨天尤人，最终可能一无所有。常怀感恩之心，我们就能够拥有美好的人生。

人人都需要感恩，而青少年尤其需要培育感恩精神。可怜天下父母心。父母之爱是天地间最伟大、最无私的爱。子女最应该感恩自己的父母。一般来说，父母为子女做的远比子女意识到的多。2014 年 2 月 9 日各大网站报道了这样一则消息：春节假期结束之际，降雪给返程的人们带来了不便。为了送在榆林上班的女儿顺利去火车站，延安农村一对年过花甲的夫妇一人拿着扫帚、一人扛着铁锹，竟然扫雪 30 里。这是多么伟大的父母之爱啊！感恩，对于孩子来说尤其重要。

学校教育太聚焦在分数和升学，加上家人的溺爱，使得不少孩子不懂得感谢、感激，只知道索取，觉得别人的付出理所当然，甚至还具有逆反、厌烦情绪。青少年社会教育要通过组织亲子活动、宣传感恩事例等，让青少年理解感恩、学会感恩，知道爱别人、帮助别人。美国、加拿大等国有感恩节。其实，中国可以在青少年中设立感恩节，让青少年在这天向自己的父母、长辈、教师、同学和朋友表达感激之情。21 世纪初，共青团中央在多次会议上希望共青团干部“常怀感激之情，常葆进取之心”。当时，中国青年企业家协会经常向青年企业家宣传“致富思源、富而思进”的思想，提出改革开放造就了青年企业家，青年企业家的前途在于深化改革、扩大开放，因此，青年企业家理应感恩改革、回报社会。这实际上都是在开展青年社会教育。

感恩教育是一种情感教育。青少年社会教育不仅是知识的教育，而且是意志和情感的教育。近代以来，教育界存在“知识中心”现象，普

① 杨建峰主编：《发现你的优势》，汕头大学出版社 2014 年版，第 159 页。

遍流行知识教育。培根有一句名言：“知识就是力量。”这句话颇具震撼力，流传至今。知识是力量，但是情感、意志也是力量。我们感受过信仰的力量，也感受过情感的力量。学校教育把知识作为教学的中心，对于青少年的成长来说是不够的。知识无论多么完整，都不是青少年成长的全部要素，也不是教育的全部内容。青少年的成长是多方面的，不能只是由“知道”所代替。学校把感恩道理讲给某名学生，使得他通过教师的外部移入知道这个知识，但这不能保证这名青少年在生活中具有感恩的情感、实施感恩的行为。青少年社会教育则不同，更重要的是培养情感。青少年成长除了知识外，一个重要方面是感恩等道德的养成，而道德养成重要的不是认知，而是行动，在行动上情感和意志发挥着比知识更大的作用。中国哲学史上存在“知难行易”与“知易行难”的争论。但有一点是明确的，对于青少年的感恩教育，光靠认知的教育模式显然是远远不够的。青少年的成长需要知识，也需要信仰、情感、意志等，而这些更多来自社会生活，而不仅仅是学校。青少年社会教育不仅要传授知识，而且要促进青少年的成长，因而与社会生活密不可分，不能被压缩在学校的教学活动之中。只有在丰富的社会生活中，青少年才能获得感恩情感的发展。

三、规则教育

规则是人们规定出来供大家共同遵守的制度和章程。规则作为成文或不成文的行为规范，多种多样，无处不在。“不以规矩，不能成方圆”，社会各方面都有相应的规则在进行规范、协调和约束。规则是社会公共生活的基本准则，是平等互信的社会交往的基本保证。社会不能没有规则，人们在社会生活中需要遵守社会成员共同制定或公认的行为规范和准则。由于规则的约束性，人们往往不会自动遵守规则，而需要进行教育。规则教育是青少年社会教育的重要内容。规则教育是为了培育青少年的社会规则意识，引导青少年遵守各种社会规则，按社会规则说话和办事。青少年的规则意识和规则行为能力是青少年社会性发展的重要内容。对青少年进行规则教育，就要强化青少年的社会规则意识，培养青少年遵守社会规则的习惯，提高青少年适应社会生活的能力，使青少年成长为合格公民。

国际上，一些国家重视青少年的规则教育，具有讲规则的良好社会氛围。德国的制造品质量好，不仅是因为重视技能人才的培训和制造技术高，而且是因为重视规则意识和按规则办事。德国一群大学生曾做过这样的实验：在德国科隆一条街上的相邻两个电话亭分别贴上“男”“女”字样，然后躲在暗处观察，结果七八个德国男子在贴有“男”字的电话亭外排队，而贴有“女”字的电话亭却一直空着。德国人经商严格遵守诚信规则。无论是在大城市，还是中小城市，商店里的商品没有假货。人们不必担心购买的东西是假冒伪劣商品。德国除了政府制定了严厉惩处制假者的法律和措施外，关键是销售者能讲究信誉，遵守诚信经营之道。挪威很重视对青少年进行规则教育。以交通规则教育为例。挪威的小学每周有固定的时间对学生进行交通规则教育。教师采用现代的多媒体技术直观地告诉学生不同的交通信号所代表的含义。在教师给学生布置的家庭作业中，就有让小学生调查自己家庭附近有哪些交通标志的内容。教师不但在课堂上讲授交通规则，而且还带领小学生到马路上进行实际的交通标志识别和遵守交通规则教育。交警作为兼职教师定期给学生们讲述遵守交通规则的必要性和不遵守交通规则所导致的严重后果。正是因为从小就被教育要遵守交通规则，所以挪威人从来不闯红灯。在挪威，除了极个别交通非常繁忙的路口之外，其他路口根本见不到交警的影子。在挪威过斑马线非常安全，司机见到有行人过斑马线都会停车或减速。挪威的司机开车绝不会随意变道，或者挤占人行道，也不会在路边随意停车。挪威的交通事故率非常低，交通规则教育之成效由此可见一斑。①

与上面说的德国和挪威的例子比较，我国一些人包括青少年在遵守社会规则方面存在很大的差距。不排队、随地吐痰、乱扔杂物、乱闯红灯、制假售假等不讲规则的现象，在生产和生活中并不少见。不遵守规则对个人是有好处的：如果是小孩上学，可以择校，可以在高考自主招生中获得加分；如果是小孩就业，可以通过关系在招聘中获得照顾，也可以直接进入更好的单位；如果在机关事业单位从业，可以通过关系获得职务的升迁；如果是经商，可以通过关系获得项目和订单。“对于很多人来说，规矩往往是一纸空文，可以视而不见。规矩的制定比较随意，遵守起来也就不怎么严格。许多规矩是针对大多数人的，对于少数人而言，就可以突破，可以特事特办。没有关系时是规矩，有关系时就不是规矩。很多人的心里，并没有做人的一条底线，不太清楚是非的界限在哪里。他们不知道哪些事该做，哪些事不该做，什么事无论如何都不能做。”“没人看见就敢做，有人看见就不敢做。我们缺乏基本的敬畏感。”②在有的人看来，规则是人制定的，任何事情都可以有变通，都可以有例外。有的人还把善于规避规则视为一种“能力”。在实际生活中，讲规则、按规则办事的人，被有的人讥为死板和迂腐；而不讲规则、不按规则办事的人却被有的人称赞为“会办事”“会做人”。我国流行不符合法律、政策、道德等社会正式规则，不成文、不公开、非正式的潜规则。例如，官场潜规则形式多样，如官官相护，互相提携；报喜不报忧；领导决定个人升迁，侍候好领导是关键；什么事不管规定如

① 刘亚轩：《挪威小学的规则教育》，《教学与管理》2011 年第 29 期。

② 秦春华：《教育绝不只是学校的事》，《光明日报》2014 年 1 月 28 日。

何，就按领导说的办；以通知贯彻通知，以会议贯彻会议；违规的事项由班子集体决策，违规的人是临时工；等等。这些潜规则到处泛滥，既损害社会公平和正义，也毒害青少年。

实际生活中存在的不讲规则现象，从教育的角度看是与学校教育的内容缺失有关。“由于大一统的高考招生录取模式的‘指挥棒’效应，整个中学基础教育的核心就是围绕考试而进行的重复性训练。在资源有限的情况下，凡是高考考的就训练，凡是高考不考的就统统不做，最多只是做做样子，应付上级领导的视察。由于道德、诚信等非智力因素在大规模标准化考试中根本无法考察，因此道德教育在整个基础教育领域里越来越被边缘化——只要学生的考试成绩高，就可以‘一俊遮百丑’。”“当前以高考为核心的教育方式存在很多弊端。这种教育模式正在使学生丧失宝贵的明辨是非的能力。很多家长把大量的时间、精力和金钱投入到提高学生的所谓‘综合素质’上，千方百计让孩子上名校、学钢琴、学画画、学滑冰、学击剑，等等，却忘记了最基本的，即让孩子学会做人，知道守时、不说谎、答应别人的事一定要做到、守规矩、不犯法等一些基本的道理。”①青少年的规则教育光靠学校是远远不够的。青少年生活在社会中，必然会受到不讲规则的社会环境的负面影响。遵守规则，说一万句不如做一件实事。社会教育在引导青少年遵守规则方面，可以发挥更大的作用。青少年社会教育中的规则教育，关键不在于讲解规则，而在于政府部门和社会各方面遵守规则，营造一个人人遵守规则的良好社会氛围。

在青少年法治教育方面，国际上一些国家非常重视发挥社会教育的作用。美国是一个十分重视青少年法治教育的国家，“培养美国公

① 秦春华：《教育绝不只是学校的事》，《光明日报》2014 年 1 月 28 日。

民，面向社会、实现价值认同”一直是其在青少年法治教育中坚持的基本理念。美国教育界历来重视课外教育在加强学生法律品格教育方面的作用，因为法治教育不是单靠一门课或多少学时的教学就能完成的，它应是一个渐进的、不断积累、逐步加以塑造的过程。美国不少学校中，教师会带领学生到当地法院旁听审判，然后根据所学法学知识对案例进行分析和讨论，做到学以致用；也会组织学生到国家法律机关进行实地参观体验，还会邀请律师、法官、警察和立法者等走进课堂授课，丰富课程内容、增强时效性。这些措施对青少年法律行为能力的培养和守法习惯的养成具有较好的促进作用。英国法治教育的一个基本原则是“在实践中学习”，社会教育是英国青少年法治教育的重要途径。在长期的法治教育实践中，英国探索出了以社会组织为桥梁联系学校和专业机构的模式。由社会组织出面找政府、找学校、找社会资源，既加强了统筹，提高了资源利用率，又体现了专业特点，保证了活动效果。英国公民教育基金会是促进公民教育的非政府组织，除加强与政府联系、争取政策支持外，其主要工作是通过项目形式为校内教育和校外教育搭建合作平台，促进共同发展。该基金会的典型项目为模拟审判竞赛，参与对象是10—13岁的学生。青少年以学校为单位组队参加，模拟真实庭审现场进行辩论，由法官、律师等法律专业人士对学生们的表现进行评判。在此过程中，公民教育基金会积极与学校和司法机构沟通，充分整合各方需求和资源，起到了桥梁和中介作用。再以校园律师项目为例，公民教育基金会联系律师和学校，通过一对一结对方式组织律师开展校园内法治教育的志愿服务活动，实现了法治文化进校园。韩国在青少年法治教育上，除校园模拟法庭等项目外，设计建设了索罗门法律主题乐园教育基地，打造常态化的参与体验式教育产品。该乐园位于大田市，是亚洲最大的法治教育乐园。乐园内不仅建有法律博物馆供参观，还设有模拟法庭、模拟议会、科学搜查室等可供青少年进行各项体验活动的设施，真正实现了寓教于乐。自 2008 年正式开放以来，乐园成为韩国各地中小学校开展法治体验教学的最好选择。我国可以借鉴国外的好做法，更好地发挥社会教育在青少年法治教育中的独特作用。

四、环境教育

环境赋予人类以生命，是人的衣食住行的来源。环境问题是由于人口增长、现代科技和现代生产力迅猛发展所产生的负面影响。联合国 1972 年在瑞典斯德哥尔摩召开的人类环境会议上通过的《人类环境宣言》指出："现在已达到历史上这样一个时刻：我们在决定世界各地的行动的时候，必须更加审慎地考虑它们对环境产生的后果。由于无知或不关心，我们可能给我们的生活和幸福所依靠的地球环境造成巨大的无法挽回的损害。"①在今天，许多地区的空气、水、土壤等都遭到了不同程度的污染，可以说，人类活动造成的对环境的破坏已经危及人类自身的生存与发展。随着当今环境问题日益恶化，人们越来越意识到保护环境是关系人类生存和发展的重大问题。

为了提高人们的环境意识，有效地保护环境和改善环境质量，环境教育在世界范围内应运而生。1972 年，联合国人类环境会议正式肯定"环境教育"名称，就环境教育的学科性质和发展对策提出了建议。1975 年，联合国建立国际环境教育规划署，该署召开国际环境教育研讨会，发表了第一个环境教育国际声明《贝尔格莱德宪章——环境教育的全球框架》。1992 年，联合国环境与发展大会提出了可持续发展的理

---

① 方子云著：《现代水资源保护管理理论与实践》，中国水利水电出版社 2007 年版，第 476 页。

念，这一理念成为环境教育的新定位。2003 年 10 月，我国教育部颁布了《中小学环境教育实施指南》，这是我国第一部国家层面的环境教育实施文件，确立了在可持续发展思想指导下环境教育的方向。

环境教育需要学校开展专门的教育，但更多的是社会的责任，需要社会各机构开展社会教育。环境教育应该渗透到人类生活的各种领域，凡是有人群的地方就应该有环境教育。青少年社会教育要把环境教育作为应有内容，努力帮助青少年树立环境意识，了解环境问题，学习环境治理的知识和技能，参与保护环境的社会实践。

2007 年，共青团中央在全国范围内组织了“节能减排青少年行动”。这是一项典型的青少年社会教育活动。主要做法如下。第一，加强节能减排教育。在企业、机关事业单位、学校、社区、村镇设立共青团和少先队节能减排宣传栏，采取报告、征文、演讲、板报等方式，利用青少年报刊、中小学生报和共青团、少先队网站，大力宣传节能环保知识，引导青少年强化节能减排意识，增强参与节能减排工作的自觉性。举办现场宣传活动，推介节能减排的新知识、新产品，引导青少年在学习、工作和生活中推广应用。第二，提高节能减排能力。采取技术培训、技能竞赛、参观学习等方式，动员组织青年职工学习节能减排知识、训练节能减排技能、掌握节能减排本领。开展青年农民技能培训，帮助他们掌握节能减排知识和技能。第三，强化节能减排实践。在青年职工中开展争创节能标兵、节能岗位活动，动员青年在本职岗位上、在日常生活中节能减排。开展青年创新创效活动，引导青年职工发明节能减排技术，创新节能减排方式。举办青年节能减排创新成果展，展示青年职工的发明创造。开展“我为企业节能减排献计策”活动，组织青年职工积极参与企业节能减排工作，提出合理化建议。开展“做节约先锋，展青年风采”为主题的青年文明号节约示范行动，动员优秀青年集体带头节能减排。在少先队员中开展以“节约一滴水、一张纸、一粒米、一度电”为主要内容的节约资源“四个一”教育实践活动。开展保护母亲河行动，动员青年和社会力量植树造林，美化江河，建设绿色家园。第四，培育节能减排文化。在青少年中大力提倡崇尚节俭、合理消费、绿色消费等理念，养成节约、环保的消费方式和生活习惯。鼓励青少年通过日记、征文、墙报、书法、绘画、摄影、摄像等，记录参与节能减排的经历，展示参与节能减排的做法和体会。动员青少年结合工作和生活实际，设计通俗易懂的节能减排标语口号，提出节能减排警句公约，在青少年中营造人人争做节能标兵的良好氛围。第五，开展节能减排志愿者活动。组织青年志愿者向社会宣传节能减排意义，介绍节能减排知识，并监督和举报违法用能、排污现象和行为。采取记录家庭能耗、水耗，采用节能节水产品，减少垃圾排放等方式，动员青年在日常生活和工作中自觉节能减排。以上做法是在青少年日常生活和青年职业活动中进行的，大多属于社会教育领域。

五、职业教育

职业教育除了在学校开展，还在社会上、工作中大量进行。职业教育是青少年社会教育的重要内容。青少年参加社会教育活动，很多是学习职业规范和职业技能。社会教育为青少年学习职业知识提供了重要的途径。

传统的拜师学艺是悠久的青少年社会教育。在改革开放前的农村，裁缝、木匠、篾匠、泥匠、理发师等都是十多岁就去拜师学艺。这些学手艺的青少年经过几年的学习，就可以出师，独立从事职业活动。因有一技之长，他们能够赚更多的钱，因而在当地很吃香。如何做好本职工作，如何学会与人相处，都是功夫在书外，需要领导和同事的言传身教，进行岗位教育。许多青年职工都在岗位上、工作中得到师傅的教育培训。可以说，社会教育是青少年学习职业技能的重要途径。

共青团作为青少年社会教育的重要主体，多年来开展了大量青年职业技能教育活动。2002 年 9 月 19 日共青团中央向各省级团委印发了《共青团中央关于推进青年职业教育和培训工作的规划》。该文件指出，推进青年职业教育和培训，是加快青年人力资源开发、提高青年劳动者素质的重要途径。职业教育和培训侧重于实用知识的学习和实践技能的训练，与劳动者的职业活动和创业行为密切相关，是最直接、最有效的人力资源开发途径。职业教育和培训是一种不断发展变化的学习和实践方式，贯穿于劳动者职业活动的全过程。推进青年职业教育和培训，有利于帮助青年劳动者养成终身学习的观念和习惯，紧跟社会发展需要，不断增强职业素质和技能；有利于提高青年的就业能力、工作能力和职业转换能力，从而帮助青年拓宽就业渠道，赢得就业机会，实现就业和再就业。在实际工作中，企业团组织通过导师带徒、岗位练兵、推广先进操作法等方式，对青年职工进行岗位技能培训。举办青年创新知识培训班、创新创效大赛和创新技能观摩活动，对青年职工开展新技术、新工艺、新材料等职业技能培训，提高青年职工的创新能力。加强青年职工计算机应用能力培训，提高企业青年职工运用现代信息技术进行职业工作创新的能力。农村团组织对农村青年进行生产经营技能培训。围绕农业标准化生产，依托农村青年标准化生产示范户、示范基地，广泛开展农业生产技能培训。围绕引导农村青年闯市场，大力开展农村青年经纪人培训，扶持和帮助一大批农村青年经纪人成长发展。围绕农村富余青年劳动力向非农领域转移，依托劳务输出基地等，对农村青年进行第二、第三产业技能培训。通过开展农村青年技能培训，培养一批农村青年创业致富带头人。城市团组织以进城务工青年培训学校、社区青少年服务中心等为依托，组织志愿讲师团，采取定点办学和流动办学相结合的方式，对进城务工青年进行职业技能培训。进城务工青年输出地团组织开展定向培训、委托培训，为进城务工青年更快更好地适应城市就业创造条件。

六、艺术教育

艺术教育是艺术知识、艺术欣赏和艺术创作的教育。艺术教育能够培养青少年的审美观念和审美情趣，陶冶青少年的性情，提高青少年动作的协调性、韵律感、节奏感，培育优雅的体态和气质，美化青少年的生活。学校教育是文化知识的教育，对艺术的教育是很有限的。随着人们对素质教育认识的加深，许多青少年不满足于学校的艺术教育，在课外参加各种社会教育名义的艺术培训。各种校外艺术培训班、艺术工作室和艺术中心琳琅满目，为那些喜爱艺术的青少年提供了学习艺术的机会。博物馆、美术馆、艺术馆中所收藏的艺术品是开展课外、校外美育与艺术教育的非常宝贵的资源。

各种艺术本身具有青少年社会教育的功能。艺术是涵养青少年灵魂的体操，陶冶青少年性情的熔炉，滋养青少年成长的土壤。例如，音乐能够培育青少年的思想道德，健全青少年的人格。音乐具有独特的美感愉悦本质和富有感染力的音响，这能够激发青少年的情绪，陶冶青少年的情操，引起青少年的共鸣，从而具有广泛的青少年社会教育功能。匈牙利音乐家李斯特说：“音乐被人称为最崇高的艺术，那主要是因为音乐是不假任何外力，直接沁人心脾的最纯的感情的火焰；它是从口吸入的空气，它是生命的血管中流通着的血液。它可以感觉得到地渗入我们的内心，像箭一样、像朝露一样、像大气一样渗入我们的内心，它充实了我们的心灵。”①优秀的音乐作品对青少年心灵的影响往往超过语言。音乐可以“以美辅德”，“音乐可以规范人们的行为，具有改变社会风气的力量，对人们的道德、意志、品格、情操，会产生潜移默化的影响。多听高尚的音乐，会使人的品质高尚起来；多听铿锵雄壮的音乐，会使人的意志坚定起来；多听清新优美的音乐，会使人的行为美善起来。当然黄色的、低级情调的、庸俗的音乐，也同样在潜移默化的过程中，会使人的意志衰退、情绪低落。所以，有选择地欣赏一些健康、乐观、向上、优美的音乐，既可培养高尚的道德情操，又能受到良好的品质教育，在日常生活中非常必要。”②青少年具有丰富的情感，对音乐的感受格外敏感和直接。音乐对于青少年性格和气质的形成具有很大的影响。庄重的音乐能减少青少年的好动，激昂的音乐能增加青少年的开朗，雄壮的音乐能增强青少年的力量。

青少年宫作为青少年社会教育的重要阵地，具有开展青少年艺术教育的优势，在培养青少年艺术素质方面发挥着重要的作用。各个青少年宫都活跃着各具特色的艺术团。一项对北京、天津、杭州、大连、本溪、湛江六个城市 3 000 名中小学生的调查显示，参加过少年宫活动的少年儿童占总人数的40.4%，主要学习内容包括舞蹈、美术、乐器等；参加过兴趣小组的少年儿童占总人数的 76.8%，学习的主要内容是美术、书法、舞蹈、唱歌等。③青少年宫艺术教育内容主要有三类：一是美术书法类，包含儿童画、水粉、写生、素描、国画、油画、硬笔书法、毛笔书法等；二是舞蹈类，包含民族舞蹈、拉丁舞、芭蕾舞、爵士舞、街舞、艺术体操等；三是声乐器乐类，包含声乐独唱、合唱、钢

① 史玥：《试论音乐的青少年社会教育功能》，《光明日报》2015 年 1 月 7 日。

② 苏林生：《音乐的重要地位》，《电影评价》2008 年第 16 期。

③ 杨宁：《青少年校外艺术教育发展探析》，《经济视角》2012 年第 3 期。

琴、小提琴、电子琴、萨克斯、古筝、二胡、笛子、葫芦丝等。青少年宫艺术教育是充满情感的教育，把认知活动和情感活动结合起来。青少年宫艺术教育活动以表演、游戏、展示等活动为抓手，体现了直观性、趣味性，能满足青少年的心理需求，培养青少年的注意力、意志力、毅力，提高青少年的心理素质。青少年宫艺术教育通过音乐、绘画、舞蹈等，帮助青少年更有效地进行非语言的交流，这拓宽了青少年的社会交流渠道，有利于青少年健康成长。

青少年宫的艺术教育不是面向少数尖子生的专业艺术院校的教育，也不单纯是一种职业培训教育，而是一种面向青少年的基本素质教育，属于青少年基础教育范畴。青少年宫的艺术教育作为学校外的基础教育，既是面向普通青少年的普及性教育，又面对每一个不同特点的青少年进行因材施教的差异化教育。青少年宫的艺术教育通过提供给青少年感受、表现、创造艺术的机会，使青少年主动参与到艺术实践活动之中，并在艺术实践活动中学习最基本的艺术文化知识，以培养青少年的艺术兴趣和爱好，使青少年获得艺术审美的体验和享受成功的愉悦，提高青少年艺术鉴赏能力和表现能力，奠定其终生享受艺术、学习艺术、发展艺术能力的坚实基础。青少年宫通过艺术教育，发展青少年的艺术兴趣，培育青少年的艺术特长，既提高了许多青少年的艺术素质，又培养了一批又一批艺术人才。青少年宫的艺术教育是社会化教育，融入社会、内容丰富、形式多样，广泛利用社会、学校、家庭环境，整合文化艺术资源。青少年宫的艺术教育也是个性化教育，因材施教，能够有效地张扬个性，发展特长，激活个体思维，发展求异思维，增强想象力和创造力，适应知识经济时代培养创新人才的需求。青少年宫的艺术教育关注每一个青少年的个性，尽可能多地给他们提供个性化体验、自由尝试和充分表现自我的条件，使他们能够在各种审美活动中学习成长。青少年宫的艺术教育能够培育青少年的思想道德，培养青少年的创新精神和创造力，发展青少年的个性，为其他方面的学习创造有利的条件，以促进青少年的全面发展。

以上说的是青少年社会教育的需要强化的内容。总体上说，青少年社会教育的内容涉及面宽，凡是有利于青少年成长的、学校教育和家庭教育又不会提供或供给不足的，都是青少年社会教育的内容。在现实生活中，每个青少年每天都浸润在社会教育的环境中，在众多社会教育主体的教育下，学习广泛的社会教育内容，以提高自身的综合素质，实现自身的全面发展。

第三节　青少年社会教育内容的特点

一、具有综合性

青少年社会教育的内容在根本上取决于青少年在社会生活中学习成长的基本需求。青少年的社会生活是丰富多彩的，学习成长需求是多方面的。青少年社会教育要适应青少年社会生活的实际需要，满足青少年全面发展的内在需求，实施多方面、多层次的教育内容。

在社会教育研究中，人们对于社会教育的综合性内容已有许多阐述。典型说法有以下几种。第一，社会教育的内容包括“整个人生的语言、文字、职业、公民、健康、家庭、社会、交际、休闲、普通技能、智力以及精神各项活动”，可分为语文教育、生计教育、政治教育、健康教育、家庭教育、社交教育、休闲教育、艺术教育、科学教育、精神教育等十项。①这十项教育与学校教育有相同的内容，但又有许多不同之处，如生计教育、健康教育、社交教育、休闲教育。第二，社会教育有五类十种：一是社会知育，包括语文教育、科学教育；二是社会德育，包括公民教育、品格教育和团体训练；三是社会体育，即健康教育；四是社会技育，包括职业教育、家事教育；五是社会情育，包括艺术教育、休闲教育。②这五类与学校教育有很多相同的内容，尤其是知育、德育、体育的提法很像学校教育德智体的通常说法，但具体内容并不完全相同。第三，社会教育内容受社会需求和人的发展的制约，一是“普及科学知识以‘开民智’”，二是“传播道德规范以‘兴民德’”，三是“增强健身意识以‘鼓民力’”，四是“弘扬传统文化以‘化民俗’”，五是“渗透爱国思想以‘养民心’”。“社会教育与学校教育相比虽然缺少系统性和计划性，但是它具有广泛性和灵活性，正是由于社会教育具有这样的特性，也就要求社会教育内容要全面、丰富，要涵盖文化知识、道德规范、健身意识、传统文化和爱国思想，以全面提升国民素质。”③这五“民”的说法从教育目的角度界定社会教育内容，把科学知识、道德规范、健身意识、传统文化和爱国思想作为社会教育内容。第四，社会教育内容分为“智识社会教育、知识社会教育、道德社会教育、文体社会教育和职业社会教育”。“智识社会教育的主要任务是引导受教育者掌握学习方法，主动接受知识，建构知识。”“知识社会教育是为了适应时代发展，提高适应能力进行的补充教育”，内容“包括面向青少年的各种能力培训以及面向在职人员的各种能力提高等多种教育”。“道德社会教育是将人类在长期的社会活动中所形成

---

① 吴学信著：《中国社会教育概述》，国民图书出版社 1942 年版，第 19—21 页。
② 马宗荣著：《社会教育纲要》，商务印书馆 1947 年版，第 55—56 页。
③ 王彦心：《当下社会教育的问题及解决对策》，内蒙古师范大学 2014 年硕士学位论文。

的社会规范进行的一种文化灌输，以培养受教育者正确的道德观念、丰富的道德情感、坚强的道德意志和良好的道德行为。”“文体社会教育是以增进身心健康为主要目的，内容丰富、形式灵活的群众性文化体育活动教育。目的是使受教育者受到环境陶冶，艺术陶冶，情感陶冶，并获得健康知识和技能，从而提高心理健康水平，增强社会适应能力。”“职业社会教育是已经脱离正规教育，已参加工作和负有成人责任的人所接受的各种各样的教育；是对专业技术人员进行知识更新、补充、拓展和能力提高的一种高层次的追加教育；是一个不断学习，终身学习的过程。”①把社会教育内容分为智识、知识、道德、文体和职业五个方面，与学校教育内容相比存在一些不同点。从以上主张看，社会教育与学校教育的内容是一种交叉关系，既有重合点，又有不同处。社会教育的内容突出生活教育、道德教育和职业教育。

青少年社会教育的内容非常广泛，十分丰富，涉及青少年社会生活的各个领域、各个方面，具有综合性的特点。各个社会机构、社会组织在自身职能活动中都可能对青少年进行社会教育，这些内容是包罗万象的。对于专门的青少年社会教育机构来说，其教育内容不像学校教育那样具有统一教材，受到教学计划和课程标准的限制，而是根据青少年的学习需求，从辅导教师的专长和机构的条件出发，确定具体的教育内容。青少年社会教育机构的教育内容丰富多彩，并且随着社会的发展和青少年需求的变化，不断进行调整、充实和提高。在媒体教育、自我教育等非专门的社会教育中，教育内容非常宽泛，涉及青少年社会生活的各个方面。总体上说，青少年社会教育具有多个方面的内容，为青少年提供需要学习和实践的各种社会规范和社会知识。

---

① 顾李星：《试论社会教育的分类》，《山西师大学报（社会科学版）》2011 年 S1 期。

二、突出社会性

青少年社会教育具有综合的教育内容，但这些教育内容不能等量齐观，更不能眉毛胡子一把抓。“当下中国，在素质教育的强大呼声中，我们周围充斥着太多的从经济发展需要、知识运用等角度对人才、素质的定义。然而，我们的教育不能仅仅定位在对专家、学者的培养上，更应该着眼于全民素质的提高。如何提升国民整体素质的问题，是社会教育一直所忽视的。”①青少年社会教育在内容上要着眼于提升青少年的素质，突出青少年的社会性发展，促进青少年社会化，帮助青少年成为符合社会规范、适应社会生活、具有健全人格的社会人。

青少年社会教育的第一要义是帮助青少年认清自身的社会角色，成为他人和社会需要的人。“无论是古希腊的公民教育，还是古罗马的贵族教育，包括后来的宗教教育，都是以‘做人’为核心的，关注的焦点是人自己、人与他人之间的关系。在这一过程中，虽然也有对自然世界的探索与认识，但都是以对人自身的认识为参照的，或者说是为了认识人而去认识自然的。从教育内容上看，古代教育所呈现的无非是前人对人间事务的思考，也就是利用典范的方式来激发学习者思考自身以及学习如何做人。”②如果说学校教育是立足于知识和技能的教育，是自然知识和社会知识教育的统一，那么青少年社会教育更注重社会生活的教育。青少年社会教育这个概念本身就蕴含着正向的价值判断，其根本意义在于培育青少年的社会本性，促进青少年成为更具有社会意识和社会化技能的人。社会教育是“区别于家庭教育和学校教育的促进个体社会性发展的教育活动的总和”，“以个体社会性发展为主要内容”。“社会教育与家庭教育、学校教育的区别在于，社会教育尽管也对

---

① 王彦心：《当下社会教育的问题及解决对策》，内蒙古师范大学2014年硕士学位论文。
② 高德胜：《论道德作为现代教育之代价》，《高等教育研究》2013年第10期。

个体发展提供知识和技能帮助，但其重点在于促进个体社会性的发展，培养个体亲社会性行为和思想情感、观念等，培养个体作为一个社会成员的丰富性和多样性。”①社会性发展是青少年社会教育的基本内容，青少年社会教育要多提供促进青少年社会性发展的内容。“相对于以关注成长、传授知识为主的家庭教育和学校教育而言，社会教育更多地承担着培养青少年承担社会角色能力、培养正确的自我观念、传递社会文化等责任，它是青少年了解社会、体验生活、思考人生的第一平台，这些甚至被许多专家认为在某种意义上比学校教育更为重要。”②

从历史看，我国近代社会教育的内容集中在国民性改造，当时的社会教育学者普遍认为，只有改造人，才能改造社会。1902 年，梁启超反思戊戌变法失败的原因，深深感到提高国民素质的重要性，撰写了著名的《新民说》，提出“欲维新吾国，当先维新吾民”的主张，大声疾呼“新民为今日中国第一急务”，“舍此一事，别无善图”。胡适在《四十自述》中说，他个人深受梁启超《新民说》的影响，他们那个时代读梁启超的《新民说》“这样的文字，没有一个人不受他的震荡感动的”。“《新民说》的最大贡献在于指出中国民族缺乏西洋民族的许多美德……他指出我们所最缺乏而须采补的是公德，是国家思想，是进取冒险，是权利思想，是自由，是自治，是进步，是自尊，是合群，是生利的能力，是毅力，是义务思想，是尚武，是私德，是政治能力。他在这十几篇文字里，抱着满腔的血诚，怀着无限的信心，用他那枝‘笔锋常带情感’的健笔，指挥那无数的历史例证，组织成那些能使人鼓舞，使人掉泪，使人感激奋发的文章。其中如《论毅力》等篇，我在二十五年

① 佘双好：《青少年社会教育的本质与内涵》，《中国青年研究》2007 年第 12 期。
② 黎李、张东：《博物馆社会教育服务的重要组成部分——青少年受众群体教育研究》，《内蒙古教育（职教版）》2015 年第 10 期。

后重读，还感觉到他的魔力。何况在我十几岁最容易受感动的时期呢？”①连胡适都如此浓墨重彩地予以讴歌，可见，梁启超《新民说》在当时具有强大的社会影响力。晏阳初提出通过社会教育“作新民”，把养成有知识、有生产力、有公德心的整个人，养成社会健全的分子，养成建设国家的国民等作为“作新民”的主要内容。“作新民”的教育目标，体现了以人为出发点，从根本上造就现代人的思想。鲁迅对同胞“哀其不幸、怒其不争”，深刻揭露了麻木、守旧、自大、怯弱、懒惰、巧滑等国民的“劣根性”。他的批评在一段时间内产生了社会教育的广泛影响。

从现实看，一些人素质低下，除了这些人的自身原因之外，很重要的是因为教育没能起到应有的作用。社会教育的缺失制约着国民素质的提高。当电视充斥大量媚俗文化、金钱文化时，又有多少人能够追求高尚的精神生活呢？“对于当下的社会教育来说，它的责任主要在于通过人们学习机会的扩大塑造他们的公共道德，提高他们的社会责任心，丰富他们的文化素养，达到自我完善并最终提高公民的整体素质。这不可能仅仅依靠学校教育来完成，社会教育对于提高全体公民的素质责无旁贷。社会教育不能只停留在对知识或能力的补偿性教育上，更应该侧重于全民素质的整体提高上。如果说课堂教学是人们获取知识技能、开发智力、不断达到自身完善的第一渠道，家庭生活是第二渠道，那么，社会教育则是对人影响最为广泛、最为持久的第三渠道，对于满足人们增进知识、技能和智慧的需求，它具有其他教育形式不可替代的作用。社会教育强调对人一生的影响，使广大公民学会适应现代社会发展的基本知识和技能，并在这一过程中使公民的人格健全发育、个性得以

① 胡适著：《四十自述》，海天出版社 1992 年版，第 55 页。

解放，同时具有健康的竞争意识和良好的合作能力。”①的确，青少年社会教育不能只是对学校教育的知识补充，不能过分看重谋生技能，而应该是提高青少年公民道德、塑造青少年健全人格的重要渠道。我们不能“一提及社会教育，就好像只是关于培养应试技巧、传授应试知识、提升学历、获得文凭的校外辅导教育，殊不知，这种观念早已落后”，“当下的社会教育仅仅作为一种职业培训式、补充式的继续教育形式出现，而不是社会成员寻求发展和更新、寻求自我完善的支持性的教育形式，有违社会教育的初衷。”②青少年社会教育的初衷是引导和帮助青少年完善自我，健全人格。青少年社会教育从价值取向上，要转向青少年素质的培育，切实提升青少年的文明素养和基本素质。其中，重要的是引导青少年学会与人相处，与人共同生活。能否建立正常的人际关系，是否具有团队精神，是青少年社会教育需要着力教育的内容。

三、注重现实性

如果说学校教育内容大多是对过去知识和已有经验的总结，属于过去时，那么社会教育内容更多的是现实生活中的当下知识，属于现在时。

美国在不同历史时期注重把社会教育内容同当地经济建设和社会发展紧密联系。美国社会教育机构在 18 世纪初针对新移民文化素质不高、生活技能不强的情况，既开展阅读、书写、计算等方面的教育，又培训如何扎带刺的篱笆、如何种植庄稼等；在第一次世界大战后，针对新移民对美国缺乏了解的情况，开设美国历史、宪法等课程；在 20 世

①② 王彦心：《当下社会教育的问题及解决对策》，内蒙古师范大学 2014 年硕士学位论文。

纪30年代初，针对失业工人数量庞大的情况，为当地民众开设了各种职业技术培训班，帮助他们掌握新的职业技能；在70年代中后期，针对居民闲暇时间增多的情况，开设了系列闲暇教育课程，以帮助民众合理地安排和利用闲暇时间，不断提高自身的科学文化素养和生活质量。可以说，“当地民众经济建设和社会生活中需要什么，社会教育机构就及时地讲授那些内容，并注意根据时代的变化和当地的具体实际及时更新教育教学内容，以充分地满足当地民众的需要。”①美国社会教育能够满足当地民众的当下需求，这就体现了社会教育的现实性。

青少年社会教育内容会涉及历史，但关注点不是历史而是现实，这点与学校教育是有很大不同的。在学校教育中，多门学科言必称先秦，上下几千年，大有通晓古今的架势。社会教育就讲当下，注目眼前。青少年社会教育聚焦青少年面临的现实问题，服务青少年的现实生活，是一种现实教育、生活教育。由于关注现实，因此青少年社会教育不注重学科的知识体系，而是注重社会的现实现象和实际问题。青少年社会教育的内容贴近青少年的社会生活，帮助青少年认识社会现象，思考社会问题，并学会解决社会矛盾。青少年社会教育是为青少年服务的，要满足青少年的现实需求，提供青少年需要的教育内容。无论采用何种形式，青少年社会教育都不能与青少年的需求脱节，更不能背离青少年需求。由于社会教育内容很繁杂，社会上存在一些消极的教育元素，不利于青少年的健康成长。这需要青少年社会教育机构去伪存真，去粗取精，努力为青少年提供健康向上、具有正能量的教育内容。

现实性使得青少年社会教育更具体化，在思想观念的引导方面更有效。对于青少年来说，许多思想观念是抽象的，只有把这些思想观念

① 续润华、李献奇：《美国发展社会教育的经验与教训》，《河北师范大学学报（教育科学版）》2007年第4期。

转化为具体的东西，才能够为青少年更好地理解、认同和践行。思想观念只有落细、落小，才能落实。例如，青少年对爱国的理解和实践，往往是从生活中具体的人和事开始的。我们要善于由小及大，注重从青少年身边的小事出发进行点滴渗透，使青少年的爱国情感逐步得到理性升华。要从爱家乡教育入手，引导青少年认识爱家乡与爱祖国的关系，进而培养他们对祖国的朴素感情；要引导青少年认识到自身的生活和未来成长发展很大程度上与国家的发展和繁荣、国家的命运是紧密联系在一起的，从而引导他们把个人的理想和奋斗定位在国家的整体发展中；要引导青少年从爱父母爱亲人开始，从小有爱心，长大以后才能更好地爱人民、爱祖国。好的规则是要人理解和遵守的。我们可以借鉴国外的一些做法，从青少年身心发展、认知水平的实际情况出发，进行具体有形的规则教育，以取得更好的教育效果。

四、体现差异性

青少年社会教育与学校教育、家庭教育相比，不只是教育场所的区别，还有教育内容的不同。有人套用学校教育的“德智体美”说法，也把社会教育的内容说成社会德育、社会智育、社会体育、社会美育，这容易混淆社会教育与学校教育的区别，忽视社会教育内容的特殊性。应该说，青少年社会教育内容与学校教育、家庭教育相比有相同的，更有不同的；即使内容看起来相同，实际上侧重点也是不同的。目前，一些少年宫以校外教育为理念，大力开展校外教育，与学校教育趋同，这实际上没能很好体现社会教育的特色，也损害了青少年社会教育的独立性。青少年社会教育要避免与学校和家庭的重复教育和同质教育，进行差异化教育。青少年社会教育机构要为青少年提供学校教育、家庭教育没有提供或尽管提供但不能满足青少年需求的教育内容。近年来由于经济发展的急迫需要，许多学校片面强调教育的经济功能和就业作用，这导致教育价值失衡，没能很好地教育青少年如何为人处世，如何做一个适应社会需要、具有合作精神的人。因此，青少年社会教育重点是做人的教育，而不是做事的教育，这点与学校教育有很大的区别。当然，学校教育有做人的教育，一直强调德育，近年来明确讲立德树人。但是，不可否认的是，学校中更多的教育内容是知识和技能教育。从实践经验看，立德树人最好的教育渠道在社会生活中。学校教育主要是课堂教学，而道德教育更多的不是一个理论问题，而是一个实践问题。青少年社会教育具有活动性和体验性，可以针对道德目标，提供生动的、可参与的教育内容，在引导青少年立德树人方面取得较好效果。例如，学雷锋活动、青年志愿者活动寓道德教育于青少年参与之中，青少年在参与中能够加深对社会公德的理解，培育良好的道德情感和公益责任。

青少年社会教育包含知识和技能教育的内容。即使进行知识和技能的教育，青少年社会教育机构也要有自身特色，不能重复学校教育的内容，更不能为学校的“应试教育”推波助澜。以青少年宫教育内容为例。1995 年国家教委、共青团中央等部门联合颁发的《少年儿童校外教育机构工作规程》明确规定，青少年宫等校外教育机构的活动应当包括思想品德教育、科学技术知识普及教育、体育运动、文化艺术教育、游戏娱乐、劳动与社会实践活动六项基本内容。①思想品德教育的活动内容是爱国主义、集体主义和社会主义思想教育，近代史、现代史教育和国情教育，良好意志品格、遵纪守法和讲文明、有礼貌教育；科学技术知识普及教育的活动内容是科普知识传授、发明创造、科技制作、科学实验等；体育活动的活动内容是田径、球类、游泳、体操、武术、模

① 国家教委等：《少年儿童校外教育机构工作规程》，《中国校外教育工作年鉴（2001—2003）》，中国福利会出版社 2004 年版，第 99 页。

型、无线电、棋艺和军事体育运动的知识和技能技巧；文化艺术教育的活动内容是课外读物、影视、音乐、舞蹈、戏剧、绘画、书法、工艺制作以及集邮、摄影等活动；游戏娱乐的活动内容是努力创造条件，建立多种游艺设施；劳动与社会实践活动的活动内容是开展各种劳动实践活动。这六项教育内容的规定影响很广泛，具有标志性意义。青少年宫系统至今仍然普遍从这六个方面来实施青少年教育。这些教育内容与学校教育、家庭教育有很大的不同，尤其是艺术培训、游戏娱乐、体验活动、实践活动等，因此才受到青少年的普遍欢迎。青少年宫不能够也没必要去举办学校教育中的学科培训班，补充和服务学校教育，而应该做自己应该做的事情，即实施不同于学校教育的社会教育。

第五章　青少年社会教育的方式

第一节　青少年社会教育的运行机理

一、社会影响

社会影响是指政治、经济、文化等社会现象和人的生活环境导致人的思想意识和行为方式发生了一定的变化。“每个人每天从周围的环境中，从家庭成员和朋友的态度中，从旅游、读报和读书中，或者通过听广播、看电影和电视等日常生活中，积累了大量的隐性知识、技术，并获得态度和洞察力。”①与学校教育、家庭教育相比，青少年社会教育具有明显的社会影响因素。学校教育会受到一定的社会影响，但是在教育方式上是有意识、有组织的课堂教学和课后作业。青少年社会教育在方式上不是有意识、有组织的，主要方式不是课堂教学，一般没有课后作业。社会上具有教育意义的各种因素在通常情况下无意识、无目的地对青少年施加各种影响，使得青少年从中受到教育，获得启示。老子在《道德经》中说“处无为之事，行不言之教”，有道的人实行不发号施令的德政教化，这指的就是社会影响的教育作用。社会现象和社会生活对青少年产生影响是青少年社会教育的重要路径。

社会是由人的群体组成的，人在生产和生活中会发生各种社会联系，形成各种社会关系，受到各种社会影响。青少年由于处在人生观、

① 茹宁、吴梦林：《超越“工作场”：生活场所学习模式的兴起》，《开放教育研究》2016年第6期。

价值观的形成时期，与成年人相比，更容易受到社会生活的教育影响。“尽管生活中隐藏的学习被不断揭示出来，但目前生活场所学习还没有被教育体系认可和接纳。”①生活本身具有教育意义，青少年的发展是在一定的社会生活中进行的，其思想和行为与社会生活密切相关。社会的政治、经济、文化现象都会对青少年的思想、心理和行为产生教育影响。社会事物、各类人群和个体行为对青少年的教育影响，有的是直接的，有的是潜移默化的。青少年个体一出生，就受到文化传统、风俗习惯和生活环境的影响；有小伙伴后，会受到同伴的影响；识字后，会受到图书和传媒的影响。这些社会影响培育青少年的认知、心理和行为。社会影响的途径比学校教育和家庭教育更为广泛。例如，电视和网络对社会事件进行描述、传播、评价，把价值观念具体化、形象化、生活化，传递是非和善恶的标准，影响着青少年的价值观、道德观。青少年教育有专门与渗透之分，学校教育是专门进行的，而社会教育大都是通过渗透发生作用的。大量的青少年社会教育没有谁在专门开展，而是在社会活动中附带产生的。电视播放的节目没有告诉观众是在进行宣传教育，人们看不到教育的标签，但是，这些节目实实在在地渗透着某种思想观念，宣传某种政治主张，使得青少年在观看过程中不自觉地、不经意间受到教育，产生认同感。青少年社会教育是润物细无声的教育，是无声胜有声的教育。“在以往社会教育的开展中，识字社、影剧院、博物馆、图书馆、公园等都是进行社会教育的重要场所，开展的形式多种多样，有培训班式、讲座式、函授式、媒体传播式（如广播、电视、报纸、杂志、影院等）、展馆式（图书馆、博物馆、展览馆等）、自学式等。随着网络技术的发展和应用，社会教育的形式将更加多样化，网络

① 茹宁、吴梦林：《超越“工作场”：生活场所学习模式的兴起》，《开放教育研究》2016年第6期。

社会教育将成为社会教育发展的新趋向。”①

青少年具有主观能动性，对于社会影响不是消极被动地接受，更不是照单全收，而是积极主动地加以选择。社会影响不是自发地发生作用，青少年个体对社会影响具有自主性和选择性。青少年个体会自觉地接受一些社会影响，拒绝另一些社会影响。接受或者拒绝哪些社会影响，取决于青少年个体的态度、知识和偏好，因此，社会影响的大小，往往因人而异。这是社会教育效果的差异性。同样的社会教育对于不同的青少年所产生的教育影响是不完全相同的。在青少年社会教育过程中要注重因材施教，发挥青少年个体的主观能动性。

二、社会实践

青少年教育主要是知识教育，但知识是什么，什么知识最有价值？美国学者阿普尔认为，在教育研究中仅仅关注“什么知识最有价值”这个问题是远远不够的，更值得追问的是“谁的知识最有价值”。②教育与政治存在密切关系，我们要从政治方面思考青少年教育问题。知识是人在认识事物的过程中形成、总结出的规律性的东西，书本知识寻根究底是来自社会实践的。与书本知识相比，实践知识更有利于培养青少年在真实情境下应对和解决实际问题的能力，推动青少年实现多样化发展。学校教育是一种间接知识的教育，而社会教育偏重直接知识的教育，因此更具有实践性。实践是青少年社会教育的基本方式，也是与学校教育的重要区别。

马克思说：“人的思维是否具有客观的真理性，这不是一个理论的

① 刘文曦：《浅析王安石社会教化思想对当代社会教育的启示》，《高等函授学报（哲学社会科学版）》2009 年第 1 期。

② 黄忠敬著：《教育政策导论》，北京大学出版社 2011 年版，第 8 页。

问题，而是一个实践的问题。人应该在实践中证明自己思维的真理性，即自己思维的现实性和力量，自己思维的此岸性。”①1937 年毛泽东写成的《实践论》包含丰富的社会教育思想。对于认识和实践的关系，他说：“通过实践而发现真理，又通过实践而证实真理和发展真理。从感性认识而能动地发展到理性认识，又从理性认识而能动地指导革命实践，改造主观世界和客观世界。实践、认识、再实践、再认识，这种形式，循环往复以至无穷，而实践和认识之每一循环的内容，都比较地进到了高一级的程度。这就是辩证唯物论的全部认识论，这就是辩证唯物论的知行统一观。”②根据这一知行统一观，实践不仅是青少年教育的重要一环，而且是基础环节。1963 年，毛泽东在对《中共中央关于目前农村工作中若干问题的决定（草案）》的修改中说：“认识客观事物，需要一个反复实践的过程。人的正确思想是从哪里来的？是从天上掉下来的吗？不是。是自己头脑里固有的吗？不是。人的正确思想，只能从社会实践中来，只能从社会的生产斗争、阶级斗争和科学实验这三项实践中来。”③人的正确思想只能来自社会实践，这说明社会实践是青少年教育的基础和来源。1964 年，毛泽东在会见尼泊尔教育代表团时说：“清华大学有工厂。它是一所理工科学校，学生如果只有书本知识而不做工，那是不行的。但是，大学文科不好设工厂，不好设什么文学工厂、历史学工厂、经济学工厂，或者小说工厂。文科要把整个社会作为自己的工厂。师生应该接触农民和城市工人，接触工业和农业。不然，学生毕业，用处不大。如学法律的，如果不到社会中去了解犯罪情况，法律是学不好的。不可能有什么法律工厂，要以社会为工厂。”④书本

① 《马克思恩格斯选集》（第一卷），人民出版社 1995 年版，第 58 页。
② 《毛泽东选集》（第一卷），人民出版社 1991 年版，第 296—297 页。
③ 《建国以来毛泽东文稿》（第十册），中央文献出版社 1996 年版，第 299—300 页。
④ 《建国以来毛泽东文稿》（第十一册），中央文献出版社 1996 年版，第 149—150 页。

知识要与实践相结合，这说明社会教育是青少年教育的重要方面，实践是青少年社会教育的基本途径。

三、活动教育

社会教育更多的是活动教育。活动教育是一种与静听和灌输相对立的教育方式。杜威认为，“学校科目相互联系的真正中心不是科学，不是文学，不是历史，不是地理，而是儿童本身的社会活动。”①儿童活动是学科相互联系的中心，这对于如何开展青少年教育很有启发。社会活动把教育性和娱乐性相融合，能够激发青少年的热烈情绪，发挥青少年的主体性，调动青少年参与、探索、创新的积极性，迅速有效地传播思想和知识，是一种青少年教育的重要方式。社会活动不仅能够培养青少年的爱好和特长，而且能够提供相互合作的机会和展示才能的平台，提升青少年的认知、情感、个性，帮助青少年形成积极、协作的思维品质，实现青少年多种潜能的发展。但是，活动教育在教育理论上没有得到普遍的认同，在教育实践中没有得到广泛的实施。“我们的学校教育基本上是一种单向的、强迫灌输的、缺失活动的传统教育。”②学校教育在青少年培养上存在一个明显的缺陷，这就是教学过程中活动性的缺失。“目前中小学整齐划一的课堂教育方式，单一的教学目标和评价体系，单调的校园生活，对‘活动’的保守态度，都无法实现与发挥中小学生主动多元的全面和谐的发展目标，我们必须考虑到利用更多的教育途径和教育形式来为我们的中小学生服务。以参与各种活动为主的中小学生的社会教育必须提上日程，以弥补学校以及家庭教育

① 〔美〕约翰·杜威著，赵祥麟、任钟印、吴志宏译：《学校与社会·明日之学校》，人民教育出版社 1994 年版，第 9 页。

② 但武钢著：《活动教育的理论和方法》，华中师范大学出版社 2005 年版，第 1 页。

的某些不足与缺憾。一方面，在活动中培养中小学生的爱好和兴趣，广泛的兴趣是个性和谐发展的前提；另一方面，通过参与各种有意义的活动，使中小学生的才能和潜力得到展示和重视。总之，在活动中，孩子们不仅过得很充实，而且能陶冶情操，增长才干，更能得到大家的认可，找到自己努力的方向，还能减少一些青少年的社会问题。”①青少年社会教育克服了学校教育坐而论道的不足，在各种社会活动中对青少年进行教育。活动教育是青少年社会教育的经常形式，青少年社会教育具有比学校教育更明显的活动教育特点。青少年社会教育机构利用社会事件、社会活动和各种节日、纪念日，围绕文化、体育、艺术、科普等内容，广泛开展各种主题鲜明的活动教育。这些活动既有思想政治的宣传活动，也有休闲娱乐的文化体育活动，还有培训、讲座、报告会、讨论会等学习活动。

青少年宫开展文体活动、节庆活动、报告会、演讲会等大量的活动教育，成为我国青少年社会教育的重要主体。青少年宫通过设计、建构、开展符合青少年成长需要的各类活动，满足青少年的个性需求，促进青少年健康成长、全面发展。青少年宫通过联欢会、故事会、报告会、辩论会、与先进人物见面会等形式，对青少年进行思想道德教育，通过成立艺术团、开办艺术讲座、开展艺术表演等，对青少年进行文化艺术教育，还直接组织劳动和社会实践活动。各地青少年宫充分利用寒暑假，开展各种夏令营、冬令营活动。这些活动可以开阔视野，磨炼意志，强健体魄，增长知识，培养青少年的集体主义和团结互助的精神。青少年宫行业经常开展全行业性的社会教育活动。例如，2009 年，中国青少年宫协会为了庆祝中国青少年宫建立 60 周年，动员各地青少年宫开展群众性爱国主

① 杨建珍：《关于中小学生社会教育的若干思考》，《太原师范学院学报（社会科学版）》2011 年第 3 期。

义教育活动，开展了“祖国在我心中”全国青少年宫系统文艺会演活动。全国几百家青少年宫依托自身艺术团体，组织10万名青少年参加了以“祖国在我心中”为主题的形式多样的演出活动。当年7月29日，“祖国在我心中”全国青少年宫系统文艺会演活动在湖南长沙市举行，由序幕、祖国春、祖国风、祖国情、祖国暖、祖国盛、祖国花和尾声八个篇章组成，汇集了18个省份、31个青少年宫的精品节目。来自全国各地的青少年宫主任、青少年宫教师和青少年学员1 600多人现场观看了演出。青少年在演出中通过热情洋溢的歌舞、技巧娴熟的器乐和绘声绘色的语言节目，抒发了对祖国的炽热情感，赞美了党和国家对他们的亲切关怀，展现了当代青少年快乐成长、蓬勃向上的良好精神风貌。不同于学校教育中的课堂教学，青少年宫实施的活动教育没有教学计划、课程标准和教科书的限制，突破了教材、教师和课堂为中心的教学模式的束缚，注重青少年的个体选择与自主发展，致力于青少年潜能的开发，在青少年的成长发展中发挥着不可替代的积极作用。

四、自我教育

苏霍姆林斯基说：“我深信，只有能够激发学生去进行自我教育的教育，才是真正的教育。”①“应当在童年时期和少年早期，即从七岁到十、十一岁，就教给一个人自己安排自己的事，并在必要的时候能够‘强制自己’。如果错过了这个时期，那么以后就不可避免地出现再教育的问题。”②联合国教科文组织国际教育发展委员会在1972年出版的《学会生存——教育世界的今天和明天》一书中指出：“未来的学校必须把教育的对象变成自己教育自己的主体。受教育的人必须成为教

①②〔苏〕B.A. 苏霍姆林斯基著，杜殿坤编译：《给教师的建议》，教育科学出版社1984年版，第350、351页。

育他自己的人；别人的教育必须成为这个人自己的教育。”①自己教育自己，这种教育理念适合以各种教育形态加以实施，但最典型的是通过社会教育进行。学校教育是由教师组织实施的专门的标准化教育，尽管也需要发挥青少年学生的主观能动性，但总体上是一种以教师为主导的教育。社会教育大多是没有专门的特定的教师，也没有标准化的教学，更多地表现为自我教育。与学校教育相比，青少年社会教育具有更明显的自我教育性质，与苏霍姆林斯基所说的“真正的教育”更为接近。长期以来教育被界定为“教育者对受教育者施加的有目的、有计划、有组织的影响”，这种说法是存在片面性的，因为一旦超越学校教育范围、进入社会教育领域，就不符合实际情况。青少年社会教育中存在大量的自我教育，即青少年个体对自己进行的教育。自我教育是青少年个体的主观能动性的集中表现，是自我学习和发展的重要方式。

青少年社会教育不是强制性教育，青少年可以接受，也可以不接受，是否接受取决于自己。由于是自己选择的教育，青少年在教育中更具有积极性和主动性。以青少年宫教育为例，一名青少年可以选择是否去学习、学习什么、什么时间学。这样出于自我选择的教育，对于青少年更具有吸引力，青少年学习起来也更自觉。“知识可以在短时间内灌输进去，但是记住哪些取决于主观，没有了起码的爱好，听过的东西多半要忘记的。并且能教的只是知识，要将知识转化为技能和智慧，全靠自己的操练、思索、融会。”②

自我教育是一种教育感悟。社会现象会对青少年产生教育影响，使得青少年有所触动、有所思索、有所启发。例如，大学生往往从美国总

---

① 联合国教科文组织国际教育发展委员会编著，华东师范大学比较教育研究所译：《学会生存——教育世界的今天和明天》，教育科学出版社1996年版，第200页。

② 郑也夫著：《吾国教育病理》，中信出版社2013年版，145页。

统选举中了解、观察和思考西方选举制度；青少年通过观赏影视作品，可以身临其境地体验不同的人生经历，释放内心深处的情绪，从而反观自我、认识他人。“传统教学只是单纯地传授知识，而现代教学更要培养学生的能力，发展学生的情感，树立正确的价值观。因此，光靠教师的讲授是无法达到这样的目标的，只有引导学生自己去探究，自己去体悟。”①各种教育都需要领悟，社会教育尤其如此。青少年社会教育的素材是分散的、多样的、碎片化的，许多情况下没有明确的价值判断和标准答案，也没有教师的讲解和指导，这都不同于学校教育。在没有特定答案和教师讲解的情况下，青少年需要仔细甄别、认真领悟。同样的社会教育素材，不同的青少年个体会获得不完全一致的教育效果，关键在于其领悟力不一样。

第二节　青少年社会教育的讲授方式

一、专门培训

各种形态的教育都离不开讲授。在青少年社会教育中，培训就是一种讲授方式。在学校和家庭外，社会机构和社会组织为青少年举办各种专门知识和专业技能的培训。这些社会培训多数是普通的文化知识培训，也有职业资格证书、技能等级证书、技能鉴定证书等专业技术的培训。青少年培训教育机构中，有的由政府部门设立，也有的由企事业单位设立，很多是由社会力量、民间机构举办的。目前，青少年社会培训在大中城市普遍存在，许多青少年学生参加各种各样辅导培训，社会培

① 顾明远：《教育方式的一场变革》，《人民教育》2012 年 Z2 期。

训成为一些城市青少年学生的日常学习方式。这些数以万计的非学历培训机构构成了青少年社会教育的重要力量。

青少年宫是青少年社会培训的专门阵地。青少年宫普遍把培训作为基本的教育方式，开展文艺、体育、科普等多方面的培训活动。一些较大规模少年宫的培训活动供不应求，报名时人山人海，蔚为壮观。《南方日报》2006 年曾对广州市少年宫培训报名的中签率进行报道，总体平均中签率为 34%。其中，钢琴班的中签率为 0.85%，意味着 100 多个希望学钢琴的孩子中才有一人可以梦想成真。而从单个培训班看，美术小班最受欢迎，其中有一个美术小班只能提供 40 个席位，却引来 597 个孩子“争夺”，为本次招生最难入读的培训班。为此，记者发出“读少年宫艺术班难过上大学”的感叹。①2014 年 1 月 18 日，北京市少年宫搬入新址后首日招生。近万名家长带着孩子拥入，这让新少年宫有点吃不消，大门口的电动门一度被挤坏。头天晚上就有家长裹着毯子来通宵排队，早上 6 点时，大门口已排了六七百人。上午 10 点，少年宫外道路两旁，已停满了来为孩子报名的车。在少年宫新址院内，通往少年宫主体建筑的路被拉上警戒线，大楼入口前的长长队伍，拐了四道弯，一直绵延到院子的东侧。大厅里，家长们把咨询台围得水泄不通，答疑的工作人员应接不暇。截至当日下午 4 点，5 700 余个学位全部报满，很多没给孩子报上名的家长失望而归。②可见，青少年宫的优质培训具有多么大的吸引力。

除青少年宫外，社会上存在大量的针对青少年学生的学科培训和特长培训。我国社会培训市场出现于 20 世纪 80 年代，当时是为了适应青少年出国学习，开展一些外语培训和辅导。后来随着中小学的分层录

---

① 谢苗枫等：《读少年宫艺术班难过上大学》，《南方日报》2006 年 7 月 6 日。
② 《挤进新少年宫》，《新京报》2014 年 1 月 19 日。

取和中高考的加分，青少年学生为了获得更高的考试分数和特长加分而参加艺术、体育等培训。在教育行政部门的减负政策出台后，学校的课外补课行为受到限制，这导致青少年学生大量参加社会教育机构举办的各种学科培训班。应该说，青少年学生参加社会培训存在客观必然性。因为，每一个学生有着不尽相同的教育需求，希望受到不完全相同的教育，但是中小学提供的是标准化的、统一的和基础的教育产品，不能完全满足每个学生的个性化发展需要，因此，有的学生必然通过参加社会培训的途径来购买学校没有提供的教育服务，希望学习更深入的知识或是发展自身的特长。

除了考试的培训，还有职业培训。民间的拜师学艺是青少年社会教育的讲授方式。“学徒教育是与社会生活、生产密切联系的一种教育形式，是在生产劳动和经营活动中、通过生产劳动与经营活动和为了生产劳动与经营活动，在父与子或师傅与徒弟之间实施的教育形式，集培养、使用与资历于一身，在人类社会发展过程中扮演重要角色。其历史之悠久、范围之广泛不亚于学校教育，在某种意义上说，学徒教育是人类教育的原初形态。学徒教育在发展过程中，形成了相应的制度规范，即学徒制。学徒制形成后，使学徒教育目的更为明确，并有了相应的规范加以约束和制度加以保障。学徒教育构成社会教育的重要内容。”①2009年英国成立“国家学徒制服务中心”，政府为学徒培训岗位提供帮助。2005—2012年，英国学徒培训人员逐年增加，从17.5万人增加到40万人。②此外，用人单位一般会为新入职的青年职工提供上岗培训。这种岗前培训包括单位情况介绍、工作内容、工作标准、纪律要求，有

---

① 李忠、王筱宁：《社会教育在底层民众实现社会流动中扮演的角色——以清末民国时期的学徒教育为例》，《南京社会科学》2008年第4期。

② 郑也夫著：《吾国教育病理》，中信出版社2013年版，第69页。

的还包括业务知识。在许多单位，刚毕业的青年学生只有经过岗前培训，才能正式上岗。

二、专项讲解

除了培训，讲解也是青少年社会教育中常见的讲授方式。如果说培训一般在教室内，青少年在座位上听讲，属于静态的讲授，那么讲解既可在室内，也可在室外，青少年在移动中听讲，属于动态的讲授。

讲解的实施主体是展览馆、博物馆、图书馆、纪念馆、景区等社会教育机构。各种场馆不仅要有丰富的陈列品，各个景区不仅要有美好的景观，还要有生动的讲解，才能充分发挥青少年社会教育的作用。作为青少年观众与各种实物之间的联通渠道，讲解既能够传播信息、传授知识，还能够交流情感，因此发挥着重要的社会教育作用。为发挥讲解的社会教育作用，讲解人员不但需要熟悉与陈列品有关的专业知识，还要讲求语言艺术，对陈列品进行生动形象的介绍，这样才能增强对青少年的吸引力，起到对青少年进行宣传教育的效果。由于青少年一般缺乏专门知识，因此，场馆的讲解要浅显易懂，配以图像，利用声光设备，还可采用问答方式进行互动。

近年来，青少年广泛参加各地红色旅游，这特别需要进行专项的讲解，因为红色旅游景区不仅具有一般景区游览观光、消遣娱乐的共同点，还具有养成思想意识、传播红色文化的独特性。红色旅游的讲解“要提炼、规范和升华红色文化内涵，用真实感人的历史事件和经典故事吸引青少年学生，以说古论今的方法启发他们，突出这种革命精神和革命传统的现实意义，真正发挥红色旅游的教育功能”①。讲解只有突

① 刘红梅、张海燕：《红色旅游中的导游讲解与红色文化传承》，《井冈山大学学报（社会科学版）》2013 年第 4 期。

出思想性、具有知识性，才能教育青少年；只有讲究艺术性、增强趣味性，才能吸引青少年。红色旅游景区通过讲解，可以对青少年进行爱国主义和革命传统教育，引导青少年学习革命先烈坚定信仰、不畏艰险的崇高追求。在红色旅游中，专项讲解的过程是一个对青少年进行思想引导、知识教育的过程。

三、主题报告

主题报告针对特定的人和事进行演说，是一种面对面的宣讲活动，也是一种近距离的交流活动，可以使青少年获得信息，启发思想，产生共鸣，因此属于一种青少年社会教育的方式。

主题报告很多是政治报告。在社会重大事件、重要纪念日时，政治人物往往发表演讲，阐述自己的政治主张，这会影响青少年的价值判断和政治思想，对青少年具有较大的教育作用。在战争时期，政治人物的演说慷慨激昂，鼓舞斗志，能够激发许多青年参加战争。竞选演讲属于政治报告的一种，包含一些竞选人对政治活动、经济贸易、社会事务和现实生活的理解和主张，既有思想性，又有鼓动性，还有表演性。青少年可以从竞选演讲中了解现实，开阔视野，也可学到演讲的技能、演说的技巧。

工作报告多见于机关、企事业单位，是各单位进行教育引导的常用方式，对于青年职工具有很强的感染力和说服力。报告人一般是专家学者和领导。专家学者做的是学术报告，就某个专业问题进行讲解。科教单位经常请外单位的专家来做学术报告。学术报告能够帮助青年职工开阔眼界，增长见识，了解科学知识，学习专业知识。领导报告也是常见的，一般是就单位的某件事情、某项工作进行动员、布置或总结。领导报告具有很强的工作导向，包含工作理念、工作规范和工作标准，对于刚参加工作的青年职工尽快了解单位情况、适应新的工作很有帮助，可以帮助他们学会很多学校教育中没有涉及的实用观念、知识和技能。有的青年职工没能认识到领导报告的教育意义，不注意听讲，不懂得讲的含义，这不利于自身工作开展和职业发展。单位负责人传达上级单位的会议和文件精神，以及上级领导人的讲话和批示，是机关事业单位常见的教育形式。单位负责人的讲话有利于刚入职或工作经验不足的青年职工了解本行业、本单位的工作理念和特定规范。青年职工要善于从单位负责人的讲话中学习知识，增长才干，增强工作的适应力。

第三节　青少年社会教育的传播方式

一、宣传式教育

青少年思想意识的形成是一个复杂的过程，受到社会宣传的影响。执政党和政府为了巩固执政地位、推进社会管理，会不断地宣传自己的思想观念和政治主张，试图引导人们认同、支持这些思想和主张。任何社会都存在各种形式的思想宣传，这些宣传会对青少年的思想意识、价值观念产生各种影响，因而成为青少年社会教育的一种方式。青少年处在思想意识未定型的时期，在很多事情上会看成年人怎么说、如何做，并模仿成年人的言行。某一种行为如果得到社会的肯定和鼓励，受到人们的好评和称赞，就可能成为青少年的效仿对象。思想宣传是一种对青少年的社会教导，社会机构和个人都参与这种社会教导，对青少年施加思想意识的影响。

思想宣传通常在大众传媒上进行。执政党和政府重视运用媒体宣传政治思想和政治主张，对人们进行思想意识的引导。青少年缺乏社会知识和社会经验，比成年人更容易受到媒体宣传的影响。电视、网络和报纸如果持续宣传某种思想，时间久了就会强化青少年的相同理念，或改变青少年的不同理念。在青少年思想意识形成的过程中，媒体宣传有时比家长所说、教师所讲的作用更大。

对于职业青年来说，各种思想教育活动是常见的社会教育方式。例如，党的群众路线教育实践活动、“三严三实”（即严以修身、严以用权、严以律己，谋事要实、创业要实、做人要实）专题教育和“两学一做”（学党章党规、学系列讲话，做合格党员）学习教育，覆盖了机关、企事业单位的青年党员。这些教育活动对于青年党员的思想意识、价值观念和工作作风都产生了广泛的教育影响。

在当今信息时代，各种思想意识相互激荡，青少年的思想意识受到多元价值观念的影响，这需要我们更加重视思想宣传方式的创新。对青少年的思想宣传，如果不注意方式方法，而是一味灌输，板着面孔，居高临下，就可能引起青少年的逆反心理，不能取得良好的教育效果。高明的思想宣传是潜移默化，润物无声，通过完善体制机制，用制度文化引导青少年的思想道德，用鲜活事实培育青少年的价值观念。

二、新闻式教育

新闻是人们不知道、想知道的信息，通常会影响青少年的认知和思想。因此，新闻报道属于青少年社会教育的一种方式。

新闻报道首先具有思想性。电视、网络、报纸、广播进行社会各领域的新闻报道，不断向人们提供即时的资讯。这些报道看似客观、中立，其实各媒体的挑选和编排的背后是媒体人的政治倾向、思想意识和工作理念。这种导向、思想和理念，透过具体的新闻报道，会对青少年的思想观念产生某种影响。媒体报道这件事情，不报道那件事情；这样报道这件事情，那样报道那件事情，这有新闻效应的考量，但更有价值观念的因素。每个新闻报道都在提倡一些思想和做法，反对另一些思想和做法，这对青少年的思想意识和价值观念会产生影响。新闻报道还经常伴随新闻评论，直接对青少年进行时事教育。新闻报道能够提高青少年的思想认识，培养青少年的价值观念，引导青少年树立和践行核心价值观，因此具有鲜明的思想道德教育作用。新闻报道在我国属于宣传工作。邓小平曾说："要使我们党的报刊成为全国安定团结的思想上的中心。报刊、广播、电视都要把促进安定团结，提供青年的社会主义觉悟，作为自己的一项经常性的、基本的任务。"①在新闻报道中，无论是正面的新闻事实传播、新人新事推介，还是反面的不良现象揭露、违法事件曝光，都会对青少年的思想道德产生影响。当然，新闻报道不是政府的文件，也不是学校的教科书，在青少年思想引导方面不具有强制性，而是自发地发生作用。

新闻报道除了思想性，还有知识性。传播信息和知识是新闻报道的基本内容。青少年从媒体的新闻报道中可以了解新的信息，开阔眼界，增长见识，学到学校书本上没有的社会知识。媒体不仅传播新闻，有时还分析新闻、解读新闻，提供新闻背景，对新闻做深度报道，这有利于引导青少年学会如何分析问题。中央电视台有"焦点访谈""新闻调查""世界周刊"等深度报道栏目，对青少年具有很好的教育意义。

三、展览式教育

物品展览教育是指社会机构、社会组织或个人陈列某些有意义、有价值的物品，供青少年观赏，引导青少年获得新的认知、产生新的情感。物品展览可以有语言文字，但主要载体是物品，以物品为媒介与青

---

①《邓小平文选》（第二卷），人民出版社1994年版，第255页。

少年进行信息交流。

青少年经常有组织或自发地去各种场馆观看展览。博物馆、科技馆、美术馆、档案馆、纪念馆等许多场所都有陈列品展览，这些展览介绍科学知识、传播思想文化，因此具有教育功能，成为青少年社会教育的好方式。例如，纪念馆陈列着重大历史事件或重要历史人物的实物、图片、雕塑等，以供青少年参观学习。某个博物馆既可以在馆内设立专门的展览厅，陈列本馆保存的历史文物，也可以在馆外举办各种类型的文物展览，增加观看人数，使得更多的青少年受到历史知识的教育。

除了场馆举办的展览，其他社会机构、社会组织也举办各种主题展览。例如，中华人民共和国成立60周年建设成就展可以引导青少年了解国家的发展进程、现实成就和光明前景，因此具有宣传教育功能。另外，还有模范人物展览。为弘扬雷锋精神，推进学雷锋活动常态化，首都精神文明建设委员会2013年3月在中华世纪坛举办“永远的雷锋”大型主题展览。展览既展出了雷锋同志生平事迹及典藏实物，又展出了2013年初从全市评选出的660个（名）“身边雷锋”集体和个人的事迹。展览突出了“永远的雷锋”这个主题，用“当代雷锋”诠释了雷锋精神的传承。①许多青少年观看了展览，加深了对雷锋精神的理解，受到了一次生动的思想教育。

观看展览突破了学校教育的区域限制，拓宽了青少年修养道德、学习知识的渠道，是对青少年进行社会教育的有效途径。观看展览具有选择性，可以使青少年在自由参加、自主观看的轻松气氛中学习知识。展览对知识的传播，不是依靠抽象概念和枯燥讲解，而是以实物展示为基础，综合运用文字、图片、影像、解说等多种方法进行。展览教育生动

① 首都文明办宣教处：《“永远的雷锋”大型主题展览引起社会强烈反响》，《精神文明导刊》2013年第5期。

形象，可以激发青少年的学习兴趣，提高青少年的学习效率。展览浓缩了丰富的知识，使得青少年可以在较短的时间内学到更多的知识。

第四节　青少年社会教育的实践方式

一、社会参与

社会参与是指青少年参与社会活动，在活动参与中受到教育。社会参与是家庭教育和学校教育缺乏的教育方式，是青少年社会教育的特色。社会教育开辟了青少年参与社会、融入社会的机会和渠道，推动社会形成吸纳青少年参与的制度和环境。

青少年社会参与包括政治参与、经济参与、文化参与等多种形式。在政治参与方面，青少年可以依法在公共场所中、新闻媒体上发表政治意见，表达自己的政治诉求；可以参加各种投票，通过投票参与政治活动，表达政治意愿；可以加入青少年组织和政治组织，如共青团组织、少先队组织、各种党派，通过加入某种组织的方式参与政治。在经济参与方面，青年在校期间可以进行勤工助学，获得经济报酬，积累工作经验；在工作单位可以进行职业活动，参与农业、工业、服务业等各行各业的经济活动，还可以进行创业，建立新的经济实体，提供新的就业岗位。在文化参与方面，青少年可以吸纳优秀传统文化，借鉴外来先进文化，学习社会主流文化，也可以创造时尚文化和流行文化，传播自己的文化观念，展示自己的文化产品。

从社会教育的角度看，社会参与有助于青少年了解社会、认知社会，增强对社会规范和运作方式的认识，实现自身知识和技能的发展。青少年在社会参与中了解社会生活，学习社会规范，增强生活本领，可以更有效地学习和掌握融入社会的知识和能力。在社会参与前，青少年通常会得到某些培训，这为青少年提供了为什么要参与、如何参与的知识，能够提高青少年的整体素质。青少年在社会参与中直接接触现实问题，既可以验证书本知识，又可以学会运用书本知识解决实际问题。“青年参与不仅为青年的成长与学习提供机会，它还能真正为他们生活的社会的发展发挥作用。国家如保证年轻人有机会为社会的发展贡献他们的思想、观点和专业知识，就能从中获益。因此联合国大会及近日的联合国世界会议都进一步强调并阐述青年参与在社区发展以及整个社会中的价值。”①

共青团是青少年社会参与的重要组织力量。着眼于青少年政治参与，共青团组织对青少年进行社会主义核心价值观的教育，引导青少年加深对中国特色社会主义政治发展道路的认识；帮助青少年增强民主意识、法治意识、公民意识和国家安全观念；引导青年积极有序地参与民主选举、民主决策、民主管理、民主监督等民主实践。着眼于青年经济参与，共青团组织帮助青年职工立足本职岗位，提高职业技能，争做岗位能手；培育有文化、懂技术、会经营的青年农民，培育农村青年专业合作组织；鼓励青年科技工作者自主创新，并把创新成果转化为现实生产力；鼓励和支持青年创业，为青年企业家参与区域经济合作牵线搭桥；引导青年积极参与保护生态环境的实践，为建设资源节约型、环境友好型社会做贡献。着眼于青少年文化参与，共青团组织深入开展青年文明号活动、“大中学生三下乡”活动、“少先队员手拉手”活动等；开展青年文化节、青年风采展示等富有时代气息、符合青年特点的文化活动；推进青少年网络建设，引导青少年文明上网，发展健康向上的网络

① 《联合国青年股主任威廉·D. 安吉尔在中国联合国青年主题会议上的讲话》，《青年研究》2000 年第 2 期。

文化。着眼于青少年社会参与，共青团组织参与社会管理和公共服务，配合政府部门做好青年社团、青年流动人口的管理和服务工作，参与社会矛盾调解处理和社会治安综合治理；动员广大青年开展扶贫济困、敬老助残、赛会服务等公益活动。

二、社会服务

社会服务是指青少年在服务群众、参与公共事务中受到教育。这是社会教育有别于学校教育和家庭教育的教育方式。参加社会服务能够对青少年产生良好的教育影响。社会服务促进青少年思考自身的社会角色，了解社会规范，这有利于青少年的社会化。社会服务如同职业工作一样，可以使青少年学到专业知识和职业技能。社会服务没有报酬或只有很少的报酬，这有利于培养青少年的利他意识和社会责任感。

志愿服务是青少年社会服务的常见形式。截至 2017 年 3 月，全国有注册青年志愿者五千多万名。青年志愿者活动为广大青年参与社会服务提供了良好的机会，也是对青年进行社会教育的有效途径。2008 年大批大学生参与了北京奥运会服务。大学生志愿者在北京奥运会的参与和体验中，接受了深刻的爱国主义和民族精神教育，接触了世界先进文化和思想，分享了奥林匹克精神和理念，这有利于培养具有国际视野的爱国人才。奥运会服务活动是把大学生思想政治教育放到社会实践中去检验、补充和丰富，让青年学生主动接受社会教育和自我教育，这锻炼了知行合一、学以致用的知识人。奥运会服务活动引导大学生弘扬奉献、友爱、合作、互助的志愿者精神，做奉献友爱、合作互助的社会人，成为推动社会和谐与文明进步的生力军。奥运会服务活动探索了承诺和履行的教育模式，强化了道德自律，升华了负责守信的德行，这有利于培养大学生成为自律诚信、坚定负责的现代人。①据广州市穗港澳青少年研究所2016年的调查，青年志愿者参与志愿服务的动机可分为“累积经验型”“价值意义型”“提升自尊型”“帮助就业型”“社交网络型”“逃避现实性”六类。青年志愿者既延续了传统的利他动机，又更加注重在帮助他人的过程中发挥自身潜力的作用。

社区服务是社会服务的另一种形式。青少年在放学后或假期，参与所在社区的清洁卫生、环境整治、秩序维护和帮助困难居民和老年居民的活动。美国政府推动青少年参加社区服务，一些学校要求学生参加社区服务。1993年美国总统签署的《国家与社区服务法案》包括鼓励青少年服务社区的内容：“凡是做义工超过4 000小时的青少年，美国政府每年将给予4 735美元的奖学金。”纽约大学社会工作学院将社区服务列为必修课，并规定学生一年至少需要有600个小时的社会服务记录才能申请毕业。②我国可以借鉴这种做法，把青少年学生的社区服务纳入学校基础教育范畴，与青少年学生的学业成绩、评先评优相挂钩。

美国从20世纪80年代开始大力推行“服务学习”，通过学校与社会的合作，把社会服务与自身学习相结合，这使得青少年学生在服务社会的过程中学习知识，提高能力，增强社会责任感，发展利他行为。根据1999年美国教育统计中心的数字，64%的公立学校和83%的公立高中组织学生进行社会服务活动。大约三分之一的学校和二分之一的公立高中提供服务学习计划。服务学习的着眼点不仅试图通过为社会提供服务来促进学生知识的学习，还希望能够培养学生的公民意识、社会责任感、奉献和合作精神。有调查显示，在参加服务学习的青年学生中，分别有91%、74%和94%的学生认为服务学习“使学习变得更有

---

① 唐景莉：《让学生主动接受社会教育》，《中国教育报》2008年9月6日。

② 苏振芳主编：《人口老龄化与养老模式》，社会科学文献出版社2014年版，第251页。

趣”，“帮助我理解怎样把功课学得更好”，“发展了我的创造性并学会独立思考”；94％参加服务学习的学生认为，服务学习“教会了我怎样与同伴和教师相处得更好及怎样在一个集体中工作得更好”，“帮助我了解了社会及怎样使它变得更好”；91％参与服务学习的学生认为，服务学习使我更加自信并自我感觉良好；88％的学生认为，服务学习“教会了我有兴趣地工作或使我对工作机会有了了解”。①这种服务学习拓宽了青年学生的实践路径，有利于增强青年学生的实践能力。

三、社会体验

社会体验是指青少年通过亲身经历，体察事物，获得经验。社会体验作为青少年亲自经历的一种心理活动，是亲历性的社会教育活动，对青少年情感、态度和价值观具有较大的影响。

体验学习的教育思想源于杜威的“经验学习”。他提出了“生活即教育”“在做中学”的教育思想。他认为，知识就是经验，而经验就是人与自己所创造的环境的“交涉”，儿童要学习知识并获得“经验”，就必须与社会和自然有所接触，也就是要去行动、去活动。把体验作为一种学习方式来开发的是当代户外拓展运动的奠基人库尔特·哈恩。他曾思考农场里的农民从来没有上过课，却把田种得很好；工厂里的手工艺者也没上过课，但他们很快学会了手工艺，而且很牢固。他想来想去明白了：他们不是没有学习，而是在做中学。他认为学校教育早已不能完全提供学生平衡成长的机会与空间，他研究了一套用于弥补学校教育缺失的教育方式，通过提供学生亲身体验挑战、突破和冒险的成长经验来提高学生的体能。美国社会心理学家大卫·库伯在《体验学习：

---

① 赵希斌、邹泓：《美国服务学习实践及研究综述》，《比较教育研究》2001年第8期。

体验——学习发展的源泉》一书中对体验学习理论进行了全面的阐述。该理论认为，体验学习是由具体体验、反思内省、归纳及应用并再回到具体体验所形成的“体验学习圈”组成，如此循环，形成一个连贯的学习经历。学习者自动地完成着反馈与调整，经历一个学习过程，在体验中获得认知。“体验学习是指人们在实践活动过程中，通过反复观察、实践、练习，认识到某些知识、掌握某些技能、养成某些习惯，乃至形成某些情感、态度、观念的过程。”①

社会体验尊重青少年的主体地位，满足青少年主体性发展的需要，在青少年社会教育中具有重要的教育价值。全国少先队工作委员会在21世纪初曾开展“新世纪我能行”体验教育活动，引导少年儿童在社会生活和自然界中进行体验。当时涌现出“当一天小营业员”“小小售票员”“打工一日”“红领巾小导游”“绿色小天使”等丰富多彩的体验活动。青少年宫等社会教育机构开展了折纸、编织、陶艺、泥塑、天文观测、无线电测向、航空航海模型等多种形式的社会体验活动。杭州市青少年活动中心有一个名叫“DO都城”的少儿社会体验馆。它以职业体验为基础的社会体验活动，为青少年提供消防、拔牙、邮寄等多种岗位的职业体验，创设模拟法庭等逼真的模拟社会情境，让青少年与陌生伙伴共同经历应聘招募、依法纳税、理财消费、灭火救灾等生活体验。这些社会体验引导青少年了解丰富多彩的劳动世界，认识多种工作环境和职业，激发对职业、对社会的积极情感，丰富职业情感体验和职业要求认知。另外，有的食品企业为少年儿童建立厨艺体验馆，让少年儿童在近似游戏的过程中模拟成人生活的片段，包括穿上专业的“厨师服”，听专业人员讲解食材的营养、厨具的使用、调味的方法等生活小

---

① 宋亦芳：《体验学习视域下的社区教育方式研究》，《当代继续教育》2014年第4期。

常识，亲手对菜肴进行搭配调味等。这些社会体验锻炼了青少年动手动脑的能力，培养了青少年细致耐劳的品质，发展了青少年的创新思维。一些大中学生利用假期，到企事业单位从事某一岗位的具体工作，进行工作体验。作为社会体验的学习者，青少年是学习主体；作为社会体验的参与者，青少年是活动主体。青少年在社会体验中不是事情的旁观者，而是事情的参与者。青少年根据原有知识经验，对社会事物进行体验，可以获得新的感悟，生成新的知识，积累新的经验。青少年社会教育机构组织青少年进行社会体验，通过扮演不同的社会角色，进入特定的事件与情境，激发青少年学习的积极性和创造性，能够使青少年在思想上有所收获，情感上有所升华，认识上有所提高。

第五节　青少年社会教育的启示方式

一、社会观察

社会观察是指青少年在社会生活中观察他人的行为方式，并在类似情境下学习对他人产生有利结果的行为方式，规避对他人产生不利后果的行为方式。2009 年 4 月 9 日，共青团全国宣传工作会议提出："青年政治态度、价值观念、行为方式的形成，更多源于自身对社会的观察，源于通过社会观察而逐步形成的认识。在传媒时代，青年接受的社会信息广泛而复杂，社会观察在青年认识社会中所起的作用更为突出。"①根据共青团中央 2009 年的调查，有 31.3%的青年把"自己对社

① 共青团中央编：《中国共青团年鉴（2009）》，中国青年出版社 2010 年版，第 82 页。

会的观察”当作成长过程中形成认识和看法的主要来源，远高于各类“青春偶像”的示范。①有的社会行为的获得是“以个人为主轴，即个人向社会学得社会行为，经由学习而获得社会行为”，“社会行为的获得是教与学并重”。②社会观察是青少年学习的重要方式，也是青少年社会教育的重要方式。从学习的角度看，青少年通过社会观察从他人那里获取行为的信息，做出学习和避免的选择；从教育的角度看，社会为青少年的社会观察提供各种具有教育意义的素材，引导青少年在不同情境下做出不同的行为选择。在社会教育中，可供青少年进行社会观察的教育素材是多种多样、十分丰富的。

青少年通常采用以下几种方式进行社会观察。

一是通过周围人进行社会观察。青少年周围有各种社会关系、各个领域、各种年龄的人。青少年在观察这些人的过程中，可以看到别人为人处世、说话办事的方式，通过借鉴和吸收，就可以获得有益的教育启示。青少年在日常生活中经常观察家人、亲戚、教师、同学、朋友和其他所接触人群的言行。这些周围人的人生观、价值观和思维方式会通过其言论和行为表现出来，形成社会教育的元素，影响青少年的社会性发展。在家庭和学校外，青少年在社会生活中，通过一起学、一起玩、一起行，结识新的同伴，形成熟人圈、朋友圈，在交往中相互产生影响。

二是通过大众媒体进行社会观察。电视、网络、广播、报纸、杂志等大众传媒，每天不断地对各种社会现象、社会事件和社会问题进行报道。青少年从这些媒体的传播中不断进行社会观察，形成对社会现状的基本认识，并对自己的社会角色进行定位和矫正。随着互联网的发展和

① 共青团中央编:《中国共青团年鉴（2009）》，中国青年出版社 2010 年版，第 87 页。
② 詹栋梁著:《教育社会学》，五南图书出版股份有限公司 2003 年版，第 21 页。

青少年网民的增多，网络日益成为青少年社会教育的重要平台。新媒体是青少年沟通联络、获取信息、学习知识的重要途径，已经成为他们进行社会观察的主要渠道。青少年通过这种社会观察，可以形成或改变自己对社会、对事物、对人生的理解和认识。

三是通过各种展馆进行社会观察。图书馆、博物馆、纪念馆、展览馆等是青少年社会教育的载体和阵地。这些展馆以文字、图片、影像等多媒体形式，把知识和时事、历史和现实，生动、直观地展示在青少年面前，促进他们学习，引发他们思考。青少年参观各类展馆，可以学到书本中、课堂上没有看过和听过的很多知识，增进对社会和历史的了解，开阔新的知识视野，获得新的教育启示。

青少年思想意识和价值观念的形成，越来越受到社会观察的影响。社会实践和社会观察是青少年接受社会教育的重要方式。青少年大多处于上学阶段或就业时间不长，受条件、机会、时间等因素限制，对于社会实践的参与是不足的。在当今信息时代，青少年已经不再局限于通过实践来认识社会，网络和新媒体已经成为青少年获取信息、沟通联络、娱乐休闲的重要途径，已经成为他们进行社会观察的主要渠道。他们主动或被动地从网络、媒体形成的社会观察、个人感受，同样可以改变很多对社会对人生的认识。的确，社会观察使青少年获得新的人生认识，改变原有的人生经验。在社会观察中，青少年会模仿自己认可的言论和行为。青少年的许多行为是模仿得来的。青少年追星是典型的模仿，流行文化是青少年特殊的群体文化。现在网络语言常常为青少年所模仿。

社会观察是明显不同于学校教育的社会教育方式。青少年在广泛的社会生活中，进行比学校教育更为多样和丰富的社会观察。而且，社会观察是一种自我教育方式，不是被动告知，而是主动感知，没有教师的告诉，只有自己的观看和思考。

二、人际交流

人际交流是人的日常生活的重要内容，也是青少年社会教育的经常方式。人对自身的认识，在很大程度上是从他人的评价来看。人们或多或少都会受到他人看法的影响。青少年社会阅历少，更容易受到人际交流的影响。青少年的人际交流，既包括与具有相同地位的同学、同事、朋友的交流，也包括与不同地位的长辈、上级、专家之间的交流。无论是何种交流，青少年都可以在交流中获得新的信息和知识，受到新的教育启示。除了信息和知识的交流，还有意见和观点的交流。青少年可以从他人对某人或某事的认识、看法和主张中，获得新的思维和知识。

同伴是年龄相近，生活经历、社会身份、生活状况相似的人群。同伴教育是指具有相同学习和工作经历，或具有共同利益的人在一起分享信息、交流思想、切磋技艺，以实现教育目标的一种教育方式。同伴之间的交流是青少年社会教育的经常形式。同伴交流包括同伴传播、同伴问询和同伴讨论。“青少年社会教育的一个不容忽视的重要形式是同辈群体之间交往过程中的互相教育和影响。青少年无论从年龄上或者心智上都处于不成熟的成长期，‘渴望长大’的青少年其独立意识、个体意识和成人意识都非常强，从内心深处希望摆脱成年人的羁绊与喋喋不休。特别是思维的独立性、批判性使青少年在接触社会文化和教育过程中，更容易采用逆向的方法，对来自成年人的传统思想教育内容从逆反的角度表现出更多的桀骜不驯和抵触情绪。相反，共同的生活经历和年龄特征，使青少年在同辈人群中能更多地寻找到共同语言，更容易触动他们敏感的神经。正是在这种同辈间的互相教育和影响过程中，青少年不断地积累着家庭和学校教育、课堂和书本上不能给予的社会经验和知识。青少年社会教育的这种同辈化特征，为青少年亚文化的培育提供着肥沃的土壤。一般说来，同辈教育是青少年获得生活经验和社会信息的主要来源，有利于促进青少年学习兴趣和爱好的发展，具有积极的作用。但也应看到，青少年社会教育的同辈化倾向具有浓郁的感情色彩，对个体的影响也具有自发性和盲目性。”①

在事物评价、社会看法和生活方式等方面，青少年受到的教育影响，更多的来自同伴，而不是父母和教师。在青少年的成长过程中，同龄伙伴是个人了解外界和社会的一个重要渠道。对于青少年成长来说，同伴教育具有独特的作用。青少年有同伴交流的内在需求，也喜欢与同伴进行交流。在同伴交流中，青少年可以自由地互通消息，平等地发表看法，友好地交换意见，没有与教师和家长交流时的拘谨、拘束和限制。青少年在知识、能力、兴趣爱好、对外界事物的感受和认识等方面有着较多的相同性，有着更多的共同语言，所以很容易在同伴那里获得身份的认同，寻找倾诉的对象。同伴交流对青少年成长具有特殊的作用，有益的同龄伙伴对于青少年认识社会，认识人生，认同社会规范和价值观念具有重要意义；有害的同龄团伙，会传播不良习气、传染不良行为，甚至催生违法犯罪行为。从未成年人犯罪的情况看，无论是侵财型犯罪还是暴力型犯罪，都具有明显的群体犯罪特征，这是同伴交流的负面影响。1939 年美国犯罪学家埃德温・萨瑟兰提出了解释犯罪的“不同交往理论”，认为犯罪行为是在与其他人交流的互动过程中学会的，一个人之所以犯罪是因为他所处的环境中赞同违法的观念压倒了赞同遵守法律的观念。“不同交往理论”虽然是犯罪个体理论，但是它

---

① 张岷：《共青团参与青少年社会教育的路径思考》，《中国青年政治学院学报》2011 年第 2 期。

具有社会教育上的意义，这就是人际交往会对青少年的观念和行为产生鼓励或禁止的作用。在青少年社会教育中，我们要重视同伴教育的功能，善于发挥同伴教育的积极作用。例如，建立和发展一些积极向上的青少年组织，凝聚一批青少年；倡导同伴互助，采取结对帮扶方式，促进青少年不良行为的转化。

当今网络成为青少年重要的社会交流工具，它改变了青少年与他人传统的交流方式，架设起青少年人际交往中的“立交桥”。网络通过网上论坛、在线聊天、个人博客等方式，为青少年网民提供人际交流方面的服务功能。青少年通过电子公告板可以在论坛中进行浏览、发帖、回帖，在网络聊天室里可以开展聊天，在博客中可以发表文字和图片，在微信中可以点赞、发表观点。2015 年 4 月以来共青团中央建立的“青年之声”互动社交平台，反映青年呼声、回应青年诉求、维护青年权益、服务青年成长。这些互动交流对青少年产生了较好的教育作用。截至 2016 年 10 月 19 日，“青年之声”已建成中央、省、市、县团组织四级终端 5 790 个，入驻平台用户达 711 万人，累计访问量超过 65 亿人次，问题留言总计超过 683 万条，共答复办理青年各类问题 362 万个。从 2016 年 10 月的情况看，“青年之声”平台上每天平均产生 5 万个问题，最多时达 10 万个，多数问题由青年们自己回答。“青年之声”各级平台，每天都在分享着这些正能量内容。

三、法治引导

法治是现代社会治理的基本手段，也是青少年社会教育的重要途径。法治引导成为青少年社会教育的方式，不仅因为法治意识是青少年思想意识的重要内容，还因为青少年从法治思想和法治实践中，可以获得对社会政治制度的认识、对社会生活的感受，得到有益的教育启示。

青少年思想意识的形成，需要进行宣传教育，但不能仅仅依靠宣传教育。从实践看，空洞的、过度的、简单的宣传教育，往往效果不佳，甚至适得其反。法律具有思想内涵，发挥着教育功能，在青少年思想意识的形成中可以取得润物细无声的独特效果。

在青少年思想意识的形成过程中进行法治引导，具有充分的法理依据。这种依据就是法律与道德的关系。对于法律的道德性，法学界存在许多深刻的阐述。美国法学家富勒把道德区分为“义务的道德”与“愿望的道德”，认为“愿望的道德是以人类所能达到的最高境界作为出发点”，“义务的道德则是从最低点出发”，确立了使社会有序运转的“基本规则”。[①]他说的“义务的道德”是指维护社会秩序必不可少的规则，这种道德与法律很类似。美国哲学家麦金太尔提出“规则的道德”概念，指的是“维持人类社会存在所不可或缺的最低限度的规范，是将道德扩展为普遍的规则并赋予强制力”[②]。这里说的“规则的道德”也与法律最为相近。美国法学家博登海默说：“那些被视为是社会交往的基本而必要的道德正当原则，在所有的社会中都被赋予了具有强大力量的强制性质。这些道德原则的约束力的增强，当然是通过将它们转化为法律原则而实现的。禁止杀人、强奸、抢劫和伤害人体，调整两性关系，制止在合意契约的缔结和履行过程中欺诈与失信等，都是将道德观念转化为法律规定的事例。”[③]这里列举了道德原则转化为法律规范的事例。的确，道德与法律共同调节社会关系，在理念上存在密切的契合性，在原则上存在许多共享范畴，在内容上存在一定的重合度，

---

① 〔美〕富勒著，郑戈译：《法律的道德性》，商务印书馆2005年版，第8页。

② 姜昱子：《德性与法律之间——中国传统优秀价值观的当代践行空间》，《学术交流》2013年第6期。

③ 〔美〕博登海默著，邓正来译：《法理学：法律哲学与法律方法》，中国政法大学出版社1999年版，第374页。

因此，道德体系中的基本道德部分，应该而且可以转化为法律，从而成为具有约束力和强制性的社会规范。在现代法治社会中，立法者常常把基本道德原则吸收为法律，使得这些道德原则转化为宪法、民法、刑法等的法律规范。另外，道德是法律的基础，只有那些合乎道德、具有深厚道德内涵的法律才能为人们自觉遵守。法律如果不与基本道德相符合，不能体现社会主流价值观，就难以得到有效执行。“在我国，社会主义道德是法律的源泉，是制定法律的重要依据，是评价法律善恶的重要标准。”“许多法律规定的内容，都体现了社会主义道德的内在要求，是社会主义道德法律化的积极成果。”①例如，《中华人民共和国宪法》第二十四条规定：“国家提倡爱祖国、爱人民、爱劳动、爱科学、爱社会主义的公德。”《中华人民共和国民法通则》第七条规定：“民事活动应当尊重社会公德。”《中华人民共和国公司法》第十四条规定：公司从事经营活动必须“遵守职业道德。”《中华人民共和国老年人权益保障法》第十八条规定：“与老年人分开居住的家庭成员，应当经常看望或者问候老年人。”《中华人民共和国道路交通安全法》第九十一条做出“饮酒后驾驶机动车”的处罚规定，对“酒后不驾车”这一原本的道德规范进行立法。从以上道德转化为法律的情况看，“法律的出现与发展弥补了道德在自我完善与普适性方面的缺陷。法律能够将道德中具有共同性的内容上升为法律，这是一个主体自觉遵守内心的道德律到自发遵守外在的普适性行动规范的过程。”②另外，法律对道德具有保障作用。法律通过强制地规范人的行为、惩罚违法行为来确保道德底线，促进道德建设。

---

① 李林：《法律与道德的三种基本关系》，《北京日报》2012 年 10 月 29 日。

② 姜昱子：《德性与法律之间——中国传统优秀价值观的当代践行空间》，《学术交流》2013 年第 6 期。

目前，我国青少年思想意识培育中存在的问题，具有复杂的经济和社会原因。我们不能单纯从观念的角度去分析思想意识，更不能用单一的说教手段去应对思想意识的培育。例如，“诚信”是一个核心价值观念，宣传教育固然能够起到一定作用，但从实际情况看，更有效的办法是采用法律手段，运用法治方式。对于不讲诚信的市场欺诈行为，与其费尽口舌进行宣传教育，还不如依法打击假冒伪劣产品。法治通过对权利和义务关系的规定，告诉人们哪些行为必须做，哪些行为不可以做，对违法行为进行惩罚，这有力地维护着社会的核心价值观。法治以国家强制力捍卫核心价值观的权威，也为青少年思想意识的培育提供了具体可行的方式。在当前多种思想观念影响青少年的情况下，只有采用法治方式，才能有效超越青少年个体现实的利益矛盾和实际的观念差异，引领广大青少年树立和践行社会主义核心价值观。

运用法治引导培育青少年的思想意识，主要路径是在依法治理中体现和实施核心价值观的内容。一是要制定能够体现公平、正义的良法。立法对青少年思想意识的培育具有引领作用。法律条文对鼓励什么、禁止什么、违法后果等做出了明确的规定，为人们的言行设置了标准和限制，因而能够约束青少年的言行，引领青少年的思想意识。要把核心价值观的范畴转化为法律规范，使法律体现价值观的理念和要求。要把核心价值观的内容转化为相应的法律权利和义务，使得核心价值观的各项要求体现到各个具体的法律之中。要对弘扬核心价值观的行为做出倡导性、鼓励性的规定，对违背核心价值观的行为做出限制性、惩罚性的规定，使得各个领域的法律都有利于青少年思想意识的培育。应该说，一部好的法律本身就是一部青少年思想意识培育的好教材。法律如果在基本理念、具体条文上体现了核心价值观的精神和内容，那么动员青少年学习法律、强制青少年遵守法律的过程，就是一个引导青少年树立和践行核心价值观的过程。二是要把核心价值观融入政府管理和社会治理的具体工作之中，形成畅通的诉求表达机制、有力的利益协调机制、切实的权益保障机制。党委政府制定关于经济和社会发展的各项政策措施，行业主管部门出台行业规范，社会组织提出工作规程，都应该遵循核心价值观的要求，形成有利于青少年弘扬核心价值观的政策导向和社会环境。要保证青少年参与司法的渠道畅通，使得青少年能够依法参与司法调解、司法听证、涉诉信访等司法活动，从具体案件中感受到执法的公正性和核心价值观的先进性。要保障青少年参与司法活动的权利，确保青少年在诉讼过程中能够行使知情权、陈述权、辩护权、申请权和申诉权，亲身体会到公正、平等的价值观理念。对于未成年人违法犯罪，要树立恢复性司法的理念，把“教育为主，惩罚为辅”原则贯穿于侦查阶段、审查起诉阶段、审判阶段、执行阶段等全过程，尽可能实施非刑罚、非监禁的处理，实现案件办理方式的和缓化和处理结果的轻缓化，使得青少年能够体验到文明、法治的核心价值观理念。三是要培育青少年的规则意识，使得青少年从遵守规则开始遵守法律、树立正确的思想意识。邓小平说：“制度好可以使坏人无法任意横行，制度不好可以使好人无法充分做好事，甚至会走向反面。”①这揭示了制度具有的道德功能和价值观建设的作用。这种功能和作用源于制度的强制性，人们必须按照制度规定的内容行事，否则将受到相应的惩治。因此，要建立健全与青少年学习、工作和生活相关的各项制度，通过制度规范青少年的行为，使核心价值观成为青少年遵循的基本价值准则。培育青少年的规则意识，重要的不是讲解规则，而是成人社会遵守规则，营造一个以遵守规则为荣、以破坏规则为耻的社会环境。学校

① 《邓小平文选》第2卷，人民出版社1994年版，第333页。

毕竟是有“围墙”的教育，在青少年规则意识培育方面作用很有限。如果不排队、闯红灯、制假售假等不讲规则的现象在社会生活中屡见不鲜，如果不少成年人在工作和生活中没有做人的底线和是非的界限，如果社会上流行违背法律、制度、道德的潜规则，那么学校的规则教育就是苍白无力的，青少年规则意识就不可能真正培育起来。①

① 张良驯：《运用法治方式培育青少年的核心价值观》，《北京交通大学学报（社会科学版）》2016 年第 4 期。

第六章　青少年社会教育的特性

第一节　青少年社会教育的一般特性

一、教育制度的开放性

教育制度是指一个国家或地区关于各种教育活动的制度性安排，主要包括教育机构、教育内容、教育方式、教育管理等方面。

在学术界，有人把教育分为制度化教育和非制度化教育，并把社会教育当作非制度化教育。这种说法是不完全符合青少年社会教育实际情况的，因为相对学校而言，青少年社会教育尽管制度化程度比较低，但是也应该有制度规定，可以说与学校教育、家庭教育并行不悖。学校教育制度非常集中、整齐，青少年社会教育制度相对分散、多样。然而，我们不能因为学校教育的高制度化，就一概否认青少年社会教育的制度性。事实上，我国关于青少年宫、科技馆等未成年人校外活动场所，做出了许多制度性的安排。例如，1995 年 6 月国家教委、共青团中央、文化部、国家体委、全国总工会、全国妇联、中国科协颁发了《少年儿童校外教育机构工作规程》，2000 年 6 月中共中央办公厅、国务院办公厅下发了《关于加强青少年学生活动场所建设和管理工作的通知》，2006 年 1 月中共中央办公厅、国务院办公厅印发了《关于进一步加强和改进未成年人校外活动场所建设和管理工作的意见》，2004 年 2 月中共中央、国务院颁发了《关于进一步加强和改进未成年人思想道德建设的若干意见》。这些党政部门的政策文件是我国青少年校外活动场所的教育政策，对青少年校外活动场所的教育性质、教育功能、教育内容、教育方式、管理机制等做出了明确的制度性安排。这些教育政策充分说明，我国青少年校外活动场所开展的社会教育是具有制度规定的，应该属于一种制度化教育。从教育发展的角度看，只有把青少年社会教育当作制度性教育，才能使得青少年社会教育进入国家和地区整体教育格局之中，得到政府部门的重视和支持，获得更多的教育资源，从而实现与学校教育同步发展。当然，青少年社会教育除了青少年宫教育等制度化教育，还存在人际交往教育、媒体宣传教育、自我教育等大量非制度化教育。对于这些非制度化教育，相关部门不能放任不管，应该分门别类，出台有针对性的具体政策，加强引导和管理。制度化教育与非制度化教育并存，而且制度化教育也具有足够的弹性，这使得青少年社会教育在教育制度上表现出开放性的特点。青少年社会教育把青少年教育同青少年的日常生活和休闲娱乐，以及青年的生产劳动结合起来，打破了学校教育那种封闭式的教育体系，具有极大的开放性。

青少年社会教育制度的开放性表现在以下几个方面。一是教育者的开放性。党政机关、司法部门、社会组织、社会机构在履行各自社会职能的过程中，社会个体在日常生活和职业活动中，都可以对青少年施加教育影响，成为青少年社会教育者。青少年社会教育具有远远多于学校教育和家庭教育的多样化教育主体。二是教育对象的开放性。青少年社会教育面向全体青少年，不像学校教育只是针对在校学生，家庭教育仅仅局限于自己的孩子。青少年社会教育的对象还包括没有上学的青少年和已经就业的青年。“马太效应”是世间冰冷的规则，在青年教育中也存在。现在县乡中学能上名牌大学的比例很低，有人感叹“寒门再难出贵子”。在社会教育中，青少年没有受到学校教育中升学资格的限制，也没有受到家庭教育中教育资源的限制。每个青少年都可以在社会教育场所进行学习，没有门槛，没有等级，不会因为出身、地区、学历、性别、文化程度等因素产生差别待遇，真正地实现了无差别的公平教育服务。社会教育为不同出身的青少年提供了更多的比较平等的学习成长机会。三是教育内容的开放性。学校教育的内容由教育部门做出规定，是比较确定、相对固定的，而社会教育的内容则是不确定、不固定的。凡是与青少年成长相关的观念、道德、知识、技能，都是青少年社会教育的内容。当然，青少年社会教育不能重复学校教育的应试课程，应该重点为青少年提供如何学会做人的教育内容。四是教育方式的开放性。社会教育的场所是无比广阔的，远远宽于学校教育和家庭教育。青少年社会教育与青少年的日常生活和校外活动融为一体，而青少年的日常生活和校外活动涉及政治、经济、文化、社会领域，因此，青少年社会教育领域众多、覆盖面宽。“关于社会教育是和家庭教育、学校教育并列的教育领域，这已经是共识。现代的社会教育不仅具有独立形式，而且日益渗入社会生活的方方面面，越来越表现出同社会的政治活动、生产劳动、社会生活、娱乐活动的密切结合，融为一体。社会教育领域越来越广阔，社会教育发挥作用的范围越来越广泛。”①青少年社会教育是在广泛的社会生活中开展的，不像家庭教育局限于家庭、学校教育局限于学校，而是面向各地区、各领域的青少年，显示出教育制度的开放性。青少年社会教育打破了学校教育那种相对封闭、自我循环的教育体系，与青少年日常的社会生活密切联系。五是教育管理的开放性。教育主体的多样性、教育内容的丰富性、教育方式的生活性，这使得青少年社会教育的管理非常复杂。制度化的青少年社会教育相对还好管理些，对于非制度化的青少年社会教育则难以管理。从根本上说，加强青少年社会教育的管理，有赖于政府建立健全青少年社会教育的

① 侯怀银、张宏波：《“社会教育”解读》，《教育学报》2007年第4期。

政策法规，也有赖于全社会强化青少年社会教育的理念，为青少年成长提供良好的社会环境。

教育制度的开放性拓宽了青少年社会教育的发展空间和青少年的成长空间。从青少年社会教育的发展空间看，社会各方面都可以参与青少年社会教育，任何一个社会成员通过自身的职业活动和社会生活，都可以对青少年产生某种教育影响。政府统计部门发布的年度教育投入，实际上统计的是学校教育投入，而青少年社会教育的投入是无法完全统计的，因为这种教育融入青少年的社会生活和社会实践之中。教育制度的开放性有利于吸纳更多的政府资源和更广泛的社会资源来参与青少年社会教育。青少年社会教育以政治生活、经济生活、文化生活为平台，比学校教育和家庭教育具有更丰富、更多样的教育元素。从青少年成长空间看，青少年社会教育是一种现实教育而不是历史教育和未来教育，是一种生活教育而不是书本教育和课堂教育，因此更具有针对性和实效性。在学校教育中，班级作为基本教育单元被封闭在较固定的教室里，青少年的人际关系主要是同班同学，上课时每名学生的座位也被相对固定在一定的空间内，青少年与学校外、教室外的空间相对隔离。与此不同，青少年社会教育把社会生活和社会实践作为课堂，突破了学校课堂教学的空间限制，扩大了青少年的学习空间和社会交往空间。

教育制度的开放性使得青少年社会教育比较复杂，不像学校教育那样单纯。在中小学教育中，无论是教材的选择，还是讲课的安排，都由教育行政部门和学校管理部门审查和把关，因此这种教育是经过筛选和过滤的教育。与此不完全相同，青少年社会教育具有多种途径、多样载体，导致青少年受到社会多元价值观的教育影响。在有的情况下，正面的教育影响与负面的教育影响相互渗透，这需要我们认真辨别，有针对性地进行引导。“青少年的社会教育并不像我们所预期的那样，按照有组织的社会教育系统施加的、有计划的教育方向发展。由于社会的复杂性和多变性，社会教育系统本身难以成为单一意识形态下的封闭体，加之青少年群体固有的生理和心理特征以及对未知事物、外部世界的好奇心和探究欲，他们在接收社会教育信息时容易出现自发与盲目。青少年社会教育本身没有过多的条件限制，能者为师，人人都可以成为施教者。凡是社会生活的生活经验和知识总结都能够成为教育的内容，良莠不齐、泥沙俱下在所难免。”①因此，政府部门要加强对青少年社会教育的管理，社会相关部门要加强对青少年社会教育的引导。

二、教育主体的多元性

青少年社会教育主体是对青少年施加了教育影响的社会机构、社会组织和个人。与家庭教育和学校教育单一的教育主体不同，青少年社会教育的主体是多样的，只要是对青少年施以教育影响的各种社会活动主体都是青少年社会教育的实施主体。政党组织、政府部门、社会团体、文化教育机构、新闻媒体、企业、个人，都可以成为青少年社会教育的主体。这些教育主体涉及社会活动的各个领域，对青少年持续施加各种教育影响。在现代社会，数不胜数的社会组织、社会团体、社会机构举办青少年社会教育，例如，政党举办青年干部培训班，政府组织青少年法治教育活动，共青团开展青少年社会实践活动，企业举办新入职的青年员工培训班，电视台面向青少年学生举办各种文化讲座等。

教育研究界关注师生关系，关注学生的主体作用。在学校教育中，

① 张岷：《共青团参与青少年社会教育的路径思考》，《中国青年政治学院学报》2011 年第 2 期。

教师的角色是靠知识的专业化、权力的等级化和制度的非人格化来维系的，因此，青少年的主体角色并不明显。中小学通行的是教师讲、学生听的教育方式，教师是主动地讲课，学生是被动地听课。在一些学校，教师公开地或不公开地依据考试分数把学生分成三六九等，较多关注少数考分高的学生，而忽视那些考分低的学生。而青少年社会教育主体不是靠教育组织的科层化来维系的，而是基于青少年学习的自觉和心理的认同。例如，青少年可以选择去青少年宫，也可以选择不去青少年宫，去与不去是由青少年及其家长决定的。青少年社会教育主体没有升学的压力，甚至不需要进行考试，因而能够关注所有学生，比较平等地施教于青少年。

教育主体的多样性客观上要求政府及其相关部门必须协调好各个主体之间的关系，加强对青少年社会教育的统筹安排。“社会教育是复杂多变的，需要统领，而社会教育的统领性是通过国家来实现的，政府及其相关的机关单位是社会教育的主要部门，在教育的方向、内容、原则等方面负有制定政策、监管评估等重要职责。共青团作为兼有行政职能的青少年社会团体，在青少年的社会教育中的统筹作用极其重要。”①有的媒体教育中存在过分宣扬物质享受、轻视精神追求的现象，这容易误导青少年崇拜金钱，贪图享乐。有的人在微信、微博上散布错误的价值观，这不利于青少年的健康成长。对于这些错误的社会教育，政府部门要切实负起责任，加强管理。目前，共青团组织、教育行政部门、妇联组织、科协组织都有下属的青少年校外活动场所，而且教育行政部门管理的少年宫在数量上远多于共青团组织管理的，因此，共青团组织作为群团组织，不要说在整个青少年社会教育中，即使在青少

① 陆士桢、蔡鲁南、徐选国：《论共青团在青少年社会教育中的统筹作用》，《中国青年政治学院学报》2013 年第 1 期。

年宫中，也不具有统筹作用。政府部门应该自觉担负起青少年社会教育的管理责任。

三、教育内容的丰富性

青少年社会教育作为一种开放性的教育制度，没有时间、地点、方式的限制，与日常生活、社会实践、休闲娱乐等联通，随时随地可以接受教育，因此，教育内容是十分宽泛、非常丰富的。青少年社会教育的内容既有政治观、道德观、价值观、法治观等思想教育，也有各种文化、科技知识的教育，还有生理心理、衣食住行等生活教育。在学校教育和家庭教育中学到的知识和技能，青少年可以通过社会教育加以检验和强化；而在学校教育和家庭教育中没有接触到的知识和技能，可以通过社会教育进行学习。与学校教育和家庭教育相比，青少年社会教育内容更加多样和广泛。丰富的社会教育知识为青少年的成长提供了丰厚的营养。青少年在社会教育中可以学到在学校和家庭中没有学过的知识和技能，经受在学校和家庭中不曾经历过的锻炼。近年来，大学生被骗的事件时有发生。很多青少年无论是在家庭还是在学校，都没有学过如何防止诈骗，结果有的青年上大学的学费被诈骗了，有的女大学生甚至被拐卖了。这从一个侧面说明，有必要加强青少年的社会教育。青少年从这些关于诈骗事件的媒体报道中，增强了防骗意识，提高了防骗能力，这是一种具有现实性的社会教育。

当然，青少年社会教育内容尽管包含青少年成长必需的知识、技能等，但重点在于促进青少年的社会性发展。20 世纪初我国留日学生创办的刊物《游学译编》提到社会教育内容是“处世、接物、立身、行事”，这个说法今天看来还是很有道理的。目前，我国家庭教育的内容有行为习惯的教育，但更多的是服务学校教育考试的课外培训。学校教育的内容说起来是综合素质的教育，但中学主要是以升学为导向的学科教育，包括语文、数学、外语和文科综合、理科综合。与家庭教育、学校教育不同，青少年社会教育的内容不再局限于学科知识和课外培训，而是包括服务青少年成长、就业、生活的社会知识和技能。“社会是一个人实现社会化的重要途径，与学校主要传授知识、家庭影响人的行为习惯、心理状态相比，社会对人的影响是全方位的，尤其在政治观念、政治行为、政治知识，特别是社会知识、社会价值等方面的影响一般超过学校（单位）和家庭。”①如果说家庭教育缺乏青少年社会性发展的内容，学校教育以间接经验方式对青少年学生的社会性发展产生影响，那么社会教育则是直接培养青少年的社会性，提升青少年适应社会发展、处理人际关系、进行社会生活的实际能力。

青少年社会教育内容的丰富性，源于教育制度的开放性。教育制度的开放性使得青少年社会教育内容多种多样。这需要我们认真研究青少年社会教育内容，更加准确地把握这些内容。否则，就会大而无形，难以落到实处。有人简单套用学校教育的提法，把社会教育内容说成是社会德育、社会智育、社会体育，这是不够的，因为没有看到社会教育内容的独特性。社会教育内容的丰富性不是简单体现在包罗万象上，而是要进一步分门别类，尤其是要明确青少年成长中哪些教育内容为学校和家庭所忽视而需要增加和强化。例如，学校教育有法治教育，但远远不够，这需要社会教育特别强化。在青少年法治教育中，媒体可以通过介绍法律知识、宣传守法典型、讲解违法案例等，增强青少年的法治意识，引导青少年在社会生活中自觉遵守法律，依法办事，抵制违法犯罪行为。

---

① 陆士桢、蔡鲁南、徐选国：《论共青团在青少年社会教育中的统筹作用》，《中国青年政治学院学报》2013 年第 1 期。

青少年社会教育内容的丰富性带来了复杂性，因此，政府部门和社会各界要对青少年社会教育的内容进行甄别，去伪存真，为青少年提供合适的教育内容。青少年缺乏对于政治制度、价值观念、是非标准的辨别经验和能力，这需要社会教育机构加以引导。在青少年社会教育中，要注意保护未成年人，不能放任一些不适合未成年人学习的信息来影响未成年人。从中国青少年研究中心 2015—2016 年实施的“未成年人网络不良信息与未成年人保护研究”课题的调研情况看，网络不良信息散布谣言，扰乱社会秩序，散布淫秽、色情、赌博、暴力、凶杀、恐怖，教唆犯罪，这对信息辨别能力不强的未成年人产生了负面影响。未成年人的身体和心智都处在成长发展过程中，还不够健全。网络上的暴力信息以及网络游戏中的杀戮场面，会引发部分未成年人模仿故事情节，采用暴力的形式解决生活中遇到的一些问题。目前，全社会关注校园暴力，而校园暴力与网络暴力信息是有关的。网络色情信息的传播容易诱发未成年人过早地开始性行为，形成一些不良的性习惯，这会危害他们的身心健康。网络不良信息的增多，会影响未成年人的人生观和价值观，导致一些人形成拜金、自私、享乐的人生观和价值观。一旦现实生活满足不了他们的个人利益和需求，他们就可能铤而走险，实施违法犯罪的行为。

四、教育形式的多样性

青少年社会教育主体的多元性和内容的丰富性，导致教育形式的多样性。社会教育没有学校教育的严格约束，较少受到青少年个人情况和家庭状况的影响，很好地体现出教育的民主性。学校教育从年级、到考试，再到教材，都是标准化教育，而青少年社会教育完全不同。如果说学校教育和家庭教育的形式局限于学校和家庭内的说教、讲课，比较单一，那么青少年社会教育的形式具有更多的灵活性和多样性。青少年社会教育不会受到时间、地点的限制，因而随时随地可以开展教育。在青少年社会教育中，既有青少年宫等有组织的教育，更有媒体宣传、人际交往等随机的社会教育；既有艺术培训等证书教育，更有无证书的自我教育。

青少年社会教育具有多种主体，每一种主体都具有各自的教育方式。例如，社会组织通过社会活动和组织文化，影响青少年的思想、情感和行为方式；大众传媒通过对社会活动、社会事件的报道、传播、评价，传递某种政治意识、价值观念和道德标准，对青少年的价值观、是非观产生影响；青少年宫通过举办培训班和夏令营活动等，对青少年进行特长教育和社会实践教育；科技馆通过科普展览、科普实验、主题教育活动、科普电影等，对青少年进行科技知识教育；博物馆通过展览和讲座等，对青少年进行历史文化教育；各类人群和每个个体通过言论和行为，对青少年产生直接或间接的各种教育影响。从培训、讲座、讲解、报道，再到展览展示、主题活动、人际交往、社会实践，青少年社会教育的形式多种多样。

在各种青少年社会教育方式中，我们要特别关注互联网对青少年的教育影响。“随着互联网技术的发展，网络社会与现实社会的对接程度越来越高。博客、QQ、网页搜索和网络社区迅速发展。传统的血缘关系、地域关系、学校的同学关系不再是青少年结合在一起的唯一途径，社会教育的概念在网络化的今天更有了新的诠释。一个热门话题有可能引来数十万条评论，通过博客展示思想，通过QQ群交流观点和信息，通过网络上传图片分享快乐……社会教育的网络化，使青少年的社会教育显得更为复杂化，在部分青少年中间已达到对网络信息的过度依赖而对其他媒体信息产生抵触的程度。”①的确，随着互联网的普及，青少年经常上网，越来越受到网络信息的教育影响。目前，青少年普遍使用手机，受到微信的教育影响也很大。可以说，互联网已经成为青少年社会教育的重要方式，这需要我们进一步加以利用，使之更好地服务青少年的成长。

五、教育过程的主动性

青少年社会教育注重发挥青少年在教育活动中的主体作用，把外部教育转化为内部学习，激发青少年内在的学习动力，是一种青少年主动学习的教育。

美国行为主义创始人华生说：“如果给我十几个健康的、体格匀称的婴儿和我所设计的特殊环境，那么，我保证能把他们中的任何一个训练成我想要选择的那种类型的专家——医生、律师、艺术家、巨商。”②这种说法勇气可嘉，但未必可行，因为教育不是教育者一个巴掌拍得响的事情，很大程度上取决于受教育者。夸美纽斯对教之力量无比自信，把自己的“大教学论”界定为“将一切事物教给一切人的无所不包的艺术”③。在社会教育看来，教与学是一对矛盾，教可以激发青少年的潜能，但其作用不是无限的，而是有限的。教不是青少年成长的决定因素，在许多情况下，学更为重要，学是关键。郑也夫认为：“一切学习说到根本都是自学。他人能做的是教，且只能是教。学是自己的

---

① 张岷：《共青团参与青少年社会教育的路径思考》，《中国青年政治学院学报》2011年第2期。

② 〔美〕罗伯特·梅逊著，陆有铨译：《西方当代教育理论》，文化教育出版社1984年版，第186页。

③ 〔捷克〕夸美纽斯著，任钟印译：《大教学论·教学法解析》，人民教育出版社2006年版，第7页。

事情，也只能是自己的事情。”①潘光旦说：“教学两字，原是一个过程的两个方面。但是在深明教育原理的人，在深知青年心理的人，认为一样用力量，这力量要多多地用在学的一方面，就是，要青年多多地自动。所谓教，也无非是激发与鼓励此种自动的力量罢了。”②全部《论语》只用了 7 个“教”字，至少 56 个“学”字，“好学”两字连用，则多至 16 处，“学而时习之”一语占开宗明义的地位。“人之患，在好为人师。”“从根本上说，人是学而成才，不是被教而成才。问题的严重性在于，我们的教师竟然不谙此理。我们太多的教师‘好为人师’，效果上适得其反是一定的。”③“当代中国教育重教轻学。虽然学校和教师明白提升能力是其要务，但是他们主要的手段，即讲授，在更大程度上提升的是知识占有，而不是能力。提升能力的主要途径是学，而不是教。”④青少年的成长受到多方面因素影响，包括青少年的自我选择，因此，教育者不可能像控制水温那样控制青少年的成长。“教育是作为主体的人在共同的社会生活中开发、占有和消化人的发展资源，从而生成特定的、完整的、社会的个人之过程。”⑤“生成”两字非常贴切地道出了青少年在教育中的主动性。教育是青少年在社会生活中成长发展的过程，谁也难以预测某一个偶然事件会对一个人的成长产生怎样的影响。社会教育依靠青少年成长的内在力量，注重发挥青少年学习的关键作用，而对教的作用秉持有限性的理解。

自我教育可以极大地调动受教育者的主观能动性，但是，目前的学校教育忽视青少年的自我教育。许多中小学生甚至大学生在灌输教育的背景下，过分依赖教师，被动接受知识，缺乏学习的积极性和主动

①②③④ 郑也夫著：《吾国教育病理》，中信出版社 2013 年版，第 145、154、155、154 页。

⑤ 项贤明著：《泛教育论》，山西教育出版社 2004 年版，第 40 页。

性，缺乏自我教育的能力。有些中小学生不喜欢读书，厌恶做作业，如果无人指导、无人陪同，就无法正常学习。郑也夫说："全国上下，包括我们名牌学校的学生，我看不到他们热爱读书，这是最使我悲哀的事情！ 什么原因呢？中等教育是祸根之一：我们的中等教育不但没有激发，反而挫伤了大家的读书兴趣！ 我们学的东西太狭窄了，学生没有选择的自由，只有被动地去重复，去记忆！ 而且，在这个过于狭窄的领域中又逼迫同学们用力过猛！ 狭窄、单调而且用力过猛，最后造成学生们厌学。这是我首先想到的理由……还有什么原因呢？我们的大学教育专业化太早，而后还有大家学的东西狭窄、单调，同学没有较多的选择余地。这是我猜想的又一个原因。还有第三个原因，就是我们的社会氛围太过功利，不重视主体自身的乐趣，不重视开发主体阅读的兴趣，这种氛围之下人们动辄要发问：这有什么用？能帮我找工作？能帮我升职？能帮我赚钱？对不住，往往都不能。很多人类的文化精品不能帮你这个忙。当前社会氛围急功近利、实用主义。这三个原因结合起来使我们无法建立起读书的兴趣。"①如果没有学生积极主动的学习，即使具有良好的教育条件，也无法取得良好的教育效果。如果说学校教育是以耳提面命为主的"他动教育"，那么社会教育则是以自我学习为主的"自动教育"。在社会教育中，青少年时刻受到他人的教育影响。青少年个体是以主体的身份和姿态进入社会生活的各个领域，感受着社会生活的各种变化，接受着各种社会教育的信息。在社会教育的过程中，青少年自身是主体，通过各种途径参与到社会事务和社会实践中，在参与中学习知识，增长才干，积累经验。他们如何参与、参与什么，会直接影响教育效果。青少年自身的主动参与是社会教育的重要途径。通过主动参与，

① 郑也夫：《大学教育要教什么？》，《学习博览》2012 年第 3 期。

青少年可以自学、自律、自勉、自强，自己对自己进行教育。

青少年社会教育的主动性，源于教育的本意“引出”，“意思就是采取一定的手段，把本来就潜藏于人身上的东西引导出来，从一种潜质转变为现实”①。教育不能仅仅从施教者的角度看，还需要从受教育者的角度去理解。从受教育者角度看，青少年在社会生活中所获得的启示也是社会教育。我们看到，青少年在广泛的日常社会生活中，时时处处主动接受各种社会影响。即使在像青少年宫这样有计划、有组织的社会教育中，青少年也可以自主选择是否学习，什么时间学习，学习什么内容，而且可以自主地随时调整自己的选择。“青少年自身的社会参与、社会实践是社会教育的重要途径。”“在社会教育的过程中，青少年自身是主体，具有能动性，他们通过各种途径参与到社会事务和社会实践中，在参与中学习和成长，他们的参与状况、参与内容等，都会对结果产生重要影响。”②

六、教育活动的体验性

青少年社会教育注重实践活动和直接经验，组织开展各种体验活动，使得青少年在体验中感到新奇，受到感动，得到启发。这与学校教育注重课程讲解和间接经验是完全不同的。杜威说：“从儿童的观点来看，学校的最大浪费是由于儿童完全不能把在校外活动的经验完整地、自由地在校内利用；同时另一方面，他在日常生活中又不能应用在学校学习的东西。那就是学校的隔离现象，就是学校与生活的隔离。”③学

---

① 全国十二所重点师范大学联合编写：《教育学基础》，教育科学出版社 2002 年版，第 2 页。

② 陆士桢、蔡鲁南、徐选国：《论共青团在青少年社会教育中的统筹作用》，《中国青年政治学院学报》2013 年第 1 期。

③〔美〕约翰·杜威著，赵祥麟、任钟印、吴志宏译：《学校与社会·明日之学校》，人民教育出版社 1994 年版，第 61—62 页。

校是人们建立的独立于社会生活的专门教育场所，与人们的实际生活有一定的距离。应该说，学校与生活有隔离，这是正常的，但不能封闭。一旦封闭就不利于青少年了解社会现实，从现实生活中学习成长。在学校教育中，青少年主要通过学习书本知识和间接经验，实现知识的增长和认知的发展。在社会教育中，青少年主要学习当下知识和直接经验，增进对社会生活的认识和了解，实现个体社会化。在学校教育中，教师与青少年的关系相对固定，教师在教育过程中发挥着主导作用，为青少年提供成型的教育内容和教育性经验。在社会教育中，教育者不确定，教育者与青少年的关系不固定，教育者在教育过程中发挥引导作用，青少年在社会上有意无意地接受各种教育影响。从实际情况看，学校教学方式重视对青少年进行理论知识的讲解，忽视让青少年融入社会生活的实践活动。教师在课堂上讲一百句“要讲究卫生”“要遵纪守法”，还不如带领学生在社会生活中去体验、去践行一次。仅靠空洞无物的说教，是难以改变青少年的内心世界的，只有亲身经历的社会生活才能真正震撼青少年的心灵。体验教育不仅能够提高青少年的学习效率，促进青少年的心理健康，而且在实践中形成的价值观念和行为方式会对青少年的发展产生持续的影响。

第二节　青少年社会教育的本质特性

一、青少年社会教育的适应性

本质是指事物本身所固有的根本的属性，是事物矛盾的普遍性反映，是一种事物区别于其他事物的决定因素。数以万计的学校在进行教育，日复一日的惯性教育使得许多教师和家长都忘记了教育的本质。在

“应试教育”的导向下，高考是我国基础教育的指挥棒和“牛鼻子”。“考撑单杠，同学们就不会去练拉单杠；考田径，就不会去练游泳；考短跑，就不会去练中长跑。更严重的是，练习其实只是为了敲门。那个科目，那项游戏的内涵，是不入心的，不会成为兴趣的。考完即终结，过后便放弃。如此态势可以将一切学习异化，如此异化的学习可以颠覆一切考试。”①教育界热衷于对高考进行各式各样的改革，近年来高校招生政策已有一些改变。但是，万变不离其宗。高考仍然是普通中学教师与学生追求的最终目标，仍然是高中教育的本质。我们在高考的路上走得太久，以至于忘记了为什么进行高考、高考要走向何方。随着高考、中考指挥棒的不断挥舞，考试成为中小学教育的最高目标，是青少年中小学生活的主要内容。为考试而考试使得学校教育的本质发生了扭曲，导致学校教育出现异化现象。美国学者努斯鲍姆说：“‘为考试而教’，这种指导思想正日益占领公立中小学的课堂，它造成了一种氛围，即消极被动的学生和例行公事的老师。优秀的人文教学的标志是创造性和个性，但它们已很难得到展现。一旦考试能决定学校的全部未来，一些不能得到良好考试成绩回报的师生交流方式，就往往被挤出了课堂。”“对所有学生，所有课程已完全失去了人文因素，死记硬背的教学方法主宰了一切。”②相反地，青少年社会教育没有学校教育这样的高考、中考中心，不受困于高考、中考的约束，因而更容易回归教育的本质。

青少年社会教育的首要本质是适应性，既适应国家经济社会的发展，又适应青少年学习成长的需求。

我国正处于全面建设小康社会的过程中，发展质量和效益还不高，创新能力不够强，实体经济水平有待提高，生态环境保护任重道远。无

①② 郑也夫著：《吾国教育病理》，中信出版社2013年版，第14、184页。

论是从思想道德，还是从科学文化的角度看，教育都应该而且可以在经济社会发展中发挥更大的精神动力、智力支持和人力资本的作用。对于这三种作用，学校教育孤掌难鸣，独木难支。教育绝不仅仅是学校教育，在经济社会发展中社会教育不能缺位，缺乏社会教育的青少年教育是不完整的。况且，学校教育无论是教育内容，还是教育方式，都具有局限性，存在诸多不完善之处。许多人对学校教育现状不满，在微信等自媒体上，经常可以见到对学校教育的批评意见。青少年社会教育以理念的先进性、内容的丰富性和形式的多样性，能够克服学校教育的弊端，培育青少年的先进观念和创新精神。

青少年社会教育还要适应青少年学习成长的内在需求。青少年成长需要教育。青少年成长需要的教育，不仅仅是学校教育和家庭教育，还需要广泛的社会教育。学校教育和家庭教育提供的知识是有限的，不能完全满足青少年的好奇心和求知欲。在当今信息化社会中，知识的更新非常快，信息的传播非常快，许多知识和信息来自社会教育之中。如果局限于学校教育和家庭教育，青少年个体就不能学到这两种教育未能提供的知识和信息，就难以真正融入社会生活，完全适应职场生活。从现实情况看，在学校表现良好不等于在职场发展良好，这其中一个重要原因是社会教育在发挥作用。青少年在学校教育和家庭教育中获得了基本的知识和技能，需要从社会教育中获得更多的社会化知识，需要了解社会，认识自己在社会中的角色，还需要学会与社会人打交道，学会如何处理与身边人、陌生人的关系。青少年社会教育要帮助青少年学习社会规范，了解社会生活，掌握与人相处的技巧。有的青年在学校教育中成绩平平，但在社会教育中学到了很多知识和技能，也能够做出优秀的工作业绩。可见，社会教育是青少年成长的一条重要途径。

二、青少年社会教育的促进性

青少年社会教育除了适应性，还有促进性，能够促进青少年成长发展。“社会教育是影响青少年发展的一个重要因素，培养了青少年的社会实践活动，特别是在促进青少年身心多方面和谐发展的方面做出了积极的贡献。”①从促进性的角度看，青少年社会教育的本质是促进青少年的社会化，主要包括引导青少年形成正确的思想意识、习得社会规范和必要的社会化技能、发展青少年的个性爱好。2009 年 4 月召开的共青团宣传工作会议提出：“社会教育在青少年的思想意识形成、在青少年社会化过程中发挥着重要作用。一是引导青少年形成正确的思想意识。社会上各种教育基地、教育机构、媒体传播的文化产品和信息等，都能对青少年的思想意识产生影响。这其中有两个层面：首先是意识层面，即国家意识、科学意识、劳动意识等，有条件的地方还包括审美意识；其次是价值层面，即社会主义核心价值体系。二是引导青年学习社会规范和必要的社会化技能。通过角色扮演、社会体验、成长辅导、技能培训、素质拓展等社会教育活动，帮助青少年熟悉和掌握社会规范，提高对社会环境的适应能力、与他人的交往协调能力和就业发展能力。三是发展青少年的个性爱好。有条件的地方可以通过专业化的培训手段，促使青少年提高审美意识、艺术专长和其他特殊技能，更好地促进青少年人格完善和全面发展。”②

青少年社会教育的本质既要体现各种教育形态共同的培养人的本质，又要显示与学校教育、家庭教育的不同之处，还要体现青少年的特点。从这三个方面看，青少年社会教育的本质是在社会生活中拓展青少

---

① 陈琛：《论我国新时期青少年社会教育工作的内涵和功能定位》，《科教文汇（下旬刊）》2007 年第 7 期。

② 共青团中央编：《中国共青团年鉴（2009）》，中国青年出版社 2010 年版，第 84 页。

年的素质，完善青少年的本质，促进青少年全面发展。联合国教科文组织的报告《学会生存——教育世界的今天和明天》指出，“教育的目的在于使人成为他自己，‘变成他自己’”①，应该把“学习实现自我”放在最优先的地位。教育要把一个人在体力、智力、情绪、伦理各方面的因素综合起来，使他成为一个完善的人，“成为他自己文化进步的主人和创造者”②，要解放人民的才能，挖掘其创造力。青少年社会教育要通过参与型、互动型、体验型的教育方式，加强青少年社会意识的养成、社会道德的形成、社会知识的学习、社会能力的发展、社会文化的传承，帮助青少年培养正确的社会态度、社会认知、社会情感、社会能力。青少年社会教育的本质不仅是传授知识，而且要培养人。当然，学校教育也讲人的全面发展，但过分重视知识教育的价值，使得教育目标常常偏离以人为本，而变成了以书本和知识为本。

青少年需要社会教育，是由青少年学习成长的内部矛盾决定的。青少年只有学习社会规范，掌握社会技能，才能适应社会生活。青少年首先通过家庭教育，学习家庭生活规范，受到家庭风气熏陶，但是家庭教育是建立在血缘关系上的，学习的社会规范是特定的、不完全的，这些规范难以搬到社会生活之中。青少年在学校受教育多年，能够学习到一些基本的知识和技能。但是，学校教育普遍存在重知识、轻能力，重书本、轻实践的问题，还存在讲求统一学习、忽视个性学习的现象。这导致学校教育不能完全满足青少年学习成长的内在需要。家庭教育和学校教育的不足，要靠社会教育来弥补。因此，青少年社会教育在家庭教育和学校教育的基础上，扩大青少年的知识和能力，拓展青少年的素质。

---

①② 联合国教科文组织国际教育发展委员会编著，华东师范大学比较教育研究所译：《学会生存——教育世界的今天和明天》，教育科学出版社 1996 年版，第 14、251 页。

不仅如此，青少年社会教育还可发挥完善人的本质的独到作用。人类社会是由人及其相互关系组成的，人的本质是社会关系的总和。由于教育的对象是人，所以教育的本质必然涉及人的本质，涉及人生而固有的、人之为人的基本属性。一个人想问题、办事情，首先要想到自己是人，然后才是某种特定的社会角色。人性是人们为人处世的基础、做人做事的依据。青少年社会教育的本质是完善青少年的人性，促进青少年的社会化。青少年在社会教育中，培养社会道德意识、规则意识、法律意识，学习和掌握社会生活所必需的知识和技能，成为适应社会生活、履行自身职责的人。青少年要适应社会生活，除了学习知识、锻炼能力外，很重要的是学会与人相处，担当合适的社会角色。学校教育集中关注教育的知识功能，而忽视对青少年个体生命需要的关注，导致青少年知识学习压力很大，难以做到快乐学习，享受快乐童年。其实，教育的本质不仅是知识的传授、文化的传承，而且要启迪人的精神世界，建构人的生存方式，实现人的生命价值。在社会生活中，青少年的角色不同于家庭生活中的血缘关系，也不同于学校生活中的师生和同学关系，而是更为复杂多样。加强社会教育，有助于青少年学会生活，学会与人相处，学会合作共事。因此，青少年社会教育比家庭教育和学校教育更能够完善青少年的本质。

拓展素质，完善本质，这需要青少年社会教育着力培养青少年的社会意识，帮助青少年学习社会规范，认清自身的社会角色，从而在符合道德和法律规范的范围内，从事社会活动，进行社会生活。青少年在已经通过家庭教育和学校教育掌握基本知识和能力的基础上，要学习更多的符合社会生活需要的知识和技能，完善自身的知识结构，发展自身的就业、生活等在社会生活中需要掌握和运用的各种能力。社会技能主要包括以下方面。第一，自我认识的技能。这表现在对自己的社会角色、在工作团队中的位置等有一个清醒的认识，知道自己要干什么，能干什么，如何去干。古希腊先哲把“认识你自己”作为世间很难的事情，这确实给人以启迪和教益。只有在社会生活中，一个人才能对自己做出实事求是、恰如其分的评价，才能对自己有清醒的认识。如果缺失社会教育，一个人就可能迷失自己，从而盲目自信或妄自菲薄。第二，与他人正常交往的技能。这包括谈话中如何把意思表达清楚，如何让方式得体。社会教育的缺失会导致一个人不懂得如何与人打交道，更不懂得如何尊重他人、宽容他人。第三，与他人合作的技能。一个人单枪匹马是不能成事的，与他人合作既是一种需要，也是一种素质。一名青少年在家庭中可能以自我为中心，甚至随心所欲，在学校中可能不怎么合群，但是在社会上必须学会与人合作，依靠团队的力量，否则难以做成事情，难以取得成功。

青少年社会教育除了培养青少年适应社会的能力之外，还要努力培养青少年超越社会的能力，引导青少年突破外在条件的束缚和自身情况的局限，努力发展自身诸多的可能性。社会教育是一种发展青少年个性爱好的教育，这与学校教育追求共性、进行知识与人才的批量生产存在很大的区别。学校以群体集中授课作为教学组织形式，重视培养青少年的共性，但容易忽视培养青少年的个性。家庭教育迎合学校教育，往往将主要精力放在孩子的学业成绩和考试分数上，也很少花时间去引导孩子的兴趣爱好。与家庭教育和学校教育不同，青少年社会教育往往没有考试，没有分数，注重多样化评价，可以更好地发展青少年的个性爱好，提高青少年的审美意识、艺术专长和其他特殊技能。许多青少年通过参加青少年宫的艺术培训，发现了自身的特长，提高了综合素质。

第三节　青少年社会教育的对比特性

一、与学校教育相比

青少年社会教育与学校教育是两种不同的教育形态，具有多方面的区别。与学校教育相比，青少年社会教育具有以下特征。

一是教育制度的混合性。青少年社会教育既包括宣传教育、青少年宫教育等公共教育制度，也包括同辈教育、互动教育、自我教育等非公共教育制度，因而是公共与私人兼有的教育制度；而学校教育无论是基础教育，还是职业教育，都是纯粹的公共教育制度。非公共性决定了教育实施中受到较小的行政权力约束，更能够适应青少年成长的现实需求。教育制度的混合性使得青少年社会教育从教育理念到教育实施都呈现多样化的特征。

二是教育参与的自主性。青少年接受学校教育不是完全自主的。义务教育是法定的强制性教育，青少年有接受教育的义务，这点是不能自我选择的。即使非义务教育的学校教育，青少年有一定的选择权，但也十分有限，因为义务教育后的学校教育仍然是他们就业的必需教育，没有自发的选择。与学校教育的强制性不同，青少年参加社会教育是自发的、自愿的，参不参加，什么时间参加，学习什么内容，采取什么方式，都是可以选择的。如果不满意某种社会教育，青少年可以随时终止这种教育，这不像学校教育，是不能随意停止的。青少年参加某种社会教育、继续某种社会教育、终止某种社会教育，都能够依据自己的想法和决定，具有明显的自发性和自主性。可选择性使得青少年参加社会教育比学校教育更自觉、更主动、更积极。日本学者新堀通也认为，“学校是文化的乃至社会的先驱者，是向后代传播他们所希望的文化，培养他们的聪明才智而产生的制度，因而它具有一种权威主义的性质。具体地讲，教育是在教师个人或者学校这种组织的指示下进行的，采取了由教师对学生、自上而下的方式。这种情况在授课时可以具体地看到。尽管是儿童中心主义，然而，一旦其原理不被教师及学校所承认，那就不能够实行。儿童的自由活动范围完全是由教师和学校决定的，更何况通常的授课，是根据学生事先不知道就决定了的教育课程、时间安排及教科书，由孩子们根本无法选择的教师进行的。在整个授课时间，孩子们是不会被允许随便离开座位和教室的。可以说，学校简直就是一个强制到校、强制学习的场所。学校的这种强制的、约束的、管理的性质，将随着学校的普及而更加显著。”①这就是说，学校教育具有强制性和约束性，不怎么考虑青少年个体的兴趣爱好和学习能力，对不同个体之间的差异性关照不够，因此是有缺陷的；而社会教育没有强制性和约束性，更多地出自青少年个体的喜好，根据个体的学习能力实施差异化教育，因而可以取得更好的效果。在社会教育和学校教育中，青少年扮演着不完全相同的角色。社会教育更加注重青少年的学习主动性和求知能动性。青少年在社会教育中，表现得更为自觉和主动，能够自由选择，为需所学，学以致用。

三是教育关系的平等性。如果说学校教育具有权威性，那么社会教育则具有平等性。不同的教育具有不同的人际关系。青少年社会教育不一定像学校教育那样，具有特定的明确的教师。即使在青少年宫教育中具有特定的明确的教师，该教师也是青少年自主选择的，不像学校教育中教师是由学校分配的，学生没有挑选权，即使不喜欢某个教师，也得听他的课。在学校教育中，师生关系和生生关系都比较稳定、紧密，师生关系是一种垂直关系。在社会教育中，无论是师生关系，还是生生关

① 〔日〕新堀通也等著，张惠才等译：《社会教育学》，春秋出版社 1989 年版，第 14 页。

系，都是临时的、松散的，是一种水平关系。青少年社会教育的教师不需要像学校教育那样具有专门的资格，也不一定是以教师为职业。学校教育尽管注意到学生的主体性，但仍然是以教师为中心的，青少年往往是被动的，学什么、如何学都由教师决定，实际上处在客体地位。在社会教育中，青少年的主体地位得到了更多的体现，在教学中具有更多的发言权，真正处在主体地位。在学校教育特别是义务教育中，大多是以教师为主导进行教学活动，青少年总体上不是自主地进行学习活动，而是不由自主地接受教师授课、听从教师安排。在青少年社会教育中，自主、自发的学习活动成为教育的出发点，只有当青少年想主动学习时，教育的行为才能得以发生。

四是教育内容的生活性。在社会教育中，青少年学习的内容不是统一的，没有多少计划，也很不系统。在学校教育中，青少年学习的内容是统一的，由教育行政部门或学校事先制定。这些内容是计划好的，按学科课程分类，每门课程的知识比较系统。青少年社会教育的内容一般来自实际生活，与日常生活直接相关，而学校教育的内容来自书本，许多是符号文化，与日常生活有一定距离。新堀通也认为，“学校所传授的基础知识，不论洋与土，都不外乎‘读、写、算’。”“学校重视的是文字、语言、数学、文章等符号、概念及逻辑。一言以蔽之，支配学校的是符号文化，所谓在学校取得好成绩的孩子，也就是理解、尊重符号文化的孩子。”①“由于学校日益重视符号文化，学校将从现实及实践中脱离出来。”②的确，学校主要教给学生的是文本和符号，与日新月异、纷繁复杂的现实生活是不同的，有时难免脱离实际。对于部分青少年来说，如果不能成为专家学者和专业技术人员，还不如多学习一些现

①②〔日〕新堀通也等著，张惠才等译：《社会教育学》，春秋出版社 1989 年版，第 56、6 页。

实生活的知识，以更好地适应未来生活和就业的需要。黄武雄认为，“今日的学校所教给孩子的，不是联结于人的内在世界的‘经验知识’，而是一整套的经过标准化、抽象化的‘套装知识’。这一整套的套装知识反而把人从真实世界中分离出来。”①青少年如果一心学习套装知识，“无暇去摸索、去积累丰富而具体的属于他自己的特殊经验”，“只好一知半解地流连于文字符号的公式堆里”，“企图用套公式的办法，生搬硬套去处理实际世界的问题”，那么，他的思维就会“浮离于真实世界之上”。“这是学校教育最大的失误。”②社会教育的优势是把教育与青少年的生活世界相联通。

五是教育形式的多样性。学校教育的形式单一，主要是课堂教学。学校教育采取学期、课程、课时、学分的形式，而青少年社会教育大量的不是课程教学，没有课时、学分的概念，也不存在学期的说法。青少年社会教育的形式众多，如媒体教育、宣传教育、青少年宫教育、博物馆教育等，是一种更注重青少年个体经验的教育活动。“社会教育与学校教育的本质区别在于，学校教育是一种有目的、有计划地系统进行课程教育的体制化的教育，学校提供给学生的教育性经验是经过一代代教育工作者精心准备相对稳定的教育性经验。在学校课程体系中，学校既提供学科教育的知识和经验，同时也以活动课程和隐性课程的方式提供教育性经验，促进受教育者全面发展。但是，相比于社会教育，教育者与受教育者的关系相对固定，教育者在整个教育过程中发挥着主导性作用，受教育者在整个教育过程中是以学校教育所提供的教育内容和教育性经验而展开。与之相比，受教育者在社会教育中更多体现的是个体积极主动的参与方式，是个体在现实社会生活中所获得的积极

①② 黄武雄著：《学校在窗外》，首都师范大学出版社 2009 年版，第 6、52 页。

的社会性情感，个体在整个社会中有意无意所接受的各种对个体发展起促进作用的教育和环境因素。从这个意义上看，社会教育是比学校教育更为开阔的成长背景和舞台。”①青少年社会教育不像学校教育那样，一旦教师不在学生身边，教育就无法进行，而是超越了学校教育中教师和学生面对面的形态，许多时间是没有教师的，而是通过看电视、读文章、社交活动等，实现教育目标的。远距离、多媒介是青少年社会教育的常态。高效又快乐的学习方法应该是以新带旧，而不是简单的重复的练习，更不是题海战术。青少年只有不断接触新的知识，受到新的刺激，才不会感到无聊。“如果他们没完没了地沉浸在陈旧内容的复习中，那内容对他构不成任何刺激，久而久之，他们不仅厌倦某个科目的学习，而且将会反感任何一项学习，最终完全丧失了对新知的好奇和热忱。”②

六是教育时间的闲暇性。青少年在学校是专门地接受教育，上学就是学生的中心任务，而社会教育不是专门的教育，个体接受社会教育也不是主要任务，而往往是在学校教育之外、在工作之余进行的。学校教育具有专门的时间，包括学期时间、课程时间、上课时间、下课时间、放学时间、放假时间等。这些专门的时间由教育行政部门和学校做出具体的规定。青少年社会教育大量的是没有专门的教育时间，而是在工作和生活之中随时进行的。青少年在读书、看电视、上网的过程中，在走访同学、与同伴交谈的过程中，就受到了教育。青少年宫教育等少量的社会教育，即使具有规定的时间，这时间对于学校教育来说，也是课后时间、放学后时间，是假期时间、闲暇时间。

七是教育空间的广阔性。学校教育的地点在学校，在围墙内，在教室里，教育空间相对狭小，比较封闭。“在学校里有一个特殊的环境，

---

① 佘双好：《青少年社会教育的本质与内涵》，《中国青年研究》2007 年第 12 期。
② 郑也夫著：《吾国教育病理》，中信出版社 2013 年版，第 126 页。

一切所接触的都是经过安排的，是良好的，受外界的影响甚少。”①青少年社会教育的空间是不确定的、广阔的、开放的，从电视、互联网到青少年宫、科技馆、公园等，社会各个场所和载体都能成为教育空间，因此，青少年社会教育的空间是宽广无边的。

八是教育评价的多元性。学校教育是标准化的，有硬性标准。在学校教育中，考试是经常进行的，考试分数是衡量学生学习情况的主要指标。青少年社会教育的评价没有硬性标准，不是标准化的。青少年宫等教育有成绩评价，但不是统一的，也没有刚性要求。有些社会教育形式是难以衡量的，如媒体传播、社会观察等。许多社会教育没有考试，自然也没有考试分数。

对于上述青少年社会教育与学校教育不同的特征，我们进行了归纳（见表 6-1）。

表 6-1　青少年社会教育与学校教育不同的特征

	青少年社会教育	青少年学校教育
制度	不纯粹的公共教育制度	纯粹的公共教育制度
参加	自发的，可选择的	强制的，选择余地小
关系	师生、同学之间是临时的、松散的关系，是水平关系	师生、同学之间关系稳定、紧密，是垂直关系
内容	非统一，与生活关系密切	统一，与日常生活有距离
形式	方式多样，大量是非课程、非课时，无学分、无学期	方式单一，采用课程、课时、学分、学期
时间	利用余暇时间，不固定	专门时间，固定
空间	不确定，众多，开放	确定，学校内，封闭
评价	多元，非标准化，没有考试分数	单一，标准化，主要看考试分数

① 詹栋梁著：《社会教育学》，五南图书出版有限公司 1983 年版，第 276 页。

二、与家庭教育相比

家庭教育是家庭实施的、针对子女的、以为人处世为主要内容的教育。如果把教育分为学校教育和校外教育，那么，家庭教育与社会教育都属于校外教育。这两种校外教育形态，无论是教育理念，还是教育内容和方式，都存在明显的不同。青少年社会教育与家庭教育相比，具有以下三个明显的特征。

一是教育关系的公共性。家庭教育由每一个家庭单独实施，家长对自己的子女进行教育，不涉及其他家庭的孩子，因而具有私人性，而社会教育是公共教育活动，超越单个家庭，由社会各个方面对众多家庭的孩子进行教育。“社会教育和家庭教育的本质区别在于，它是以公共社会生活为基础的教育活动形式。而家庭教育是以血缘关系为纽带，以亲情作为调节手段，来调节教育者和受教育者双方关系的教育活动形式。”①家庭教育发生在私人生活空间，而青少年社会教育发生在公共生活空间。家庭教育的对象是本家庭的子女，而社会教育的对象是所有的青少年。家庭教育以血缘关系为基础，具有独特的教育关系。在家庭教育中，家长通过对子女的慈与严、爱与恶来进行教育活动。社会教育发生在公共生活领域，它既是青少年接受公共教育的一种权利，也是社会帮助青少年学习成长的一个渠道。在社会教育中，教育者与青少年之间存在责任和权利的教育关系，这种教育关系不会因为青少年个体的不同而表现出明显的差异性。

二是教育内容的丰富性。青少年社会教育包括思想道德、政治意识、科学文化、职业技能等广泛的内容，而家庭教育主要是生活教育和学校课程的补习教育。对于小学高年级学生和中学生来说，面对升学的

---

① 佘双好：《青少年社会教育的本质与内涵》，《中国青年研究》2007 年第 12 期。

压力，家庭教育往往聚焦考试学习。目前，家庭教育存在一个很大的问题，即过分看重考试分数，逼迫孩子学很多知识。这牺牲了孩子玩的时间，忽视了孩子的道德教育和心理教育，不利于孩子的健康成长。应该说，家庭教育主要不是知识的教育，而是做人的教育，是人格的培养、家风的熏陶。在家庭教育中，用良好的家风培养孩子的价值观念、道德情感、生活方式和精神风貌，增强孩子的上进心、好奇心、自信心，比帮孩子补习功课、做家庭作业，更为必要，也更有价值。

三是教育形式的多样性。家庭教育主要方式是面谈、对话、通信、示范等。言传身教是家庭教育的基本方式。家长要进行讲解，向孩子传授思想道德观念和为人处世经验。未成年人志识未定，如果听进了一句善言，往往终生难忘；如果听进了一句邪言，也可能会经常想起来。家庭教育是知行合一，最好的家庭教育莫过于感染。子女与父母朝夕相处，父母的一言一行无不成为孩子的模仿对象。如果父母品行端正，勤劳诚实，为人友善，子女就容易养成良好的道德观念和行为规范；如果父母品行不端，懒惰虚荣，子女就容易受到其负面影响。父母的为人处世、言谈举止、生活习惯、衣着打扮都会不知不觉地对孩子产生暗示和示范的作用。与家庭教育不同，青少年社会教育由各种社会组织、社会机构等多种主体实施，具有青少年宫、科技馆、教育基地等多种载体，采取课堂教学、媒体宣传、网络交流、展览展示、社会实践等多种形式。青少年社会教育形式的多样、灵活，是家庭教育不具备的。

三、与校外教育相比

无论在理论研究上，还是实际工作中，有人把青少年社会教育与校外教育混为一谈。许多少年宫把自己定位在校外教育上，自觉向学校教育看齐，为学校教育服务。其实，青少年社会教育与校外教育两者有交集，都是在学校以外场所进行的，都具有丰富的教育内容，实行灵活的教育形式，但是在教育理念、教育方式上具有明显不同。社会教育不等于校外教育，而是相对于学校教育和家庭教育存在的一种教育形式。

青少年社会教育与校外教育相比，具有以下三个明显的特征。

一是教育定位更为准确。青少年社会教育的定义方式是教育形态。从教育形态看，青少年社会教育与学校教育一样，具有平等的教育角色，发挥各自的教育功能，共同促进青少年学习成长。青少年社会教育与学校教育两者都是独立的教育形态，没有上下之分、高低之别，不存在谁补充谁的问题。两者关系是相互促进，共同服务于青少年的成长。青少年校外教育的定义方式是学校视角和学校本位。学校本位使得学校教育居高临下，俯视其他教育形态，把学校以外的教育都称之为校外教育，把青少年社会教育和家庭教育看成学校教育的补充、当作学校教育的配角。

二是青少年主体地位更加突出。青少年社会教育把青少年作为教育主体，注重发挥青少年受教育的积极性和主动性，引导青少年通过自身学习和感悟，把听到的、看到的、想到的内化为思想观念、转化为知识技能，实现受教育目的。而校外教育是以教师为主体的，更重视教师在教育过程中的主导性，不怎么重视青少年在教育中的主体性。校外教育采用了学校教育的理念和方式，更强调教师的讲解和教学，而社会教育注重发挥青少年的学习主动性，更强调青少年的学习和实践。

三是教育的覆盖面更加宽广。青少年社会教育针对全体青少年，既包括在校的大中小学学生，也包括失学的青少年和已经就业的青年。校外教育是以在校学生为视角进行定义的，没有覆盖失学的青少年和已经完成义务教育、走上工作岗位的青年。社会教育主要借助学校教育渠道之外的社会实践、社会活动、社会观察、自我感悟等来完成。社会教育与学校教育，一个在社会大课堂，一个在学校小课堂，两者相互促进，在提高青少年素质中各自发挥着作用。

可见，无论从定义角度、定义方式，还是基本内涵看，青少年社会教育都与校外教育不相同。青少年社会教育比校外教育更具有普适性，能更好地利用各种社会资源进行青少年教育活动。

第七章 青少年社会教育的功能

第一节 完善青少年教育格局

一、健全青少年教育体系

我国传统社会中存在私塾、书院、道场、寺庙、武馆、作坊等种类繁多的教育机构。在现代社会中，学校教育全面覆盖青少年，几乎填满他们的学习时间，不断挤压其他教育机构的生存空间。青少年社会教育尽管自古有之，为今尤甚，但是，长期受到教育界的普遍漠视，与学校教育已不可同日而语。翻开教育史，可以看到许多教育家把教育与学校画等号。夸美纽斯 1638 年正式完成的《大教学论》是一部系统的教育学，在教育史上具有标志性的意义。他说："每个人都应在学校中接受一种广博的教育。"①"一切人都应在学校中受到与人有关的一切事物的教导。"②夸美纽斯的这些观点是在阐述教学论时提出的，从发展学校教育的角度看，具有重要意义。但是，从社会教育的角度看，这些看法把学校教育的功能看得太高了，忽视了学校外教育的作用，有偏颇之处。固然，青少年人人都应该受到广博的教育，但这种广博的教育不能仅仅依靠学校，学校是提供不了广博的教育的。学校固然是造就人的地方，但不是只有学校是造就人的地方，学校外的广大地方也可以造就人。在学校中，青少年能够学到基本知识和技能，但不能学到"一切"

---

①② 〔捷克〕夸美纽斯著，任钟印译：《大教学论·教学法解析》，人民教育出版社 2006 年版，第 69、74 页。

事项，学生离开学校后会发现自己不懂得许多社会事务和社会知识。事实上，学校教育从来不是周全的、万能的，不可能包打天下，指望学校承担起青少年教育的全部任务是不切实际的。赫尔巴特在《普通教育学》一书中说："我得立刻承认，不存在'无教学的教育'这个概念。"①这种把教育与教学画等号的看法，符合学校教育的实际情况，但不完全符合社会教育的实际情况，因为学校外教育往往没有组织化的教学。在现实的青少年社会教育中，大量存在观察教育、媒体教育、自我教育等没有教学的教育现象。从时间上看，有教学的历史并不很长。在学校出现前的很长时间里，社会上存在各种形式的非学校教育；而且，在学校产生后，仍然存在大量的学校外的教育、学校后的教育。从教育形态看，除学校教育外，还存在更加广泛的社会教育。

教育界流行讲教育的广义和狭义概念。为什么狭义教育专指学校教育？这只能是上文谈到的谢富勒所说的教育的"规定性定义"。教育若只谈学校教育，这明显不符合教育事实，但现实中不少学者却从书本出发，持有这种主张。这或许是因为学校教育太强大了，强大得让人们专注于学校教育、漠视学校外的教育，从而片面地把学校教育这一局部的教育当成整体的教育。其实，教育前辈关于教育广义和狭义的说法值得借鉴。例如，1928 年出版的《中国教育辞典》规定："'教育之定义，有广狭两种：从广义而言，凡是影响人类身心之种种活动，俱可称为教育；就狭义而言，则惟用一定方法以实现一定之改善目的者，始可称为教育。'"②这种广义、狭义的区分也许更符合教育事实。冯友兰曾对大学为什么要办哲学系做过论证。在他看来，大学哲学系要培养三种人：一种是哲学家，其特点是自己有一个思想体系，遇见什么问题有自

① 〔德〕赫尔巴特著，李其龙译：《普通教育学》，人民教育出版社 2015 年版，第 6 页。
② 崔余辉：《教育的定义刍议》，《科教文汇（上旬刊）》2014 年第 5 期。

己的看法，有自己的解决办法；一种是哲学教授，其特点是自己没有什么理论体系，自己没有什么解决办法，但能够把哲学家的思想融会贯通，用自己的话把它准确地讲出来；再一种是哲学工作者，其特点是专门研究哲学家的著作，对于这些著作做一些文字上的解释，或者翻译，相当于中国从前的章句训诂之学。①根据这种区分的思路，教育理论界有三种人，大多是教育理论工作者，少数是教育学教授，极少数是教育家。由于缺乏教育家，尽管存在大量的教育学教授和教育理论工作者，但是，青少年社会教育还是没有能够引起教育界的注意和重视。在众多的学者关注教育、研究教育的同时，青少年社会教育研究中却难觅教育学者的踪影。由于缺失了社会教育，许多教育理论是片面的，许多教育知识是残缺的。“当下中国，人们的教育观念还停留在文凭教育、学历教育的固有模式，社会教育一直被人们所忽视，普遍认为社会教育属于非正规教育，是可有可无的，学校教育才是人们接受教育的正规场所。将学校视为与教育直接统一的存在，人类将自身的教育完全交给了学校，忽视其他教育形态的能力。”②有人认为，教育可分为机构性的正规教育和机构外的家庭与社会教育，“教育由正规的机构性和非正规的机构外两大形态组成”③。这种观点是不完全符合实际的，因为在青少年社会教育中存在大量的教育机构，仅青少年校外活动场所就超过一万家。把青少年社会教育看成“非正规教育”是一种教育研究中的偏见，把青少年的教育完全交给学校是一种教育行政中的短视。青少年社会教育可以说系统性不够，统一性不强，但这不等于不正规。目前，青少年社会教育的思想并没有成为教育理论界的共识，更没有纳入教育

① 张天飞、童世骏主编：《哲学概论》，华东师范大学出版社 1997 年版，第 257—258 页。
② 王彦心：《当下社会教育的问题及解决对策》，内蒙古师范大学 2014 年硕士学位论文。
③ 叶澜：《社会教育力：概念、现状与未来指向》，《课程·教材·教法》2016 年第10 期。

行政的范畴，现行的教育制度、教育载体、教育课程，以及教材、教法等都是为学校教育而设计和制定的。殊不知，学校教育只是青少年教育的一部分，社会教育存在于青少年生活的全部过程之中，处处影响着青少年的成长发展。

那些眼中只有学校教育的人，也许没有想过，把青少年教育的重担全部交给学校是否可行。实践一再说明，这是行不通的。因为，学校压根儿没有包打天下、一统教育的能量。青少年的成长是一个很复杂的过程，单一的学校教育是承担不了的。现实情况是，家庭、学校和社会都在进行青少年教育，都在培育青少年成长。从教育运行空间的角度看，青少年教育可分为家庭教育、学校教育和社会教育三种类型。家庭教育是指以家庭为单位开展的教育活动，学校教育是指以学校为单位实施的教育活动，社会教育是指在广泛的社会生活中所进行的教育活动。这三种教育形态存在不同的场所，具有不同的特点和优势，但共同促进青少年的成长发展，共同构成一个青少年教育的完整系统，共同书写着青少年成长进步的绚丽篇章。青少年个体无论是否有机会去学校读书，是否能够接受完整的义务教育，都不可避免地会受到各种各样的社会教育。社会教育是每个青少年时时处处受到的教育。如果说一个青少年接受学校教育的渠道和场所是有限的，那么接受社会教育的渠道更多，空间更广。现实生活中，青少年不仅在学校里听课学习，而且在放学后、在假期读书学习，在日常生活中学习成长。社会是一所大学校，而成建制的学校只是其中的一个专门课堂，尽管这个课堂非常重要，也很关键。人处在各种社会关系之中，社会是青少年赖以生活的大环境，社会上的各种因素影响着青少年的成长与发展。整个社会是青少年的生活场所，也是青少年的教育场所。青少年如果只在学校这个专门课堂学习，而不善于在社会这个大环境学习，就会知识面狭窄，脱离现实，难以适应社会生活的实际需要。因此，我们“必须超越学校教育的范围，把教育的功能扩充到整个社会的各个方面”。“所有的部门——政府机关、工业交通、运输——都必须参与教育工作。地方共同体和国家共同体都显然是具有教育作用的机构。”城市的“社会结构、行政结构和它的文化网都具有这种巨大的教育潜力”。①1974 年，联合国教科文组织第 18 次全体会议通过的《关于国际理解、合作、和平教育的决议》指出：“校外教育的参与方都应共同努力接受并使用大众传媒、自主教育和互动教育等手段，使用博物馆、公共图书馆等帮助青年人获取知识，促使青年人保持积极乐观的情绪，实施积极的行为，推动各种教育运动和方案符合决议的基本精神；校外教育的参与方，无论是公共机构还是私人都应充分利用有利的形式和条件，如青年活动中心的社会和文化活动、俱乐部、文化中心、社区中心或工会组织、青年聚会和联欢节、体育比赛、接待外国访问者、学生和国外人员的交流等。”②青少年社会教育具有多个参与方，每个参与方都能发挥各自作用。校内校外、课内课外都要抓，这就是青少年教育体系和整体合力。

二、弥补学校教育的不足

社会教育不只具有独立的存在价值，促进了青少年教育体系的健全，而且能够弥补学校教育的不足。对于学校教育的不足，人们谈得很多，媒体也做过不少报道。概括起来，目前我国学校教育的不足主要表现在以下几个方面。

一是学校教育过于标准化。标准化是现代学校教育的一大特征。标

---

① 联合国教科文组织国际教育发展委员会编著，华东师范大学比较教育研究所译：《学会生存——教育世界的今天和明天》，教育科学出版社 1996 年版，第 201 页。

② 陈新华：《新世纪上海市政府青年事务管理模式探讨》，华东师范大学 2005 年硕士学位论文。

准化的学校教育进行集体教学、批量教育，能够提高教育的规模化水平，扩大受教育的人数，实现教育的普及化，因而具有重大的教育价值。但是，标准化教育也存在一些不足。从标准化的年级来看，“严格的年级制抑制个性才能的发育：接受能力快的受约束，其抑制和耽搁是显然的；接受能力慢的受挫折，其实慢者中或许有大器晚成者，但长期遭催促、受挫折恐难成大器。”①从标准化的教材来看，“只有我自己熟读，真懂，我所喜欢的文章，我自己为之感动过的，我才讲得好。”“禀赋不同的教师应该选择有些差异的教材，不同的教材方可哺育出多样的人才。”②从标准化的考试来看，多学科考试和总分数录取可能把那些在某个单科领域非常有天赋的、却无法学好其他学科的人阻挡在大学门外，使得这部分人失去接受高等教育的机会。从历史上看，文学大师不一定具有科学素质。科学家同样也不一定需要较高的文学水平。标准化教育的方式让青少年学生记住了大量的已有知识，而不是给予他们思考和兴趣。或许，每门学科之间没有必要进行硬性的捆绑。与学校教育不同，社会教育没有总分数的评价，而是单项评价，这为青少年提供了发展个性特长的机会。例如，在青少年宫教育中，青少年可以根据自己的兴趣爱好选择文学、舞蹈、绘画等学习项目，学到在学校标准化教育中没有提供的知识和技能，发展自身的学习特长。很多体育明星、相声大师、书画名家都是从少年宫开始学习起步的。

二是学校教育过分重视分数和升学。学校教育的评价主要看考试分数和升学比例。从多元智力理论的角度看，这种考试只能测试青少年学生的部分智力，本身是不全面的。以学校考试分数评价青少年学生，作为升学依据，具有天然的不足。迷恋考试分数还可能对青少年成长带

①② 郑也夫著：《吾国教育病理》，中信出版社 2013 年版，第 139、142 页。

来负面影响，甚至产生极端行为。2013 年 1 月 11 日，内蒙古呼和浩特实验中学一名 14 岁的初一学生背着书包从 11 楼跳下身亡。警方推断，这名学生轻生是期末考试排名从全年级的 290 多名落到了 600 多名，不堪忍受压力所致。2014 年 9 月 22 日，湖南常德市临澧一中两名高一男生从宿舍楼坠楼身亡。据常德市公安局通报，两名中学生系因“不堪学习压力”相约跳楼自杀。对这些悲剧，教育界人士有很多评说。有的人说：“我们的孩子还太单纯，大概很少有人告诉他们：生活中还有很多比学习成绩更重要的东西，生命的意义要远远大于学习成绩。在他们当下的生活里，也许除了学习还是学习，除了考试还是考试，除了成绩还是成绩，父母与老师整天跟他们强调或训斥的就是这些。于是，‘不堪学习压力’的他们，感到整个世界都无比黑暗，甚至失去了活下去的勇气——他们连死都不怕，却害怕学习不好。”①有班主任批评家长太看重孩子成绩并逼迫孩子为分数而学。“现在学校被‘绑架’了，绑绳就是‘升学率’。家长和社会衡量学校好不好，就看升入重点大学、重点高中的人数。考试是手段，但不是目标。这起事件暴露了中国教育的误区：家长太现实了；学校被迫搞精英教育，过分注重成绩好的学生；社会流行择名校、进名校，完全不顾孩子的个性，跟风严重。”有的非重点学校的校长批评教育行政部门以升学率考核学校的做法。“要知道，把成绩差的学生教好更不容易，而这个过程正是教育的本质，但现在考评不重视这个过程。有人假设，让重点学校的校长和老师与非重点学校的集体互换一下，他们未必有我们管理教育得好。”有的校长说：“素质教育喊了多年，为什么推行缓慢？原因之一是学校没有宽松的机会。”“有的学校取消了中长跑，就是无奈选择。体操课取消了，到大自然中

① 舒圣祥：《告诉孩子，生命远远重于成绩》，《中国青年报》2014 年 9 月 24 日。

接受熏陶的春游、秋游也取消了，因为安全问题，学校无法承受。而这些课程正是培养学生意志品质、吃苦耐劳、团队精神、责任意识的课程。”①看来，在对孩子进行教育、评价上，学校的确出现了偏差和误区。教育的本意是传授思想道德、知识技能，发展人的基本素质，可是现在的学校教育瞄准的是中考和高考的分数，忽视了更加重要的思想品德、创新能力、身体素质的培养。学校教育中弥漫的是分数、升学率，而不是讲道德、做好人。有中学教师说：“现在学校考核老师，就看班级成绩。为了提高孩子成绩，讲过基础知识后，还要讲拓展题，因为只有难题才能拉开与别人的成绩。有的难题要讲几十遍学生才能理解。作业也多，两个班每天一百二十多本，批改完后可以说精疲力竭。”教师和学生以牺牲必要的休息、娱乐和交往为代价，进行非正常的竞争，这是教育本质的迷失。我们不能一味否定考试，但是不应该把升学率、分数、排名当成捆绑学生和学校的“绳索”，因为这些不是教育的本意，偏离了上学的初心。良好的教育重在激发学生的个性和创造性，而不是简单地灌输知识和技能。“好教育并不害怕考试，相反会因为尊重教育规律激发出孩子的主动性、创造力和求知欲，获得更好的学习效果。”②

三是学校教育存在急功近利现象。教育是有用的，而且是有大用的，但不能急功近利。近年来学校教育的功利性经常受到人们的批评。有人说，当下教育“在功利中挣扎”，“如何让教育变得从容与理性，让校园回归淡定与宁静，也就成为教育工作者共同关注的话题”。③有一位在国外就业的女士 2014 年春节回家。有一天中午吃饭时，她和孩子

① 高平：《孩子，你不该走》，《光明日报》2013 年 1 月 22 日。
② 邓晖：《我们的教育要改变什么？》，《光明日报》2013 年 3 月 10 日。
③ 刘梦、靳晓燕：《教育，要守住一份从容与淡定》，《光明日报》2013 年 7 月 3 日。

老姨正聊得高兴，只见两年前回到中国上幼儿园的女儿把筷子往桌上“啪”地一拍，大叫“吃饭不许说话”。紧接着，女儿狼吞虎咽不到五分钟把饭吃完了，这位母亲心头一沉！两年前文静的女儿哪里去了？晚上，她把孩子搂在怀里聊天，想了解孩子为什么变成这样。女儿说：“在幼儿园里，老师说了，吃饭说话就不是好孩子，谁吃得快，谁就是好孩子，就能得大红花。”听完孩子的话，这位母亲执意地要把孩子带去国外，因为她要培养孩子做一位淑女，做一个具有东方气质的知识女性。“我们的教育对象是一个又一个的鲜活生命。因此我们先要倾听众生命的呼唤，然后自己参与进去，与之对话，在精神的互动、共振中享受生命的欢乐；然后沉静下来，进入生命的沉思与追问；最终要走出书本，直面生活，进行生活的实践、生命的创造，实现生命的自主、人生的开放。这样你就感受到教育的美丽所在。”①基础教育是普及性教育，不是精英教育，衡量标准不能简单看有多少人升学，而应看多少人素质得到了提高，要把培养有责任感、有修养的人作为立足点。“我们的孩子太缺少一个安静祥和的氛围，在教师的引导下做自己喜欢的事情。他们会变成很听话的孩子，会说出师长们很喜欢的话或做出师长们很喜欢的事情。但是，心底真正的愿望，真正感兴趣的事，可能根本没有机会去实现。我们过多关注孩子的学习成绩，要为升学做准备；关注孩子的课外班课程的选择安排，因为它是孩子能否升入理想学校的砝码。孩子真正的兴趣培养，因为没有时间或者挤不出时间，就被这些关乎学习的重要大事淹没了。除了学习，孩子根本不需要考虑其他的问题。只要学习好，就是对父母最大的回报。因此，我们的孩子不懂得孝敬父母，不懂得帮助他人，急功近利，不愿与他人分享，难道这真的是

① 肖远骑：《儿童的教育本该很美丽》，《中国青年报》2014 年 3 月 22 日。

孩子们的过错吗？”①我们不能用基于现实秩序的功利主义主导学校教育，重视知识和技能，轻视思想道德。

四是学校教育普遍是一味灌输。在“应试教育”下，灌输是学校教育的基本方式，这不利于培养学生的思维能力和独立人格。中国曾有一个教育访问团旁听日本长野县中学一堂讲解日本战败后签订的《旧金山和约》和《日美安全保障条约》的历史课。日本教师向学生解释了条约的内容后，让学生分组进行讨论，讨论该条约签订的利弊及其理由。对于《旧金山和约》，有学生认为签得好，因为避免了战败后的赔偿问题，日本就此重归国际社会；也有学生认为签得不好，因为留下了至今未解决的北方领土问题，没有中国和朝鲜这样的战争被害国参加的条约签订是不合理的。对于《日美安全保障条约》，有学生认为签得好，因为没有战斗力的日本有了美国的保护，不与美国为敌比较好；也有的学生认为签得不好，因为这致使美国军队至今滞留日本，留下了冲绳美军基地问题。日本教师让参观的中国学生也参加讨论，但那些中国学生不习惯这样的教学。中国式的教学是以教师讲、学生听为主，尤其是历史课是已有定性的内容，在中国的课堂上不太可能对此评判是非曲直。我国曾签订《南京条约》，但我们的学生不被允许擅做价值判断，课本早已给出了标准解释，拿起课本，你只需要背下这句话：《南京条约》是中国第一个丧权辱国的条约。如果我们的教师在课堂上要学生讨论《南京条约》对中国人来说有哪些好处，有哪些坏处，那问题一定会很严重。按理说，历史课有利于批判性思维的教育与训练，但我们的历史教育完全固化为不合时宜的教条。与学校教育不同，社会教育往往没有规定的标准答案，这为历史问题的不同看法留下了空间，反而有利于启

① 《我们的教育缺少什么》，《光明日报》2013 年 12 月 11 日。

发青少年思考，培养青少年的批判式思维与独立思考的能力。

五是学校教育不能解决所有青年的就业问题。随着高等教育的普及和大学生就业的困难，人们开始看到上学包括上大学不能解决青年的就业问题。高等教育普及了，但目前同龄青年中多数是没有机会上大学的。高考改革得再好，办法再公正，也难以大量提高毛入学率。而且更为重要的是，大学毕业生就业难，有的是高不成低不就。因此，在中学期间进行合理分流，让一定比例的青年接受职业教育，这应该是一种好的制度安排。青年个体要从自身学习等条件出发，不要把上大学、上名校作为唯一目标。用人单位要唯才是举，以成效论高下，淡化学历的含金量，不能使那些没有大学文凭的青年寸步难行。

职业学校教育也需要强化社会教育性质，不能像普通学校一样一味讲授。理想的职业教育是由学校与企业联手开展，而不是由职业学校唱“独角戏”，否则，青年可能学不到多少真本领。有调查显示，企业方对“职校人才培养成效满意度”的看法是：57%的选择“不太满意”，43%的选择“满意”。①职校毕业生“对制造业专业课程有效性的评价”：20.67%认为专业教学与职业岗位工作过程相去甚远，15.56%认为课程内容针对性不强、盲目、陈旧，13.01%认为教师大都“纸上谈兵”；9.73%认为学习内容和中学差不多，文化课太多，也没有什么实训设备。关于设备和实训条件，针对学生和教师的调查显示，选答设备落后的中职生和高职生分别为23.4%、33.9%，设备数量不足的分别为29.6%、38.3%，实训场地不够的分别为42.6%、45.3%。②应该说，青年在工作岗位上受到的教育，作为社会教育的一种方式，比职业学校更加切近实际，更加具有价值。

---

①② 郑也夫著：《吾国教育病理》，中信出版社2013年版，第65、66页。

六是学校教育的安全教育不足。安全是青少年健康成长中不可或缺的教育内容，然而，“应试教育”导致学校教育中安全教育严重不足。2014 年 9 月 26 日，昆明市盘龙区明通小学发生校园踩踏事故，造成 6 名学生死亡、26 名学生受伤。该小学一、二年级学生午休的宿舍楼设在学校操场铁栅栏外的老式居民楼里。当天 14 时许，午休的学生听到起床铃声后，纷纷下楼前往教室上课。此时，一楼狭窄的过道上，两块平时上体育课用的海绵垫子平倒下来，一些孩子被压在了垫子下，后面不知情的学生继续向前走，大量学生拥挤到一楼楼道口，整个楼道充满了哭声、喊叫声，许多惊慌失措的孩子摔倒在海绵垫子上，压住了海绵垫子下的孩子。①由两块“海绵垫子”引发的踩踏悲剧就这样发生了。该校教学楼一楼大厅挂着《楼道安全管理制度》，楼梯每一层台阶正中有提示语提醒学生“走廊楼道不跑跳，脚步要轻慢慢行”。可是，缺乏安全教育，尤其是没有必要的紧急情况演练，这导致学生既缺乏安全意识，更缺乏逃生技能。针对学校安全教育的不足，一些社会教育组织开展了青少年自护教育活动，编发自护手册，进行自护体验，取得了很好的效果。

从以上的案例可以看出学校教育的诸多不足。学校的组织化和可控性，使得有的人对学校教育抱有不切实际的幻想。有的人迷信学校的围墙，以为学校可以屏蔽社会影响，创造一个无细菌侵染的真空，只要把青少年置于学校围墙之内，就可以随心所欲地塑造出各种合格的“产品”，培养大批理想的人。然而，经过十几年正规学校教育的人，未必都是合乎社会需要的人。于是乎，一些教育家便对学校进行批判。卢梭把当时法国的学校贬得一钱不值，而让爱弥儿远离学校，到大自然中去

① 张文凌、刘春媛：《安全教育手册有了，逃生本领怎么没有》，《中国青年报》2014 年 9 月 28 日。

修行。伊里奇猛烈地抨击现代学校制度的种种流弊，提出“非学校化社会”思想，号召人们废除学校，代之以“学习网络”，建立一种人人平等、自由、自律、自助、愉快交往的“非学校化社会”。在我国实行义务教育多年的今天，有的家长仍然亲自对自己的孩子进行基础教育，或交给非学校化的教育机构如国学教育机构进行教育。其实，学校本身属于社会的一部分，从来就不是什么世外桃源，尤其是在信息化的今天，更是与社会有着紧密的联系。学校中渗透了太多的社会性因素，在思想道德教育上，学校五天的教育有时会被周末电视的一个故事情节所否定，这足以说明学校不是培养纯粹的理想人格的真空环境。“多少世代以来，我们企图通过提供越来越多的学校教育，使这个世界变得更加美好。可是，迄今为止，这种努力失败了。”“对此，教育系统的批评家正建议对教育作重大而又非正统的矫正，这些矫正措施涉及：从能够使每个人都可在开放市场得到他所选择的教育保证计划，到把教育的职责由学校转向大众媒介和工作上的学徒制度。”①

社会教育是学校教育的基础。青少年身心发展与其社会生活密切联系。社会教育虽然没有学校教育那样规模化、集中化，但与学校教育相比内容更丰富、形式更灵活，既能发展青少年的社会知识和能力，又能巩固青少年在学校所学的知识和技能，其影响更加广泛。从某种意义上来说，社会教育是学校教育的基础，甚至是源泉。社会教育不仅可以形成良好的社会氛围，为学校教育创设一定的环境条件，弥补学校教育的不足之处，而且可以提高学校教育的成效，促进学校教育的深度变革。在大一统的教育思维和教育体制仍占统治地位的今天，学校是教育行政机构的附属部分，是一个具有行政性、缺乏自治性的组织。在

① 孙喜亭、周作宇编：《教育学原理》，北京师范大学教育管理学院编印，1995年，第18页。

这种情况下，恰恰是离政府资源更远的社会教育可以发挥更多的自主性、多样性，发展出自身独特的教育精神，从而扩充青少年的知识，提升青少年的素质。

学校教育重“教”不重“学”。夸美纽斯说：“教师的嘴是一个泉源，从那里流出知识的溪流，流向他们，每当他们看到这个泉源打开时，他们就应该把他们的注意力放在下面，像蓄水池一样，不让流出的水有点滴溜走。”①这里说的“他们”是指学生。他把教师当成了知识的源泉，把学生当成了被动的知识接受者。学校顾名思义是一个学习场所，是一个重学习的地方，但目前的学校是一个重教育的地方。这样的学校与其说是一个“学校”，还不如说是一个“教校”。与学校教育相比，青少年社会教育强调的是学，而不是教，教学活动让位于学习活动。社会教育把教育重点放在青少年的学上。在社会教育中，青少年不是被动接受教育者所灌输的内容。这样，核心不是教而是学。杜威认为，“教育并不是一件‘告诉’和被告知的事情，而是一种主动的和建设性的过程，这个原理几乎在理论上无人不承认，而在实践中又无人不违反。”②在这一过程中，人的经验还不成熟，还有待发展，而教育就是促进这种发展。教育不仅仅是单纯地传授知识，而是一种生活、一种发展。学校生活、家庭生活和社会生活是一个有机整体，不能脱节而孤立地发展。这种教育在当时是一种崭新的教育思想。教育即生长，教育即改造，教育即生活，生活即发展。在某种意义上，学校仅仅给予我们智力成长的工具，其余的则要靠我们对经验的理解和汲取。在我们走出

① 〔捷克〕夸美纽斯著，任钟印译：《大教学论·教学法解析》，人民教育出版社 2006 年版，第 153 页。

② 〔美〕约翰·杜威著，王承绪译：《民主主义与教育》，人民教育出版社 2001 年版，第 46 页。

校门后，真正的教育才开始。①

社会教育注重青少年多方面素质的培养，努力实现青少年素质的全面发展。按理说，实现人的全面发展是各种教育的共同目的。教育既要传授青少年以知识和技能、把青少年培养成为有一定专业技能的劳动者，又要把青少年培养成为具有社会责任、规则意识、人文素养的人。但是，学校教育具有强烈的专业性，学生入学动机中具有强烈的为选择某项职业进行专业学习的色彩，因此难以实现全面发展的教育目的。社会教育使得青少年在通过学校获得基本知识的基础上，训练如何处理人际关系、社会生活和社会问题，学会共同相处、共同生活、共同发展。

应该说，我国学校教育这些年取得了快速发展，招生方式进行了许多改进、发生了一些良性变化，但"应试教育"仍然比较严重，学生学业负担仍然比较沉重，学校仍然普遍"千校一面"，难以高效地提升青少年的综合素质和创新能力。《中华人民共和国义务教育法》第五十三条规定，县级以上人民政府或者其教育行政部门有"将学校分为重点学校和非重点学校"的情形，由上级人民政府或者其教育行政部门责令限期改正、通报批评；情节严重的，对直接负责的主管人员和其他直接责任人员依法给予行政处分。第五十七条规定，学校有"分设重点班和非重点班"的情形，由县级人民政府教育行政部门责令限期改正；情节严重的，对直接负责的主管人员和其他直接责任人员依法给予处分。可是，很多地区依旧保留重点校、重点班，或变相举办重点校、重点班，如示范校、实验班等，在义务教育均衡方面，地方政府并没有转变原来

① 张少军、韩秋红：《社会教育理论的实践方式研究——在中外社会教育比较视野下》，《外国教育研究》2006 年第 12 期。

的教育投入模式。在这种情况下，大力发展公平的社会教育，可以在一定程度上弥补学校教育在差别化对待青少年上的缺陷。

三、克服家庭教育的弊端

家庭是人生的第一场所，一个人最早在家庭里受到教育，后来进入学校，最终走上社会。家庭在青少年成长中承担着抚养、教育、管理和情感交流等功能。家庭教育的主要对象是孩子，是青少年。家庭生活对青少年的人格发展具有先导性作用，青少年个体以后在学校和社会上表现出的人格特质，是源于小时候在家庭所受到的独特教育。在青少年教育体系中，家庭教育很重要。一旦家庭的教育功能缺失，就会直接影响青少年的健康成长。一般来说，有什么样的家庭教育，就会有什么样的青少年成长。家庭教育对于青少年的健康成长和全面发展，具有基础性作用。

家庭教育与学校教育都要教育青少年做人做事，但家庭教育更偏重做人的教育，而不是做事的教育。古代家训谈读书识字的少，大多讲的是如何为人处世。现在的家庭教育应讲社会主义核心价值观和中华民族优秀传统文化。正确的家庭教育是做人的教育，是人生观和价值观的教育，是思想道德的教育。家庭教育应该强化道德教育和法治教育，而不是分数和考试，不是补习文化课，不是考级拿证书。目前，许多家庭教育重知识技能，轻道德法律。中国青少年研究中心 2014 年的调查显示，71%的家长仅以“学习”为亲子沟通的主要内容。家长与孩子谈论最多的是知识学习，最关心的是孩子考试得了多少分、排第几名、钢琴考了多少级、比赛拿到什么奖等各种学习和技能指标，至于孩子的道德观念、法律意识怎么样，则很少过问。现在孩子的压力很大，主要原因是在社会的学历竞赛中，家长的期望值很高。有些家长不停地让孩子参加校外补习班，不想让孩子输在起跑线上，这给孩子造成很大的心理压力。许多家长把“家庭教育”理解为“家庭学习”，把围绕着学校考试科目学习，放在了家庭教育的首位。这使得一些学生看上去学了很多知识，对是非曲直却缺乏应有的分辨能力。家庭教育不能只盯着考试成绩、个人特长，在传授知识和技能的同时，要教给孩子最基本的道德观念和法律意识。

2013 年 11 月 27 日，“媒体爆出重庆‘10 岁女孩摔打男婴’视频，之后几日，又相继发生了昆明 9 岁女孩被同学用改装枪打爆左眼事件、福建莆田 14 岁少年勒杀 8 岁女童并抛尸粪池等一系列事件。短短 10 天连发 3 起孩童暴力伤人事件，引发公众的广泛讨论与关注。为何总有愤怒的孩子？是什么让本应天真的他们如此暴力？”①重庆女孩摔婴后，人们不能理解这么小的女孩为什么会具有如此残暴的行为。据媒体报道，这名 10 岁的施暴女孩是暴力的受害者。她的父母平常很爱打牌，对该女孩缺乏关爱，并且多次打骂。不少网友认为，正是父母的暴力催生了孩子的暴力。的确，孩子的暴力行为根源在于家庭教育方式和抚养环境出了问题。比如说，父母的爱和陪伴不够导致孩子缺乏幸福感和安全感，容易出现心理和行为问题；父母教育方式简单粗暴，经常训斥孩子、体罚孩子，这就会使孩子产生抵触心理和负性情绪，甚至进行暴力模仿。

近些年有些家庭对家庭教育有所忽视，有的家长忙于生计、忙于工作，与孩子沟通的时间较少，不了解孩子的真实想法看法；有的家长不懂得教育方式，对孩子的学习和生活大包大揽，这使得孩子缺乏自立意识，依赖性强，独立生活能力差，缺乏适应环境和应变的能力，缺乏同情心和责任感。目前，许多青少年是独生子女，生活条件较好，缺乏艰

---

① 曹斯、李娇、周密：《是什么让孩子如此暴力？》，《南方日报》2013 年 12 月 25 日。

苦生活的锻炼，同时，父母亲在职的比例很高，在繁忙的工作后很少与子女交流，这导致青少年心理与思想出现各种问题。

社会教育可以弥补家庭教育的缺失。例如，青少年宫为青少年提供了放学后和节假日学习和娱乐的场所。专业化的青少年宫教育使得青少年既能够充分利用闲暇时间，又能够学习在学校中难以学到的文艺、体育、科普等知识。现在，青少年上网比例很高，看电视更是非常普遍，他们广泛受到动画片、游戏的影响。因此，媒体教育在青少年成长中发挥着越来越大的作用。多年前，团中央直属机关工会在暑假举办职工子女学习班，既督促职工子女做暑假作业，又组织参观科技馆、到公园游玩，这是一种很好的社会教育，因为青少年从中既能够交到一些新的朋友，又能够增长见识。

第二节　促进青少年成长发展

一、促进青少年社会化

人的发展包含生理、心理、认知、情感、意志和人际关系等多方面的发展，是自然性发展和社会性发展的统一。无论是自然性发展，还是社会性发展，青少年时期都是一个人发展最快速的时期。各种教育是青少年发展的重要驱动力。青少年社会教育的本体功能是促进青少年的个体发展。

促进青少年个体发展，首先是促进个体的社会化。社会化是指青少年个体学习和接受社会的价值观念、制度规范和行为方式的过程。一个人只有经历社会化，才能成长为一个有效参与社会生活和社会事务的主体。青少年时期是人的社会化的关键阶段。青少年社会化是青少年个体获得社会生活必需的观念、情感、知识和技能，以适应社会生活的过程。“社会教育的育人功能主要是促进个体的社会化，社会化的表现包括人生观、价值观的形成，社会角色、社会职业的定位，社会道德、社会责任的担当。”①青少年社会化要学习基本的社会规范，掌握基本的生活技能，学会承担基本的社会角色，进行基本的社会生活。以这四个“基本”为内涵的社会化使得青少年个体知道社会对自身有什么要求、有哪些期待，并自觉地以社会的行为规范来指导和约束自己的言论和行为，从而形成与社会主流文化相适应的人格，实践社会所公认的行为方式，成为一个合格的社会成员。

在青少年社会化过程中，除了遗传因素和个体的主观能动性外，教育和环境发挥主要作用。社会环境对人的教育影响属于社会教育。“耳濡目染”“潜移默化”“近朱者赤，近墨者黑”，这些成语说的都是社会环境对人的教育影响，都是社会教育的具体体现。青少年个体身心能否获得发展、发展到什么程度，与他所处的社会环境有着直接的关联。社会是青少年社会化的基本区域，社会教育是青少年社会化的重要途径。青少年的社会化进程大多是在社会这个大环境中进行的，社会教育在青少年社会化的过程中发挥着比学校教育和家庭教育更大的作用。

对于青少年的社会化，社会教育的作用远远大于家庭教育。家庭是影响青少年社会化的第一个环境，自然很重要，但是存在明显的局限性，因为建立在血缘关系基础上的家庭规范与基于一般社会关系的社会规范存在根本上的区别。根据美国心理学家哈里斯 1995 年提出的群体社会化理论，儿童的社会化具有高度的情境特殊性，在一种情境下学

① 杨育智：《社会教育功能解读》，《成人教育》2011 年第 4 期。

到的东西不一定会表现在另一种情境之中。一般来说，儿童在家中从父母和兄弟姐妹身上学到的东西，在家庭之外并没有多少适用度。社会对儿童在家庭内外的行为要求并不相同，一个在家里可以随意宣泄感情的孩子，出了家门如果再这样做，就得不到别人的认可，不会被别人允许。一句机智的俏皮话在家里也许会引起家人的会心一笑，而在学校就可能被同学反感，甚至被教师批评。在家中，儿童做对了会得到家长的赞赏；在家庭之外，儿童行为表现很好时，也许根本没有人在意。哈里斯据此提出了群体社会发展理论的核心观点：社会化是一种高度情境化的学习形式。儿童独立地在家庭内外习得两套行为系统，随着儿童年龄的增长，儿童倾向于喜欢家庭外的行为系统超过家庭内的行为系统。于是，家庭外的行为系统逐渐取代、超越了家庭内的行为系统，并最终成为其成人人格的一部分。可见，父母对儿童没有长期的影响。家庭外的环境，尤其是同伴群体，才是儿童社会化的重要环境。哈里斯认为，父母对儿童的影响只是暂时的、有限的，父母只会影响孩子在家庭内的行为举止，这些行为举止也不一定被带出家庭之外。①被同一家庭收养的孩子，长大以后一般而言其个性并不相似。同胞子女在某些地方有相似之处，但个性并不很相似。甚至在同一家庭中长大的同卵双生子在个性上也并不相同。这些在同一家庭中长大的同卵双生子并不比在不同家庭中长大的同卵双生子更相像。另外，在升学压力之下，家庭教育存在着许多为“应试教育”服务的做法，不能承担起青少年社会化的教育职能。有的家长只重视孩子的学业成绩，忽略了孩子在与他人相处中的态度、情感、行为模式的培育。有的家长在对待独生子女的教育上一味骄纵、溺爱。离婚所引发的家庭结构不完整和家庭成员情感交流的失

① 徐湘荷：《儿童犯错，谁之过？——哈里斯的群体社会化理论述评》，《上海教育科研》2004年第6期。

衡，使我国家庭社会化功能尤其是情感教育功能相当弱化。与家庭教育不同，社会教育在一个真实的社会生活中进行教育，青少年通过非血缘关系、非特定关系的人际交往，通过社会观察、社会实践，了解自身的社会角色，学习正常的社会规范，学会与普通人正常相处。这种以社会规范为内容、立足社会实践的教育，使得青少年能够在一个真切的社会环境中进行社会化，提升了青少年社会化的水平。

对于青少年的社会化，社会教育的作用也大于学校教育。这可以从以下几个方面看出。一是从教育的立足点看。如果说学校教育的重点是培养青少年的文化知识和职业技能，那么社会教育的重点则是提升青少年的精神内涵，帮助青少年学习社会化技能，促进青少年适应未来的社会生活。“当今学校主要任务是为生活实践及未来就业做准备。一切教学内容今天均被置于‘是否有用’的标尺之下，这里的‘有用’一般被理解为是否能为个人带来物质利益。从整体上看，那些试图对抗这种现状、使人们真正出于求知的愿望去学习而进行的努力变得无足轻重。”①社会教育对就业有帮助，但不全都是以就业为导向的，更多地表现为解决生存问题之后的精神提升。二是从教育目标看。现今的学校教育普遍追求升学率，唯智是举，不同程度地存在重智育、轻德育的现象。学校以考试分数作为评价学生的标准，对分数低的学生“贴标签”，这不利于这些青少年的社会化发展。学校教育的分数评价和排名，容易诱发学生个体的为己意识和利己观念。杜威说：“单纯地吸收事实和真理，完全是个人的事情，很自然地流于自私自利。缺乏鲜明的社会动机而只求单纯的学习收获，即使有了成绩，也不能明显地有益于社会。”学校教育是以竞争为基础的，“竞赛（就这个名词的坏的意义而

---

① 〔德〕曼弗雷德·富尔曼著，任革译：《公民时代的欧洲教育典范》，人民出版社 2013 年版，第 168 页。

言）几乎成为衡量成绩的唯一手段，即比较背诵和考试的结果，去识别哪个儿童在强记和积储大量的知识方面所取得的成绩，是否优于其他儿童。这种流行的风气是如此普遍，以致一个儿童对其他儿童的学习有了帮助就算是犯罪。”①我国教育改革进行了多年，但是在普通中学教育中，让学生和教师都不堪重负的“应试教育”目前并未得到根本扭转，只不过由以前的比升学率转变为现今的拼“第一批本科上线率”，甚至拼多少学生上了北京大学和清华大学。在学生和教师中广为流传“多考一分，超越千人”的“自励”名言，尽管符合实际情况，但听起来是那么刺耳。在激烈的高考竞争面前，普通中学成为一个以青年学生的升学竞争为内容的单一主体，本该有的促进青年学生全面发展的使命窄化成分数论优劣的单一任务。有人说，“‘人人为己’是现代学校中再明显不过的‘显规则’，每个学生只对自己的学习负责，至于同龄的同学，他们只在竞争的意义上才能被纳入视野。学生生活在同龄人群体中，但却是孤独的一个人在那里，‘旁若无人’，每个人比赛性地完成同样的任务，相互之间没有配合，没有协助，孩子们在物理空间上是如此的接近，但在心理和精神空间上又是那样的遥远！”②这种说法太绝对了，也不是很准确。但是，学校教育热衷于分数排名、等级区分，给天真无邪的同学关系打入了优劣对比的楔子，造成了升不升学、上什么学校的差异，这给一些学生投下了心理的阴影，不利于学生友好情感的培育和合作关系的形成。与学校教育不同，社会教育不以分数论优劣，没有考试升学的压力，可以随心所欲地选择教育内容和方式，这有利于青少年形成相互合作、彼此帮助的人际关系。三是从开放程度看。学校

① 〔美〕约翰·杜威著，赵祥麟、任钟印、吴志宏译：《学校与社会·明日之学校》，人民教育出版社 1994 年版，第 32 页。

② 高德胜：《论道德作为现代教育之代价》，《高等教育研究》2013 年第 10 期。

是一个比较固定、相对封闭的场所。学校的师生关系、同学关系都具有特定的含义，具有共同的文化内涵。这种人际关系与社会教育中遇到的不确定的陌生人是不同的。社会教育拓宽了青少年观察人与人之间如何相处、交往、合作、竞争的机会。青少年与家里以外的人接触便是社会化的开始。青少年在日常生活中必然会与各种人接触，逐步培养出与人打交道的礼仪和技巧。孟子主张性善论，荀子主张性恶论，两者观点鲜明对立，但是都认为人性是天生就有的。事实上，人性固然具有先天因素，但难以说是与生俱来的，更可能是后天生活中与不同的人接触后慢慢习得和养成的。一个人越具有社会性，就越能够适应团体生活和社会环境，成为容易与人相处、融入社会的人。此外，国际交流活动有利于青少年的社会化。在国与国经济、政治、文化关系日益密切的当今时代，青年外交的教育功能愈加突出。这种社会教育功能表现在通过组织青年参与国际交往，引导青年增强世界眼光、积累国际知识，帮助青年提高与国际社会交往的能力、加深对国家外交政策和实践的认知与理解。

社会教育在青少年社会化过程中具有广泛的教育影响，其中对青少年思想道德的影响最大。我国非常重视青少年的思想政治教育，而“思想政治教育其实就是以思想政治素质和道德品质为核心的社会教育，或叫作社会思想政治教育”①。青少年的思想道德教育是学校、家庭和社会的共同责任。但是，“长期以来人们过于关注学校德育或家庭德育的功能，几乎所有的德育理论都是建构在学校德育的框架之下，在很大程度上忽视和弱化了社会教育的德育功能。”②社会上存在的道德

① 刘梅：《论思想政治教育的社会教育形态》，《思想教育研究》2011 年第 9 期。
② 李绍伟：《社会教育的德育功能研究》，中国矿业大学 2014 年博士学位论文。

教育“2>5”或“5+2=0”现象，①这促使人们对学校思想政治教育的效果进行重新认识和审视。近年来，青少年中出现了各式各样的道德问题，有的还跌破了人们所能忍受的底线。在这种情况下，有的人把责问的目光投向教育，把改变的希望寄托于教育。尽管教育是提高青少年道德水准的基本途径，但是，在个人利益凸显、价值多元明显的今天，如何教育引导青少年形成正确的思想道德，是一个相当艰巨的任务。一个人的道德水平与其文化程度没有必然的联系，因此学校教育在青少年道德教育中不一定占有优势。道德有一个是否知道的问题，但更重要的是知道后是否行动、如何行动的问题。现实生活中存在大量的知德而不践德、知善而不行善的现象。有的人受过多年的学校道德教育，但仍然知行不一、言行不一。反之，有的人没上过几年学，却拥有很好的德性，具有许多的德行。有调查表明，在青少年道德观念发展中，“家庭因素的影响占23%左右，而学校因素的影响占10%左右”，所起的作用相对较弱。包括网络环境、舆论导向和影视作品等社会环境对青少年道德观念的影响较大，“构成青少年道德观念发展的主要因素，也就是说青少年道德观念发展在很大程度上受社会环境因素的影响”。“一些影视人物、网络人物、文学作品人物在青少年道德观念发展中也发挥着重要的影响。”②青少年在社会教育中感受社会文化和价值观念，形成自己的人生观和价值观，定位自身的社会角色，担当起应有的社会责任，正确处理个人与他人、个人与社会的关系。社会教育通过社会规范的传递，使青少年认识社会规范的意义和内容，认识到应该干什么，不

① 是指学生周六、周日回到家庭和社会受到的不良道德影响，削弱、抵消甚至大于周一至周五在学校受到的道德教育效果。

② 佘双好著:《青少年思想道德现状及健全措施研究》，中国社会科学出版社2010年版，第129页。

应该干什么，从而规范自己的行为。社会教育倡导以文明礼貌、助人为乐、保护环境、遵纪守法为主要内容的社会公德，引导青少年在社会上做一个好公民；倡导以爱岗敬业、诚实守信、办事公道、服务群众、奉献社会为主要内容的职业道德，引导青少年在工作中做一个好职工。相对于家庭教育和学校教育，社会教育能够给青少年提供更多的道德实践的机会。

二、促进青少年个性化

如果说人与人之间相同的一面表现为社会性，那么不同的一面就表现为个性。青少年个体在需要、动机、情感、意志、能力、气质、性格等方面，都会表现出自身的独特性。学校教育的特点是实行规模化、整体化的教育。统一教学和分数导向决定了学校教育是难以普遍地实施个性教育的。夸美纽斯说："教学的艺术所要求的不过是将时间、科目和教法加以精巧的安排，一旦我们找到了正确的方法，要教你想要教的任何数量的学生，并不比印刷机每天以整齐的书法印上千页的书更困难。"①把教育比作机械的重复的印刷，这很大程度上是学校教育的写照，许多学校用统一的教育目标、内容和方式对个性各异的青少年进行教育。这种做法扩大了受教育的人数，能够实现教育普及，但容易忽视学生的个性特征和个性发展。与此不同，青少年社会教育实行个性化教育，为不同个性的青少年提供不同的教育内容，在教育过程中尽量满足个性化需求，促进青少年的个性发展。有调查表明，对青少年个体成长来说，社会教育对青少年"人际交往能力""社会适应能力""自我认知能力""团队协作能力""创新能力""应急处理能力"等的提高具有

① 〔捷克〕夸美纽斯著，任钟印译：《大教学论·教学法解析》，人民教育出版社 2006 年版，第 92 页。

较大作用。①

青少年社会教育促进青少年个性化，核心是通过多种形式的社会教育活动，促进青少年个体自主性、独特性和创新性的形成。

从自主性的角度看，社会教育促进青少年主体意识的形成和主体能力的发展。自主性是青少年社会教育的基本特点。学校教育具有强制性，义务教育是必须接受的教育，而社会教育则是青少年及其家长自主选择的教育。社会教育的选择性还包括教育内容和教育方式的选择。青少年可以选择不同的社会教育方式。大多数社会教育是不存在明确的教师的，由青少年进行自我教育。青少年宫等校外活动场所即使有明确的教师，其教师的功能与学校相比也大不相同，即教师的定位不是讲授，而是辅导，担当辅导员的角色。对于青少年宫等校外活动场所实施的社会教育，青少年不是必须参加的，更不是被动接受的，而是自主选择什么时间参加活动、参加什么活动、如何进行学习。在社会教育中，青少年通过体验、参与、实践、娱乐等进行自主学习，成为教育的主体。从教育选择的自主性到教育内容的丰富性，再到教育方式的多样性，社会教育较好地体现了青少年的自主性，强化了青少年的自我意识和社会角色意识，帮助青少年发展自主思考的能力。

从独特性的角度看，社会教育促进青少年个体不同潜能的充分发展，培养青少年的独特素质。学校教育是一种整体化的教育安排，实行统一的课程标准、统一的教材、统一的课程、统一的考试和统一的评价，因此，与青少年社会教育相比是缺乏独特性的。“目前的教育

---

① 苏敏、倪赤丹:《深圳市青少年社会教育现状研究》,《开封教育学院学报》2015 年第 6 期。

体系还处在流水线时代，学生在集中的地点接受统一模式、统一内容、统一进度的教学，选择余地不大。学生是流水线上锻造的产品，需压制个性来适应固化的学校体系。这种以班级授课为主体的整齐划一的教育体系正受到挑战。”①社会教育的重要优势是实行个性化教育，青少年可以从自身兴趣爱好出发，选择个性化的学习内容和学习方式。广泛的社会教育提供了众多的教育元素，这些教育元素对青少年个体能够产生什么样的教育影响，是因人而异的。例如，青少年宫尊重青少年的个体差异，因人定课，因材施教，帮助青少年开发内在潜力，形成自己的特长。经过青少年宫的培养，一大批具有文艺、科技、体育特长的青少年脱颖而出。青少年社会教育根据青少年个体的兴趣爱好开展教育活动，有助于开发青少年的潜能，发展青少年的特长。

从创新性的角度看，社会教育提供宽松的教育环境，尊重青少年的主观能动性，有利于培育青少年的创新精神。钱学森曾说：“现在中国没有完全发展起来，一个重要原因是没有一所大学能够按照培养科学技术发明创造人才的模式去办学，没有自己独特的创新的东西，老是‘冒’不出杰出的人才。这是很大的问题。”②今天我国中小学的教育方式主要还是教师讲、学生听，流行的还是死记硬背。在分数和升学的教育导向下，许多学生刚入学时的新鲜、好奇、提问、思考等创新性思维的萌芽，一天天地被统一考试、标准答案消磨掉了。一味要求学生遵从教材、服从老师，使得青少年被动学习，不敢提出自己的不同看法，逐步形成唯书唯上的思维习惯，窒息探索的欲望和创新的热情。当代学

① 余胜泉、汪晓凤：《‘互联网+’时代的教育供给转型与变革》，《开放教育研究》2017年第1期。

② 李斌：《亲切的交谈》，《人民日报》2005年7月31日。

校中，“教育对学生能力和潜力的判断都不会脱离成绩单，差别只在依赖程度的不同。成绩单与创造力关联吗？大约与智商和知识一样，也是一种门槛的关系，本质上是两桩不同的事情。模仿与创新，似乎从直观上更可以判定是两件事情。如是，成绩单和创新力也必是两件事情。因为学习从本质上说是模仿，成绩单基本上是模仿力的体现。模仿和创新是两个范畴，模仿的范畴内未必毫无创造力，但我们不能称其为创新。”①斯腾伯格说：“创造力没有出现在孩子们成绩单的任何一栏里。”②“具有创造潜能的个体很可能从未被识别出来，甚至可能只被赋予了很低的期许。更有甚者，如果有的学生表现出了创造力，但学习成绩很一般或很差，他们可能被贴上问题儿童的标签。而最终，由于他们一而再再而三地遭受打击，可能真的变成问题儿童。”③这说明，学校中现有的以记忆和模仿为核心的学科考试对一些青少年产生了消极的教育影响，甚至扼杀其创新精神。

与学校教育不同，社会教育在培养青少年的创新能力方面具有自身优势，因为社会教育具有宽松的学习环境，可实施个性化教育和活动型教育，有利于培养青少年的创新能力。例如，青少年宫教育不以整齐划一的标准衡量学生，而以平等和欣赏的态度对待学生的个性差异，鼓励学生思考和提问，点燃学生标新立异的火种。青少年宫教育没有升学压力，不用死记硬背，因其教育内容的丰富性和教育形式的多样性，能够激发青少年的参与热情，提供动手操作的机会，引导青少年在轻松的教育氛围中学习和思考，更有利于青少年创新能力的培养。丰富多彩的青少年宫教育活动，不仅扩大了青少年的知识视野和活动空间，而且使得课堂上获得的知识能够在实践中得到运用，这有

---

①②③ 郑也夫著：《吾国教育病理》，中信出版社 2013 年版，第 195、195、196 页。

利于培养青少年的兴趣特长，发展青少年的创新能力。青少年宫促进青少年创新的典型例子是中国福利会少年宫举办少儿计算机培训班。“上海市最早在少年儿童中开展电子计算机教育活动的，是中国福利会少年宫。那是 1978 年，少年宫同志受到全国科学大会精神的鼓舞，认识到要培养四化建设人才，应从小抓起，而且必须以现代最新科学技术知识武装他们，于是决定依靠社会力量试办计算机小组。这一年暑假，少年宫举办少年电子爱好者夏令营……1983 年 6 月 1 日，正式成立了我国第一个儿童计算机中心——中国福利会儿童计算机活动中心。”①1984 年 2 月 16 日，在上海市微电子技术及其应用展览会上，由中国福利会少年宫教师带领的两名计算机活动中心学员，为邓小平等中央领导人演示了自己设计编制的“机器人唱歌”“机器人下棋”等程序。邓小平在观看计算机演示后，发出了“计算机的普及要从娃娃做起”的号召。

青少年社会教育能够促进青少年个体的身体发展。调查显示，“我国中小学校落实每天一小时体育锻炼的现状不容乐观，在 1 551 份调查样本中，40.8％的学校无法保证学生每天参加一小时体育锻炼。对 1 627 名学生的调查显示，每天不锻炼和锻炼时间在半小时以内的学生占到 41.6％，每天锻炼一小时以上的学生为 29.1％，28.8％的学生每天锻炼时间在半小时至一小时之间。”②学校体育教学的不足需要社会教育去弥补。在青少年社会教育中，既存在多种体育活动，又有户外的活动营地。例如，青少年宫的体育活动涵盖乒乓球、篮球、足球、武术、跆拳道等多种项目，青少年活动营地更是具有学校和家庭中没有

---

① 周新英：《“计算机普及要从娃娃做起”——记上海市中小学生电子计算机教育》，《人民教育》1985 年第 1 期。

② 慈鑫：《中央发文抓体质为何成效未彰》，《中国青年报》2014 年 8 月 6 日。

的许多户外活动项目，这些都有利于增强青少年的身体素质和心理素质。

三、促进青少年职业发展

人们从事职业活动是需要相应的知识和技能基础的，教育传授知识和技能，对人们的职业发展产生重要的影响。如果说学校教育是在为青少年将来的职业发展做准备，那么社会教育则直接服务于青年的职业发展。

据 2014 年 2 月 3 日中国青年网报道，2014 年即将从国内一所名校毕业的硕士生杨某正月初二在杭州参加了高中同学会，让她十分吃惊的是，班上曾经的后进生部分如今已小有成就，而不少成绩优异的尖子生包括自己在内却还在面临就业的迷茫中。“好几个‘差生’都自己开公司做了老板，而我却还是一个连工作都没着落的实习生。”杨某说，这场同学会着实让她这个“待业青年”受到了刺激。让杨某印象最深的是她的同桌，这个与她同是 26 岁的男生，当时创业做了花卉园艺栽培，生意打理得有声有色，还常常被报纸杂志采访。“那个时候我是班长，老师总会把班上成绩最差的同学安排给我当同桌，读书的时候总是我管他。现在感觉情形完全颠倒了，听他手舞足蹈地讲创业故事，觉得特尴尬。”杨某说，作为名校的高才生，她曾有很强的优越感，但如今却觉得无地自容。她去了多个公司应聘，却都没有被聘用。尽管学历高，但对于未来，她没有多大信心。“更难受的是，很迷茫，不知道喜欢什么，以前只知道读书，只知道成绩，现在却找不到方向。所以还挺羡慕那些有目标的‘差生’。”同样被这个问题困扰的还有“海归”程某。程某刚刚从一家企业辞职，对自己的未来也很迷茫。程某说，小时候的好学生们嘴里不说，但心里总有个坎，觉得一辈子都要优秀，怕失败，很多时候放不开手脚。“所以工作挑来挑去总感觉都不满意。两年前有个跨国公司要我，但前提是要当一年的最基层销售员，我当时觉得要去商场里推销太难堪了，没答应。”杨某说，这种“一直要优秀”的压力让她总想逃避现实，所以她宁可待业也不想去一个让她没面子的公司去工作。“优等生”长大后不如“后进生”已经成为比较普遍的社会现象。有的网友说：“念书的时候，听话守规矩会读书的是好；到了社会上，胆子大、脸皮厚、敢于破旧立新的是好。念书的时候，不谈恋爱的孩子是好；一毕业，恋爱结婚生子越早越好。学生时代和进入社会之后，好多评价标准都瞬间倒置了。”关于这个消息，有的网站标题是“高才生困惑：为什么曾经的‘差生’混得比我们好?”，更多网站的标题是“尴尬同学会：学霸找不到工作，‘差生’创业当老板”。

对于这则消息，人们可以有不同的解读，但谁也不能否认：学校不是青少年学习的全部空间，学校教育不能满足青少年成长的全部需求，学校成绩不是青少年未来职业发展和事业成功的唯一标准。恰恰相反，社会是一个更大的教育空间，许多学校考试分数不高的人在这里学习成长。目前，在高考指挥棒的挥舞下，在升学竞争压力的驱动下，中小学教育一心一意拼分数、拼升学，使得青少年的能力片面发展，这不利于青少年以后的职业发展和社会生活。“应试教育”的导向，追求高分数的目标，导致青少年像麻袋一样被装满了书本知识，这些书本知识与社会现实存在一定的距离，过于死板的概念化知识和呆板的思维方式还会束缚青少年的想象力和探索精神。据调查，一些青少年学习能力低下，不清楚学习目标，不懂得学习方法，为读书上学所困；创造能力低下，只会考试，唯书唯师，缺乏创造性思维和创造性能力；人格不健全，性格孤僻，具有攻击性。从多元智力理论看，学校教育培养的只能是部分智力，学校培养的这些智力不能完全适应社会的需要。2010 年多家媒体报道：有调查报告显示，1977—2008 年 32 年间的 1 000 余位高考“状元”中，没发现一位是做学问、经商、从政等方面的顶尖人才，他们的职业成就远低于社会预期。其实，高考第一名只是因为记忆能力、数理能力等较强，但是，动手能力、创新能力、毅力等没有得到多少反映。另有调查发现，在科学家、社会活动家、企业家和艺术家中，科学家的成就与学校成绩有一定关系，而其他人所取得的成功与学校成绩没有正相关关系，也就是说，学校成绩优秀的不一定能成为各种“家”，而学习成绩一般的也不一定就不能成为这些“家”。很多事例说明，企业家主要不是学校培养出来的，而是在社会上打拼出来的。青少年迟早是要走出校门的，青少年素质高低、能否成才、能成就多大事业，归根结底不是学校说了算，而是社会说了算。对于青少年的培养，社会教育不能缺失，大有可为。青少年正值长身体、长知识的关键阶段，处在人生观、价值观形成的黄金时期，特别需要社会教育的引导和帮助。青少年社会教育以实现青少年的社会能力为根本任务，体现了青少年教育的本质，回归了青少年教育的本来意义。

诚然，青少年的成长是需要接受学校教育的。在青少年成长过程中，基本的学校教育不仅是十分必要的，而且是非常重要的，但是仅靠学校教育是远远不够的。对于许多人来说，学校教育只是一个工作和生活的基础，而真正对人的成功产生直接影响的可能不是学校教育的成绩，而是社会经验和岗位训练，社会教育在很大程度上决定了一个人的工作好坏、事业是否成功。有的人在学校时的学业成绩并不突出，却在社会上摸爬滚打中成为成功人士，在商场、官场、学术场取得了常人难以企及的成绩；也有的人学业成绩很好，一直是教师心目中的好学生，多年后却工作、事业平平，在职场中默默无闻。见到十几年前的中学同学时，人们都可以从教育学的角度去思考，一些同学尽管在学校读书成绩不算高，但是具有意志品格、拼搏精神，以及对社会的独到感悟，创出了一番很大的事业，取得了令人欣羡的成功。学生从学校教育中所学到的只是考试大纲中所规定的原理、定律、公式、符号等。这些知识虽便于考试，但与职业发展有很大的距离，与创业更没有多少关联度。“不管是何种目的的考试，只要竞争激烈，效度必然降低，差别只是程度。一流科学家常常不是当初自然学科的考试中分数最高的考生。诗文考试中的优胜者绝难成为诗人、文豪。”①政务要在干中学，谁堪大任要在实干中比较。汉代曾实行“授试以职”。“善于体察人心民意，有合作能力——能与上司、同僚、下属建立良好关系，有协调能力——能解决冲突、纠纷，有意志力——能承受压力、荣辱不惊，有应急能力——刚毅果断、当断则断，这些都是一个优秀官员应该具备的素质，却绝非校园书斋所能养育，要在接触方方面面的人士、打理形形色色的事务中练就。”②人的学习黄金期如果完全在校园中度过，作为官员，他的履历绝非最佳。教育不能脱离社会生活，但是，“考试教育却仅把生活作为教育的末端：一方面，学生在学校过着简单化、理想模型化的生活；另一方面，教育却是为将来现实的社会生活做准备。这就使学校生活与社会生活失去一致性、连贯性。在学校，学生们以考试成绩优秀而荣，然而一旦走上社会，却发现社会问题不是靠几个简单的公式或定理能解决的，社会的竞争也不是考试式的单线条竞争。那些考试的‘冠军’们，面对考试与生活的逆差，终究会承认，考试毕竟不是生活。”③的确，职场生活是比学校生活更充满挑战，职场竞争不亚于学校的考试竞赛，许多职场的成功不属于那些学校教育的优胜者，而属于社会教育中的优秀者。

---

①② 郑也夫著：《吾国教育病理》，中信出版社 2013 年版，第 100、114 页。

③ 周作宇著：《教育理论的边缘》，安徽教育出版社 2009 年版，第 136 页。

四、促进青少年问题的治理

一些青少年在成长过程中会出现一定的社会问题，而青少年社会教育具有促进青少年社会问题治理的功能。社会教育可以引导青少年正确认识所面临的社会问题，提升青少年的社会适应能力，缓解社会问题带来的压力，从而预防和减少社会问题。对于青少年的不良行为，社会教育还具有矫正作用。“社会教育不仅关注促进个体的福祉，同样致力于提升个体的能力来克服生活问题，从而更好地预防和减少社会问题。在这个层面上，社会教育必将涵盖对个体发展和家庭教育的支持。因此，从目的和功能来看，社会教育应该成为促进个体健康成长、提升家庭幸福，以及预防社会问题的一个必不可少的制度性安排。”①的确，从教育功能来看，青少年社会教育是促进青少年健康成长、减缓青少年社会问题发生的一种制度。青少年社会教育，从青少年个体的角度看是融入社会，从社会的角度看则是社会控制。青少年社会教育通过核心价值观和主流社会规范的教育，培育青少年的思想意识，塑造青少年的行为方式，预防青少年的社会问题。青少年社会教育在理论层面上研究由社会结构和体制机制引发的、在青少年个体社会化过程中所产生的各种冲突，在实践层面上采取有针对性的社会活动，帮助青少年应对社会环境、管理自身生活，从而预防和减少青少年问题。如果说学校教育主要向青少年传授知识和技能，那么社会教育更重视人格的培养，注重预防和减少青少年问题。

解决青少年社会问题有多种途径，其中一种是发展青少年社会教育。我国 2000 年成立“全国青少年校外教育工作联席会议”，直接原因是当时出现的严重青少年问题引起了高层的关注。时任中共中央总书

① 王亚芳：《从留学生弑母案例反思我国社会教育变革的必要性与方向——兼论德国社会教育预防青少年成长危机对我国的启示》，《青少年犯罪问题》2011 年第 4 期。

记江泽民2000年2月1日发表《关于教育问题的谈话》①。他看了两份材料："一份反映浙江省金华市第四中学高二年级一名学生，因忍受不了学习成绩名次和家长的压力，用榔头打死了母亲；另一份反映浙江省温州市永嘉县桥头镇中学两名学生因勒索钱财将一同学乱刀砍死。"当天的《光明日报》还报道了"河南省安阳市一学生家长，因自己的儿子没有评上'三好学生'和当上少先队大队长，带人把班主任给打了"。这样的材料触目惊心，引起了他的思考。他说，要采取切实有效的措施加强和改进教育工作，要正确引导和帮助青少年学生健康成长，使他们能够实现德、智、体、美全面发展。他指出："不仅要加强对学生的文化知识教育，而且要切实加强对学生的思想政治教育、品德教育、纪律教育、法制教育。""加强和改进教育工作，不只是学校和教育部门的事，家庭、社会各个方面都要一起来关心和支持。只有加强综合管理，多管齐下，形成一种有利于青少年学生身心健康发展的社会环境，年轻一代才能茁壮成长起来。""对学生的教育工作特别是思想品德教育、纪律法制教育，校内校外，课内课外，都要抓紧，一点放松不得。""学校接受的还只是基本教育，尽管这个基本教育十分重要，但毕竟不是人生所受教育的全部，做到老学到老，人才的成长最终要在社会的伟大实践和自身的不断努力中来实现。这个观点，要好好地在全社会进行宣传。我所以说教育是个系统工程，就是说对教育事业，全社会都要来关心和支持。"江泽民的谈话指出了校外教育的重要性和必要性，并直接导致了"全国青少年校外教育工作联席会议"的建立，推动了青少年社会教育的发展。江泽民在2000年3月14日，针对洛阳游戏厅老板残酷

① 江泽民：《关于教育问题的谈话》，《中国校外教育工作年鉴（2001—2003）》，中国福利会出版社2004年版，第3—4页。

杀害三名小学生等恶性案件做出批示，“原有少儿活动场所严禁移作他用。同时各级政府还要尽可能设法多建设一些健康的青少年活动场所和设施”。[①]这个批示实际上把青少年校外活动场所作为一个预防青少年犯罪的阵地。2000 年 6 月 3 日，中共中央办公厅、国务院办公厅下发《关于加强青少年学生活动场所建设和管理工作的通知》。这个文件开启了随后的少年宫和青少年活动中心的建设热潮。

近年又出现了一些在教育界和社会上引起强烈反响的青少年犯罪事件。2011 年 4 月 1 日，因不满母亲未按时寄钱，23 岁的留日学生汪某在众目睽睽之下对前来浦东机场接机的母亲顾某连刺 9 刀。这个事件令人难以置信，震惊社会。2013 年 4 月 1 日，复旦大学研究生黄某因平时生活小事结怨，被同室林某投毒害死。看到这样的新闻报道，很多人都不禁会发出这样的感慨：是什么让这些被寄予了厚望的青年学生变得这么残忍、冷血？其实，教育不是万能的，尤其是学校教育在解决青少年犯罪问题上常常无能为力。有人说：“教育既不会使人变得更道德，也不会使他更幸福；它既不能改变他的本能，也不能改变他天生的热情，而且有时——只要进行不良引导即可——害处远大于好处。统计学家已经为这种观点提供了佐证：犯罪随着教育——至少是某种教育——的普及而增加，社会的一些最坏的敌人，也是在学校获奖者名单上有案可查的人。”[②]如果真是这样，我们就得好好反思一下教育的作用。

青少年犯罪与学校教育和家庭教育的缺失有关。从学校教育的角度看，中小学生在十多年的时间内，在人生观、价值观形成的关键时

---

① 陈至立：《在第一次全国青少年校外教育工作联席会议全体成员会议上的总结讲话》，《中国校外教育工作年鉴（2001—2003）》，中国福利会出版社 2004 年版，第 14 页。

② ［法］古斯塔夫·勒庞著，冯克利译：《乌合之众：大众心理研究》，广西师范大学出版社 2007 年版，第 103 页。

期，需要生动的多样的开放的教育元素，但实际上却陷入全天候的苦学，主要在做一件事——读书考试。许多人的童年是在读书学习中度过的，没有多少童趣和玩乐。教育最根本的使命是使一个人成为“人”，但学校教育往往舍本逐末，偏注于考试升学，忽视道德、人格和心理的教育。不少学校追求人才的培养，忽视人的培养。万事皆微小，唯有分数大。应试而学、沉迷灌输、分数焦虑等成为学校生活的普遍现象，这导致中小学生容易产生对事物的片面甚至偏激的认识。在心智尚未成熟的中小学时期，对“应试教育”的迷失使得有的青少年出现程度不同的心理脆弱、感情冷漠、遇事爱钻牛角尖、经不起挫折等心理缺陷。这些心理不健康问题在被父母呵护、生活等同于读书的中小学时期，或许表现得并不很明显，而一旦到了出门在外、需要独立与人相处的大学时期，却会充分暴露出来。从家庭教育的角度看，父母过分溺爱和过分干涉都会增加子女患精神障碍的危险，家庭的教育方式与青少年心理和行为问题直接相关。“汪某弑母的背后隐藏着一个悲剧家庭：其父习惯暴力解决问题，汪某从小就在吵闹的环境中长大。在这样一个父亲强权的家庭中，汪某从来不能违抗父亲；在学习和生活方面，父亲对他的要求近乎苛刻，并经常报之以打骂；而在汪某中考失利后，父亲擅自为他决定了出国的‘出路’。到了日本，汪某暂时享受远离强权父亲的自由，而在生活上，他也逐渐成为一个升级版的父亲，穿着打扮和社交上讲究品牌和光鲜；母亲省吃俭用甚至借钱供养汪某留学，却缺乏与孩子必要的沟通。”①在影响青少年社会问题的各种因素中，家庭教育的作用一直受到更多的关注。目前在望子成龙的家庭教育观念引导下，许多家庭抱有功利主义的家庭教育观念，只注重学习知识、技能和考取文凭，偏

---

① 王亚芳：《从留学生弑母案例反思我国社会教育变革的必要性与方向——兼论德国社会教育预防青少年成长危机对我国的启示》，《青少年犯罪问题》2011 年第 4 期。

重智力投资，轻视基本的道德启蒙教育，忽视对孩子健康人格的培养。青少年问题的出现折射出学校教育和家庭教育的不适应。根据中国青少年研究中心2013—2015年实施的“违法犯罪未成年人群体研究”课题的调查情况，78.9%未成年犯初中没有毕业，其中25%连初中都没有上过，也就是说，多数未成年犯没有能够完成义务教育。①该上学的年龄却没有上学，整天在社会上游荡或在外流浪，这是未成年人犯罪的重要原因。美国社会学家戈夫指出：“家庭是在青少年犯罪研究中最注重和最经常出现的关键角色。”本来父母非常熟悉未成年子女的习惯、性格、品德等，应该有的放矢地管理其生活和学习，在日常生活中影响其人生观和价值观。“父母与未成年子女生活在一起，最容易发现其不良行为、察觉违法犯罪的蛛丝马迹。父母如果切实承担监护和教育的责任，就可以防微杜渐，这等于抓住了治理未成年人犯罪的源头。”②但是，在一些家庭中，教育方式不当使得未成年人的人生观和价值观出现偏差，产生多方面不良行为，在外在条件的引诱下，就走上了违法犯罪道路。

教育学界很少关注问题青少年的教育。看来，目前教育学者关注的往往是优秀学生，教育学研究的是优质学校教育。在教育聚焦优质、优秀的情况下，青少年社会教育应该发挥解决青少年问题的指导作用。青少年在成长的过程中遇到的各种问题，需要家人、亲友的关怀，也需要政府、社区、大众传媒的帮助。德国教育家诺尔说：“社会教育就是给青少年以帮助，青少年的成长是来自帮助，他们会遇到困难，必须照顾他们，使他们的苦难转而消失，能适应社会生活。”③青少年社会教育尤其要帮助辍学青少年免受社会不良影响，对失足或者犯罪青少年给

①② 张良驯：《与普通中学生对比的未成年犯家庭特征》，《预防青少年犯罪研究》2015年第2期。

③ 龚超：《国外社会教育理论研究的发展现状探析》，《理论月刊》2008年第2期。

予教育帮助。但是，在全社会轻视社会教育的大背景下，现行的青少年社会教育在促进青少年健康成长方面发挥的作用是很小的。如何通过加强青少年社会教育、不断增强其对青少年的引导支持功能，从而在学校和家庭之外为青少年的健康成长提供一种制度性的保障，这是预防当前频发的青少年问题的重要途径。

埃德温·萨瑟兰在1939年出版的《犯罪学原理》第三版中，提出了解释犯罪的“不同交往理论”；在1947年出版的《犯罪学原理》第四版，对这个理论进行了修订。针对当时犯罪学理论的研究主要将犯罪原因解释为个体心理和生理特质的做法，萨瑟兰认为，这种研究路径是不可能成功的。不同交往理论可以被概括为以下九个方面的内容。第一，犯罪行为是学习得到的。这是对那种认为犯罪是遗传或天生的观念的否定。一个人如果不通过学习过程，也不会犯罪。第二，犯罪行为是在与其他人交流的互动过程中学会的。第三，学习犯罪行为主要发生在亲密的人群中。第四，犯罪学习包括从事犯罪的技能和特定的动机、驱动力、合理化的方式和态度。第五，这种犯罪的特定动机和驱动力是从对法律规范的赞同和不赞同的不同方式中得到的。第六，一个人之所以犯罪是因为他所处的环境中赞同违法的观念压倒了赞同遵守法律的观念。这实际上是“不同交往理论”的基本原理。第七，不同交往也许会随着交往的频率、交往的持续时间、优先级和强度的不同而不同。第八，通过交往得到的学习违法犯罪或者守法的榜样的过程，与其他任何学习过程涉及的机制是相同（复杂）的。第九，虽然犯罪是一种通常意义上的需求和价值的表达，但是我们不能通过这种表达来解释犯罪，因为合法行为也表达了这种通常的需求和价值。①这个理论不把焦点放在

① 谢勇、田健夫：《萨瑟兰的不同交往理论与我国青少年犯罪控制》，《湖南公安高等专科学校学报》2004年第1期。

个体先天的特质上，如遗传或返祖的特质，而是放在个体所处的社会环境。根据这个理论，青少年犯罪是青少年个体学习与犯罪活动有关的准则、价值观念和行为的结果，是青少年个体社会化以及青少年个体与各种社会化机构之间在社会化过程中发生相互作用的结果。青少年犯罪行为是为反对某一些人而犯下的。“这种情形发生的原因是他与周围的人或物缺乏基本的认同，或者是他本身的需要受到障碍、忽视，或者他与人和物的认同缺乏道德的基础等。”①既然犯罪行为是学习得到的，而不是通过遗传获得的，那么青少年社会教育阻止青少年个体对犯罪有关准则、价值观念和行为的学习，就可以预防青少年犯罪。另外，针对失学失业青少年犯罪的情况，青少年社会教育把教育活动覆盖失学失业青少年，有利于填补社会管理的空白。青少年社会教育具有社会救助的功能，能够扶持弱势青少年群体发展。在社会教育概念提出之初，有的德国教育学者就把社会教育理解为社会救助。青少年社会教育能够帮助弱势青少年人群提高社会参与能力和自我发展能力，促进不同阶层青少年群体的交流沟通，具有独特的社会功能。

特奥多·威廉认为，青少年犯罪与社会教育有密切关系，青少年犯罪的处分是基于教育的原则，也就是用教育的手段来矫正犯罪行为，而不是消极的处罚。②对于青少年犯罪的处置，基本原则是“教育为主，惩罚为辅”，能教育的就不要惩罚。社会教育可以教育和矫治具有不良行为的青少年。一个有过不良行为的少年，未来会成为一个自食其力的有为青年，还是会成为一个违法犯罪的人，这取决于对他的教育和矫治。关于重庆一名 10 岁女孩摔打 1 岁幼儿事件，涉事女孩之后随母亲去了新疆。有人说，“如果重庆这名小女孩在美国‘犯罪’，美国人的处

①② 詹栋梁著：《社会教育学》，五南图书出版有限公司 1983 年版，第 220—221、219 页。

理方法可能是将她送到‘训练学校’；如果在英国，她的事儿可能不会轻易被捅出来，即使被捅出来，被揪住‘痛打’的也不会是小女孩，而是她的父母。相较而言，对于未成年人侵权案件，我国的社会教育所缺失的，恰恰是服务于问题未成年人的两个层面：一是专业而系统的机构矫正，二是以温情感化为路线的社区矫正。前者依靠科学的心理治疗、教育和职业训练制度，有着稳定的教育场所与既定的教育目标。后者则更强调开放社会的合力作用，借助‘团体之家’‘养育之家’和‘森林营地’等形式，激活民间教育引导的力量。法治的本意，在于权利与惩戒稳定可期。我们自然不提倡对摔婴女孩施以过度严苛的判决，但社会教育在此事中也选择‘一走了之’，让人愤懑又担心。教育二字，不单单是学校与家庭的事情。须知，即便从国际惯例来看，矫治涉案未成年人，最起码的原则也当是限制行为、教育感化，不能放任不管。法国有青少年所，日本有少年院，相较而言，我们的社会教育尚未起步，任重道远。”①近年来，上海浦东新区团委“以政府购买服务的方式为辖区内 36 个街镇每 150 名重点青少年配备 1 名专职社工。社工们的一项重要工作是，把处于社会边缘甚至已经出现违法犯罪行为偏差的青少年‘拉’回人生的正轨上。”“目前经社工辅助的所谓‘坏孩子’，几乎可以做到百分之百重回正轨、远离犯罪。”②

我国青少年宫教育的产生与预防青少年犯罪工作是直接相关的。新中国建立初期，在各个大中城市，少年儿童的课外校外生活贫乏引发了瞎逛、打架、破坏社会秩序等许多少年儿童教育问题。③共青团中央派人去各地少年宫进行调查后，起草了题为《积极开展和加强儿童校外

① 邓海建：《社会教育不能对摔幼事件也“一走了之”》，《中国教育报》2013 年 12 月 11 日。

② 王烨捷：《“坏孩子”也有春天》，《中国青年报》2014 年 9 月 4 日。

③ 许德馨主编：《少年宫教育史》，海南出版社 2000 年版，第 47 页。

机构工作》的调研报告，并在1956年春组织部分少年宫负责人对这份调研报告进行了讨论。1957年1月18日，共青团中央给党中央报送了《关于少年儿童课外校外生活问题的报告》。1957年4月12日，教育部和共青团中央联合颁发了《关于少年宫和少年之家工作的几项规定》。可以说，发展青少年宫教育的一个目的是加强对青少年的管理，预防青少年犯罪。《中华人民共和国预防未成年人犯罪法》第十一条规定："少年宫、青少年活动中心等校外活动场所应当把预防未成年人犯罪的教育作为一项重要的工作内容，开展多种形式的宣传教育活动。"这为青少年宫预防未成年人犯罪提供了法律依据。要减少青少年问题的发生，我们不能再忽视社会教育了，不能再让社会教育缺位了。青少年问题的出现对教育理论与实践敲响了警钟。我们对教育的理解不能太狭窄，不要一提教育就言必称学校，应该放眼社会，看到广泛的社会教育。学校不是实现教育目的的唯一场所，众多社会场所开展的社会活动都具有青少年教育的意义。

社会教育要加强对青少年的法治教育。学校的法治教育是不够的，法治教育的方式也比较陈旧，停留在书本阅读层面，起不到有效的教育警示作用。社会教育的法治教育形式多样，灵活生动，易于为青少年所接受。政府部门、社会机构、新闻媒体和共青团组织等经常组织法律知识的宣传普及活动，发挥着比家庭教育和学校教育更大的作用。中国青少年宫协会曾经在互联网上多次组织网络普法知识大赛，充分利用互联网开展普法宣传教育活动。网络普法知识大赛不同于以往的枯燥的说教式普法教育，而是在竞技、挑战中自我学习，能更好地发掘利用青少年的主观能动性，使其主动学习并吸收法律知识。网络普法以其方便快捷、时尚竞技的独特优势吸引着越来越多的青少年参与其中。

第三节　推动社会发展进步

一、推动经济发展

青少年社会教育的首要社会功能是经济功能，即促进经济增长。青少年社会教育的经济功能表现在以下三个方面。

一是提高青少年的劳动能力，为经济增长积聚人力资本。人是生产力中最能动的因素，人力资本是经济增长的关键，而各种教育是形成人力资本的基本途径。学校教育无疑是青少年劳动素质培养的基础，但仅靠学校教育是难以完全胜任实际工作的，青少年还需要在学校教育之外继续学习。社会教育包含职业技术、劳动技能的内容，可以开发青少年人力资源，培养合格的劳动者，从而促进经济发展。

在培养青少年的劳动能力方面，社会教育具有自身特点，这主要体现在直接的职业教育。自古以来的师傅带徒弟是社会职业教育的常见形式。这些年来，即使职业学校发展很快，但数以千万计的青年农民工普遍是直接进入企业打工，边做工边学习。有的企业在青年农民工上岗前开展技能、规范、纪律培训，这是企业开展的一种社会教育。

二是培养青少年的创新能力，为经济增长增添动力。社会教育是由青少年自主选择的教育，可以发挥青少年的学习积极性，开发青少年个体的内在潜能，培养青少年的创新能力。青少年宫等开展的社会教育是一种兴趣教育、活动教育，内容丰富，形式活泼，有利于激发青少年创新热情。企业是技术创新的主体。20 世纪 80 年代，企业团组织在青年职工中开展了以小发明、小创造、小革新、小设计、小建议为内容的“五小”活动，引导青年职工从“小”创新做起，动脑筋，想办法，解决生产岗位上存在的现实问题，促进生产的创新发展。企业共青团组织还联合企业相关部门开展推广先进操作法活动。共青团中央在总结企业青年职工多年创新实践的基础上，于 1999 年启动实施了青年创新创效活动。这项旨在提高青年职工创新能力的活动，动员和组织青年职工在本职工作中弘扬创新精神，投身创新实践，既促进了企业的技术创新工作，又促进了企业经济效益的提高。

三是开展社会实践，直接服务经济增长。学校教育总体上是书本教育，要经过实践环节，才能转化为现实生产力。学校教育的学制超长，导致一些青少年“拥有的只是书本和校园，丧失了对社会的感知。而书本是死的。没有丰富的社会和生活的经验，理解大师关于社会与人生的论述必是肤浅的、表面的、夹生的”[①]。在美国，哲学专业、法学专业都不招本科生，只招研究生，这是因为有了一定的知识积累和生活阅历，才能学习这些专业。社会教育不是书本教育，而是实践教育，能够形成现实生产力，直接促进经济增长。例如，电子商务既是一种商业模式，也是一种社会教育，教会了许多青少年在网上购物消费，激发了青少年的购物欲望，直接促进了经济发展。企业共青团组织开展了多年的青年突击队活动，既是一项突击生产活动，也是一项社会教育活动。这项活动组织青年职工承担急难险重任务，既能够锤炼青年的顽强作风，又能够促进企业生产经营。据有关资料，1983—2003 年，上海市的青年突击队创建青年工程 2 000 多项，其中 300 多项被命名为上海市优质青年工程。可以说，很多国家重点建设工程的建设现场都飘扬着青年突击队的旗帜。

二、推动文化发展

文化发展是社会发展的重要方面，文化造就了人类社会不同于生

---

① 郑也夫著:《吾国教育病理》，中信出版社 2013 年版，第 143 页。

物进化的社会进化机制。文化是千百年来人类劳动和智慧的积累，需要代代相传，不断发展。青少年社会教育在人类文化传承、创新、变革中发挥着独特的作用。

青少年社会教育的文化功能体现在以下几个方面。

一是文化影响。江南水乡遍地是绿油油的草木，而西北茫茫沙漠中难见一棵胡杨树，这是自然环境对草木成长的影响。同样的，不同的社会文化环境对青少年成长具有不同的教育影响。社会文化对青少年的教育影响是广泛的，也比学校教育的影响更复杂多样。例如，新媒体为当代青少年提供了海量的信息和多元的文化。学校教师白天在课堂上苦口婆心地教育学生要友爱他人、助人为乐，遇到跌倒的老人要主动予以帮助，把老人扶起来，而学生晚上看到某人因为扶起跌倒的老人而被老人讹诈的电视报道后，可能就会否定白天的课堂认知。与电视和互联网的社会教育比起来，学校对青少年道德的教育影响不是更大，而是更小。社会上众多的人通过自己的言行，在对青少年进行道德教育。文艺作品、大众传媒对青少年的人生观、价值观具有很大影响。如果一部电视剧宣传好人没有好报、坏人也没有坏报，这就会混淆青少年的是非观念，诱导青少年放弃善良。现在不少的历史题材电视剧充斥着人与人之间的争斗和亲情的伤害，这不利于青少年价值观尤其是友善观、亲情观的培育。

二是文化传递。文化最终要由青少年进行传递。在当今信息时代，学校和家庭传播的文化十分有限，许多文化是由社会传播的，因此，青少年社会教育是传递文化的重要渠道。青少年在生活中接触到各种形式的文化，这些不同的文化大多是通过社会生活和社会教育进行传递的。与学校教育相比，电视的生动形象、互联网的快速便捷，使得社会文化的传播即时、跨越、高效。社会教育对文化的传递是有选择的，不是照单全收。涂尔干说："教育本身不过是对成熟的思想文化的一种选编。"①"选编"一词揭示了教育与文化的独特关系，揭示了文化教育素材是如何产生的。青少年社会教育不是原封不动地传承已有文化，而是根据教育目的对现存文化进行筛选、编排和过滤。执政党和政府选择主流文化对青少年进行社会教育，并批评和排斥可能消解主流文化的其他文化。大众媒体的传播内容、社会机构的宣传内容、青少年宫的活动内容，都是人们精心选择的文化。"纸上得来终觉浅，绝知此事要躬行。"很多手艺是靠实践才能真正掌握，很多操作的绝活需要通过多次实践才能学会。非物质文化遗产一般是通过社会教育传递的，拜师学艺是典型的社会教育传递优秀文化的例子。

三是文化创新。青少年好奇心强，富有创新精神和创造热情，对于社会生活中接触到的各种文化，往往不会照单全收，而是进行加工改造，发展出新的先进文化。青少年社会教育注重引导青少年独立思考。例如，青少年宫开展科学普及活动，组织青少年进行野外科技活动，培养青少年的科学精神，增强青少年的科技能力。科技馆向青少年展示一个新科技世界，让青少年在观察、体验中学习创新。中央电视台的"探索·发现"节目，以纪录片的手法，探寻自然界的奥秘，挖掘历史事件背后的细节，启发青少年"在未知领域努力探索，在已知领域重新发现"。这都是社会教育服务青少年创新发展的实例。

三、推动政治发展

青少年从媒体宣传、社区文化、人际交往等途径，经常性地受到政治教育。以增进对执政党和政府的政治思想、观点、情感为内容的政治

① 〔法〕爱弥尔·涂尔干著，李康译：《教育思想的演进》，上海人民出版社2003年版，第23页。

教育是青少年社会教育的重要内容。青少年社会教育使得青少年接受、赞成、执行执政党和政府的意志，成为执政党和政府政治主张的支持者和实践者。

青少年社会教育的政治功能表现在以下几个方面。

一是培育青少年的政治意识。青少年社会教育能够传播执政党和政府的政治思想，引导青少年认同执政党和政府的政治理念，信仰执政党和政府的政治主张，形成与执政党和政府一致的政治观念；能够传授执政党和政府的政治知识，以此规范青少年的政治言论和行为，引导青少年遵循执政党和政府制定的政治规范，在这种政治规范允许的范围内积极参与政治；能够建构青少年的政治心理，强化青少年的政治责任感，引导青少年认可、拥护执政党和政府的政治思想，自觉维护执政党和政府建构的政治秩序。

青少年社会教育中的政治教育，通过政治事件、政治活动和政治文化的教育方式，引导青少年理解政治的含义、内容和本质。与学校的书本教育不同，鲜活的政治事件和生动的政治活动更容易培养青少年的权利、义务、公平、正义、自由、民主、法治的观念。青少年社会教育本身是一种教育权利平等、教育机会均等的民主化教育。民主的社会教育本身有利于传播民主精神，提高青少年的民主观念。青少年社会教育遍布社会各个领域、深入社会各个角落，一个人物、一件事情、一首歌曲、一场讲座、一条标语、一个阅报栏等都是教育形式，这些细微教育形式虽然很普通、不起眼，但对青少年产生的政治教育影响可能是很大的，常常比学校教育中简单的政治说教更具有感染力，效果更好。例如，红色歌曲是青少年社会教育的好素材，对于培养青少年的政治意识具有积极作用。青少年观看电影《上甘岭》，就会被《我的祖国》歌曲所打动和感染，为那一代优秀青年军人高昂的爱国热情所感动，从而学育强烈的爱国主义精神。

学校不是生活的孤岛，青少年学生的政治意识与社会息息相关，本质上是来自社会的。有学者认为，当今大学生在观察问题、分析问题时往往表现出五个“更多”：更多地采用生产力标准，而不是意识形态标准；更多地采用个人利益标准，而不是趋向政治标准；更多地采用市场经济标准，而不是传统的道德标准；更多地采用批判的标准，而不是建设性的标准；更多地采用“国际化”的标准，而不是“中国特色”的标准。①这“五多”标准不是源自高校，而是来自社会。青少年涉世不深，缺少社会生活经验，政治思想具有不稳定性，更容易受到社会环境的影响。学校教学毕竟是在与现实有一定距离的课堂上进行的，通常采用灌输的方式，容易就导向论导向，就观念论观念，存在脱离社会现实和青少年实际生活的现象。在经济和信息全球化的今天，青少年处在一个非常开放、十分复杂的社会环境中，经常会面对多种文化的碰撞和多元价值观的冲突。如果脱离青少年的现实生活，只是在课堂上照本宣科地灌输社会主流思想观念，就难以使青少年把自己摆进去，无助于青少年解决自身实际遇到的价值困惑。只有通过社会教育，青少年才能走出纯理论和纯观念，置身其中，身临其境，真切地感受到社会主流思想观念的实用价值和实际意义，真正认同、自觉践行核心价值观。青少年思想观念的树立，需要进行学校教育，但又不能仅仅依靠学校教育。青少年思想政治工作受到经济、政治和文化的巨大影响。例如，市场经济奉行等价交换的原则，这有效促进了社会经济的发展，但如果把这一原则移植到思想政治领域，就会冲击社会主义道德价值观，甚至诱导有权者进行权力寻租，产生腐败现象，这种社会大环境的负面影响对青少年有

① 逄锦聚、李毅：《新形势下进一步加强和改进大学生思想政治教育的新途径探索》，《思想理论教育导刊》2005 年第 3 期。

着强烈的影响。市场经济的重利性诱导一些人沉迷物质追求，助长拜金主义、享乐主义和极端个人主义等思想的滋生和蔓延，这无疑会削弱青少年的思想政治意识。青少年受限于社会经验的不足和思维方法的偏激，容易因一些社会负面现象而产生片面看法和消极情绪，使思想政治工作显得苍白和软弱。另外，民主法治建设中存在的一些突出社会事件会冲击学校思想政治工作。例如，2016 年美国的总统选举得到了我国青年的广泛关注，一些青年从中观察和思考美国的民主制度；2016 年 5 月发生在北京的雷洋事件，在长达半年多的时间内引起了大学生的关注和讨论。这些国内外的社会热点事件都会对青少年思想政治工作产生各种影响。另外，国内外政治、经济、文化、生活方式通过电影、电视、网络等对青少年的思想政治观念产生冲击。当代青少年是伴随互联网和手机成长的一代，纷繁复杂的互联网信息在一定程度上决定着他们对事物的看法。“网络多元化的价值观相互碰撞，导致马克思主义的主流信仰地位遭到前所未有的挑战。因此，不关注网络意识形态阵地，不懂得运用网络语言，就无法充分与大学生进行思想交流，价值引领也就无从谈起。”①互联网尤其是移动互联网的快速发展给传统的宣传教育、集中学习等思想政治教育手段的实效性带来了不小的冲击。如何应对网络发展对青少年思想政治教育带来的挑战，是当前青少年思想政治工作亟待研究和解决的新课题。

二是引导青少年有序参与政治。青年是政治活动的积极参与者，也是各种政治势力争取的对象。政治稳定需要青年维护，政治的长期稳定需要加强对青少年的政治教育。青少年社会教育宣传国家的法律法规，宣传现有政治体制和选举制度，宣传当下的政治参与规则，这有利于引

① 朱飞：《高校思想政治工作须注重方法创新——以价值观教育为视角》，《思想教育研究》2016 年第 7 期。

导青少年依法有序地参与政治活动。家庭教育没有多少政治参与，学校教育只有极少的政治参与，而社会教育充满政治参与，政治参与是青少年社会教育的亮点之一。政治生活充满矛盾，这可以引起青少年的好奇和思考，激发青少年的政治兴趣和探索精神，培养青少年的思维能力和评判能力。政治活动是一种很好的社会政治教育形式，使得青少年了解政治的基本理念和运作程序，了解政治与社会的关系，培育自身的政治素质。

根据 2015 年 1 月下发的《中共中央关于加强和改进党的群团工作的意见》，共青团组织是青年依法、有序、广泛参与管理国家事务和社会事务、管理经济和文化事业的重要渠道。政府可通过适当方式，向共青团等人民团体通报重要工作部署和相关重大举措，加强决策之前和决策实施之中的协商。各级政协要充分发挥共青团组织及其共青团、青联界别委员在密切联系青年、增进各阶层和不同利益群体和谐中的作用。党委、人大要支持共青团等人民团体在县、乡人大代表换届选举中，依法按程序提名推荐代表候选人。县以上人大代表、政协委员人选的提名推荐，应该加强与共青团等人民团体的沟通协商，落实好有关人选的比例规定和政策要求。共青团依照党的政策和国家法律法规，积极代表和组织青年参与协商民主，通过多种方式反映青年群众意见。依法参与青年事务管理，发挥自身优势，以合适方式参与政府购买服务。共青团要加强对有关青年组织的政治引领、示范带动、联系服务。群团组织要通过服务来引导和促进社会组织健康有序发展，推动政府治理和社会自我调节、基层群众自治良性互动，促进多元治理主体协同协作协调、互促互补互融。要组织群众主动参加社会治安综合治理、基层社区网格化管理、平安创建，积极协调化解矛盾纠纷和利益冲突。各级党委和政府要建立健全共青团组织参与社会事务、维护公共利益、救助困难青年、帮扶特殊青年群体、预防青少年违法犯罪的机制和制度化渠道，发挥共青团对青年的行为导引、规则约束、权益维护作用。

三是向青少年传播政治文化。政治文化是政治教育的内容，良好的政治文化是政治教育顺利开展的基础。电视宣传、网络传播、报纸点评、文章评述等是青少年社会教育的通常手段，也是向青少年传播政治文化的重要渠道。执政党和政府领导人的讲话、专家学者的观点、网络名人的评说，都会传播政治文化，使得青少年形成与社会主流政治文化相一致的政治意识、政治认同和政治情感，在社会政治事件中趋同执政党和政府的政治评价。青少年对现有政治文化的认同和支持，有利于维护社会稳定和发展。

第八章　青少年社会教育的政策

第一节　青少年社会教育政策的主要内容

一、未成年人法律中的青少年社会教育政策

社会教育政策与义务教育政策、高等教育政策、职业教育政策、特殊教育政策等一起构成了我国的教育政策体系。青少年社会教育政策是指以执政党和政府为代表的公共权力机构为了解决青少年社会教育问题，实现青少年社会教育目标，所制定的有关青少年社会教育方面的行动方针、准则以及相应的行动过程，其表现形式包括青少年社会教育规划、纲要、方案、计划、决定、意见等文本的形式以及相应的教育行动策略。

青少年社会教育政策首先体现在青少年法律之中。我国没有针对青少年的专门法律，但有两部关于未成年人的专门法律，即 1991 年 9 月颁布的《中华人民共和国未成年人保护法》（以下简称《未成年人保护法》）和 1999 年 6 月颁布的《中华人民共和国预防未成年人犯罪法》（以下简称《预防未成年人犯罪法》）。这两部法律包含青少年社会教育的法律规定。

（一）《未成年人保护法》中的青少年社会教育政策

《未成年人保护法》是未成年人权益保障的基本法律，包含一些青少年社会教育的政策内容。主要有以下几个方面。

一是明确了未成年人社会教育的主体。《未成年人保护法》第四条规定："国家、社会、学校和家庭对未成年人进行理想教育、道德教

育、文化教育、纪律和法制教育，进行爱国主义、集体主义和社会主义的教育，提倡爱祖国、爱人民、爱劳动、爱科学、爱社会主义的公德，反对资本主义的、封建主义的和其他的腐朽思想的侵蚀。”根据这条规定，国家、社会与学校、家庭一样是未成年人教育的主体。这里说的未成年人教育不仅指学校教育和家庭教育，也包括社会教育。该法第二十七条规定：“全社会应当树立尊重、保护、教育未成年人的良好风尚，关心、爱护未成年人。国家鼓励社会团体、企业事业组织以及其他组织和个人，开展多种形式的有利于未成年人健康成长的社会活动。”这说明，全社会都负有未成年人社会教育的责任，社会团体、企事业单位、社会组织和个人是未成年人社会教育的主体，要优化未成年人成长的社会环境，开展未成年人社会教育活动。

二是对未成年人社会教育的内容做出了鼓励性和禁止性规定。《未成年人保护法》第三十二条规定：“国家鼓励新闻、出版、信息产业、广播、电影、电视、文艺等单位和作家、艺术家、科学家以及其他公民，创作或者提供有利于未成年人健康成长的作品。出版、制作和传播专门以未成年人为对象的内容健康的图书、报刊、音像制品、电子出版物以及网络信息等，国家给予扶持。国家鼓励科研机构和科技团体对未成年人开展科学知识普及活动。”这说明，国家鼓励和支持未成年人社会教育作品的创作、制作、出版、提供和传播。以上说的是鼓励性规定，下面再说禁止性规定。该法第三十四条规定：“禁止任何组织、个人制作或者向未成年人出售、出租或者以其他方式传播淫秽、暴力、凶杀、恐怖、赌博等毒害未成年人的图书、报刊、音像制品、电子出版物以及网络信息等。”这条对制作、传播有害的未成年人社会教育作品、实物和信息，做出了禁止性规定。该法第六十四条规定：“制作或者向未成年人出售、出租或者以其他方式传播淫秽、暴力、凶杀、恐怖、赌博等图书、报刊、音像制品、电子出版物以及网络信息等的，由主管部门责令改正，依法给予行政处罚。”这条对制作、传播有害的未成年人社会教育作品、实物和信息，做出了处罚性规定。

三是规定了社会教育机构要为特定的未成年人提供社会教育。《未成年人保护法》第四十七条规定：“未成年人已经完成规定年限的义务教育不再升学的，政府有关部门和社会团体、企业事业组织应当根据实际情况，对他们进行职业教育，为他们创造劳动就业条件。”这条要求相关社会教育机构为义务教育后不再升学的未成年人提供职业教育、创造就业条件。该法第四十八条规定：“居民委员会、村民委员会应当协助有关部门教育和挽救违法犯罪的未成年人，预防和制止侵害未成年人合法权益的违法犯罪行为。”这条规定明确了居委会、村委会要为违法犯罪未成年人提供社会教育。

四是规定了未成年人社会教育的公益性。《未成年人保护法》第三十条规定：“爱国主义教育基地、图书馆、青少年宫、儿童活动中心应当对未成年人免费开放；博物馆、纪念馆、科技馆、展览馆、美术馆、文化馆以及影剧院、体育场馆、动物园、公园等场所，应当按照有关规定对未成年人免费或者优惠开放。”这条对青少年社会教育机构的免费或优惠开放做出了规定。当然，这些机构受到条件限制，难以向所有未成年人免费开放，但应当向所有未成年人优惠开放，并向留守儿童、经济困难家庭子女等特殊群体免费开放。

（二）《预防未成年人犯罪法》中的青少年社会教育政策

《预防未成年人犯罪法》是未成年人犯罪预防的基本法律，涉及多方面的青少年社会教育内容。主要包括如下几点。

一是明确了社会教育在预防未成年人犯罪中的作用。《预防未成年人犯罪法》第二条规定：“预防未成年人犯罪，立足于教育和保护，从小抓起，对未成年人的不良行为及时进行预防和矫治。”预防和矫治未成年人的不良行为，社会教育可以发挥作用。该法第五条规定：“预防未成年人犯罪，应当结合未成年人不同年龄的生理、心理特点，加强青春期教育、心理矫治和预防犯罪对策的研究。”这条规定要求加强青春期教育和心理矫治，超出了学校教育的范畴。总之，社会教育是预防未成年人犯罪的基础工作之一。

二是规定了预防未成年人犯罪的教育主体。《预防未成年人犯罪法》第三条规定：“预防未成年人犯罪，在各级人民政府组织领导下，实行综合治理。政府有关部门、司法机关、人民团体、有关社会团体、学校、家庭、城市居民委员会、农村村民委员会等各方面共同参与，各负其责，做好预防未成年人犯罪工作，为未成年人身心健康发展创造良好的社会环境。”该法第四十七条规定：“未成年人的父母或者其他监护人和学校、城市居民委员会、农村村民委员会、对因不满十六周岁而不予刑事处罚、免予刑事处罚的未成年人，或者被判处非监禁刑罚、被判处刑罚宣告缓刑、被假释的未成年人，应当采取有效的帮教措施，协助司法机关做好对未成年人的教育、挽救工作。城市居民委员会、农村村民委员会可以聘请思想品德优秀，作风正派，热心未成年人教育工作的离退休人员或其他人员协助做好对前款规定的未成年人的教育、挽救工作。”以上两条明确了社会各机构和相关人员是预防未成年人犯罪的教育主体。该法第十一条规定：“少年宫、青少年活动中心等校外活动场所应当把预防未成年人犯罪的教育作为一项重要的工作内容，开展多种形式的宣传教育活动。”这条规定直接指出青少年宫要重视预防未成年人犯罪的教育工作，开展好宣传教育活动。应该说，青少年宫目前在预防未成年人犯罪方面做得还不够，有的甚至没有开展这方面的工作。

三是规定了针对违法犯罪未成年人的法治教育。《预防未成年人犯罪法》第六条规定："预防未成年人犯罪的教育的目的，是增强未成年人的法制观念，使未成年人懂得违法和犯罪行为对个人、家庭、社会造成的危害，违法和犯罪行为应当承担的法律责任，树立遵纪守法和防范违法犯罪的意识。"这条规定明确了预防未成年人犯罪的教育的目的。该法第八条规定："司法行政部门、教育行政部门、共产主义青年团、少年先锋队应当结合实际，组织、举办展览会、报告会、演讲会等多种形式的预防未成年人犯罪的法制宣传活动。"这条规定要求司法行政部门、共青团组织、少先队组织与教育行政部门一起，开展法治教育活动。该法第十二条规定："对于已满十六周岁不满十八周岁准备就业的未成年人，职业教育培训机构、用人单位应当将法律知识和预防犯罪教育纳入职业培训的内容。"这条规定明确了预防未成年人犯罪的法治教育要与职业教育相结合。该法第十三条规定："城市居民委员会、农村村民委员会应当积极开展有针对性的预防未成年人犯罪的法制宣传活动。"这条规定明确了城乡基层组织要开展法治教育。该法第四十四条规定："对犯罪的未成年人追究刑事责任，实行教育、感化、挽救方针，坚持教育为主、惩罚为辅的原则。司法机关办理未成年人犯罪案件，应当保障未成年人行使其诉讼权利，保障未成年人得到法律帮助，并根据未成年人的生理、心理特点和犯罪的情况，有针对性地进行法制教育。"该法第四十六条规定："对被拘留、逮捕和执行刑罚的未成年人与成年人应当分别关押、分别管理、分别教育。未成年犯在被执行刑罚期间，执行机关应当加强对未成年犯的法制教育，对未成年犯进行职业技术教育。对没有完成义务教育的未成年犯，执行机关应当保证其继续接受义务教育。"以上两条规定明确了对于未成年犯的刑事责任，要优先进行教育；司法机关在办理未成年人犯罪案件中要开展法制教育。

四是对未成年人社会教育的内容做出禁止性规定。《预防未成年人犯罪法》第三十条规定："以未成年人为对象的出版物，不得含有诱发未成年人违法犯罪的内容，不得含有渲染暴力、色情、赌博、恐怖活动等危害未成年人身心健康的内容。"该法第三十一条规定："任何单位和个人不得向未成年人出售、出租含有诱发未成年人违法犯罪以及渲染暴力、色情、赌博、恐怖活动等危害未成年人身心健康内容的读物、音像制品或者电子出版物。任何单位和个人不得利用通讯、计算机网络等方式提供前款规定的危害未成年人身心健康的内容及其信息。"该法第三十二条规定："广播、电影、电视、戏剧节目，不得有渲染暴力、色情、赌博、恐怖活动等危害未成年人身心健康的内容。广播电影电视行政部门、文化行政部门必须加强对广播、电影、电视、戏剧节目以及各类演播场所的管理。"以上三条规定明确了相关单位和个人不能向未成年人提供有害读物、节目和影视等。该法第五十二条规定："违反本法第三十条的规定，出版含有诱发未成年人违法犯罪以及渲染暴力、色情、赌博、恐怖活动等危害未成年人身心健康内容的出版物的，由出版行政部门没收出版物和违法所得，并处违法所得三倍以上十倍以下罚款；情节严重的，没收出版物和违法所得，并责令停业整顿或者吊销许可证。对直接负责的主管人员和其他直接责任人员处以罚款。制作、复制宣扬淫秽内容的未成年人出版物，或者向未成年人出售、出租、传播宣扬淫秽内容的出版物的，依法予以治安处罚；构成犯罪的，依法追究刑事责任。"该法第五十三条规定："违反本法第三十一条的规定，向未成年人出售、出租含有诱发未成年人违法犯罪以及渲染暴力、色情、赌博、恐怖活动等危害未成年人身心健康内容的读物、音像制品、电子出版物的，或者利用通讯、计算机网络等方式提供上述危害未成年人身心健康内容及其信息的，没收读物、音像制品、电子出版物和违法所得，由政府有关主管部门处以罚款。单位有前款行为的，没收读物、音像制品、电子出版物和违法所得，处以罚款，并对直接负责的主管人员和其他直接责任人员处以罚款。”该法第五十四条规定：“影剧院、录像厅等各类演播场所，放映或者演出渲染暴力、色情、赌博、恐怖活动等危害未成年人身心健康的节目的，由政府有关主管部门没收违法播放的音像制品和违法所得，处以罚款，并对直接负责的主管人员和其他直接责任人员处以罚款；情节严重的，责令停业整顿或者由工商行政部门吊销营业执照。”以上三条规定明确了如何对提供了有害读物、节目和影视的违法行为进行处罚。

二、国家教育政策中的青少年社会教育政策

我国的教育政策主要是关于学校教育的，但《中华人民共和国教育法》(以下简称《教育法》) 等也包含一些青少年社会教育政策方面的内容。

(一)《教育法》中的青少年社会教育政策

一是提出了青少年社会教育要坚持的教育原则。《教育法》适用各类教育，因此该法的原则，如“教育活动必须符合国家和社会公共利益”“促进各级各类教育协调发展”，是学校教育要坚持的原则，也是青少年社会教育应坚持的原则。青少年社会教育必须符合公共利益，这一点非常重要。例如，暴力、色情等网络不良信息，有的电视节目中的低俗对话和表演，都会伤害未成年人的健康成长，损害了公共利益。

二是肯定了青少年社会教育的客观存在。《教育法》虽然没有直接提出社会教育的概念，但是多处出现“学校及其他教育机构”的说法，这里的“其他教育机构”是指学校之外的教育机构，主要是青少年社会教育机构。该法第二十五条提出“国家鼓励企业事业组织、社会团体、其他社会组织及公民个人依法举办学校及其他教育机构”，这反映了青少年社会教育机构的现实存在。

三是明确了青少年社会教育的主体。《教育法》第五十二条规定：“国家鼓励社会团体、社会文化机构及其他社会组织和个人开展有益于受教育者身心健康的社会文化教育活动。”这里说到的“社会文化教育活动”主要指社会教育，这条规定明确提到社会教育的主体包含社会团体、社会文化机构、社会组织和个人。该法第四十五条规定：“国家机关、军队、企业事业组织、社会团体及其他社会组织和个人，应当依法为儿童、少年、青年学生的身心健康成长创造良好的社会环境。”这条规定明确了国家机关、军队、企业事业组织、社会团体及其他社会组织和个人都是青少年社会教育的主体。

四是提到了青少年社会教育的设施。《教育法》第五十一条规定：“国家、社会建立和发展对未成年人进行校外教育的设施。”校外教育是由社会教育和家庭教育两者组成的。这里说的“校外教育的设施”是指社会教育设施这一公共教育设施，而不是指家庭教育设施这一私人教育设施。该法第五十条规定：“图书馆、博物馆、科技馆、文化馆、美术馆、体育馆（场）等社会公共文化体育设施，以及历史文化古迹和革命纪念馆（地），应当对教师、学生实行优待，为受教育者接受教育提供便利。广播、电视台（站）应当开设教育节目，促进受教育者思想品德、文化和科学技术素质的提高。”这条规定指出，社会公共文化体育设施要为青少年接受教育提供便利，促进青少年综合素质的提高。

（二）《国家中长期教育改革和发展规划纲要（2010—2020 年）》中的青少年社会教育政策

《国家中长期教育改革和发展规划纲要（2010—2020 年）》主要是针对学校教育的，对社会教育少有涉及。全文仅有三处提到“社会教育”一词。第一次是在第二章“战略目标和战略主题”中提出：“把德育渗透于教育教学的各个环节，贯穿于学校教育、家庭教育和社会教育的各个方面。”这里把社会教育与学校教育、家庭教育并列，作为德育的一个方面。这一句话是很重要的，说明社会教育与学校教育、家庭教育一样是青少年思想道德教育的重要途径。第二次是在第十一章“人才培养体制改革”中提出：“注重知行统一。坚持教育教学与生产劳动、社会实践相结合。开发实践课程和活动课程，增强学生科学实验、生产实习和技能实训的成效。充分利用社会教育资源，开展各种课外及校外活动。加强中小学校外活动场所建设。加强学生社团组织指导，鼓励学生积极参与志愿服务和公益事业。”①这几句话是该纲要关于社会教育的集中表述，把社会教育作为“知行统一”的渠道，作为课外校外活动的资源。第三次是在第二十一章“重大项目和改革试点”中提出：“终身教育体制机制建设试点。建立区域内普通教育、职业教育、继续教育之间的沟通机制；建立终身学习网络和服务平台；统筹开发社会教育资源，积极发展社区教育；建立学习成果认证体系，建立‘学分银行’制度等。”这里把社会教育作为构建终身教育体制的一种资源，把社区教育作为终身教育的一种方式。应该说，这三次提及“社会教育”是基于学校本位的思路，仅仅把社会教育作为学校教育可以利用的一种资源，而没有把社会教育作为一种独立的教育形态。

（三）其他教育政策中的青少年社会教育政策

中共中央、国务院 1999 年 6 月颁发的《关于深化教育改革全面推进素质教育的决定》提出，实施素质教育“应当贯穿于学校教育、家庭教育和社会教育等各个方面。在不同阶段和不同方面应当有不同的内

①《国家中长期教育改革和发展规划纲要（2010—2020 年）》，《中国德育》2010 年第 8 期。

容和重点，相互配合，全面推进。”[1]这两句话对社会教育做出了基本的教育定位，因而是非常重要的。第一句话把社会教育与学校教育和家庭教育并列，共同作为实施素质教育的内容，共同推进素质教育的实施。第二句话提出学校教育、家庭教育、社会教育三者在青少年教育的不同时期具有不同的内容和重点，尤其是认为三种教育相互配合，而不是一味讲社会教育对学校教育的配合。

中共中央、国务院 2004 年 2 月颁发的《关于进一步加强和改进未成年人思想道德建设的若干意见》[2]第二十八条提出：“要建立健全学校、家庭、社会相结合的未成年人思想道德教育体系，使学校教育、家庭教育和社会教育相互配合，相互促进。城市社区、农村乡镇和村民委员会，以及其他一切基层组织要切实担负起加强未成年人思想道德建设的社会责任，整合利用各种教育资源和活动场所，开展富有吸引力的思想教育和文体活动，真正把教育引导未成年人的工作落实到基层。”该条提出了社会教育与学校教育、家庭教育一起构成未成年人思想道德教育体系，学校教育、家庭教育和社会教育三者相互配合，相互促进。这与上文提到的《关于深化教育改革全面推进素质教育的决定》中对于社会教育的定位是一致的。该条还强调了城市社区、农村乡镇和村民委员会，以及其他一切基层组织是青少年社会教育的主体，在未成年人思想道德建设中都承担着责任，要开展有吸引力的教育活动。该文件第七部分阐述未成年人校外活动场所建设、使用和管理，既包括充分发挥博物馆、纪念馆、展览馆、烈士陵园等爱国主义教育基地对未成年人

① 中共中央、国务院：《关于深化教育改革全面推进素质教育的决定》，《中国校外教育工作年鉴（2001—2003）》，中国福利会出版社 2004 年版，第 31 页。

② 国务院法制办公室编：《中华人民共和国教育法典（注释法典）》，中国法制出版社 2014 年版，第 136—141 页。

的教育作用，又包括加强青少年宫、儿童活动中心等未成年人专门活动场所建设和管理。该文件第八部分阐述如何营造有利于未成年人思想道德建设的社会氛围。第二十条规定：“各类大众传媒都要增强社会责任感，把推动未成年人思想道德教育作为义不容辞的职责，为加强和改进未成年人思想道德建设创造良好舆论氛围。要发挥各自优势，积极制作、刊播有利于未成年人身心健康的公益广告，增加数量，提高质量，扩大影响。各级电台、电视台都要开设和办好少儿专栏或专题节目。中央电视台要进一步办好少儿频道，各地要切实抓好中央电视台少儿频道的落地、覆盖工作。省（区、市）和副省级城市电视台要创造条件逐步开设少儿频道。少儿节目要符合少年儿童的欣赏情趣，适应不同年龄层次少年儿童的欣赏需求，做到知识性、娱乐性、趣味性、教育性相统一。各类报刊要热心关注未成年人思想道德建设，加强宣传报道。面向未成年人的报纸、刊物和其他少儿读物，要把向未成年人提供更好的精神食粮作为自己的神圣职责，努力成为未成年人开阔眼界、提高素质的良师益友和陶冶情操、愉悦身心的精神园地。加强少年儿童影视片的创作生产，积极扶持国产动画片的创作、拍摄、制作和播出，逐步形成具有民族特色、适合未成年人特点、展示中华民族优良传统的动画片系列。积极探索与社会主义市场经济发展相适应的少年儿童电影发行、放映工作新路子，形成少年儿童电影的发行放映院线。”这条规定明确了各级电台、电视台和各类报刊等大众传媒是青少年社会教育的主体，在推动未成年人思想道德教育中承担着各自的职责。该文件第二十一条规定：“各类互联网站都要充分认识所肩负的社会责任，积极传播先进文化，倡导文明健康的网络风气。重点新闻网站和主要教育网站要发挥主力军作用，开设未成年人思想道德教育的网页、专栏，组织开展各种形式的网上思想道德教育活动。在有条件的校园和社区内，要有组织地建设一批非营业性的互联网上网服务场所，为未成年人提供健康有益的绿色网上空间。信息产业等有关部门要制定相关政策，积极推进这项工作。”这条规定明确了信息产业部门和互联网站作为青少年社会教育的主体，在推动未成年人思想道德教育中承担的职责。该文件第二十二条规定：“要充分考虑未成年人成长进步的需求，精心策划选题，创作、编辑、出版并积极推荐一批知识性、趣味性、科学性强的图书、报刊、音像制品和电子出版物等未成年人读物和视听产品。有关部门要继续做好面向未成年人的优秀影片、歌曲和图书的展演、展播、推介工作，使他们在学习娱乐中受到先进思想文化的熏陶。要积极鼓励、引导、扶持软件开发企业，开发和推广弘扬民族精神、反映时代特点、有益于未成年人健康成长的游戏软件产品。要积极推进全国文化信息资源共享工程建设，让健康的文化信息资源通过网络进入校园、社区、乡村、家庭，丰富广大未成年人的精神文化生活。”这条规定提出，在青少年社会教育中要创作、编辑、出版、推荐未成年人读物和视听产品。该文件第九部分阐述如何净化未成年人的成长环境，包括加强文化市场监管、查处传播淫秽、色情、凶杀、暴力、封建迷信和伪科学的出版物，加强对互联网上网服务营业场所和电子游戏经营场所的管理，加强对营业性歌舞娱乐场所、电子游艺厅、录像厅等社会文化场所的管理。总之，《关于进一步加强和改进未成年人思想道德建设的若干意见》从未成年人思想道德建设的角度，对青少年社会教育的定位、作用、主体、职能等做出了规定。

三、关于青少年校外活动场所的公共政策

青少年校外活动场所是制度化的青少年社会教育安排，是实施青少年社会教育的重要阵地。在我国青少年社会教育政策中，最丰富、最

完整的是关于青少年校外活动场所的教育政策。六十多年来，我国在不同时期制定了多个关于青少年校外活动场所的教育政策。代表性的有：教育部、共青团中央 1957 年 4 月 12 日颁发的《关于少年宫和少年之家工作的几项规定》，1987 年 2 月 28 日颁发的《国家教委、共青团中央关于加强少年宫工作的意见》及其附件《少年宫（家）工作条例》，国家教委、国家广播电影电视部、全国总工会、共青团中央、全国妇联、文化部、中国科协 1991 年 8 月 5 日颁发的《关于改进和加强少年儿童校外教育工作的意见》，国家教委、共青团中央、文化部、国家体委、全国总工会、全国妇联、中国科协 1995 年 6 月 21 日下发的《关于颁发〈少年儿童校外教育机构工作规程〉的通知》，中共中央办公厅、国务院办公厅 2000 年 6 月 3 日下发的《关于加强青少年学生活动场所建设和管理工作的通知》，中共中央、国务院 2004 年 2 月 26 日颁发的《关于进一步加强和改进未成年人思想道德建设的若干意见》，中共中央办公厅、国务院办公厅 2006 年 1 月 21 日颁发的《关于进一步加强和改进未成年人校外活动场所建设和管理工作的意见》。目前在全国青少年校外活动场所中影响较大的教育政策是《少年儿童校外教育机构工作规程》《关于加强青少年学生活动场所建设和管理工作的通知》《关于进一步加强和改进未成年人校外活动场所建设和管理工作的意见》。

青少年校外活动场所教育政策主要包括以下几点。

（一）青少年校外活动场所实施的是社会教育

青少年校外活动场所是进行青少年社会教育的专门机构，国家实行发展青少年校外活动场所的公共政策。建设青少年校外活动场所，目的是在学校教育外，通过各种不同于学校教育的有益活动，活跃青少年的校外生活，促进青少年成长发展。国家在不同时期出台的青少年校外活动场所政策都提出，要发挥这些场所在青少年教育方面的独特作用。

在教育政策上，青少年校外活动场所教育与学校教育的关系有着一个历史发展过程。1957 年 4 月 12 日教育部、共青团中央颁发的《关于少年宫和少年之家工作的几项规定》指出："少年宫和少年之家是少年儿童的校外教育机关，它的基本任务就是配合学校对少年儿童进行共产主义教育，培养他们具有优良的道德品质；帮助他们巩固和扩大课堂知识，丰富他们的文化生活；发展他们多方面的兴趣和才能，锻炼他们的技能和熟练技巧。""少年宫和少年之家的工作要与学校取得密切的配合，活动内容应以少年儿童在学校中所获得的基本知识和他们已有的生活经验为基础，但不要局限于学校课程范围和受教学大纲的限制，而应当予以加深和扩大。"这是我国在青少年校外活动场所政策中，首次对青少年校外活动场所与学校之间的关系进行了阐述。这里对青少年校外活动场所的定位是"配合"学校教育。当然，这种配合不是局限于学校教育的内容，而是在教育内容上有一定的扩大和深化。1985 年 5 月 27 日颁布的《中共中央关于教育体制改革的决定》提出，经过改革，要使"学校教育和学校外、学校后的教育并举"，把校外教育与学校教育共同发展作为教育改革的目标之一。这句话提出，青少年校外活动场所教育作为一种社会教育，与学校教育是"并举"关系。这个界定是对青少年校外活动场所在青少年教育体系中地位和作用的肯定，对后来我国青少年校外活动场所的建立和发展产生了很大的推动作用。"并举"两个字实际上肯定了校外作为一个独立教育领域的存在，要求学校教育与社会教育、家庭教育协调发展，这为青少年校外活动场所探寻独立的教育发展路径、实现独特的教育方式提供了政策依据。1987 年 2 月 28 日颁发的《国家教委、共青团中央关于加强少年宫工作的意见》指出："少年宫对少年儿童的培养目标和学校教育的培养目标是一致的，它配合学校为培养少年儿童成为有理想、有道德、有文化、有纪律，热爱社会主义祖国和社会主义事业，具有为国家富强和人民富裕而艰苦奋斗的献身精神，不断追求新知，具有实事求是、独立思考、勇于创造的科学精神的一代新人，打下初步基础。”这个文件提出，青少年宫教育与学校教育在培养青少年的目标上是一致的，青少年宫“配合”学校教育对青少年进行教育。2006 年 1 月 21 日中共中央办公厅、国务院办公厅颁发的《关于进一步加强和改进未成年人校外活动场所建设和管理工作的意见》第四部分专门讲“积极促进校外活动与学校教育的有效衔接”，提出要“积极探索建立健全校外活动与学校教育有效衔接的工作机制”，“要把校外活动列入学校教育教学计划，逐步做到学生平均每周有半天时间参加校外活动，实现校外活动的经常化和制度化。要把学校组织学生参加校外活动以及学生参加校外活动的情况，作为对学校和学生进行综合评价的重要内容”；各类校外活动场所“要根据学校校外活动的需要，及时调整活动内容，精心设计开发与学校教育教学有机结合的活动项目，积极探索参与式、体验式、互动式的活动方式，创新活动载体，并配备相应的辅导讲解人员，使校外活动与学校教育相互补充、相互促进”。这里从工作机制、课程内容与资源、教育活动组织等方面阐述了学校教育与社会教育的衔接，是第一次比较具体地阐述校外活动与学校教育的关系。该文件提出，青少年校外活动场所是“与学校教育相互联系、相互补充、促进青少年全面发展的实践课堂”。相互补充的提出，有利于青少年校外活动场所的准确定位。从“配合”到“并举”和“衔接”，再到“相互补充”，这反映了青少年校外活动场所教育与学校教育关系的发展变化。在社会教育已经取得广泛发展的新时期，青少年社会教育与学校教育的关系应该定位在相互补充、共同发展上。

青少年校外活动场所实施的教育活动是在学校外、由政府支持开展、面向青少年的教育服务，属于公共教育活动，是社会公共产品。政府作为公权力的行使者，根据实现社会公共利益的需要，从更好地培养青少年素质的基本点出发，制定和执行公共的青少年社会教育政策。青少年校外活动场所作为政府举办的社会教育场所，从事的是公共性的社会教育活动，其实施的教育活动在教育理念、教育内容和教育方式上，明显区别于一般的民办教育机构举办的校外培训。青少年校外活动场所开展的社会教育，满足了国家和社会促进青少年成长、实现公共利益的需要，超越了青少年及其家长的个体利益和家庭利益。青少年校外活动场所发挥着不同于学校教育的校外活动功能，既为青少年个体实现自身目标、谋求生存发展奠定素质基础，又推动着社会发展和文明进步。青少年校外活动场所实施的教育的公共性，为一代又一代青少年的校外学习成长所证明。青少年参与校外活动的内在需求，推动着青少年校外活动场所的建设和青少年社会教育的创新发展。

（二）政府担负着青少年校外活动场所发展的主体责任

青少年校外活动场所是政府举办的服务青少年校外活动的公共社会教育机构。国家在不同时期出台的关于青少年校外活动场所的教育政策，尤其是 21 世纪以来出台的几项教育政策，都对政府应该做什么做出了明确的规定和特别的强调。各级政府是青少年校外活动场所建设和发展的主体，承担着建设和管理青少年校外活动场所的重要责任。这种责任主要包括以下四个方面。

1. 政府担负着对青少年校外活动场所的领导责任

1987 年 2 月 28 日颁发的《国家教委、共青团中央关于加强少年宫工作的意见》要求："各级教育行政部门和团委要有领导同志分管这项工作，并指定机构和人员负责，有条件的地区可设专门管理机构或办事机构，定期研究工作，交流经验，并切实解决少年宫在经费、场地、设施等方面的问题。”1991 年 8 月 5 日国家教委、国家广播电影电视部、全国总工会、共青团中央、全国妇联、文化部、中国科协颁发的《关于改进和加强少年儿童校外教育工作的意见》提出：“各级各类校外教育机构的行政领导由各主办单位负责，教育、文化、共青团、妇联和科协等部门要加强业务指导，不断提高活动质量。”2000 年 6 月 3 日中共中央办公厅、国务院办公厅下发的《关于加强青少年学生活动场所建设和管理工作的通知》提出，要“切实加强对青少年校外教育工作的领导”。“为加强对青少年学生校外教育工作的领导，成立‘全国青少年校外教育工作联席会议’，统筹协调和指导全国青少年学生校外教育工作以及青少年学生校外活动场所建设和管理工作。地方也可参照成立相应的协调机构。”“地方各级党委和人民政府，中央和国家机关各有关部门、群众团体要从实施科教兴国战略、推进两个文明建设的高度，以对党和人民高度负责的态度，把青少年学生校外教育工作以及青少年学生活动场所的建设和管理工作作为一件大事来抓。地方党委和人民政府主要负责同志要负总责，统筹协调各有关部门和群众团体，切实加强对青少年学生活动场所的规划、建设、管理、监督、检查工作的领导，落实目标管理责任制。”这里把加强对青少年校外活动场所相关工作的领导作为地方党委、政府主要负责人的职责范围。2006 年 1 月 21 日中共中央办公厅、国务院办公厅颁发的《关于进一步加强和改进未成年人校外活动场所建设和管理工作的意见》要求：“各级党委和政府要切实加强对未成年人校外活动场所建设和管理工作的领导，把这项工作摆上议事日程，及时掌握工作情况，研究解决重要问题。各级精神文明建设委员会要把这项工作纳入未成年人思想道德建设的总体布局，予以高度重视，加强督促指导。”总之，国家在不同时期制定的社会教育政策，都要求各级政府担负起对青少年校外活动场所的组织领导责任。

2. 政府担负着对青少年校外活动场所的建设责任

政府要把青少年校外活动场所的建设纳入经济和社会发展规划。1995 年 6 月 21 日国家教委、共青团中央、文化部、国家体委、全国总工会、全国妇联、中国科协颁发的《少年儿童校外教育机构工作规程》指出："校外教育机构建设应纳入城乡建设发展规划，分步实施，逐步形成地、市、区（县）到街道（乡、镇）的校外教育网络。"2004 年 2 月 26 日中共中央、国务院颁发的《关于进一步加强和改进未成年人思想道德建设的若干意见》指出："各级政府要把未成年人活动场所建设纳入当地国民经济和社会事业发展总体规划。大城市要逐步建立布局合理、规模适当、功能配套的市、区、社区未成年人活动场所。中小城市要因地制宜重点建好市级未成年人活动场所。"2006 年 1 月 21 日中共中央办公厅、国务院办公厅颁发的《关于进一步加强和改进未成年人校外活动场所建设和管理工作的意见》第五部分专门讲"切实加强未成年人校外活动场所的规划和建设"。"各级政府要把未成年人校外活动场所建设纳入当地国民经济和社会发展总体规划。大中城市要逐步建立布局合理、规模适当、经济实用、功能配套的未成年人校外活动场所，'十一五'期间要实现每个城区、县（市）都有一所综合性、多功能的未成年人校外活动场所。""加大农村未成年人校外活动场所的规划和建设力度。"这些政策规定都很有力度，可惜在实际工作中没能得到认真贯彻落实，在地方经济和社会发展规划中难以见到青少年校外活动场所的相关规划。

政府要大力兴建青少年校外活动场所。2000 年 6 月 3 日中共中央办公厅、国务院办公厅下发的《关于加强青少年学生活动场所建设和管理工作的通知》提出："地方各级人民政府要设法多建设健康的青少年学生校外活动场所和设施……根据实际需要和建设条件，在充分利用现有设施的基础上，新建和扩建一批青少年宫和活动中心，特别是科技、体育、文化等活动场所，大力改善青少年学生校外活动场所条件。在城市建设、旧城改建、居住区建设中必须严格按照国家有关法规和标准的规定，建设青少年学生校外活动场所，并注重内部设施和软件建设，力争到‘十五’末期，全国90%以上的县（市）至少有一所青少年宫或活动中心等青少年学生校外活动场所。”2006年1月21日中共中央办公厅、国务院办公厅颁发的《关于进一步加强和改进未成年人校外活动场所建设和管理工作的意见》提出：“大中城市要逐步建立布局合理、规模适当、经济实用、功能配套的未成年人校外活动场所，‘十一五’期间要实现每个城区、县（市）都有一所综合性、多功能的未成年人校外活动场所。”“加强农村未成年人校外活动场所建设。各地可因地制宜，依托基础设施较好的乡镇中心学校或其他社会资源，配备必要的设施设备，建立乡村少年儿童活动场所，为农村未成年人就近就便参加校外活动提供条件。”此外，2001年5月29日国务院颁发的《关于基础教育改革与发展的决定》提出：“各地要多渠道筹集资金，建设一批青少年学生活动场所和社会实践基地。”①2001年5月22日国务院发布的《中国儿童发展纲要（2001—2010年）》提出：“增加儿童课外活动设施和场所，将儿童校外教育、科技、文化、体育、娱乐等设施建设纳入城镇建设规划。多渠道筹集资金，重点资助中、西部地区的青少年活动场所建设。”②2010年7月29日中共中央、国务院印发的《国家中长期教育改革和发展规划纲要（2010—2020年）》提出：“充分利用社

① 国务院：《关于基础教育改革与发展的决定》，《中国校外教育工作年鉴（2005—2006）》，天津人民出版社2007年版，第39页。

② 国务院：《中国儿童发展纲要（2001—2010年）》，《中国校外教育工作年鉴（2001—2003）》，中国福利会出版社2004年版，第62页。

会教育资源，开展各种课外及校外活动。加强中小学校外活动场所建设。”①可见，多个政策文件都明确要求地方政府大力兴建青少年校外活动场所。

3. 政府担负着青少年校外活动场所运营中的财政支持和税收优惠的责任

2000 年 6 月 3 日中共中央办公厅、国务院办公厅下发的《关于加强青少年学生活动场所建设和管理工作的通知》指出：“青少年学生校外活动场所作为公益性设施，所需建设投资以各级人民政府投入为主。各级人民政府计划部门要高度重视，调整投资结构，加大投资力度。”“各级人民政府财政部门要高度重视，调整支出结构，加大对青少年学生校外活动场所的资金投入。中小城市人民政府财政部门要尽可能增加投入，用于建设青少年学生活动场所。各级财政部门支持青少年学生开展课外活动和维修青少年学生活动场所的经费开支，可以在地方财政对教育经费增加的一个百分点中安排。如果本地区尚未对教育经费采取增加一个百分点的政策，也要克服困难千方百计挤出资金，积极支持青少年学生活动场所建设。除了各级人民政府的财政资金投入外，还可以从体育彩票和福利彩票的公益金中拿出一部分，专门用于补助青少年校外活动场所的建设和维护。”2004 年 2 月 26 日中共中央、国务院颁发的《关于进一步加强和改进未成年人思想道德建设的若干意见》指出，“属于公益性文化事业的未成年人校外活动场所建设和运行所需资金，地方各级人民政府要予以保证”。2006 年 1 月 21 日中共中央办公厅、国务院办公厅颁发的《关于进一步加强和改进未成年人校外活动

①《国家中长期教育改革和发展规划纲要（2010—2020 年）》，《中国德育》2010 年第 8 期。

场所建设和管理工作的意见》提出："各级政府要把未成年人校外活动场所运转、维护和开展公益性活动的经费纳入同级财政预算，切实予以保障。中央财政通过逐步加大转移支付力度，对中、西部地区和贫困地区未成年人校外活动场所的运转和维护予以支持。"这些政策规定为政府从财政上支持青少年校外活动场所提供了依据。但是，从实际情况看，共青团组织管理的许多青少年宫获得的财政资金很少，仅靠财政资金不可能维持青少年宫的正常运转，因此开展了大量的收费项目。

政府要对青少年校外活动场所实行税收优惠。2000 年 6 月 3 日中共中央办公厅、国务院办公厅下发的《关于加强青少年学生活动场所建设和管理工作的通知》指出："税务部门要采取措施，鼓励公益性青少年学生活动场所的发展。对公益性青少年学生活动场所，单位暂免征企业所得税；社会力量通过非营利性的社会团体和国家机关对青少年学生校外活动场所（包括新建）的捐赠，在缴纳企业所得税和个人所得税前全额扣除。"2006 年 1 月 21 日中共中央办公厅、国务院办公厅颁发的《关于进一步加强和改进未成年人校外活动场所建设和管理工作的意见》提出，"实行支持公益性未成年人校外活动场所发展的税收优惠政策。符合现行营业税政策规定的公益性未成年人校外活动场所的门票收入免征营业税，用于事业发展；公益性未成年人校外活动场所中符合现行政策规定的自用房产、土地免征房产税、城镇土地使用税；社会力量通过非营利性的社会团体和国家机关对公益性未成年人校外活动场所（包括新建）的捐赠，在缴纳企业所得税和个人所得税前，准予全额扣除。"这项政策在一些地区没有得到切实执行，不少青少年校外活动场所未能得到税收优惠。

4. 政府要动员社会资源支持青少年校外活动场所

2000 年 6 月 3 日中共中央办公厅、国务院办公厅下发的《关于加强青少年学生活动场所建设和管理工作的通知》提出："要积极鼓励和支持社会力量兴办青少年学生校外活动场所和捐助各种活动设施及经费。积极发展以社区为依托、公办和民办相结合的青少年学生校外活动场所。地方各级人民政府和国务院有关部门要因地制宜，制定优惠政策，如减免土地出让金、免征配套费等，以引导社会资金，鼓励和支持社会力量兴办公益性的青少年学生活动场所。"2004年2月26日中共中央、国务院颁发的《关于进一步加强和改进未成年人思想道德建设的若干意见》提出："国家有关部门和地方各级人民政府要制定优惠政策，吸纳社会资金，鼓励、支持社会力量兴办未成年人活动场所。"2006年1月21日中共中央办公厅、国务院办公厅颁发的《关于进一步加强和改进未成年人校外活动场所建设和管理工作的意见》提出："调动整合社会力量，参与校外活动场所工作。""进一步拓宽渠道，鼓励支持社会力量兴办公益性未成年人校外活动场所；鼓励社会各界通过捐赠、资助等方式，支持未成年人校外活动场所建设，开展公益性活动。"从实际情况看，政府对民营资本兴办青少年校外活动场所的鼓励、整合和支持力度都不够。事实上，民办机构热衷于举办学校考试科目的补习班和艺术类培训班。

以上四个方面的政府责任，是青少年校外活动场所教育政策的重要内容。青少年校外活动场所能否发展、如何发展，政府担当主体责任。

（三）青少年校外活动场所要实施好青少年社会教育

国家关于青少年校外活动场所的教育政策，对青少年校外活动场所自身作为提出了明确的要求。这些要求主要包括如下几点。

1. 根据与学校教育相互补充的思想，突出社会教育的主题

青少年校外活动场所要从青少年教育格局出发，充分认识社会教

育对于青少年成长的重要作用，摒弃学校为本的校外教育思维，自觉地树立社会教育的理念，实施好社会教育。1995 年 6 月 21 日国家教委、共青团中央、文化部、国家体委、全国总工会、全国妇联、中国科协颁发的《少年儿童校外教育机构工作规程》指出："校外教育机构基本任务是通过多种形式向少年儿童进行以爱祖国、爱人民、爱劳动、爱科学、爱社会主义为基本内容的思想品德教育；普及科学技术、文化艺术、体育卫生、劳动技术等方面知识；培养他们多方面的兴趣、爱好和特长；培养他们独立思考、动手动脑、勇于实践和创新的精神，促进少年儿童全面发展，健康成长。"青少年校外活动场所要按照相关政策的规定，在思想道德、科学技术、文学艺术、体育、社会实践上全面实施社会教育，扎实开展素质教育，切实促进青少年健康成长、全面发展。

2. 更多地开展公益性活动，更充分地实现公益性

政府建立青少年校外活动场所，是为了开展公共服务，增进公共利益，实现公益价值。青少年校外活动场所具有目的上的公共利益性、经费来源上的公共支出性、运行方式上的公共服务性和人员管理上的公共部门性等特点，成为社会公共服务和公共管理的一个主体。这决定了青少年校外活动场所是公益性事业单位，具有公益性的社会伦理性质，在解决青少年社会教育这一公共问题的过程中必须谋取公共利益。2000 年 6 月 3 日中共中央办公厅、国务院办公厅下发的《关于加强青少年学生活动场所建设和管理工作的通知》提出，青少年校外活动场所"要坚持把社会效益放在首位，积极接纳青少年学生参加各种校外活动，绝不允许进行以营利为目的的经营性活动"。2004 年 2 月 26 日中共中央、国务院颁发的《关于进一步加强和改进未成年人思想道德建设的若干意见》再次提出："已有的未成年人专门活动场所，要坚持把社会效益放在首位，坚持面向未成年人、服务未成年人的宗旨，积极开展

教育、科技、文化、艺术、体育等未成年人喜闻乐见的活动，把思想道德建设内容融于其中，充分发挥对未成年人的教育引导功能。”2006年1月21日中共中央办公厅、国务院办公厅颁发的《关于进一步加强和改进未成年人校外活动场所建设和管理工作的意见》提出，青少年校外活动场所要“始终坚持未成年人校外活动场所的公益性质”，“要始终坚持把社会效益放在首位，切实把公益性原则落到实处”。该文件具体阐述了青少年校外活动场所的公益性质。从这些政策文件规定可以看出，青少年校外活动场所是以公益为目的的事业法人，要面向全体未成年人，为不特定的未成年人服务。青少年校外活动场所提供的社会教育服务是人们共同占有和享用的，而非仅仅局限于部分人群和特定阶层。

青少年校外活动场所提供服务的方式应分为无偿和有偿两种情形。2000年6月3日中共中央办公厅、国务院办公厅下发的《关于加强青少年学生活动场所建设和管理工作的通知》提出：“文化体育设施及校外教育设施，必须坚持公益性原则，增加向青少年学生开放的时间，节假日免费或低费向青少年学生开放。”2006年1月21日中共中央办公厅、国务院办公厅颁发的《关于进一步加强和改进未成年人校外活动场所建设和管理工作的意见》提出：“对集体组织的普及性教育实践活动和文体活动要实行免费。对确需集中食宿和使用消耗品的集体活动，以及特专长培训项目，只能收取成本费用，对特困家庭的未成年人要全部免费。”青少年校外活动场所要提供一些无偿服务，同时有偿服务的收费应普遍低于社会一般水平。当然，如果政府能够购买服务，青少年宫也可以实行免费开放。目前，青少年宫总体上是在有偿服务的同时，实行了特定的免费开放。这种特定的免费开放主要包括以下几种情况：一是特定时间免费开放，即在各种节日、重大活动开展时期、重大历史事件纪念日等有特殊意义的重要日子，开展免费的主题教育活动；二是特定空间免费开放，即对于青少年宫内的部分设施尤其是政府和社会资金支持的空间，实行免费开放；三是特定群体免费开放，即对特困家庭的未成年人实行完全免费；四是特定活动免费开放，即对集体组织的普及性教育实践活动和文体活动实行免费。青少年宫免费开放的程度，主要取决于政府财政资金的投入大小，也与青少年宫自身的服务能力和管理水平相关。

3. 建设一支热爱青少年社会教育、善于组织青少年校外活动的人员队伍

对青少年校外活动场所的工作人员来说，服务青少年校外活动、促进青少年成长，既是自己的工作职责，又是职业动力。青少年校外活动场所工作人员开展校外活动的内在动力，应该是一种强烈的培养人、发展人、完善人的社会教育精神，而不是赚钱、营利的利益驱动。1987 年 2 月 28 日国家教委、共青团中央颁发的《少年宫（家）工作条例》指出："辅导员要热爱儿童，尊重儿童，保护儿童身心健康，全面关心少年儿童的成长。辅导员要了解儿童，做儿童的知心朋友，在活动中充分发挥他们的积极性、主动性和创造性，注意培养和依靠积极分子。辅导员要刻苦学习，钻研业务，改进辅导方法，努力提高思想水平和业务能力。辅导员要以身作则，为人师表，言行举止和仪表要注意对少年儿童的教育影响。" 1995 年 6 月 21 日国家教委、共青团中央、文化部、国家体委、全国总工会、全国妇联、中国科协颁发的《少年儿童校外教育机构工作规程》指出："校外教育机构工作人员应当拥护和坚持党的基本路线，热爱校外教育事业，热爱少年儿童，遵守教师职业道德规范，努力钻研专业知识，不断提高专业文化水平，身体健康。""少年儿童校外教育机构教师应履行《中华人民共和国教师法》规定的义务，做到：（一）关心、爱护少年儿童，尊重他们的人格，促进他们在品德、智力、

体质等方面全面发展；（二）制止有害于少年儿童的行为或者其他侵犯少年儿童合法权益的行为，批评和抵制有害于少年儿童健康成长的现象。”从以上政策文件规定看，青少年校外活动场所工作人员要热爱青少年社会教育事业，学习青少年社会教育知识，提高开展青少年社会教育的能力，竭诚为青少年成长发展服务。

第二节　青少年社会教育政策的突出问题

一、青少年社会教育政策供给不足

按理说，青少年社会教育涉及面很宽，有众多主体，需要强化政策供给。然而，我国青少年社会教育政策的供给，无论从教育法律、纲要、决定、意见等载体形态，还是从国家教育政策、国家相关部门教育政策、地方教育政策等主体形态看，目前都是非常单薄、严重不足的。这主要表现在以下三个方面。

第一，从青少年社会教育的实际情况看。青少年社会教育涉及广泛的社会机构和社会组织，以及众多的个人，包含广泛的教育内容和多样的教育方式，而且随着信息技术的发展和互联网的普及，其影响力越来越大，但是，缺乏相应的教育政策支持，存在很多政策空白。我国教育行政部门没有把社会教育纳入管理范围。目前，无论是国家层面，还是地方层面，都没有专门的社会教育法律，这导致青少年社会教育没有统筹，缺乏管理，一定程度上处在放任自流的状态。在青少年社会教育中，许多重要领域没有法律规定，基本问题没有管理措施。例如，移动互联网对青少年发挥着越来越广泛的教育影响，但没有相应的教育政策规定，导致一些青少年沉迷于微信的碎片化、快餐式的知识，不利于深度的系统的知识学习和理论思考；有的电视台举办青年相亲节目，公开宣传金钱至上、享乐第一的思想，对青少年起到了误导作用。在青少年社会教育中，教育政策的供给滞后于教育实践的发展。这种滞后使得青少年社会教育比较混乱，尤其是思想意识得不到很好的培育，价值观得不到正确的引导，这不利于青少年的健康成长。

我国成型的青少年社会教育政策是关于青少年校外活动场所的，但这些教育政策也难以适应青少年校外活动场所教育的新发展。例如，青少年宫的教育定位还不准确，一些青少年宫比照学校教育的课堂教学方式，实施以培训为主的校外教育，缺失社会教育的理念，缺少社会教育的活动特色；一些地方政府对青少年宫的财政投入不足，导致不少青少年宫追求经济利益，大量举办收费的培训班，影响了青少年宫的公益性。以深圳市南山区青少年活动中心为例，该中心年服务约为 10 万人次，年财政投入仅为 60 万元，平均到服务对象身上人均仅 6 元。①可以说，在共青团管理的青少年宫中，不少存在财政资金投入不足、人员编制缺少、辅导教师没有评职称渠道的问题。

第二，与学校教育的政策不相匹配。我国高度重视学校教育，教育行政部门对学校教育管得很多很细，出台了许多关于学校教育的政策。从法律上看，关于学校教育的有《教育法》《义务教育法》《高等教育法》等；关于专门教育的有《职业教育法》《特殊教育法》等。至于政府部门的法规和教育行政部门的规章，就更多了。与此形成鲜明对照的是，我国没有一部关于社会教育的法律和行政法规，部门规章也很少。现实情况是，社会教育没有被政府作为独立的教育领域，由于涉及面宽、涉及部门多，教育行政部门也没有把社会教育作为自身的职责。实

① 苏敏、倪赤丹：《深圳市青少年社会教育现状研究》，《开封教育学院学报》2015 年第 6 期。

际上，我国的教育行政部门只是学校教育管理部门，没有对各种教育形态进行管理。《国家中长期教育改革和发展规划纲要（2010—2020年）》仅有三处提到“社会教育”一词，对校外活动只是简单提及，严重缺乏社会教育的内容，实际上只是一个学校教育的发展规划。

第三，与国外的社会教育政策相比差距不小。从世界范围看，许多国家重视社会教育，出台了不少关于社会教育的政策。例如，韩国1949年12月颁布的《教育法》规定了社会教育的对象和形式，1982年颁布了《社会教育法》，1987年10月修订的宪法规定“国家要振兴社会教育”，1999年8月把《社会教育法》改为《终身教育法》。①日本20世纪60年代从知识灌输型教育向知识灌输和体验教育并重的教育模式转型，非常注重社会教育活动，并将其写入教育大纲。例如，日本建立了青少年安全保险制度，为青少年学生的校外活动提供安全上的政策支持。日本通过第三方机构针对青少年校外发生的事故开展运动安全保险。该商业保险由公益财团法人体育安全协会作为第三方，与多家财产险商业保险公司组成的共保联合体之间签署关于意外伤害、赔偿责任保险等一揽子保险合同。仅就中小学生来看，只对团体活动投保时，每年的保费只有800日元。该产品不包括学校管理状态下的活动，也不包括脱离投保团体管理状态下的活动，也就是团体会员在团体规定的活动以外，自行开展的活动。如需包括以上活动，保费提高至1 450日元。即使是这样，保费仍然是很低的。之所以能够实行低费保险，是因为除了第三方的介入降低了成本之外，保险公司还以加入共保联合体的方式相互分担风险。由于保费较低，保险公司方面只能做到收支平衡，具有公益性。日本的青少年安全保障体系采用第三方介入的方

① 王雷著：《社会教育概论》，光明日报出版社2007年版，第23页。

式，通过独立行政法人日本体育振兴中心、公益社团法人体育安全学会等机构，代替学校、家长或相关社会团体与政府或保险公司进行交涉。这种做法既降低了成本，又通过政府、学校、家长或者社会、学校、家长三方的共同参与，避免了安全责任由学校一肩挑或教育部门全部埋单的现象，无形中在全社会引导了一种重视校园安全的社会氛围。

我国一些学校为规避风险，因噎废食，取消了校外实践活动，这与青少年社会教育缺乏政策支持有关。我们要通过建立社会教育政策，引入市场机制，推动青少年学生走出校园，走向社会。

二、青少年社会教育政策过于分散

目前，我国的青少年社会教育政策，不仅总量不足，而且非常分散，没有综合性的社会教育政策。现有的青少年社会教育政策散见于各个部门制定的相关政策之中。这些相关政策针对的是某个领域、某个行业的具体问题，对青少年社会教育的体现不自觉、不充分。也就是说，我国青少年社会教育政策普遍分散在一些部门的公共政策之中，呈现碎片化的特征，没能形成系统性。一些国家行政部门的公共政策即使有关于青少年社会教育的条文，也是零碎和孤立的，相互之间缺乏衔接，这导致青少年社会教育事务没能统一规范，陷入分割的境地，不利于青少年社会教育的协调发展。

政策的集中度与权威性存在正相关的关系。青少年社会教育政策是青少年教育权益的具体体现，也是青少年利益的分配规则，因而必须确保具有权威性。青少年社会教育政策形式上的分散，导致以行政法规甚至更低层次的形式存在，只有未成年人保护等个别领域的政策表现为国家立法。权威性的不足使得青少年社会教育政策的制约力明显不足。

为了克服现有青少年社会教育政策散乱、零碎的弊端，就要加强专门的青少年社会教育政策的制定。只有在分散的基础上加以集中，制定专门化、系统化的青少年社会教育政策，才能发挥青少年社会教育政策的整体效能，真正解决现有青少年社会教育政策凌乱、空白的问题，促进我国青少年社会教育的创新发展。

第三节　青少年社会教育政策的完善对策

一、解决青少年社会教育中的突出问题

教育政策要坚持问题导向，完善青少年社会教育政策要着力解决当前青少年社会教育中的突出问题。

（一）把社会教育作为青少年教育的独立领域

青少年社会教育存在的最大问题是没有得到社会有关方面的应有关注和重视。教育界对教育的理解普遍是片面的，许多教育研究工作者把教育窄化为学校教育，热衷于学校教育的研究，而忽视社会教育的研究。学术界关于社会教育的文章比较少，而且这些对社会教育的少量研究还有很多是把社会教育作为学校教育的补充，根本没有给社会教育应有的独立地位。青少年社会教育研究在整个教育研究领域被边缘化，没有受到起码的重视。我们应以校内外教育并举的理念为指导，对青少年社会教育的地位和作用重新估量，把青少年社会教育确定为一个独立的研究领域。

社会教育不仅是青少年教育的独立研究领域，而且是独立的工作领域。1985 年 5 月 27 日颁布的《中共中央关于教育体制改革的决定》提出了校内校外教育并举的重要思想，但是三十多年过去了，青少年教

育格局的片面发展依旧，社会教育的严重不足依旧，校内外教育还远远没有实现“并举”。在教育行政中，不少人对社会教育在思想上缺乏正确的认识，有的人只把学校教育看成教育，没能把社会教育纳入教育的范围。目前的教育是以学校教育为中心的，教育行政部门围绕学校教育设置，面向社会成员提供的教育集中在学历教育、职业教育等领域，校内外教育的发展严重失衡。在现有升学竞争教育体制下，教育行政部门把青少年教育只是看成学校教育。青少年绝大部分时间被学校教育所占有，放学回家后还要花费很长时间做教师留的各种作业，在双休日和节假日还得参加各种服务学校考试升学的学科培训班或请家教补课。对于校外活动，教育行政部门相关文件讲的是学校内的课后活动和校外教育，许多青少年宫把自身定位在校外教育上。这使得青少年社会教育很大程度上被校外教育所取代，而不少青少年校外活动场所实施校外教育，多为学校教育的应试升学服务，社会教育功能不断退化，在青少年教育体系中扮演一个次要的角色。青少年宫教育被学校化的结果是社会教育被边缘化。边缘化导致社会教育不能发挥独特教育作用，不能实现促进青少年全面发展的教育功能。

（二）加强对青少年社会教育的管理

青少年社会教育由于主体众多、机构庞杂、缺乏规范，因此需要加强管理。“社会教育事业的顺利发展，首先应该有一个行之有效的社会教育管理体系来统筹领导。但是按照我国目前的教育结构，社会教育缺乏一个切实的管理体系。首先它不属于教育四大板块中的任何一块。我国现行教育结构分为基础教育、职业技术教育、高等教育和成人教育四大块，每一块都有一个相应的管理体系，社会教育从其功能上讲应当纳入教育体系中，但没有专门的教育行政部门来管理社会教育工作。更为困难的是，社会教育事业处于分化和混乱的状态。社会教育分别属于文化、体育、市政等部门，这些部门有各自工作的侧重点；再加上经费、物资、设施等条件的限制和经济利益的冲突，对社会教育工作往往无暇顾及，这使得社会教育不但没有随着我国社会政治经济的发展得到应有的发展，反而在一些地方出现滑坡现象。原本隶属社会教育行政管理的各种文化事业，如图书馆、博物馆、展览馆、科学馆、美术馆、体育场、动植物园等，由于缺乏统一的理论指导和制度保障，也只能是'孤军奋战'，其社会教育功能很难充分发挥。”①青年宫、少年宫、青少年宫、青少年活动中心、儿童中心等由教育行政部门、共青团组织、妇联组织等多家举办，分别管理，各自为政，缺乏应有的协调和必要的统筹。这导致全国青少年宫系统无论是教育理念，还是教育内容和方式，以及教育管理，都没有标准，缺少规范，显得较为混乱。近年来，一些教育行政部门在发展校外教育的名义下，在一些小学举办少年宫。基本做法是，学生放学后不离开学校，继续参加学校组织的教育活动，这拓展了学校教育的范围。然而，这些教育活动仍然是在学校内进行的，由学校教师组织的，在很大程度上，只是学校的课后班，不是真正的少年宫教育。依托小学举办少年宫，只是借用了少年宫之名，而无社会教育之实，是对少年宫教育的误读。

要把青少年社会教育纳入青少年教育体系的规划中来，制定社会教育与学校教育并举的青少年素质教育大纲，把社会教育作为素质教育核心部分之一。要统一规划青少年宫、科技馆、博物馆等青少年社会教育机构的建设、资源和利用，明确规定教育、文化、新闻出版等行政部门和共青团、妇联、科协等群团组织对青少年社会教育管理的具体职责。要用法律法规形式明确青少年社会教育的机构类别、功能定位、目

① 曹丽：《民国初期社会教育管理制度的确立及启示》，《科教文汇（上旬刊）》2008年第11期。

的和任务、内容和方式、教职员工的职责与考核、管理体制等。要建立一个多层次的青少年社会教育网络，既包括青少年宫等专门性的社会教育设施，也包括社区教育、闲暇教育，还包括电视、电台、网络教育等。

（三）明确青少年社会教育的主体责任

教育主体明确，才能有利于青少年社会教育的开展。在一些国家和地区，社会教育由专门的工作机构来统筹和管理。青少年社会教育是一项庞大的社会工程，必须上升到国家整体教育的层面来规划和部署。我国目前没有专门的机构来统一管理社会教育，因此，在社会教育管理上存在多头领导、各自为政的问题。对社会教育机构如青少年宫、博物馆、图书馆的管理，基本上是依据上级主管部门的行政规章和政策，经常会出现政出多门的现象。青少年社会教育的主体比较混乱，导致青少年社会教育职责不清、效率不高。青少年校外活动场所是青少年社会教育的重要主体，在各地的名称、职能、内容、形式都没有太大差别，但是有些属于共青团组织、教育行政部门、妇联组织、科协组织，还有些属于企业，在管理上很分散。我们可以在中央和地方设立专门管理青少年社会教育的部门，对青少年社会教育进行统一的规划、组织、实施、评估，对青少年宫、科技馆、图书馆、博物馆、社区教育、媒体等社会教育机构进行统一的集中管理。政府作为青少年社会教育的重要主体，要搭建青少年社会教育的公共服务平台，支持发展青少年宫、青年宫、少年宫、儿童中心、青少年活动中心、图书馆、博物馆、科技馆等各种青少年社会教育设施，要把城市里最好的地方留给青少年接受社会教育，同时应大力发展农村青少年社会教育机构和场所。

社会教育要由社会来办。社会教育与学校教育不同，具有社会化的教育理念、教育内容、教育方式，因此，政府既要承担青少年社会教育的应有责任，但也不能包办一切。社会在哪里，青少年社会教育就在哪里。一切社会资源都是青少年社会教育的教育资源。政府要从政策上吸引社会力量参与到青少年社会教育中来。在政府统一监管的前提下，可以考虑将一些社会教育推向社会，通过法律、政策、经济和行政的手段，鼓励与吸引社会团体、企事业单位、社会自组织等参与到青少年社会教育中来。

（四）加大青少年社会教育的财政资金投入

青少年社会教育不是一个美丽的口号，更不是以营利为目的的市场运作，而是需要各级政府能够有实实在在的资金投入。青少年社会教育属于公共教育，应该有独立的财政来源。各级政府要承担起社会教育的责任，为青少年社会教育机构和场所的建设、运行提供基本财政资金支持。

近年来，各级政府虽然不断增加教育投入，但总体上没有把社会教育纳入其中，在一些地区，青少年社会教育机构成为被教育经费遗忘的角落。共青团组织等管理的青少年社会教育机构没能享受到教育行政部门的教育经费。即使教育行政部门管理的少年宫，资金也难以与学校相比。由于对社会教育重视不够，不少青少年社会教育机构缺乏资金，有的少年宫、青少年活动中心、青少年活动营地等惨淡经营，面临生存危机。在政府财政资金投入不足的情况下，一些青少年校外活动场所为了生存大量举办收费的培训班，扭曲了社会教育的功能，甚至有的还变相出租房屋，严重影响了青少年社会教育事业的发展。政府应设立专项财政资金，为青少年社会教育事业的发展提供物质保障。

（五）加强青少年社会教育队伍的建设

青少年社会教育需要专业人士来实施，需要建设一支能够胜任社会教育的人员队伍。有的国家和地区在大学中设有社会教育的专业，培养社会教育理论工作者及专职人员。目前，我们尚没有专门的机构培养社会教育人员，大学也未开设社会教育专业。普通高校教育学院尽管学者云集，教授众多，但是难以见到专职的社会教育研究者。青少年宫等机构从事社会教育的人员主要以兼职为主，多数未受过专门的社会教育培训，因此只会举办学科培训班，复制学校教育中的课堂教学模式。为了有效实施青少年社会教育，我国要培养一批青少年社会教育的人才，建立一个遍布全国各地的社会教育专职人才培养的网络。

（六）营造青少年社会教育的良好氛围

社会教育是一种社会环境的教育，因此，在青少年社会教育中，要建构和优化青少年成长的良好环境。与家庭教育、学校教育相比，青少年社会教育是一种生活教育和环境体验式教育，因此，情境体验和感官认知是非常重要的。要重视社会文化环境的建设，在生活居住社区、社会公共场所、虚拟交流平台等做好青少年社会教育的设计与管理。从公共场合的标牌、提示、横幅到电视、互联网、报刊等大众传媒，都要注重对青少年的教育引导，创建良好的社会教育氛围，让青少年随时随处、耳濡目染地养成良好的社会意识和社会习惯。要通过电视、电台、互联网、橱窗、报刊等多种载体，大力倡导社会教育的理念、普及社会教育的知识，引导政府部门工作人员、家长和青少年了解社会教育，实践社会教育，从而形成重视、支持、参与青少年社会教育的舆论导向和社会氛围。只有这样，才能使得青少年社会教育成为一项全民支持、青少年自觉开展的基础性教育，在青少年教育体系中发挥更大的作用。

二、制定综合性的青少年社会教育政策

青少年社会教育政策是一种政治行为，是执政党和政府意志的体

现；还是一种过程概念，这种过程性表现在青少年社会教育政策是执政党和政府为达到青少年社会教育目标而采取的一系列可操作性的活动。针对青少年社会教育政策总量不足、过于分散的问题，制定更多的教育政策是必要的。其中，关键的是要制定综合性的青少年社会教育政策。

第一，从青少年社会教育的特点看，青少年社会教育是一个很宽广的领域，是青少年学习成长的众多途径，因此要加强制度设计，进行总体协调。只有制度完善、协调有力，才能加大青少年社会教育在国家公共教育体系中所占的比重与分量，夯实青少年社会教育的基础。制度设计关键是制定关于青少年社会教育的专门法律。青少年社会教育是一项涉及面宽、十分庞杂的教育，其性质、功能、内容、方式等需要明确界定，机构的设立、建设、管理等需要具体规定，因此，不是简单几条政策条文可以说清楚的，而是需要制定一部专门的法律。另外，青少年社会教育涉及教育、共青团、文化、新闻等众多部门，不是单一部门能够独立开展的，需要在法律上明确各自职责和相互配合。要从法律上对青少年社会教育的地位、性质、任务、管理、机构、编制、经费等问题进行明确规定，使我国青少年社会教育有法可依，健康发展。解决青少年社会教育目前存在的法律依据不足、发展陷入困境的问题，根本上有赖于制定青少年社会教育的专门法律。

第二，从青少年社会教育实践看，制定综合性的青少年社会教育政策是国际上的普遍做法和基本经验。许多国家和地区具有专门的社会教育法。

美国 1963 年制定的《职业教育法案》、1966 年制定的《成人教育法案》、1976 年制定的《终身教育法》，为社会教育提供了法律保障。20 世纪 70 年代以来，美国社会教育与学校教育之间的关系更为紧密，社区学院进一步发展，高等学校与工商企业进一步合作，多媒体技术将美国教育推向信息时代。美国社会教育机构众多，具有极高的开放性，注重发挥青少年学习的积极性与自主性。青少年能够自觉地、灵活地参与社会教育。美国注重调动民间机构参与社会教育。

日本把教育的概念界定为学校教育、家庭教育和社会教育三者的总和。“在日本，社会教育是作为和学校教育同等重要的教育的一环、作为民众的自我教育和相互教育相结合的重要手段、作为国民应享受的权利而存在的。”①日本 1947 年颁布的《教育基本法》明确规定，“在家庭教育以及在工作场所和其他场所中所开展的教育事业，国家及地方公共团体均予以鼓励”“国家及地方公共团体应设置图书馆、博物馆及公民馆等社会教育设施，或者通过学校教育设施的利用及其他方法来实现教育目的”。②1949 年 6 月颁布、以后多次修订的《社会教育法》是日本社会教育管理的总法。《社会教育法》分为七章，包括总则、社会教育主事、社会教育团体、社会教育委员、公民馆、学校设施的利用、函授教育等。《社会教育法》对“社会教育”的定义是：不包括以学校教育法为依据、作为学校教育课程所进行的教育活动，主要是对青少年和成年人所进行的有组织的教育活动（含体育和文娱活动）。③该定义明确了青少年校外教育属于社会教育。《社会教育法》使日本的青少年社会教育发展有了法律保障，从法律上确认社会教育在整个教育体系中与学校教育处于并列发展的地位，使社会教育走上了法制管理的轨道。1949 年 6 月颁布的《社会教育法》、1950 年 4 月颁布的《图

---

① 王国辉、杨红：《21 世纪日本社会教育改革的理论和实践》，《外国教育研究》2009 年第 7 期。

② 刘丽：《论日本公民馆的社会教育功能及其启示》，南京师范大学 2014 年硕士学位论文。

③ 孙启林主编：《社会教育》，吉林教育出版社 2000 年版，第 483 页。

书馆法》、1951 年 12 月颁布的《博物馆法》，统称为日本的“社会教育三法”。日本通过制定一系列的法律法规，来促进包括青少年在内的民众的广泛参与、保证社会教育的有序实施。日本的公民馆是日本社会教育的中心设施，彰显了日本社会教育特色。随着 20 世纪 60 年代联合国倡导终身教育思潮的兴起，日本教育政策开始向终身教育转化。1990 年，有关终身教育的首部法律《关于健全为振兴终身学习策略推进体制的法律》颁布，它进一步推动了社会教育理念的革新与措施推动。

韩国的社会教育从第二次世界大战结束后开始，包含成人教育、继续教育、终身教育、校外教育等很多内容，从法律、机构和机制三个方面加以推动。一是立法推动。1945 年公布的《教育法》规定了社会教育内容。1982 年 12 月颁布、1990 年 12 月修订的韩国《社会教育法》共六章，包括总则、国家及地方自治团体的任务、专门要员、社会教育设施、学校及大众传媒和社会教育、补则等。1999 年 8 月颁布了《终身教育法》。二是机构推动。先后在国家教育部下设成人教育局、社会及国际教育局、终身教育局等推动社会教育工作。政府各相关单位，如教育及人力资源发展部，对推动终身教育负有重大责任。韩国教育发展协会、全国终身教育中心及全国终身教育协会，共同负有督导终身教育执行的责任。三是机制推动。主要有学分银行制①、终身学习账户制②、终身学习城市计划等，成为推动终身教育、社会教育的利器。韩国的社会教育以立法为保障，由政府进行强力推动，取得了良好的效果。

德国政府高度重视社会教育的立法，推行了一系列独具特色的社

① 学分银行制是从高等教育阶段设立的多元终身学习制度，其主要目标在鼓励更多在正规高等教育体制外的成人取得大学文凭的机会，不受时间和地点限制，通过各种渠道媒体进行学习。

② 设立线上的管理系统，内有通过认证的终身学习账户，透过此系统管理个人的学习经历并发给履历证书，供学习者谋职、升迁用。

会教育政策，在不同时期对相关政策、措施与法令等进行补充完善，使社会教育政策得以延续。德国有近千所社会教育机构，提供的课程、讲座超过六十万个。德国发展社会教育的一个成功经验是大量民间组织的热情参与。例如，德国学习节的主要参与机构就是民间的继续教育机构、文化机构与企业。这是德国社会教育开展的重要保障。德国的职业教育相当发达。在德国，个人参与职业继续教育活动，可获得国家给予的援助金。德国有众多机构面向社区民众或企业员工实施职业教育或职业训练课程。这些条件造就了德国具有终身教育、回归教育特征的发达的职业继续教育体系。德国建立和完善了以“双元制”职业教育体制为导向的社会教育立法体系，注重调动民间组织的参与和发展民众自我导向终身学习能力。①

与以上几个国家相比，我国需要加强社会教育的立法工作，尤其是需要制定关于青少年社会教育的专门法律。

第三，从我国青少年社会教育法律建设的实际看，我国有《义务教育法》《职业教育法》《高等教育法》等许多学校教育的法律，但目前没有关于社会教育的专门法律，这导致青少年社会教育没有法律的引领和规范。关于青少年社会教育的专门政策，目前只有中央文件和部门规章，有代表性的是 2006 年 1 月 21 日中共中央办公厅、国务院办公厅颁发的《关于进一步加强和改进未成年人校外活动场所建设和管理工作的意见》和国家教委、共青团中央、文化部、国家体委、全国总工会、全国妇联、中国科协 1995 年 6 月 21 日颁发的《少年儿童校外教育机构工作规程》。这些中央文件和相关部门规章，不但屈指可数，而且在立法层次上层级较低，缺乏普遍性和强制力。我国现有的青少年社会教育

① 孙侠：《发达国家社会教育管理实践研究及其对我国的启示》，《中国校外教育》2012 年第 12 期。

政策大都散落于相关法律、法规和政策之中，太分散、太抽象，缺少权威性、整体性和操作性。法律制度的缺失使得社会教育在我国还没有确立独立的法律地位，还处在教育体制的边缘位置，没有获得应有的重视和支持。因此，要加快推进和完善以青少年社会教育的法治建设，应尽快制定全国性的青少年社会教育专门法，使青少年社会教育事业的发展做到有法可依。国家要借鉴国外的成功做法，加强社会教育的立法。为了促进青少年健康成长和全面发展，我国有必要制定青少年社会教育法，明确规定政府部门在青少年社会教育中的经费投入比例、投入方式和法律责任，明确规定青少年社会教育各部门的权利和义务，建立不同社会教育机构之间的统筹协调机制，从法律上确立青少年社会教育在整个教育系统中的独立地位，改变把国民教育体系局限在学校教育系统的狭隘做法，把青少年社会教育纳入国民教育体系。

第九章　青少年社会教育的机构

第一节　实施青少年社会教育的专门机构

一、共青团组织

（一）共青团组织的社会教育功能

共青团中央办公楼门前挂了共青团中央、全国青联、全国学联和全国少工委四块牌子，这代表了我国的四大青少年组织。从组织规模上看，全国青联是最大的青年组织，因为共青团组织和学联组织都是其团体会员，此外还包括中国青年企业家协会等多个全国性青年社团。因为共青团是党领导的人民团体，是党的助手和后备军，是党和政府联系青年的桥梁和纽带，担负着党的青年群众工作的职责，所以从实际运行上看，共青团中央是这四大青少年组织的核心。2016 年 12 月 6 日，全国青联十二届二次常委会审议通过的《青年联合会组织办法》第二条规定："共青团在青年联合会中发挥核心作用。主要职责是把握正确方向、主导委员提名、确定工作主题、物色工作骨干、协调会员关系。"共青团中央书记处常务书记担任全国青联主席，一名书记处书记担任全国少工委主任，全国青联秘书处、全国学联秘书处和全国少工委办公室分别设在共青团中央统战部、学校部和少年部，这些部门分别负责全国青联、全国学联和全国少工委的日常工作，因此，共青团中央在实际工作中是全国青联、全国学联和全国少工委的上级领导机关。共青团组织体系伸展到各行各业、各个层级，纵向到底，横向到边，这是全国青联、全国学联和全国少工委无法相比的。基于四大青少年组织的内在统一性和实际一致性，这里说的共青团组织的青少年社会教育，也包括全国青联、全国学联和全国少工委的青少年社会教育功能。

人们通常从政治属性和工作职能的角度看待共青团组织，把共青团组织看成人民团体、执政党的青年工作部门。其实，从教育的角度看，共青团组织是一个青少年社会教育组织。共青团具有教育青年、服务青年和维护青年合法权益的职能，其中，最重要的是教育职能，因为共青团组织的根本任务是培养人，教育是共青团工作的核心。共青团组织的教育，既不是学校教育，也不属于家庭教育，而是一种社会教育。从教育学的角度看，共青团组织是一个青少年社会教育的专门机构，共青团工作属于专门的青少年社会教育工作，理由如下所述。

1. 从青年工作的普遍性看

我们经常使用“青年工作”这个概念，那么到底什么是青年工作呢？不是说针对青年的所有工作都是青年工作，否则，学校就是从事青年工作的最大系统。通常说的青年工作是指面向青年的社会性工作，主要涉及青年思想引导、青年利益维护等公共事务。青年处在专门学习的阶段，教育是青年事务的核心内容，青年工作的根本目的是促进青年社会化，因此，青年工作普遍是青年社会教育工作。例如，欧盟各国普遍重视在青年工作中开展思想道德教育。1993 年召开的欧洲委员会第四届部长会议，把“在青年中倡导以欧委会价值（民主、人权和法治）为基础的欧洲公民意识”“提倡青年团结”“在欧洲青年中提倡宽容的理念”等作为青年政策的重点。2007—2013 年欧洲青年行动计划的目标主要是：培养青年积极的公民意识，尤其是欧洲公民意识；培养青年之间的相互包容度，以增强欧盟社会的融合性；增进不同国家间青年的相互理解；发展青年活动的支持体系，提高民间青年组织的能力；促进欧洲各国在青年领域的合作。可见，欧洲青年政策包含明确的意识培育和思想引导的内容。①

青年工作是很重要的青年社会教育工作，原因如下。第一，从青年生理和心理的角度看。青年处在长身体的过程中，生理和心理的发育不成熟，成长未定型，情绪也未稳定，会出现各种成长的烦恼。极少数青年会发生越轨行为，甚至走上违法犯罪道路。青年工作通过对青年进行心理辅导，能够使青年身心保持平衡；通过有益于身心健康的活动，让青年有正常的体力发泄渠道，而不去实施不良行为、从事违法犯罪活动。青年工作可以帮助青年顺利度过那段必经的成长期。第二，从青年社会生活的角度看。青年在成长过程中必然要接触社会，在社会生活中了解社会的管理机制、制度规范、价值观念和运行方式。青年工作帮助青年参与社会生活、了解社会事务，引导青年树立法治意识和道德观念，以更好地适应社会生活。第三，从职业生活的角度看。就业对青年来说，不只是找到一份谋生的工作，而且是走上社会的标志，因此，职业对青年而言不仅必要，而且非常重要。一名青年的人生成功，最终不是看学校中的表现，而是看职场中的作为。青年工作对青年实施就业服务、职业辅导和岗位训练，能够促进青年的职业发展。第四，从文化生活的角度看。人与动物的根本区别是人具有精神生活。青年除了过物质生活，满足生理上的需要以外，还要过精神生活。青年工作高扬社会主旋律，用社会主义核心价值观引导青年，这样能够提高青年生活的境界，实现青年身心的和谐。在青年社会化的过程中，青年工作通过组织丰富多彩的社会活动，可以帮助青年养成完整的人格、发展多方面的素质，从而在社会生活中应对自如，快乐生活。青年工作的一般意义是引导青年学习成长，帮助青年教育发展。

---

① 张良驯：《论我国青年政策的独立性、完整性和专项性》，《中国青年研究》2015 年第 2 期。

2. 从共青团组织的性质看

中国共青团的性质是：中国共产党领导的先进青年的群众组织，广大青年在实践中学习中国特色社会主义和共产主义的学校，中国共产党联系青年群众的桥梁和纽带，中国共产党的助手和后备军。助手、后备军与学校的关系，实质是起作用与受教育的关系。共青团既要带领青年在完成党的各项任务中发挥助手作用，又要引导青年在当助手的实践中接受教育。共青团要在起作用中受教育，又要通过教育发挥更大作用。共青团是一个具有学校性质的群团组织，但又不同于一般的学校。共青团性质中说的“学校”，不是指开展学历教育的大中小学，而是特指进行社会活动的实践学校，属于社会教育的范畴和领域。共青团组织是非学制、非学历、进行社会教育的学校。共青团性质明确了共青团组织的“学校”定位，这清楚地表明了共青团组织具有青少年社会教育的属性和功能。共青团组织作为开展青少年社会教育的特殊学校，通过社会活动的途径，组织、动员、引导、服务青少年，在社会实践中引导青少年健康成长，帮助青少年全面发展，为党培养建设者和接班人，成为党的助手和后备军。

3. 从共青团组织的任务看

性质决定任务，有什么样的组织性质，就会有什么样的组织任务。根据组织性质，共青团组织的基本任务是用社会主义核心价值观教育青年，用民族复兴中国梦教育青年，用中华优秀传统文化教育青年，在全面深化改革和建设中国特色社会主义的伟大实践中，造就有理想、有道德、有文化、有纪律的接班人，不断巩固和扩大党执政的青年群众基础，努力为党输送新鲜血液，为国家培养青年建设人才。可以说，教育青年是共青团组织的根本任务和第一要务。

对于青年，共青团组织要加强思想政治工作，组织青年学习党和政府的路线、方针和政策，开展社会主义核心价值观教育，开展爱国主义、集体主义和社会主义思想教育，以及近代史、现代史教育和国情教育，民主和法治教育，增强青年的民族自尊、自信和自强精神，帮助青年坚定理想信念，树立正确的世界观、人生观、价值观，进一步增强青年对中国特色社会主义的道路自信、理论自信、制度自信、文化自信。要努力帮助青年学习现代科学文化知识，吸收和借鉴人类社会创造的一切文明成果，抵御资本主义和封建主义腐朽思想的侵蚀，不断提高青年的思想道德素质和科学文化素质。对于团员，共青团组织要进行中国特色社会主义共同理想和共产主义远大理想教育，培养社会主义事业的接班人。各级共青团组织既要带领团员和青年学习党的路线、方针和政策，又要服务团员和青年学习科学、文化和业务。要教育团员和青年学习革命前辈，继承党的优良传统，发扬社会主义道德风尚，树立与改革开放和现代化建设相适应的新观念，自觉抵制不良思想倾向，坚决同各种违法犯罪行为做斗争。共青团组织要对团员进行党的基本知识教育，推荐优秀团员做党的发展对象，还要发现和培养优秀青年人才，推荐他们进入更重要的生产和工作岗位。

共青团组织的任务要落实到共青团员的义务上。共青团员要努力学习党的基本理论，学习共青团的基本知识，学习科学、文化和业务知识，不断提高为人民服务的本领。要自觉遵守国家的法律法规和共青团的纪律，执行共青团的决议，弘扬社会主义核心价值观，发扬中华优秀传统文化，维护国家和人民的利益。要接受国防教育，增强国防意识，积极履行保卫祖国的义务。要虚心向人民群众学习，开展批评和自我批评，勇于改正缺点和错误，自觉维护团结。要引导共青团员把这些义务作为自觉追求和日常行为。

4. 从共青团组织的教育方式看

共青团组织是教育青少年的特殊学校，具有特别的教育方式。共青团组织对青少年的培育，不是在课堂上，而是在实践中。即使在学校中，共青团组织开展的活动也是在课外时间进行的。从共青团工作的整体看，实践育人既是共青团组织的光荣传统，也是明显优势。在革命、建设和改革的不同时期，共青团组织围绕党和国家的中心任务开展工作，发挥作用，团结带领广大青年为国家发展、民族富强、人民幸福贡献青春力量，谱写了一曲曲壮丽的青春之歌。共青团组织的伟大实践造就了一批又一批先进人物和优秀人才。共青团组织带领团员青年在全面深化改革的火热生活中建功立业，成长为社会主义事业的合格建设者和可靠接班人。

5. 从共青团组织的教育结果看

共青团组织通过各种实践活动，能够对青少年的思想道德进行教育引导，帮助青少年学习和掌握必要的科学文化知识。九十多年来，共青团组织在不同历史时期，根据党的要求把心中有梦、胸怀大志的先进青年吸引凝聚起来，培养和造就了一代又一代有理想、有道德、有文化、有纪律的社会主义新人，为党的事业源源不断地输送新鲜血液。共青团组织是一所特殊的学校，不同于有计划、有组织地进行学制教育的学校，而是实践学习、实践成长的社会学校。青年在共青团组织这所实施社会教育的特殊学校中，可以学到在普通学校难以学到的社会规范、科学知识和实践能力，可以经风雨，见世面，实现社会性发展。

共青团组织在教育青年的过程中，也锻炼和培养共青团干部。长期以来，从各级共青团组织走出了一批又一批优秀领导人才。共青团组织锻炼成长的领导人才，覆盖全国各个层次、各个方面、各个领域。共青团组织出身的政治人才尤其引人瞩目，无论是国家领导人，还是省

（区、市）领导人，以及广大基层党政领导人，都能引起人们的关注。在许多人的眼中，共青团组织是出政治人才的摇篮。共青团工作岗位有利于共青团干部锻炼成长和提拔使用，这也反映了共青团组织的社会教育性质。

（二）共青团组织的社会教育活动

共青团组织多年来按照党的要求，紧跟国家工作大局，开展了大量的青少年社会教育活动。这些教育活动，可以分为以下几个方面。

1. 直接的宣传教育

宣传是一种运用各种符号传播一定的思想观念，以影响人们的认知和行为的社会活动。共青团组织经常讲“宣传教育”，把“宣传”与“教育”连在一起，这是社会教育的典型说法。各种宣传教育活动明显地体现着共青团组织的青少年社会教育功能，是共青团组织经常开展的工作。共青团的宣传是通过媒体、活动、会议、产品等宣传党的路线、方针和政策，宣传社会主义核心价值观，宣传中华民族的优秀传统文化，进而对青少年的思想、道德和行为产生教育影响。宣传教育工作是为了引导青少年坚定理想信念，形成正确的世界观、人生观、价值观，这是党对共青团工作第一位的要求，是共青团组织的首要任务。

2012 年共青团中央下发通知，开展青少年基本道德规范教育实践活动。各地共青团组织、少先队组织通过举办专题讲座、演讲、座谈等多种形式，共开展 55 万场活动，7 800 多万人次参加。许多共青团组织开展“关注生活细节”道德评议活动，引导青少年辨析美丑、摒弃陋习、完善言行。①2014 年 3 月，共青团中央发出通知，要求全团认真贯彻落实党中央《关于培育和践行社会主义核心价值观的意见》，在广大

① 共青团中央编:《中国共青团年鉴（2012）》，中国青年出版社 2013 年版，第 199 页。

青少年中深入开展社会主义核心价值观宣传教育和实践活动，通过宣传教育、示范引领、实践养成相统一，努力让社会主义核心价值观在广大青少年中内化于心、外化于行。共青团组织在青少年社会主义核心价值观的教育方面，采取的第一项措施是开展宣传教育，通过宣传社会主义核心价值观 12 对范畴的基本内涵，宣传中国特色社会主义和中国梦，在青少年中唱响坚定理想信念、勇于追梦圆梦的主旋律。各地共青团组织利用重要节日和党史国史上重大事件、重要人物纪念日等，组织开展内涵丰富的主题宣传教育活动。利用共青团管理的报纸、网站、杂志，强化媒体传播，把握正确舆论导向，不断巩固壮大健康积极向上的主流思想舆论。2015 年，共青团中央在青少年中深入开展中国梦学习宣传教育活动，各地共青团组织共举办各类教育实践活动 4.5 万场，现场参与青少年超过 2 700 万人次；开展“争做向上向善好青年、文明守法好网民”活动，各级团组织开展各类分享交流、实践活动超过 63 万场次，现场参与青年超过 1 000 万人次。①另外，在互联网上开展“我为核心价值观代言”主题活动，吸引 102 万名青年主动秀出自己对核心价值观的理解和感悟，话题总阅读量达 3.97 亿人次。清明节期间，开展“清明祭英烈共铸中华魂”主题活动，213.4 万人在线留言献花、祭奠英烈，主网页浏览量达 3.2 亿人次。②

2. 岗位实践活动

共青团组织实施的社会教育，更多的是针对青年职工、青年农民和进城务工青年开展的各种岗位实践活动。代表性的有青年岗位能手活动、青年文明号活动、青年就业创业行动、青年星火带头人活动、保护母亲河行动等。

---

①② 共青团中央编：《中国共青团年鉴（2015）》，中国青年出版社 2016 年版，第 207、208 页。

青年文明号是以青年为主体，在生产、经营、管理和服务中创建的体现高度职业文明，创造一流工作成绩的青年集体、青年岗位和青年工程。青年文明号活动是由共青团中央联合中央国家机关相关部委开展的、以青年职工为参与主体的群众性精神文明创建活动。1994 年 4 月，共青团中央推出青年文明号活动，旨在组织和引导职业青年立足本职诚实劳动，文明从业，树立适应社会主义市场经济要求的敬业意识、创业精神和质量、效益、安全、竞争、服务等观念，在全社会展现当代青年的精神风貌，塑造行业和企事业单位的良好形象，倡导职业道德和职业文明。这项活动在公安、公交、邮政、铁路、民航等窗口行业首先启动，并得到党中央、国务院领导人的重视和支持。1997 年 8 月召开的全国“青年文明号服务卡助万家”活动现场会指出：职业道德建设搞好了，可以带动社会公德建设的提高。如果没有良好的职业道德，良好社会公德就难以弘扬。但从另一方面看，如果社会公德不能很好地弘扬，职业道德建设的成果也比较难巩固，所以需要这两个建设相互促进。“青年文明号服务卡助万家”活动在把优质服务送到千家万户的同时，带动了千家万户和服务企业相互配合、相互帮助，以及千家万户之间的相互帮助，这样就可以形成一个很好的社会公德氛围，为职业道德的建设、发展和巩固提供了一个良好的环境。

青年文明号活动倡导高度的职业文明，致力于职业道德、职业技能、职业效益三者的统一。青年文明号活动的精神内涵为“敬业、协作、创优、奉献”，即爱岗敬业，青年文明号集体中每个成员都具备良好的职业精神，干一行、爱一行、钻一行，在平凡的岗位上创造优秀的工作业绩；团结协作，青年文明号集体成员之间互帮互助，共同提高，具有良好的团队精神和协作意识；争先创优，青年文明号集体立足本职，争创一流，成为行业标杆；奉献社会，青年文明号集体成员树立

“青春献事业，文明献社会”的自觉意识，发挥岗位技能和自身优势，积极参与社会公益实践。青年文明号创建集体普遍的做法是：有明确的创建主题，在醒目位置悬挂青年文明号创建标志、青年文明号牌匾和青年文明号信用公约；窗口服务单位设有意见箱或意见簿，争创人员挂牌服务。建立争创活动宣传阵地，借助宣传栏、墙报、青年文明号创建简讯等形式公布创建标准、规章制度、服务承诺、活动资料、考核情况等内容。办公场所内外整洁卫生、用品摆放整齐有序，岗位人员遵守职业道德规范，着装整洁得体，举止端庄文明，精神面貌好，敬业精神强。这些做法是一种以岗位规范和职责为内容的单位教育，也是一种提高职业文明的青年社会教育。“青年文明号活动因应经济社会的快速发展对职业文明水平提高的新要求，以建设职业文明为基本内涵，致力于培育青年的职业素质、发挥青年在职业文明建设中的生力军作用。把职业文明建设作为基本内涵是青年文明号活动成功开展的根本原因。”①

3. 开展广泛的社会实践活动

除了岗位实践活动外，共青团组织还开展不同主题的社会实践活动。

影响广泛的青年志愿者活动是青年社会教育的品牌活动。共青团中央 1994 年初正式实施青年志愿者活动，同年 12 月发布了“奉献、友爱、互助、进步”的中国青年志愿者精神。青年志愿者活动是共青团在新的历史条件下创新工作领域、服务社会需求的一大创举。多年来，青年志愿者活动的服务领域不断扩大，在农村扶贫开发、城市社区建设、环境保护、大型活动、抢险救灾、社会公益等领域形成了青年志愿者“一助一”长期结对服务计划、青年志愿者扶贫接力计划、大中专学生

① 张良驯：《新时期青年群众工作的着力点——以青年文明号活动为例》，《青年学报》2015 年第 4 期。

志愿者暑期文化科技卫生“三下乡”活动等一批重点服务项目。青年志愿者在2008年北京奥运会、残奥会志愿服务活动等大型活动中发挥了不可替代的作用，展现了青春风采。近年来重点实施了“共青团关爱农民工子女志愿服务行动”、大学生志愿服务西部计划等。

在开展青年志愿者活动中，共青团中央坚持“做贡献、受锻炼、长才干”的工作理念，将实践育人、思想引领和组织青年为社会做贡献有机结合，引导青年在服务和奉献中向实践学习、向人民群众学习，促进青年一代健康成长，赢得了广大青年的内心认同，成为青年志愿者活动蓬勃发展的动力源泉。各级共青团组织始终将组织青年参与志愿服务和加强对青年的思想引领有机结合，引导青年在志愿服务中培育社会主义核心价值观，践行“奉献、友爱、互助、进步”的青年志愿者精神。广大青年在开展志愿服务的同时，也成为弘扬志愿者精神、倡导良好社会风尚的播种机、宣传队，参与志愿服务已成为一种良好的社会风气。

（三）共青团组织的社会教育创新

社会环境在变化，青少年在变化，共青团组织的社会教育方式也要因时而变。从2015年开始，共青团改革作为党的群团组织改革的重要内容逐步展开。2015年1月下发的《中共中央关于加强党的群团工作的意见》提出，改革创新是群团工作发展进步的不竭动力，要推动群团组织改革创新，推进群团工作和群团组织建设理论创新、实践创新、制度创新。2015年7月召开的中央党的群团工作会议提出了包括共青团在内的群团组织改革任务，特别指出，加强和改进新形势下党的群团工作最重要的是保持和增强政治性、先进性、群众性。2015年7月召开的共青团十七届四中全会审议通过了《关于深入学习贯彻中央党的群团工作会议精神，切实保证和增强团的政治性、先进性、群众性，全面推进共青团深化改革的决议》。这个文件把政治性、先进性、群众性与共青团改革作为标题的关键词，体现了两者的内在一致性。2016 年 3 月，中央全面深化改革领导小组会议对共青团中央改革方案进行了研究，对共青团增强政治性、先进性、群众性，去除“机关化、行政化、贵族化、娱乐化”，强化组织创新和工作创新，更好地发挥生力军和突击队作用做出了全面部署。2016 年 6 月 2 日，中共中央办公厅印发的《共青团中央改革方案》提出，要“以保持和增强政治性、先进性、群众性为基本要求，着力解决存在的突出问题，增强自我革新的勇气，着力推进组织创新和工作创新”①。共青团改革对共青团的社会教育具有深刻的影响。

在社会教育理念上，共青团组织要强化思想政治教育的理念，对青少年进行中国特色社会主义的教育和社会主义核心价值观的培育，增强团结青年跟党走的意识。1959 年邓小平在接见共青团三届四中全会全体代表时说：“共青团犯一千条错误都没有关系，但是有一条错误不能犯，就是脱离党的轨道。”②新形势下，共青团组织要担负起引导青年听党话、跟党走的政治任务，巩固党执政的青年群众基础。这是共青团组织与一般青年组织的根本区别，也是衡量共青团工作做得好不好的政治标准。共青团要坚决贯彻党的意志和主张，在大是大非面前立场坚定、旗帜鲜明，在关键时刻敢于冲锋陷阵、发声亮剑，在思想上、政治上、行动上始终同党保持高度一致。要切实承担起培养社会主义建设者和接班人的重要任务，坚持用科学理论武装青年、用远大理想鼓舞青年，通过有声有色的工作把党的主张和意志落实到广大青年群众中去，引导青年听党话、跟党走，把青年最广泛最紧密地团结在党的周围。要把握为实现中华民族伟大复兴中国梦而奋斗的时代主题，带领青年矢

① 《〈共青团中央改革方案〉（摘要）》，《中国共青团》2016 年第 8 期。
② 《邓小平文集（1949—1974 年）》（下卷），人民出版社 2014 年版，第 26 页。

志创新创业创优，充分发挥生力军和突击队作用，在改革发展稳定第一线建功立业。要开展网上工作，亮出共青团组织的旗帜，发出声音，对模糊认识进行引导，对错误言论进行驳斥，让青年能在网上找到自己的组织、参加组织活动。要创新服务内容和方式，提高服务能力，团结更多的青年、更多的青年组织，扩大共青团的社会影响力。在共青团改革中，共青团中央采取了多项措施加强政治性建设。例如，加强了互联网上的青年思想引领工作。共青团中央成立了共青团网络新媒体协调指挥中心，三十多个省级团委也成立了新媒体中心。截至 2016 年 9 月，建成七万多个微博政务账号、二万多个微信政务公众号。这些共青团网上工作平台采用交流式、朋友式、人格化的引导方法，进行理论逻辑和文件语言的青年化、通俗化解读，探索和推动政治引领从“大水漫灌”向“精准施策”模式转变。采用新媒体的表达方式，如制作“跟总书记学”动漫、“青年网络公开课”等视频产品，把党的理论和路线方针政策、共青团的声音和工作进行再创作、再包装，向青年提供和推介形式生动活泼的思想教育产品。运用青年人的话语体系，着力与青年聊起来，增进与青年的感情。

在社会教育内容和方式上，要适应当前青少年成长的新特点，针对青少年学习、工作中的实际问题，加大在新媒体平台、文化产品、实践活动、阵地建设等方面的工作力度，通过青少年喜闻乐见的方式培育青少年的思想意识，克服青少年思想教育针对性不强的弊端。要把教育与服务相结合，寓教育于服务之中。《中共中央关于加强党的群团工作的意见》指出，服务群众是群团工作的生命线，为群众服务是群团组织的天职。共青团组织要增强青年观念，多为青年办好事、解难事，维护和发展青年利益，不断增强自身在青年中的影响力和感召力。《中共中央关于加强党的群团工作的意见》第六部分专门讲“支持群团组织加强服务群众和维护群众合法权益工作”。共青团组织要重点帮助青年解决日常工作生活中最关心、最直接、最现实的利益问题和最困难、最操心、最忧虑的实际问题。共青团维权工作应该主动有为，哪里的青年合法权益受到侵害，哪里的群团组织就要帮助青年通过合法渠道、正常途径，合理伸张利益诉求，促进社会公平正义。要主动代表青年参与相关法律法规和政策的制定，推动建立健全协调劳动关系等方面制度机制，从源头上保障青年权益。只有真诚服务青年，切实为青年排忧解难，才能成为青年信得过、靠得住、离不开的知心人和贴心人。在非公有制经济快速发展、青年向非公经济领域大量聚集的新形势下，共青团要在巩固国有经济领域工作的基础上，通过加大非公经济等新兴领域团建，扩大共青团的组织覆盖和工作覆盖。要针对新生代农民工、未稳定就业高校毕业生、青年企业家、青年社会组织骨干、新媒体从业青年、高校青年教师、归国留学青年、下岗失业青年等群体，坚持服务为先，做好思想引导、诉求表达、情感交流、组织吸纳等工作。要更加关注自由职业者、网络意见领袖、网络作家、签约作家、自由撰稿人、独立演员歌手、流浪艺人等新兴群体。多为农村留守儿童、城乡贫困家庭青少年、残疾青少年等困难青少年群体做雪中送炭的实事。应该指出的是，在共青团改革中，共青团中央以直接联系服务引导青年为重点，改革机关工作运行机制，通过“8＋4”“4＋1”“1＋100”等制度机制，推动机关干部大部分时间和青年在一起。“8＋4”常态化下沉基层制度，是指每年上半年、下半年各选派25%的机关干部到区县团委工作4个月，每年50%的干部在机关工作8个月、在区县团委工作4个月。共青团中央机关和共青团省委机关干部1 600名，在两年内分四批分别派驻一个县区。从2015年9月到2016年8月，共青团中央和省级团委已有两批728名干部下沉基层工作。“4＋1”向基层服务对象报到制度，是指共青团机关干部每周一个工作日到居住地或工作地周边的企业、农村、机关、学校、科研院所、街道社区、社会组织等基层单位报到，指导帮助基层共青团组织开展工作，每周在机关工作 4 天、在基层工作 1 天，面向青年直接开展工作。共青团中央机关 194 名干部参加了这项制度的实施。共青团中央组织部与北京市委组织部、共青团北京市委协调，把共青团中央基层报到工作纳入北京市委青年群众工作布局，制订年度工作计划。"1＋100" 直接联系青年制度，是指全团每名专职、挂职团干部、县级以上团的领导机关兼职干部经常性联系不少于 100 名不同领域的团员青年，其他兼职干部直接联系不少于 10 名团员青年。联系活动做到线上日常有声音、有互动、有话题，线下每个季度有活动、每年有面对面交流。截至 2016 年 8 月，全国有 4 万多名团干部联系 80 多万名青年。共青团中央加强对落实直接联系青年制度的督导和保障，分别制定了 "8＋4" "4＋1" "1＋100" 指导手册，开发了工作网络管理平台 "基层足迹" 管理系统，出台了工作考核办法。联系青年制度使得团的机关干部走出机关大楼、走出文山会海、走向基层一线、走进普通青年。许多共青团干部经常同青年进行面对面、手拉手、心贴心的零距离接触，增进对青年的真挚感情。

在社会教育机制上，要积极争取党政部门支持，广泛吸纳社会资源，发挥在青少年社会教育运行机制建设上的统筹作用。如果一个党组织平时对共青团工作不闻不问、漠不关心，甚至一年也不研究一次，共青团组织干与不干、干多干少、干好干坏都不关注，既不指方向，也不交任务，那么共青团工作是很难做好的。习近平在中央党的群团工作会议上说："党的群团工作做得好不好，关键在党的领导。""领导群团组织是各级党委的重要政治责任，也是实现和坚持党的领导的重要制度。" 各级党组织要 "强化管好用好群团组织的责任担当"，"用极大的精力来做党的群团工作”，“把党的群团工作摆上重要议程，纳入党委工作总体格局，同党委其他工作同部署同检查同总结”。《中共中央关于加强党的群团工作的意见》在提及党的群团工作存在的问题时，首先提到的是：“有的地方和部门党组织对群团工作重视不够，对群团工作的特点和规律缺乏深入研究，对发挥群团组织作用缺乏有力指导和支持。”可见，共青团组织存在的工作问题，固然有共青团组织自身工作的欠缺，也是党组织对共青团组织的领导不到位、支持不得力的反映。从党团关系角度看，党建要带动团建。根据中国特色群团发展道路，共青团工作的基本特征是共青团自觉接受党的领导、团结服务所联系的青年群众、依法依章程开展工作三者相统一。党的政治领导、思想领导、组织领导，是共青团工作的重要特征和共青团事业发展的根本保证。共青团改革既是对共青团的工作理念、运行机制的改革，也是对党领导共青团工作的思路和办法的改革。也就是说，共青团改革不只是共青团自我革新的事情，而且是党自我创新的重要内容。各级共青团组织都要善于争取同级党组织的重视和支持。1959 年邓小平在接见共青团三届四中全会全体成员时说：“共青团要争取党委的领导。党委有时确实忙得很，正因为忙，就容易忽略你们，因此要请他们去注意。你们要把自己的活动放在党委的统一规划下。”①只有积极争取党组织的支持，共青团才能更好地开展青少年社会教育。在共青团改革中，一些地区党委加强了对共青团工作的领导。例如，重庆市建立了市委党的群团工作联席会议制度，各级党委把党建带团建工作纳入党建责任制，区县团委书记担任同级党建工作领导小组成员。上海市全面落实了“各级团的委员会书记是党员的，可以列席同级党的委员会和常务委员会会议，

① 《邓小平文集（1949—1974 年）》（下卷），人民出版社 2014 年版，第 27 页。

可以考虑作为同级党委委员候选人提名人选”等政策规定。上海市实现街道团（工）委书记按专人专职专岗公务员身份配备，街道配备青少年事务社会工作者和群团社区工作者，聘请居村党支部书记为“青年工作指导员”。另外，政府财政加大了对青少年事业发展经费的投入。上海市建立了街道乡镇、居村团组织工作经费由同级财政保障的机制。重庆市明确按6—35周岁户籍人口数每人每年1.1元纳入年度部门预算安排，且逐年递增0.1元。

此外，共青团组织要注重把活动开展与阵地建设相结合，使得青少年社会教育具体有形。这方面可以借鉴国际上青年中心的做法。例如，英国建立青年中心作为青年社会教育的场所。英国地方政府将城市或郡划分为不同区域，建立相应的青年中心。绝大部分青年中心是由地方政府拨款建立，其运营经费和青年工作者的工资也由地方政府支付。青年中心的工作对象为11—25岁的青少年，重点为13—19岁的青少年。青年中心面向所有青年开放，主要对象是弱势青年群体，包括贫困家庭的孩子、移民青年后裔、残障以及流浪儿童等。有一个位于诺斯汗姆特郡东部区域的青年中心是由诺斯汗姆特郡政府支持建立的政府青年组织，每年都由政府拨款。其中运行的一些特殊项目还申请慈善组织的经费。该青年中心包括活动教室、咨询室、小组讨论室、计算机房、厨房、工作人员办公室等，最多能同时容纳40人开展活动。该青年中心有4名全职青年工作者、2名兼职青年工作者，开展的青年项目注重生活技能的培训，例如计算机、缝纫课程等，同时还举办以健康教育为主题的项目，例如预防未成年人怀孕、毒品和酗酒的培训项目。该青年中心实施的比较成功的一个项目为“照看婴儿”。“照看婴儿”项目以玩具婴儿代替婴儿，让年轻的母亲学习怎样正确照顾小孩，并设计出父母吸食毒品或嗜酒的产物——“毒品婴儿”和“酗酒婴儿”，以警示其危害性。这些项目一般在晚上举办，方式也比较灵活，主要以艺术性的方式开展，例如戏剧、图画等。白天则为青年提供多方面的服务，主要是咨询服务，为青年提供一个倾诉的场所。参加青年中心活动的青年一般来自贫困家庭，每晚参加活动交纳的费用因项目而异，最多为 50 便士。①在一些地方，学校允许有行为问题的学生或者不愿意到学校上学的学生到青年中心参加活动或参加雕塑、木工等技能课程来代替学校课堂的教育。除了青年中心，还有青年俱乐部。有的青年俱乐部为触犯了法律、被青少年法庭判处社区管教的青少年开办他们感兴趣的技能培训课程，对那些青少年违法者来说，参加这种课程是强制性的教育，又是乐意参加的兴趣班。而教授这些课程的教师，既是技能培训师，同时又是青年工作者。对于其他大多数正常青少年而言，青年中心和青年俱乐部也是他们晚间活动的重要场所。在一些尚无固定青年中心的村落，则有乡间巴士每周在固定时间为青少年带去娱乐设备。很多青年中心已有几十年历史，设备陈旧，但还是很受年轻人喜爱。原因在于，青年中心的成立往往是当地几个人发现本社区的青少年问题及需求，招募一些社区志愿者，开始组织活动解决问题。而且青年工作者会到青年人中去，问青年人需要什么；而不是自己主观认为“青年人应该有什么”或“青年人需要什么”。另外，青年中心和青年俱乐部不允许家长和其他成人进入，里面只有青少年和青年工作者，这让青少年觉得这里是他们自己的地方。一些青年中心和青少年俱乐部所在地的政府还为参加活动的青少年颁发各种证书，很多青少年相当看重这种证书。②我国共青团组织在 21 世纪初建立了一批青年中心，共青团中央 2006 年表彰了全国 200 个青年中心。近年来，北京等一些地区建设“青年汇”等

①② 团中央国际联络部编：《国外青年与青年工作（2007）》，外文出版社 2007 年版，第 129—132、137 页。

类似场所。看来，青年社会教育需要有明确的学习和交流场所。

二、青少年宫

（一）青少年宫的社会教育性质

青少年宫是指名为青年宫、少年宫、青少年宫、青少年活动中心、儿童活动中心、青少年活动营地等各式各样的青少年校外教育机构。我国青少年宫出现于 1948 年，至今已有七十年的历史，目前已经形成了遍布全国城市的青少年宫教育网络。青少年宫的主管单位主要是共青团组织、教育行政部门、妇联组织等，其中，教育行政部门管理的数量最多，共青团组织管理的历史较长，个体面积较大，影响力也较大。截至 2015 年底，全国由政府投资兴建的青少年校外活动场所 10 313 所，其中教育系统所属 8 707 所（独立建制的 3 307 所，依托乡镇中小学乡村青少年宫 5 400 所），其余归属共青团组织、妇联组织等。根据 2014 年 5 月共青团中央宣传部和中国青少年宫协会组织的团属青少年校外活动场所教育资源专项调查报告，共青团组织主管的青少年校外活动场所 702 家，其中省级 20 家，地市级 245 家，县级 437 家。①青少年宫尽管名称不同，但是教育功能、教育内容、教育方式、教育对象等教育要素基本相同，都是在学校之外为青少年提供有计划、有目的、有组织的校外活动服务，实现为青少年培养兴趣爱好、发展个性特征、提高综合素质的教育目标。各地青少年宫为广大青少年提供了丰富多彩的校外活动服务，成为一道亮丽的社会教育风景线。

青少年宫教育的性质是青少年社会教育。在青少年宫行业，长期存在把青少年宫教育说成校外教育的说法，许多人热衷于谈论校外教育，

① 朱迎：《善于总结运用青少年社会教育丰富实践形成的理论成果开展工作》，《中国校外教育》2015 年第 21 期。

这其实只看到了青少年的学习时间和地点，没有认识到这种教育的本质。即使从时间和地点看，校外教育除了包括社会教育以外，还包括家庭教育，青少年宫教育属于校外教育中的社会教育。更为重要的是，校外教育是针对学校教育而言的，是学校教育本位的体现。一些青少年宫把青少年宫教育定位为校外教育，这导致在教育实践中一味模仿学校课堂教学、班级教学、教师主讲的方式，大量举办培训班甚至学科培训班，成为学校教育的附庸，为“应试教育”推波助澜。只有明确青少年宫实施的不仅是一般的校外教育，而且是社会教育，才能引导青少年宫在场所内更多、更好地开展兴趣小组、社团、群众性等活动，较少举办文艺培训班和学科培训班，在场所外广泛开展夏令营、参观考察等户外活动，利用青少年宫外广阔的社会教育资源为青少年成长发展服务。这样，青少年宫教育作为一种社会教育方式，不仅是学校教育的延伸和补充，而且是一种独立的青少年教育形态。社会教育的定位有利于引导青少年宫突破家庭和学校空间的约束，拥有更大的教育空间；有利于引导青少年宫教育满足青少年个性爱好的发展需要，具有更丰富的教育内容；有利于引导青少年宫教育突破以讲授为主的学校教育，采用活动型教育，具有更灵活的教育方式。①2010 年前后，中国青少年宫协会通过举办全国青少年宫文艺会演、建立全国青少年营地联盟、组织青少年夏令营活动等多种方式，努力强化青少年宫社会教育的理念，拓宽青少年宫社会教育的路径。青少年宫教育作为一种社会教育，不仅在室内开展形式多样的教育活动，而且在户外开展社会实践，利用社会资源为青少年成长服务。青少年宫教育是一种独特的具有中国特色的青少年教育形态。

---

① 张良驯著：《青少年宫公益性研究》，中国社会科学出版社 2012 年版，第 6 页。

青少年宫具有三个方面的教育功能。一是发展认知的功能。青少年宫教育与学校教育一样，具有认知的功能，能够完善青少年的人格、增长青少年的知识、提高青少年的技能。当然，青少年宫教育与学校教育的认知功能是不完全相同的。学校通过课堂教学等方式，把已有的知识传授给青少年。青少年宫通过培训班、小组活动、社会活动、夏令营活动等多种方式，不仅把已有的知识传授给青少年，还把现实生活中即刻发生的知识告诉青少年。青少年宫教育超越了单一的听讲学习，而是一种生活学习、社会学习，能够发展青少年的社会认知。青少年宫开展社会现象、社会事件等社会认知教育，不仅拓宽了青少年的学习渠道，而且帮助他们增长社会经验，养成社会意识，提高综合素质。二是发展社会性的功能。青少年宫教育既发展青少年的个性，又发展青少年的社会性，是社会性发展和个性发展的有机统一。青少年宫引导青少年进行社会学习，掌握社会生活所必需的知识、技能和行为规范，培养青少年适应社会生活的能力、与他人交往的能力、进行社会活动的能力。在青少年社会性发展方面，学校教育是社会生活的基础，但仅凭学校教育不足以让青少年应付复杂多样的社会生活。青少年宫教育以活动为载体，通过培训、体验、比赛等教育方式，培养青少年的社会认知，完善青少年的素质结构。三是发展个性的功能。与学校教育相比，青少年宫教育更能够发展青少年的主体性和创造性，使青少年形成积极的个性品质。青少年宫教育不是强制性的义务教育，而是基于自愿参加和自我选择的社会教育；不是以分数和升学为目标的“应试教育”，而是以发展个性爱好为目标的兴趣教育。青少年宫教育没有统一的教材和学习要求，往往是根据青少年的不同特点进行教育，有针对性地培养青少年多样化的兴趣，发展青少年良好的个性。在青少年个性发展方面，学校教育更多的是知识传授，偏重发展青少年学生的言语智力和数理—逻辑智力，忽视其他智力的培育；采用班级授课制的教学组织形式，难以照顾到青少年学生个性发展的需要；实施考试升学的教育模式，导致书本学习时间挤占课外活动时间，青少年学生在学习压力下没有充裕的时间发展自己的兴趣爱好，难以实现个性的充分发展。与学校教育不同，许多青少年宫能够因材施教，培养青少年的兴趣和特长，多方面发展青少年的个性，让青少年找到自己成长的个性坐标。

青少年宫的基本教育方式不是课堂教学，而是活动开展。青少年宫教育通过设计、建构、组织符合青少年发展需要的各类活动，促进青少年健康成长、全面发展，因此属于活动教育。与学校教育不同，青少年宫的活动教育没有教学计划、教学大纲和教科书的限制，也不存在学校中以教材、教师和课堂为中心的教育模式，而是注重青少年的个别选择与自主发展，注重青少年潜质的开发，对青少年的健康成长、全面发展有着不可替代的作用。毋庸讳言，目前在“应试教育”的渗透和营利冲动的侵蚀下，有的青少年宫学起了学校教育的课堂教学，大量举办培训班，使得活动功利化、学科化、单一化。有的媒体把青少年宫批评为“培训宫”“学习宫”“补习基地”。为了使教育目的和教育方式不走样、不变形，青少年宫要凸显青少年宫教育的活动特色，努力构建自身的活动体系，既要大力发展夏令营、参观考察、社会体验等集体活动，又要发展各种兴趣小组、社团、俱乐部等青少年兴趣组织，更好地培养青少年的兴趣爱好，使青少年宫真正成为青少年成长的快乐殿堂。

青少年宫应该少举办培训、多开展活动，这需要政府和社会的支持。青少年宫是公益性的社会教育场所，提供的教育服务属于公共产品，公共财政应该埋单。2006 年中共中央办公厅、国务院办公厅下发的《关于进一步加强和改进未成年人校外活动场所建设和管理工作的意见》多处说到政府的责任，明确政府要把青少年宫“运转、维护和开展公益性活动的经费纳入同级财政预算，切实予以保障”。各级政府要加大对青少年宫教育的财政投入，从而降低青少年个人接受青少年宫教育的成本，鼓励青少年增加对青少年宫教育的消费。社会也应该给予青少年宫教育更多的支持。青少年宫提供的教育服务是非义务教育，是准公共产品，政府不应该也难以全部包下来，这需要社会组织和社会机构提供相应的教育资源。

（二）青少年宫的社会教育活动

青少年宫的社会教育活动是由 1995 年 6 月国家教委、共青团中央、文化部、国家体委、全国总工会、全国妇联、中国科协颁发的《少年儿童校外教育机构工作规程》予以规定的。该规程提出，青少年宫教育应当包括思想品德教育、科学技术知识普及教育、体育运动、文化艺术教育、游戏娱乐、劳动与社会实践活动六项基本内容。其中，思想品德教育的活动目标是引导少年儿童形成正确的思想意识；活动内容是爱国主义、集体主义和社会主义思想教育，近代史、现代史教育和国情教育，良好意志品格、遵纪守法和讲文明、有礼貌教育；活动形式是故事会、报告会、座谈会、辩论会、与英雄模范和先进工作者的见面会，新书介绍会和各种晚会、联欢会、营火会等。科学技术知识普及教育的活动目标是向少年儿童传递科学技术的新信息，引导他们从小爱科学、学科学、用科学，培养创新、求实、协作的科学精神和严谨的科学态度，增强他们的科技意识和培养良好的科学素质；活动内容是科普知识传授、发明创造、科技制作、科学实验等；活动形式是成立各种科学技术小组，设立工作室、实验室和种植、饲养园地；举办科学技术知识的讲座、展览和表演，组织科学晚会和有趣的科学幻想会、青少年儿童与科学家见面会和参观工厂、农场、实验室等。体育活动的活动目标是培养少年儿童勇敢、坚强、活泼的性格和健康的体魄；活动内容是田径、球类、游泳、体操、武术、模型、无线电、棋艺和军事体育运动的知识和技能技巧；活动形式是成立各种体育小组，举办各种体育表演会和少年儿童的体育活动，运动员与少年儿童见面会，举办展览、讲演。文化艺术教育的活动目标是培养少年儿童具有正确的审美观念和审美能力，陶冶情操，提高文化艺术素养；活动内容是课外读物、影视、音乐、舞蹈、戏剧、绘画、书法、工艺制作以及集邮、摄影等活动；活动形式是成立各种艺术小组，举办艺术欣赏、讲座或小型展览。游戏娱乐的活动目标是让少年儿童愉快地玩乐；活动内容是努力创造条件，建立多种游艺设施；活动形式是为少年儿童放映电影，举办各种游戏比赛、展演等。劳动与社会实践活动的活动目标是向少年儿童进行热爱劳动、热爱劳动人民、热爱劳动成果和不怕苦、不怕脏、不怕累的教育，培养自立、自强品格；活动内容是开展各种劳动实践活动；活动形式是组织少年儿童的社会服务工作，参观农村，开展慰问工人、农民、解放军、烈军属等活动。这六项教育内容的规定影响很广泛，具有标志性意义。青少年宫系统至今仍然普遍从这六个方面来实施青少年宫教育。

除了各个青少年宫开展的社会教育，中国青少年宫协会还直接组织一些由各地青少年宫共同参与的社会教育活动。例如，2010 年前后，中国青少年宫协会先后在北京、长沙、杭州等地开展了多次“全国青少年宫系统文艺会演”。这些活动既展示了各地青少年宫的文艺教育成果，更锻炼了青少年的文艺表演能力，还示范引导青少年宫加强青少年的艺术教育。其中，2010 年举办的第二届全国青少年宫系统文艺会演以“我们的绿色生活”为主题。集中会演前，全国 600 家青少年宫组织 18 万多名青少年，开展了丰富多彩的文艺演出。集中会演时，来自 30 个省份的 30 个青少年宫的 35 个精品节目在浙江省杭州市同台竞技。孩子们热情洋溢的歌舞、技巧娴熟的器乐和绘声绘色的语言节目使整台晚会高潮迭起，异彩纷呈。会演活动向广大青少年推介上海世博会，传播了“低碳、绿色”的世博理念和精神，集中展示了青少年的才艺风采，运用艺术方式引导青少年实践绿色生活方式，共同创造生态文明。

（三）青少年宫的社会教育创新

适应青少年参加校外活动的内在需求，青少年宫要在教育内容和方式上加以创新。

在教育内容上，青少年宫应该增加科普、劳动、游戏类内容，减少学科、艺术类内容。由于受“应试教育”观念、家长望子成龙心理、青少年考试需求和青少年宫利益驱动等诸多因素的影响，一些青少年宫开展的教育内容出现了偏差。主要表现如下。一是学科、艺术类培训过多。在优质教育资源相对稀缺和“应试教育”影响广泛的情况下，我国青少年的升学考试竞争异常激烈。尽管近几年课程改革、中考改革、高考改革逐步推进，但“应试教育”的状况并没有得到根本的改变。考取名校仍然是家长引导孩子学习的直接目的和基本追求。过去受经济条件的限制，只有学校教育一个途径来提高青少年学生的考试竞争力，现在随着家庭经济收入和子女教育投入的提高而增加了社会教育这个新的途径。升学考试的竞争已经从学校延伸到学校之外、延伸到民办培训机构和青少年宫。为了自己的孩子在考试中取得好成绩、增强孩子在中考和高考中的竞争力，不少家长让孩子在学校教育之外，参加各种文化补习班，学科培训类教育服务就这样在青少年宫中持续存在。在家长眼里，青少年宫开展的培训与补习，其功效等同于学校教育，两者皆是增强孩子升学考试竞争力的手段。青少年宫艺术培训很受学生欢迎，既有特长生升学加分政策的助推，也反映了人们培养艺术兴趣、训练艺术素质的愿望。当然，艺术教育是青少年宫教育的优势，是素质教育的重要方面，应该广泛开展，但是也不能因为过多地举办艺术培训班，而挤占其他校外活动的时间和空间。二是科普活动偏冷。许多青少年宫的科普活动空间很小，与一间又一间的艺术培训教室不可同日而语，而且参加的人数也少得多。许多青少年宫很少开展科普类教育活动。青少年宫科普教育普遍不够，这是因为科普活动不像艺术培训那样效果立竿见影，许多家长没有意识到青少年宫科普活动的意义。“应试教育”体制下催生的学科培训热，使得青少年宫科普教育变冷，因为科普类活动项目奖项少、获奖加分的难度大。三是游戏娱乐活动不足。玩耍是未成年人的天性，少年儿童认识世界的一个重要途径是游戏和娱乐活动。国家的教育政策规定，游戏娱乐活动是青少年宫应有的教育内容。联合国《儿童权利公约》明确规定，儿童有权享有休息和闲暇，从事与儿童年龄相宜的游戏和娱乐活动，以及自由参加文化生活、艺术活动。但是，许多青少年宫缺乏游戏娱乐空间和设施。大多数青少年宫是由一间一间的教室组成的，根本没有游戏娱乐设施。游戏娱乐设施的缺失，既有青少年面临学习压力，对游戏娱乐需求不足的原因，也有青少年宫经济效益的考量，此类项目收费不能很多，而设施维护需要不少经费。四是劳动与社会实践活动缺乏。劳动与社会实践是青少年社会教育的重要内容，也是青少年宫教育的应有活动项目。但是，我国“应试教育”的导向渗透到青少年宫教育中，使得青少年宫开展的教育内容趋向“应试化”，忽略了青少年的劳动教育和社会实践。有的青少年宫没有开展任何形式的劳动教育和社会实践活动。

在教育方式上，青少年宫要增加群体性活动，减少个体性学习。目前的学校教育实施“静坐”“静听”“从听中学”的填鸭式教学，基本上是一种单向的、强迫灌输的、缺失活动的传统教育。与此不同，青少年宫不是一般的教育机构，而是校外活动场所，具有“活动”的名称和标志。青少年宫教育的基本载体是各种社会活动，活动教育是青少年宫教育的鲜明特征。青少年宫组织开展灵活多样的具有教育意义的活动，使青少年在活动中受到教育，提升素质。青少年宫通过各种活动对青少年进行思想品德教育，引导他们树立正确的思想观念、养成良好的行为习惯；帮助青少年学习新知识，激发求知欲，拓宽知识面，丰富文化科学知识；培养和发展青少年文艺、科技、体育等多方面的兴趣爱好，实现个性的良好发展。青少年宫的活动形式多样，主要有群众性活动、小组活动、个人活动等。青少年宫的活动形式具有一定的弹性，可以从实际出发，利用各自的优势条件，因人、因地、因时组织开展。青少年宫教育的一个特点是，从时间安排到过程展开，都可以灵活机动地进行。青少年宫充分调动辅导教师的积极性和创造性，鼓励他们努力设计更符合青少年成长需要的教育活动。

青少年宫活动教育的重要方式是群众活动。群众活动在内容上包括思想引导活动、文化艺术活动、科技活动、体育活动、社会实践活动、娱乐游艺活动等，在形式上包括演出、竞赛、展览、夏（冬）令营、参观考察等。群众活动集体性强，规模较大，参与人数较多，是青少年宫面向大多数学生实施的普及性教育活动。群众活动最大的特点是群众性、普及性，而且基本上不收费。作为典型的青少年宫教育活动，群众活动内容丰富，形式多样，把学习知识和社会生活、生产劳动、艺术教育、科技活动联系起来，冲破了课堂的限制和封闭式的教学模式。群众活动是教育活动，内容和形式都要适应青少年的成长特点和规律，促进他们某一方面或某几方面素质的发展。群众活动内容广泛，形式多样，在特定时间选择什么内容和形式完全取决于教师，这与学校的教学活动不一样。群众性教育活动覆盖面大，受教育人数多，形式灵活，内容丰富，很好地体现了青少年宫教育的公益性。

青少年宫活动教育具有实践性的特征。与学校教育相比，青少年宫教育更加注重实践，注重与社会生活相联系，在许多情况下生活本身就是青少年宫组织活动最大的资源库。在青少年宫教育的培训活动和群众性活动中，青少年参加各种有益的实践活动，他们的智力和个性能够获得更好的发展。青少年宫教育活动的设计，要体现思想性、知识性和趣味性的统一，使得青少年在活动中实现多种能力的协调发展。例如，各种主题的夏令营活动可以使青少年领略大自然的美景，增强环保意识，感受地方文化，增长社会知识，还可以锻炼他们的体能和组织协调能力，对他们的全面发展是十分有益的。2014 年暑假，中国青少年宫协会对全国 100 家青少年校外活动场所开展的夏令营情况进行了监测。这 100 家单位共设计开展夏令营活动近 600 项，青少年参与达 13 万人次。在这些夏令营活动中，33.17％以体验类为主或包含有体验类的内容，47.5％为免费活动，每项活动平均为期 4.65 天。①青少年宫教育的艺术活动，对提高青少年的审美素质、培养其良好的个性心理品质，开发智力都有很好的促进作用。在实践性活动中，青少年在辅导教师的指导下，自己提出学习或制作的课题，查找相关资料，提出解决问题的方案，进行实验和制作，获得活动的成果。多样的活动内容和灵活的活动形式活跃了青少年宫教育，促进了青少年的成长。

三、青少年社团

（一）青少年社团的社会教育功能

青少年社团是由具有共同兴趣、爱好和利益的青少年相聚而成的互益性组织。青少年社团可以分为以下三种。一是民政部门登记的青少

① 朱迎：《善于总结运用青少年社会教育丰富实践形成的理论成果开展工作》，《中国校外教育》2015 年第 21 期。

年社团。共青团中央直接管理的全国性青少年社团有中国青年企业家协会、中国青少年宫协会、中国青少年研究会、中国预防青少年犯罪研究会、中国青年志愿者协会、中国青年乡镇企业家协会、中国青年实业发展促进会、中国少先队工作学会、中国青年科技工作者协会、中国青年工作院校协会等。这些都经过国家民政部登记。各地相应具有区域性的青少年社团。各级各类青少年社团集中了一大批优秀青少年，他们在同一个社团中进行交流，借助这一个平台接触社会，开阔眼界，接受锻炼，不断成长进步。二是青少年社会教育机构的内部社团。例如，各个青少年宫普遍建立了一些由青少年参与的专业社团。如：北京市东城区少年宫建立了手风琴乐团、管弦乐团、京昆剧团、古筝艺术团、合唱团等。其中，手风琴乐团是由 12—17 岁的青少年学生组成，每周到少年宫参加训练。手风琴乐团的青少年坚持参加艺术实践活动，参加艺术节的演出和各种活动比赛，到其他少年宫及学校进行表演、交流。青少年通过学习和训练，既提高了自己的演奏技能，也加深了对音乐的理解和表现音乐的能力，还通过排练重奏、合奏等曲目，培养团队意识，提高综合素质。三是青年自组织。这是青年自发成立、自主发展、自行运作和自我治理，具备一定规模、拥有组织章程和组织框架的青年社团。这些青年自组织包括由某一社区内部具有相同兴趣爱好的青年建立的社区青年自组织，由相同职业或相似背景出身的青年建立的职业青年自组织，由具有相同社会地位、职业圈和志趣爱好的青年建立的休闲青年自组织，由具有相同兴趣爱好的青年以网络为联络手段和组织平台建立的网络青年自组织，以及由有社会责任感和公益心的青年建立的公益青年自组织等。

青少年社团的社会教育功能体现在以下几个方面。一是学会与人打交道。社团可以调节青少年的情感，增进青少年个体间的和谐关系。

在社团中，共同的爱好、境遇拉近了青少年之间的距离，使得青少年与同伴能够交流情感，心理得到舒展和平衡。通过在社团内的交往交流，青少年能够认识具有不同个性特点的同伴，加深对人际关系的认知，为今后与各种类型的人正常相处、相互合作积累经验。二是获得新知识和新信息。青少年社团是一个互通信息、分享经验的平台。社团活动和同伴交流可以丰富青少年各方面的知识，弥补青少年知识和经验的不足。三是发展青少年个性。社团活动通常自己设计，自愿参加，自主组织，自我管理，平等协作，这有利于青少年的个性发展。在面向社会的活动中，青少年可以锻炼语言、沟通、组织、管理等方面的能力。四是丰富青少年的社会生活。社团活动自主、活跃、新颖，能够调节青少年的生活节奏，充实青少年的生活内容，使得青少年有更充沛的体力和精力学习和工作。

（二）青少年社团的社会教育活动

共青团组织建立和管理的青少年社团是共青团社会教育工作的重要载体，为特定青少年群体开展了大量的社会教育活动。我们可以从中国青年企业家协会的工作中看到青少年社团在青少年社会教育中的独特作用。

中国青年企业家协会是全国性的青年企业家的社会团体，是共青团联系青年企业家的桥梁和纽带。中国青年企业家协会自 20 世纪 80 年代成立以来，通过举办培训班、论坛、座谈交流、新会员见面会、对话世界知名企业家等方式，帮助青年企业家学习党的改革开放政策、国家的经济法律知识和企业经营管理知识；通过扶持青年创业，参与希望工程、环境保护、扶贫济困、抗灾救灾等社会公益活动，引导青年企业家增强社会责任感，致富思源，富而思进，更多地回报社会。这些社会教育活动提高了青年企业家的综合素质，促进了他们的学习成长。1999—

2008年，中国青年企业家协会响应国家西部开发、振兴东北、中部崛起、支持老区的号召，多次组织“青年企业家西部行”“青年企业家东北行”“青年企业家中部行”“青年企业家老区行”活动。这些活动直接动员和组织了近万名全国各地的优秀青年企业家通过投资、贸易等方式参与西部大开发、东北振兴和老区发展，既促进了这些地区的经济发展，也为青年企业家提供了商机，还帮助他们增进对区域经济发展的了解，增强国家意识和社会责任感。此外，还经常应地方政府的邀请，组织青年企业家参加地方政府举办的各类经贸洽谈活动。在各种青年企业家参与的经贸考察活动中，中国青年企业家协会既组织青年企业家参与区域经济发展，实现青年企业家与地方政府在项目、资金和技术等方面的对接，助力青年企业家优化资源配置、实现事业新发展，又引导青年企业家走进边远地区，走进基层，了解国情和民情，在广阔天地中受到深刻的社会教育。

（三）青少年社团的社会教育创新

民政部门登记或备案的青少年社团具有官方性质和政府背景，要着力在以下几个方面创新发展。一是把培育青少年的核心价值观念、弘扬正能量作为工作核心，加强对会员思想道德的正面引导，提高会员的科学发展意识和社会责任感。二是适应青少年成长的新特点，创新工作方式，密切与会员的联系，增强对青少年的吸引力。三是要多听取会员的意见和建议，发挥会员的主体作用。要努力满足会员的学习成长、情感交流、事业发展的需求，关心会员的具体利益，多开展有益于会员的社团活动。

对于民间青少年社团，我们要给予更多的关注和引导。一是经常关注。民间青少年社团具有自发性的特点，由青少年个体根据地缘、趣缘、业缘而成立，没有上级归口管理单位、未经民政部门登记注册，可以说是自主成立、自我运行。许多民间青少年社团以互联网为平台，通过 BBS、QQ 群、微信朋友圈形成人员集聚。民间青少年社团虽然组织相对松散，但非常重视青少年的意愿，活动项目会在网上征求大家意见，活动时间多安排在青少年的业余时间，活动地点常选在青少年喜欢去的地方，尽量方便青少年参与，尽力满足青少年娱乐、交友、休闲的需求，自娱自乐的活动频率高。二是加强引导。民间青少年社团对青年的兴趣爱好、思想观念、社会主张都会产生或大或小的影响，需要加以引导。网上的民间青少年社团的建立和运行具有偶然性、随机性，但其活动的影响力可能比传统社团更大，可以在短时间内形成相当大的成员规模。如果对民间青少年社团引导得当，可以促进青少年发展，发挥其青少年社会教育的积极作用；反之，会对青少年成长产生负面影响。

政府要把青少年社团管理纳入公共管理的范围，加强对青少年社团的服务和支持，核心是以购买服务的方式，让青少年社团承接政府转移的职能。要为青少年社团提供必要的资源，既可以优惠租借场地，也可以给予项目指导，还可以帮助拓宽筹资渠道。

第二节　实施青少年社会教育的主要场所

一、工作单位

工作单位是一个人获得生活资料、展现职业能力、实现人生价值最重要的场所。工作单位会对职工进行职业精神、单位制度、岗位技能的教育和培训，因此也是社会教育的场所。工作单位教育是工作单位对本单位职工实施的教育。布尔迪厄说：“对人们所担任的职务有用处的大部分技能每每都只能够在实际工作中获得，而人们通过称号所实际拥有的，或者说得到正式保证的主要技能，如古希腊语，或者画法几何学等方面的知识，却从来都得不到应用。”①的确，岗位训练和单位教育对于青年的职业行为是十分重要的。随着知识更新速度加快，青年不可能仅凭学校中获得的知识就维系整个职业生涯，而需要在工作的同时继续学习。从实际情况看，青年就业中需要的职业精神、职业规范、人际交往、团结协作等方面的能力，往往是从工作实践而不是书本知识中获得的。在职业青年社会教育中，最重要的场所是工作单位。可惜工作单位教育一直被教育理论界忽视，难得见到有从教育学角度研究工作单位教育的学术著作和论文。

工作单位教育是结合工作实际进行的在岗教育，包括有计划、有组织的教育和无意识的人际交往、工作交流。工作单位开展社会教育的机理是，工作单位有自己的工作理念、目标、文化、任务、措施、制度等，需要通过教育引导和制度规范，获得青年的理解和认同，成为青年的追求和行动。青年职工在工作单位教育中，学习单位文化，了解工作要求，激发工作热情，能够更自觉地为单位的目标和任务而努力工作。组织化的单位教育是由单位负责人或专家主导实施的，主要采用召开会议、组织学习、岗位培训、进行谈话的教育方式。岗位培训是单位常见的教育方式，对于首次上岗的青年职工尽快适应岗位要求是非常必要的。在工作中，上级可以通过会议讲话、行为示范、先进表彰、业务传授等方式教育青年，帮助青年强化职业意识，提高工作能力。无意识的单位教育是同事之间在日常工作中的互相借鉴、互相启示、互相教育。青年刚就业时，可以从先入职的同事身上学到了如何勤奋工作、如何会议发言、如何争取支持、如何和谐人际关系。各种在岗教育都会对

---

① 〔法〕布尔迪厄著，杨亚平译：《国家精英——名牌大学与群体精神》，商务印书馆 2004 年版，第 114 页。

青年的职业思想、职业能力和职业行为产生重大影响，是职业青年社会教育的重要途径。

工作单位教育包括以下几个方面的内容。一是职业精神的教育。工作单位要教育青年职工热爱本职工作，在本职工作中积极劳动，表现良好的职业状态。工作单位有自身文化，需要对青年职工进行教育，使得他们认同这些文化，自觉参与单位的文化建设。二是工作规范的教育。无论是什么性质、多大规模的单位都有自身的工作规范。这些规范是加强队伍建设的基本依据，也是完成单位目标的基本保障。青年就业后，需要学习工作单位的规章制度和自身的岗位规范，了解工作单位对自身的要求和期望，并努力内化为职业规范。党政机关要对青年干部进行经常性的廉政教育，教育青年依法依规行使手中的权利。三是职业技能的教育。学校教育是基础知识和基本技能的教育，青年从学校毕业后进入工作单位，还需要学习岗位工作所需要的实际技能，才能适应工作单位的需要。青年就业后，要了解所在行业的发展状况，学习学校中没有学到的操作性知识和技能，尤其是学习自身本职工作需要的业务知识和岗位技能。四是人际关系的教育。同事关系与同学关系是有很大不同的，在工作单位中等级关系非常严格、利益关系比较明确、人际关系更加复杂，这需要初入职场的青年职工好好学习，仔细把握。青年就业后，要建立并处理工作单位中的同事关系、上下级关系、师徒关系等新的人际关系，了解他人对自己的期望与要求，建立正常的工作交往。

共青团在面向青年的工作单位教育中发挥着积极作用。例如，在企业中开展的培养青年岗位能手活动是对在职青年进行社会教育的有效载体。青年岗位能手是指具有优良的思想品德和职业道德，敬业爱岗，熟练掌握本岗位各项业务技能和理论知识，能够优质并超额完成本岗位各项考核指标，创造较好经济效益的企业青年职工。青年岗位能手活动重在培育，通过完善岗位规范、开展岗位训练、组织比学赶帮等，组织企业青年职工立足本职，学技成才。青年岗位能手活动本质上是一种企业教育，由企业共青团组织负责牵头实施，人事劳资等其他部门给予支持。为了培养青年岗位能手，企业团委协调企业相关部门一起实施，以青年职工岗位为基本单位，以提高岗位文明、岗位技能、岗位效益为基本内容，以培养为中心环节，以岗位训练、考核评价为主要手段开展活动。应该说，青年岗位能手活动在引导青年职工弘扬敬业爱岗精神、提高职业技能、争创一流成绩方面发挥着明显的作用，促进了他们成为熟练劳动者和合格人才，也推动了企业发展进入依靠科技进步和提高劳动者素质的轨道上来。

工作单位教育有利于青年职工了解单位情况、学习单位规范、掌握岗位技能、适应社会生活，对于他们的成长和发展非常重要。同样是名牌大学毕业后进入共青团中央机关工作，十年后，有的发展很好，有的发展一般，个中道理很重要的是自身的悟性和学习，是在单位教育中的学习成绩。单位的学习成绩不是分数，而是正常人际关系的建立、对待工作的态度、胜任工作的能力和本职工作的成效，这比学校考试更为综合、更为实用。几位大学同专业毕业生来到一个企业，几年后业务水平有差异，职务职级不一样，重要的原因是工作单位教育和自我努力的差异。其中有两点很重要，一是认真听取上司的教育，二是用心处理同事关系。上司的见识和能力总体上高于新入职的青年，更为重要的是上司代表工作单位，上司说的具有一定的权威性和强制力，因此上司的教育需要青年好好学习。有的青年到了单位后，保留学生时代的幼稚，不懂得听上司的工作安排，导致工作做得不好，个人利益上受到损害。还有，凡是在单位工作好的，共同的经验是与同事关系和谐。这其实体现了合作精神。有的青年职工缺乏工作经验，却自我感觉良好，工作任性随性，看起来有个性，其实没干成什么事情，没什么本事，最后在单位落伍了。青年的职业发展，从一定意义上说，工作单位教育大于学校教育。工作单位教育，值得教育界好好研究，更值得青年好好学习。

二、社区

社区是作为一个区域性的社会，具有社会教育的职能。社区教育是在社区内开展的、旨在提高社区成员素质和生活质量的教育活动。居民小区、街道居委会等社区是现代社会生活的基本单位，也是青少年生活的重要区域，因此，要积极推动青少年参与社区的建设与管理，体验社区的生活氛围，了解社区的文化氛围。社区教育的内容包括法治教育、环境教育、文化教育、道德教育、家政教育、卫生教育、文体活动等多种多样的教育活动。

青少年教育仅靠家庭和学校是不够的，社区对青少年的教育影响不容忽视。社区环境、社区文化和社区教育对青少年的学习成长有着重要影响。古代“孟母三迁”的故事说明了社区环境对青少年的教育影响是非常重要的。在现代社会，社区风气、社区环境、社区舆论是影响青少年道德观念、行为方式的重要因素。社区可以针对青少年的特点，有计划、有组织地开展一些健康有益的活动，增强青少年的集体主义观念，养成尊老爱幼、助人为乐的高尚品德。

在沈阳市和平区，有的社区有居民公约：爱国爱家爱社区、学法用法守法纪，戒赌扫黄不吸毒、助残济贫献爱心，离家睡前三关闭、门窗电源和煤气，邻里团结讲礼貌、敬老爱幼家庭和，公用部位禁堆物、室内室外勤打扫，保护绿化讲卫生、垃圾袋装不乱扔，文明公约共遵守、同心协力创和谐。这个居民公约包含法治教育、安全教育、文明教育、卫生教育等多方面的社区教育内容。居民楼楼道挂着一块块写有思想道德教育文字的标牌。例如，廉，诚实待人有爱心；本本分分做人，清清白白做事，明事理，懂感恩，吃亏是福；孝，晨昏定省，早晚能对父母关怀问候，是人间最幸福、温馨的乐事；想想有一天你我都会老，若现在能孝敬父母，子女也会效法；知恩报恩，生活在感恩的世界里，人生才有意义。这些居民公约和楼道标牌是对包括青少年在内的社区居民进行社区教育的有效载体。青少年在每天的上下楼和出入小区时，都能受到这些思想的教育引导。

社区为青少年同伴自由交流和相互沟通提供了一个很好的平台。居住在同一街道里弄的青少年容易组成一个同辈群体。青少年在这个同辈群体中自由选择同伴和朋友，根据自己的兴趣来安排活动内容。社区同伴作为住在同一小区甚至同一栋楼的邻居，彼此具有较高的心理认同感。这种同伴之间的互动性交往是青少年社会化的重要途径。社区同伴群体一旦形成特定的文化，就会为青少年提供新的价值标准和行为方式。青少年通过同伴交往，交流思想观念，观察处事方式，学会如何评价自己的行为，这有利于发展自我意识、建构行为模式。社区同伴密切的交往和纯真的友谊容易使青少年形成一些共同的意见和看法，这能够增加青少年对社会现象和社会事件的认知。同辈群体为青少年提供了交流信息和看法的机会，促进相互学习、共同进步。社区同伴的交流学习可以提升青少年合作和交往的意识和能力，这是学校教育和家庭教育难以企及的。青少年容易模仿，同伴容易沟通，因此在一些具体的教育内容中，社区同伴教育可以发挥大于学校教育的作用。例如，学校开展的戒烟、戒酒和禁毒教育效果一般，而同伴教育在抗击艾滋病、反对吸烟、酗酒和吸毒以及其他非健康生活方式的运动中，往往能够取得更大的成效。

社区教育与社区服务密切相关。例如，武汉市武昌区水果湖街道许多社区针对小学生下午四点半放学到父母六七点下班到家的这段空白，举办四点半社区学校，利用社区资源，为小学生提供做作业地方和活动场所。这既解除了家长的后顾之忧，又对小学生进行了社区教育。各个社区都可以开发社区的教育功能，开放社区公共教育资源，为社区内青少年提供各种社区教育服务。

三、博物馆

博物馆是征集、典藏、陈列和研究具有代表性的历史文物的场所，也是介绍、宣传、传授人类文化遗产知识的社会教育机构。1990 年美国博物馆协会在解释博物馆定义时，把“教育和为公众服务”视为博物馆的中心和要素。2007 年 8 月在奥地利维也纳召开的国际博物馆协会第 21 届代表大会提出，博物馆“为教育、研究、欣赏的目的，征集、保护、研究、传播并展出人类及人类环境的物质及非物质文化遗产”。可见，教育不仅与收藏、研究一起构成了现代博物馆的基本功能，而且是博物馆的首要目的。博物馆要从收藏中心向传播知识文化的教育中心转变。2015 年 2 月 9 日国务院公布的《博物馆条例》指出，博物馆“是指以教育、研究和欣赏为目的，收藏、保护并向公众展示人类活动和自然环境的见证物，经登记、管理机关依法登记的非营利性组织”，“博物馆教育在社会教育中，因其独特的教育方式，具有不可替代的作用”。①

青少年是历史文化的传承者，博物馆教育有利于青少年积累知识、养成道德和塑造人格，因此，博物馆在面对公众进行社会教育时，要把青少年群体作为重点对象。2006 年 5 月 18 日“国际博物馆日”的主题

---

① 马继贤著：《博物馆学通论》，四川大学出版社 1994 年版，第 215 页。

是“博物馆与青少年”，这显示青少年成为当今博物馆社会教育的重点对象。博物馆的教育资源是具有历史文化意义的实物，因此陈列展览在博物馆教育中居于首位。陈列展品是对青少年进行宣传教育、与青少年建立信息和情感交流的主要载体。宝贵的文物经过博物馆工作人员的研究发掘和陈列展示，能够表现出历史价值、艺术价值和文化内涵，发挥青少年社会教育的独特作用。博物馆通过陈列展览，以实物标本为基础，以形象直观的形式，向青少年传播历史文化知识，对青少年进行民族文化和思想道德教育。博物馆的教育优劣，首先取决于陈列展览质量的高低。只有高水平的陈列展览，才能更好地教育青少年。高质量的陈列展览是融思想性、科学性和艺术性为一体的，既具有较深的历史研究和丰富的文物资料，又具有恰当的艺术形式，能够突出陈列主题。陈列展览是博物馆教育的主要方式，但不是唯一方式。博物馆为了配合实物展览，还面向青少年开展一些延伸的教育，如专题讲座、知识问答、视听欣赏、角色扮演、寻宝比赛等，营造生动活泼的学习气氛，引导青少年耳听、眼看、手动、心跳，赋予青少年愉悦的学习体验和宽广的想象空间，实现博物馆青少年教育效能的最大化。截至 2012 年底，我国经备案的博物馆有 3 866 家，其中，国有博物馆 3 219 家，民办博物馆 647 家。这些博物馆是对青少年进行社会教育的良好资源。发挥好这些博物馆的社会教育作用，可以帮助青少年学习历史知识，提高文化素质。博物馆教育是青少年社会教育的重要组成部分。

博物馆的青少年教育不同于学校教育，因为它是建立在对文物的收藏、研究和陈列之上的教育。博物馆面向青少年开展社会教育活动，具有教育形式的开放性、教育过程的社会性和教育性质的公共性等特点。从教育载体上看，学校教育用的是教材，博物馆教育用的是文物及其标本。学校教育书本化，是抽象式教育，提供抽象的知识；博物馆教育实物化，是直观式教育，提供具体的知识。青少年在博物馆中对话历史，可以获取比教科书更多的历史文化知识。从教育形式上看，学校教育的方式是上课，博物馆教育的方式是陈列展览，辅之以讲解。博物馆为青少年提供的是直观的社会教育，基于实物的生动讲解容易给青少年留下深刻的印象。博物馆的青少年教育通过实物说话，具有形象、直观教育的特点，这是其他青少年教育形式无法替代的，也是学校教育不可比拟的。博物馆除了运用传统的文物、图片、模型、文字说明等布置展览外，还采用声光电技术、多媒体技术、数码技术，激发青少年的学习兴趣，让青少年直接参与、感受陈列内容，从中受到教育，增长知识。青少年亲身参与电子展示触摸屏、模型操作、触摸展品启动开关等动态陈列，成为展示陈列的一个元素，在轻松体验的仿真场景中记住所浏览的场景。博物馆具有实物性和直观性的教育特点，非常符合好奇心强的青少年的认知与学习。博物馆教育突破了学校教科书的抽象性与程式化，以直观、生动的方法为青少年解读和传递历史知识，更容易让青少年接受，更具有亲和力和视觉冲击力。博物馆传授的历史知识，如果不通过考古发掘采集和博物馆陈列展示，青少年就不可能有机会了解和学习。青少年在参观博物馆的过程中，通过观看实物、听取讲解，可以直接获得历史知识，还会启发思考，对自身思想观念产生深刻的影响。例如，青少年进入秦始皇兵马俑博物馆一号坑展厅，看到那气势恢宏的兵马俑和战车，自然会受到历史文物的强烈震撼，体会到中华文化的灿烂辉煌，增强中华民族的自豪感。青少年在旅顺博物馆万忠墓万人坑前，看到那层层叠叠的白骨，自然会表示愤怒，流下眼泪，受到教育。青少年从那白骨中感到了中华民族曾经的屈辱，唤起了强烈的爱国情怀。可见，这种社会教育往往能够对青少年产生震撼心灵、刻骨铭心的教育作用。博物馆的社会教育以教育内容的历史性和教育方法的直观性，既有利于培养青少年的观察能力和思维能力，又有利于激发青少年的思想道德情感。在青少年思想道德教育尤其是民族精神和爱国主义的教育中，要善于利用博物馆这个教育场所和博物馆教育这种社会教育形式。

博物馆要创新青少年社会教育方式。有的青少年之所以对博物馆兴趣不大，是因为有些博物馆类型单一、陈列手段雷同，展览及讲解刻板、乏味。为了增强对青少年的吸引力，博物馆要积极探索博物馆教育的新方式。例如，甘肃省博物馆从 2013 年开始，开展了“亲子快乐营系列活动”，包括“甘博探索之旅——知识竞赛”“传承华夏文明、绘画甘肃彩陶”“妈妈我爱你——献给母亲节的礼物”“暑期夏令营——野外模拟考古”“聆听红色故事、珍爱幸福生活——甘博亲子故事会”等，受到青少年的欢迎。①教育方式上的不断创新，可以增强博物馆对青少年的吸引力，在青少年教育中发挥更大的作用。

四、图书馆

图书馆是收集、整理、保存图书，并提供查询和阅读的社会教育机构，是没有围墙的特殊学校。图书馆的社会教育职能是伴随图书馆的出现而与生俱来的。社会教育是图书馆的最终目的，图书馆的服务活动根本上是为了实现社会教育。1919 年，李大钊任北京大学图书馆馆长时指出：“图书馆和教育有密切关系，和社会教育更有关系。”图书馆学家刘国钧认为，“图书馆在教育上的价值，有时竟过于学校”，“社会之人，在学校者少，人之一生，在学校者少，然则图书馆教育，苟善用

---

① 黎李、张东：《博物馆社会教育服务的重要组成部分——青少年受众群体教育研究》，《内蒙古教育（职教版）》2015 年第 10 期。

之，其影响于社会，于人生者，甚于学校”。[1]国际图书馆协会联合会1975年在法国里昂市召开的图书馆职能科学讨论会上，将图书馆职能界定为保存人类文化遗产、开展社会教育、传递科学情报和开发智力资源。[2]社会教育是图书馆的四项职能之一，而图书馆社会教育的重点对象是处在学习成长期的青少年，因此，图书馆是青少年社会教育的一个重要场所。图书馆依靠收集、整理、传递文献信息等服务工作来实现青少年社会教育职能。图书馆实施的是以文献资料为主要载体、以自我学习和自我教育为主要形式的青少年社会教育活动。在教育活动中，青少年查询和阅读文献资料，与文献资料进行对接和沟通，图书馆工作人员为青少年的查询和阅读提供中介服务。图书馆的文献资料内容丰富、广泛、多样，青少年读者能够根据学习需要进行自主选择、自我挑选。图书馆收集和传递各领域、各方面的海量信息，帮助青少年学习知识，提高素质，对青少年产生多方面的教育影响。

图书馆的青少年社会教育具有独特的优势。一是丰富的信息知识资源。青少年社会教育需要多方面的教育资源。图书馆收藏和整合包括图书、期刊、报纸、声像、缩微胶片、数字信息资源等文献资料，这些丰富的文献信息资源包含海量的全方位的科学文化知识，既包括所有学科的知识，又包括各种知识水平、各种深度的读物，能够满足各种学历、各种文化程度的青少年读者的需要，为青少年社会教育提供了强有力的内容保障。二是专业的人才队伍。图书馆不仅有丰富的信息知识资源，还有专业的信息服务人员。图书馆专业人员对海量的信息知识资源进行科学分类，能够快速地为青少年提供查询，有针对性地指导青少年

---

① 李凤兰：《发挥图书馆的社会教育职能，传承国学经典》，《人文天下》2015年第7期。
② 黄宗忠编著：《图书馆学导论》，武汉大学出版社2013年版，第132页。

阅读，帮助青少年查找到所需要的信息知识，并科学地使用这些资源。三是良好的阅读氛围。图书馆是一个青少年读书学习的好地方，良好的阅读环境能够有效地激发青少年的阅读兴趣。图书馆可以营造浓郁的文化氛围，为青少年提供安静、舒适的阅读场所，增强对青少年的吸引力。

图书馆的青少年社会教育手段是多种多样的。图书馆的馆藏资源是经过科学分类、主题标引的，工作人员还提供咨询服务，这便于青少年查阅和学习。这些馆藏资源会不断进行补充和更新，以保持文献信息资源的多样性、即时性和时代性。大型图书馆拥有丰富的文献信息资源、多媒体教学资源和完备的技术和设备，因此，青少年尽管学习需求和阅读兴趣不尽相同，但都能够找到适合的、满意的知识资源。图书馆不断增加服务内容，拓宽服务渠道，可以更好地满足青少年的读书需求。许多图书馆不仅为青少年提供借还图书、阅览图书的传统服务，还提供各种形式的导读、讲座、展览服务。无论是读书报告会、阅读征文、读者沙龙，还是网上读书会、网络论坛，都可以激发青少年的阅读兴趣，拓宽图书馆的社会教育渠道。读书活动和讲座突破了以前图书馆以文献书籍服务为主体的传统模式，成为青少年社会教育的新方式。图书馆举办的讲座一般具有很强的实践性与针对性，所讲述的内容大多是社会热点话题和学术前沿问题，主讲人也多为各行各业的成功人士和知名专家学者，对青少年的读书学习具有很强的指导作用。青少年在图书馆聆听讲座、参观展览、参加读者活动，就是在接受社会教育，能够增长知识、提高能力。

图书馆的青少年社会教育具有不同于学校教育的开放性和自主性。与学校课堂教学相比，图书馆在教育参与、教育时间、教育内容、教育形式上，都具有明显的开放性。图书馆面向全体青少年进行社会教育，具有很强的公益性。青少年可以根据自己的学习时间，灵活安排去图书馆查阅资料的时间。图书馆不仅为青少年提供图书借阅，还提供电子阅览、信息加工、专题讲座、情报咨询、多媒体教学、网上远程教育等多种教育服务。学校教育有规定课程的限制，偏向专门，而图书馆教育则超越学科的限制，涉及人类所拥有的一切知识，是一般知识的源泉。青少年可以根据自己的学习情况，选择不同的学习方式。学校的教育要素具有强制性的规定，青少年少有自主选择权利和自由发展空间，往往是被动地接受教师的说教和灌输。图书馆的教育要素没有外在的强制规定，图书馆实行自我教育，青少年自主选择学习内容、学习方法和学习过程，形成个性化的学习过程。这种自我教育方式可以给予青少年信息和知识，还能够培养青少年的独立学习能力。学校无法根据每个青少年的具体情况去设置教学内容和形式，难于做到因材施教。如果说学校实施的是批量化教育，那么图书馆实施的是个性化教育。图书馆教育是自由开放的形式，青少年可以从自身实际出发，选择适合自己的学习进度和难度。在图书馆教育中，青少年根据自身需求查阅各自不同的信息和知识。

有的图书馆在青少年社会教育方面采用了新的方式。例如，日本岐阜市立中央图书馆实行“儿童图书馆员”制度，由喜欢图书馆的儿童招呼自己的小伙伴一起到图书馆读书，让有共同爱好的孩子互相交流，体验读书的乐趣。该图书馆以小学高年级和中学生为主，开办儿童图书馆员认定讲座。针对以前儿童和成人阅读区分开、不利于家庭互动的情况，新加坡三巴旺图书馆开展“代间学习”，由成人与孩子进行双向学习，通过代间互动使得老少成员都有所收获与成长。随着图书馆教育方式的创新，未来的图书馆将在图书文献服务的基础上，发展创客空间、互动空间、社交空间、数字空间、创意空间等新的教育方式。这些新方式将提升公共图书馆的社会教育功能，使得图书馆能够更好地向青少年开放信息和知识，加强青少年对各类知识的学习和交流。

五、科技馆

科技馆是传播科学思想、普及科学技术知识、宣传科学技术成果的社会教育机构。科技馆的教育方式主要是展览展示，也包括培训、实验、报告等。科技馆的观众主要是青少年学生，因而是典型的青少年社会教育机构。

科技馆作为一种特殊的青少年社会教育机构，在教育内容、教育方式和教育效果方面，与学校教育相比存在明显的差异性。首先，科技馆采用展示的教育方式，对青少年进行社会教育。科技馆通过丰富多样、生动形象的科技展品，对青少年进行强烈的感官刺激和思维激发，从而达到教育效果，实现教育目的。在教育手段上，科技馆针对青少年的个性特点，既采用传统的静态陈列方式，又运用计算机、仿真和现代影像等技术手段，大量使用声、光、机、电等动态技术，这样就把抽象、单向的书本知识以直观、互动的形式展现出来，使得科技教育变得生动有趣。科技馆的许多展品、展项都是青少年看得见、摸得着的，因而科技馆是一种边动手、边动脑的社会教育机构。动手操作、近距离接触使得青少年不是被动地接受科技产品，而是主动地探索科技知识，这有利于培养青少年的科学精神和创新思维。科技馆的展示教育能够激发青少年的科学热情，增强青少年的科技意识，促进青少年对科技知识和科技产品的认识和了解。其次，科技馆除了展示教育外，还采用活动教育方式，对青少年进行社会教育。科技馆组织各种科普实践和培训实验活动，让青少年亲身参与、亲自体验，在参与和体验中加深对科学技术的理解，提高自身科学素养。科技馆常常结合时下的典型科学现象、科技发明，开展专题科普教育活动。总之，青少年之所以喜欢去科技馆，是因为科技馆可以进行有趣、轻松、自在的探索，这与学校中较单调、有压力、受约束的课堂情境大不一样。科技馆由于实施体验式、启发式教育，因而是青少年学习科学技术知识的理想场所。

六、教育基地

教育基地顾名思义属于教育机构和教育场所。我国命名建立了多种主题的教育基地，如爱国主义教育基地、青少年教育基地、科普教育基地、法制教育基地、禁毒教育基地、国防教育基地、生态文明教育基地等。这些不同类型的教育基地尽管面向公众，不是专门针对青少年的，但是青少年是主要服务对象。这些基地对青少年进行的教育，不属于学校教育和家庭教育，而是典型的社会教育。

爱国主义教育示范基地是由中宣部命名建立的，对包括青少年在内的国民进行爱国主义的教育。爱国主义教育的重点场所包括各类博物馆、纪念馆、陈列馆、烈士陵园、文化遗迹、革命遗址、爱国名人遗址、故居，以及反映祖国大好河山的风景名胜和展示社会主义现代化建设成就的重大建设工程等。1994 年 8 月，中宣部颁布《爱国主义教育实施纲要》，提出要加强爱国主义教育基地建设。1995 年 3 月，民政部公布了第一批一百处爱国主义教育基地。1996 年 11 月，国家教委、民政部、文化部、共青团中央等命名和向全国中小学生推荐了百个爱国主义教育基地。1997 年 7 月，中宣部向社会公布了首批百个爱国主义教育示范基地，其中反映中华民族悠久历史文化内容的有 19 个，反映近代中国遭受帝国主义侵略和我国人民反抗侵略、英勇斗争内容的有 9 个，反映现代我国人民革命斗争和社会主义建设时期内容的有 75 个。2001 年 6 月 11 日，中宣部公布了以反映党的光辉历史为主要内容的第二批百个爱国主义教育示范基地。2005 年 11 月，中宣部公布了第三批 66 个全国爱国主义教育示范基地名单。2009 年 5 月，中宣部公布第四批 87 个全国爱国主义教育示范基地。这些全国爱国主义教育示范基地每年吸引千百万青少年参观，也组织了一些针对青少年的爱国主义教育活动，这有利于激发青少年的爱国热情、培育青少年的民族精神。各地区还命名本地区的爱国主义教育基地。例如，贵阳孔学堂是中共贵州省委、贵州省人民政府 2015 年 4 月命名的贵州省爱国主义教育基地。该基地与贵州省内高校合作，以选修课形式为高校学生举办优秀传统文化讲座，学生听课后可以获得学分。基地精心打造和推出“成人礼”文化品牌，为年满 18 岁的青年举行象征迈向成人阶段的仪式。在成人礼中，青年需要行三拜礼以表达对父母、师长、前辈的尊敬以及传承文明、报效祖国的决心。

青少年教育基地是由共青团组织命名建立的。这些基地是对面向全体公民的具有教育意义的设施进行命名，所以并不是专门针对青少年进行教育的场所。但是，共青团组织经常组织青少年参观这些基地，在基地开展主题活动，接受社会教育。自 1991 年以来，团中央先后命名建立了多批全国青少年教育基地。例如，2006 年 5 月 8 日命名李大钊烈士陵园、南昌八一起义纪念馆等 111 个单位为第四批全国青少年教育基地。全国青少年教育基地主要有四种类型：一是在中国共产党党史、中国革命史、新中国建设史、共青团历史上具有重要地位的纪念地、纪念场所、纪念设施等；二是体现以爱国主义为核心的民族精神、在中国近现代史上对民族进步具有重要影响，以及反映中华民族优秀文化的纪念地、纪念场所；三是体现以改革创新为核心的时代精神，反映改革开放和社会主义现代化建设成就，在经济社会发展中具有重要作用的重点工程、项目基地；四是具有鲜明时代特点，贴近实际、贴近生活、贴近群众，对促进青少年全面发展具有积极作用的教育场馆、活动场所。除共青团中央外，地方共青团组织也命名建立了一大批各级各类青少年教育基地，并利用这些教育基地对青少年进行形式多样的爱国主义、集体主义和社会主义教育，取得了显著成效。这些教育基地对青少年进行知识教育、精神激励和思想启迪。

青少年教育基地重点是进行爱国主义教育、革命传统教育和红色基因教育。要提高科技含量，通过情景模拟、现场互动、实景演出等，创新教育方式。在改善基础设施、场馆硬件的基础上，挖掘基地的教育因子，凸显精神内涵，注重用真实感人的经典故事吸引青少年，用说古论今的方法启发青少年。全国青少年井冈山革命传统教育基地是共青团中央主管的对青少年进行革命传统教育的全国性培训机构。该基地充分利用井冈山及其周边丰富独特的革命传统教育资源，帮助青少年深入了解井冈山革命斗争的光荣历史、感悟井冈山精神、自觉传承党的优良传统和作风，促进青少年健康成长。全国青少年井冈山革命传统教育基地利用井冈山地区的红色资源，依托现存的多处革命旧址遗址，打造了井冈山烈士陵园、大井毛泽东旧居、小井红军烈士墓、荆竹山雷打石、朱毛红军挑粮小道、黄洋界哨口、茅坪八角楼的毛泽东旧居等有代表性的现场教学点。青少年身临其境，结合现场实物与相关信息，很容易感同身受，产生共鸣。该基地有一个名为“红军的一天”的培训课，实行的是体验式教学。青少年在穿上红军服、背上一杆枪、扛着弹药箱、抬着担架、重走红军路的过程中，亲身感受井冈山精神的深刻内涵和跨时代价值。

全国科普教育基地是由中国科协命名建立的，面向公众开放，具有特定科学技术教育、传播与普及功能的场馆、设施或场所。全国科普教育基地的类型主要包括：科技、文化、教育类场馆（科技场馆）；具有科普展示教育功能的自然、历史、旅游等社会公共场所（社会公共场所）；科研机构和大学面向公众开放的实验室、陈列室或科研中心等（科研院所）；企业、农村等面向公众开放的生产设施或流程等（生产设施）；其他面向公众开放的具备科普展示教育功能的机构、场所或设施（其他）。中国科协于1999年启动全国科普教育基地认定工作，并分别于1999年、2005年命名了两批全国科普教育基地。截至2012年，中国科协共命名1 048个全国科普教育基地，其中场馆类427个，公共场所类226个，科研院所类183个，生产设施类119个，其他类93个。

第三节　实施青少年社会教育的主要媒体

一、媒体的社会教育功能

从教育学角度看，媒体是一个特殊的“社会”，是青少年社会教育的重要载体。青少年社会教育的“社会”在哪里？很大范围是在媒体中。例如，少年都喜欢看动画片，喜欢上网、玩微信，看电视、上网已成为当今时代青少年的重要生活方式。各种媒体传播的信息包含教育元素，具有教育意义。媒体向青少年传播价值观念、知识经验、行为方式和文化娱乐，对青少年的思想道德、知识技能和社会经验产生教育影响。媒体成为当代社会新的青少年教育者，在青少年教育体系中扮演重要的角色。教育虽不是媒体的首要功能，但媒体的教育功能每天都在发生作用和功效。媒体有意识或无意识地对青少年进行教育，青少年主动或被动地接受着来自媒体的教育影响。信息时代的到来凸显了媒体的教育功能，推动媒体成为一种强大的教育力量。这使得青少年教育的范围大大超出了学校和家庭的范围，也使得青少年社会教育的内容和方式变得更加复杂多样。在现代社会，媒体已经成为青少年教育不可缺少的载体，向青少年传播着大量的政治、经济、文化的信息，影响着青少年的思维和认知。媒体对青少年思维和认知的影响是无时不在的，这为青少年认识自我、认识自然、认识社会打开了一扇崭新的窗口。

媒体教育与学校教育和家庭教育相比，具有多方面的不同之处。第一，教育意识性不同。学校教育和家庭教育是有目的、有意识的教育，但教育不是媒体的第一功能，媒体的教育功能往往是内隐式的。媒体教育常常不是有意识进行的，教育者的角色不一定是明确的，一般也不是特定的。“无论是家庭还是学校，其教育者的身份都是很明确的，于是施教过程中有着明确的目的，明确的培养目标，明确的教育方法，明确的教育计划，属于有意识的施教。大众传媒虽然有着明显的教育功能，但却并没有明确的教育者身份，因为它的教育还常常被其诸如提供服务、提供娱乐、进行监督等功能掩盖。因而，我们说它的‘施教’往往具有不确定性、模糊性，是一种无意的‘教化’，这种教化几乎渗透在大众传媒所传播的一切信息内容中。”①第二，教育内容不同。媒体教育的主要内容是思想意识、价值观念和生活方式的教育。“家庭教育一般以生活常识、伦理道德观念为主，学校教育一般是以知识教育和伦理道德观念为主。‘高精尖’且系统深入的知识学习一般只能依靠学校或专业的教育机构来完成。而大众传媒因其目标受众数量巨大，所以它的‘教育’往往具有大众化、浅表性等特点。在知识的层面上，大众传媒传播的内容一般都不是‘高精尖’的知识，更多的是一些常识性实用性的知识。大众传媒对人们影响最大程度最深的领域，应该说是在价值观

---

① 孙成英：《大众传媒在当今社会教育中的功能和作用》，《通化师范学院学报》2009 年第 11 期。

念的更新与改变，生活方式的形成与改变等方面。比如，在使人们的就业观念由计划经济体制下的被动就业、‘吃大锅饭’的观念转变到现在的双向选择、自主就业的观念方面，大众传媒可谓功不可没。可以说，时代发展之后几乎一切全新的观念都首先经由大众传媒传播，然后逐步成为一个特定时期的时代精神。大众传媒在人们价值观念、生活方式方面的影响力、引导力是传统教育望尘莫及的。”①近年来，互联网、手机等各种新媒体快速发展变化，对青少年价值观念和生活方式产生了广泛深刻的影响。第三，教育方式不同。学校教育和家庭教育是直接的、明确的，而媒体教育往往是间接的、内隐的。“传统教育是直接由教育者以传授者的身份传达给受教育者的，通过口耳相传、言传身教、课堂教育、实践教育等把预先设定好的知识和观念传达到受教育者那里。传统教育的方式是直接的、直观的，它往往明确告知受教育者什么是所传授的内容，明确告知受教育者该学什么不该学什么，该做什么不该做什么。从某种程度上说，它是指令性的教育方式。而大众传媒提供的‘教育’是蕴含在每日海量的信息中的。而且，它往往通过长期的潜移默化而得以体现，也就是说，它不是立竿见影的，而是一种‘润物细无声’的‘浸润’。因此，它是浸润式的教育方式。”②“浸润”两字用得好，把媒体教育方式的特点说得很形象，也很精准。“在传统社会里，知识、观念、文化的传承基本上是在家庭、学校以及后来个人所处的社会环境中完成的。口耳相传、言传身教、代代相传是传统社会教育最基本、最常见的方法。而在现代社会里，大众传媒充当了新的‘故事’讲述者，替代了传统社会中那些酋长、族长、元老和祖父祖母的角

---

①② 孙成英：《大众传媒在当今社会教育中的功能和作用》，《通化师范学院学报》2009 年第 11 期。

色，开始了一种新的教育形式。”①媒体教育通过讲故事把社会现象作为青少年教育的元素。第四，教育影响不同。媒体教育的影响力比学校教育和家庭教育更为广泛。“传统教育者的教育一般来讲有一个阶段性，如家庭教育主要在学龄前儿童及未成年人中起主要作用，学校教育是从儿童进学校开始直到他们离校这一段时间。而大众传媒的‘教育’则从个体开始接触传媒到他进入社会，一直持续地起着作用。尤其是在个体进入社会，开始广泛地接触社会，并且为了更多更好地了解现实社会而大量接触、使用传媒，其影响力相当巨大。需要特别指出的是，传统学校教育与大众传媒教育在个人的生命历程中有着相当的交叉重叠，两者之间的关系也是复杂的，可能既有相互整合渗透，又存在相互分离和干扰。”②面对如今媒体对青少年无处不在、日益增强的教育影响，家庭教育和学校教育对青少年的教育影响，与以前相比在总体上表现出下降的态势。在学生时代，青少年从媒体教育中获得了家庭和学校没有提供的社会认知内容。青少年学会了家长没有传授过、学校教师也没有讲解过的社会知识，他们掌握的信息量大大超出了家长和学校教师的想象。就业后，由于社会变革加剧、知识创新加快，青少年在学生时代从家庭和学校中学到的许多知识很快就过时了，需要从媒体中获得反映时代特征和社会风气的当下信息。在媒体教育的冲击下，父母和学校教师在很大程度上失去了在孩子和学生面前天然的信息和知识优势。如果不了解媒体教育，今天的父母就不能读懂自己的孩子，今天的学校教师就难以读懂自己的学生。另外，学校教育和家庭教育一般是为青少年提供健康向上的正面教育，而媒体教育却不尽然。近年来，一些

---

①② 孙成英：《大众传媒在当今社会教育中的功能和作用》，《通化师范学院学报》2009年第11期。

媒体为了吸引眼球和广告效益，在利益驱动下，没能起到正面教育的作用，反而起到负面教育作用。“由于‘无意’，所以很多时候传播的结果出乎传媒的意料。比如，电视节目中过多地呈现暴力场面，可能会诱发青少年犯罪，电视似乎成了‘教唆犯’。又如，当传媒中过多地涉及婚外恋、养‘小蜜’等内容时，可能会让人们把这些‘非常’的社会现象反视为‘正常’。这些负面效应都是大众传媒始料未及的，违背了传媒的初衷。之所以会出现这种情形，传媒对自身作为广义的‘教育者’的身份认识不足也许是原因之一。由于大众传媒是一个巨大的‘扩音器’，传媒应尽可能避免在教育功能发挥过程中产生负效应。”①媒体监管部门在重视政治思想导向的同时，应该进一步关注积极向上的价值观念和健康有益的生活方式的传播，杜绝消极的落后的社会现象的传播。媒体要增强社会教育者的意识，自觉地担负起社会教育的责任，向青少年传播优秀的传统文化和先进的当代文化，自觉抵制媚俗低俗的文化。

需要指出的是，教育是一种选择和重构，媒体教育尤其如此。媒体传播的信息，即使来自现实、符合事实，也不一定是现实的真实。人们听到和看到的媒体“事实”，经过媒体人员的选择、解释、重构，不能全然真实地反映现实世界的真相与全貌。媒体呈现的信息不能不受到管理部门、媒体人员、投资方、广告商等多方的选择和影响。以新闻报道为例，不一般的人、特殊的事、反常的现象是媒体优先考虑的内容，经常被强调、被突出，坏消息被看成是真正的好新闻。在这种新闻效应下，青少年由于自身知识经验的不足，更容易认同、认可媒体展现的社会，往往把媒体说的某类人和事的特点当作判断这类人和事的主要线索。媒体为青少年提供社会规范或规则，引导青少年观察、感受和学

---

① 孙成英：《大众传媒在当今社会教育中的功能和作用》，《通化师范学院学报》2009年第11期。

习，对青少年的道德观念和法律意识产生影响。因此，提高青少年的媒介素养，引导青少年正确看待和选择媒体传播的信息，是青少年社会教育中需要引起重视的问题。

二、互联网

互联网是信息传播的新媒体，已成为青少年获取信息、发表言论和人际交往的重要场所，极大地改变着青少年的学习方式和生活方式，对青少年产生广泛的教育影响。“互联网深深影响着青少年的思维特点、行为习惯和成长规律，潜移默化地塑造着他们的世界观、人生观和价值观。”“从互联网与青少年的关系来看，有调查显示，80％的网民是青少年，80％的网络从业者是青年，以互联网为第一信息来源的青少年比例高达 90％以上，互联网日益成为青年学习生活的重要方式、聚集联络的重要空间、交流互动的重要平台。要找到青少年、服务青少年、影响青少年，必须介入互联网空间，必须运用互联网手段，必须树立互联网思维。”①青少年喜欢上互联网，是因为互联网为他们获取信息和知识、进行交往和娱乐提供了便利。上网是青少年日常生活的一部分，是青少年学习、交往和娱乐的重要途径，在青少年社会化过程中发挥着重要作用。青少年在网络中可以获得关于社会生活的知识、人际交往的经验和应对成长烦恼的感受，所有这些都是社会化过程中的宝贵财富。互联网不仅是一个简单的通信工具或娱乐工具，而且使得青少年社会教育的模式发生了根本变化。互联网重构青少年的学习方式，自主学习、交互学习、社会性学习、游戏化学习、探究性学习、远程学习正成为青少年学习的新形式。互联网拓展了青少年社会教育的空间，搭建了青少

① 共青团中央编：《中国共青团年鉴（2015）》，中国青年出版社 2016 年版，第 35 页。

年社会教育的新平台，成为青少年社会教育的新载体。

互联网教育的机理如下。首先，互联网不断提供大量信息，传播大量知识，宣传大量思想，这些信息、知识和思想影响着青少年的思想和行为，成为青少年社会教育的重要内容。其次，互联网建立了新的人际交往方式，特别是微博、微信、论坛的发展使得人们可以即时联系和互动。通过互联网特别是移动互联网，青少年在与人们便捷联系的过程中，获得了新的知识和信息，受到新的教育启迪。再次，互联网教育的兴起，开拓了青少年网络教育的新天地。“互联网可以用文字、数字、图表、声音、动态图画、视频等多种符号系统来表达和呈现知识；可以采用超链接、数据库等形式来组织和‘装配’知识，完全改变了印刷技术环境下的知识表达‘要素’和知识‘装配’结构，知识的表现形式更丰富了。多媒体教学、白板课堂、电子书包、iPad 课堂等教学技术的出现，都是为了呈现包含多种表达要素的教学内容。”①在线教育中，运用计算机网络所特有的信息数据库管理技术和双向交互功能，可以对青少年的学习过程进行跟踪记录，并根据记录情况，针对不同青少年提出个性化的学习建议。

互联网教育具有以下几个特点。一是教育空间的虚拟性。虚拟性是互联网的重要特征。在互联网教育中，教育者和受教育者的姓名、性别、年龄、身份等可以是隐藏的、虚构的，不是真实的。网络的虚拟给予青少年新的生活体验。在虚拟社区，青少年可以购买想要的物品，与喜欢的人恋爱结婚、生儿育女，还可以进行投资，办企业，赚大钱。在虚拟空间中，不存在现实生活的规范，也没有法律和制度的约束。一个人甚至可以在这里“杀人”，而不必担心法律的惩戒。即便做错了事也

① 郭文革：《网络课程类别分析——基于互联网教育传播模型的分析视角》，《远程教育杂志》2014 年第 5 期。

不用后悔，只要将鼠标轻轻一点，一切都可以归零，似乎什么也没有发生。青少年在虚拟社会中，可以大胆尝试各种生产和生活的设想，采取各种具体行动，从而获得一些社会生活的能力和经验。虚拟性没有现实社会教育中的时间和空间的限制，可以更便捷、有效地开展青少年社会教育。苏霍姆林斯基说："教育者的教育意图越隐蔽，就越是能为教育的对象所接受，就越能转化成教育对象自己的内心要求。"[①]虚拟性使得青少年社会教育的内容隐藏在海量的信息中，通过人与人的符号互动，在彼此不知道真实身份的情况下，不露痕迹地施加教育影响和进行教育引导，使青少年不知不觉、潜移默化地受到教育。但是，虚拟毕竟不是现实，或者说与现实有很大的距离。虚拟空间真假信息的混杂，增加了青少年社会教育的复杂性。

二是教育时间的即时性。在互联网上，无论是知识和信息更新的频度，还是速度，都比教科书和课堂快得多。互联网教育是即时教育。青少年根据自己的兴趣和需要，可以在互联网即时的信息中自由自在地"冲浪"，看到一些原初的信息和原创的作品。教育者如果密切关注网络，就可以发现青少年的当下思想动态和生活状态，及时调整教育内容和方式，对青少年进行有针对性的教育引导。

三是教育过程的交互性。学校教育和家庭教育是自上而下传递的，"其特点是单向的、僵化的、不透明、不公开且缺乏个性发挥的空间。而通过互联网、移动电话所展开的论坛、研讨等青年项目和非正规教育活动是网状互动的，具有公开、透明的特点，青年人可以在接受资讯的同时反馈自己的意见甚至自我设计培训教育形式，在随时上线和下线的过程中既可以依据个人喜好寻求志同道合者，同时又保持了个体的

---

① 杜桂萍、陈淑贤、袁琳编著：《当代网络思想政治教育的探索与优化》，吉林大学出版社 2012 年版，第 253 页。

私密性和相对独立空间，网络所具备的民主性、参与性和独立性优势是既往的任何非正规教育组织和活动无法比拟的”。[1]互联网上的社会教育是一种双向互动的实践活动。在互联网教育中，青少年既可以自主选择感兴趣的信息，主动选取所需要的内容，又可以直接反馈信息，发表意见。青少年在互联网教育中不再只是单纯的被教育者，一旦参与互动、制造文化，就会转变为教育者。卢梭说：“千万不要干巴巴地同年轻人讲什么理论。如果你想使他们懂得你所讲的道理，你就要用一种东西去标示它。应当使思想的语言通过他的心，才能为他们所了解。”[2]交互性使得青少年在接受信息的同时表达看法，与教育者进行平等交流。教育者和受教育者之间畅所欲言，能够缩短青少年的人际心理距离，使青少年在交流互动中自然而然地接受教育引导。交互性容易消解青少年对思想教育的反感和抵触，甚至还会主动查询、浏览自己感兴趣的内容和信息，这有利于增强教育的针对性和有效性。

四是教育环境的复杂性。开放的网络环境为青少年社会教育提供了广阔空间和丰富资源，也导致青少年社会教育内容良莠不齐。在互联网上，有的人将自己的真实身份隐藏起来进行交流，在没有他人监督之下随心所欲地发表言论，甚至不顾道德规范和法律法规，传播暴力、色情等不良信息。网站众多，网站内容海量，但是，许多不适合青少年阅读和观看。青少年使用的网站往往是商业网站，接触到的是大量成人世界的信息。网络新闻内容庞杂，大量非常态事件成为报道对象，这影响青少年对社会的看法。互联网信息是真与假、善与恶、美与丑并存。青少年在互联网上可以得到各种信息，包括成年人反对他们接触的不良

① 团中央国际联络部主编：《国外青年与青年工作（2007）》，外文出版社 2007 年版，第 290 页。

② 余明远编著：《思想政治教育学导论》，西北工业大学出版社 2012 年版，第 104 页。

信息。青少年由于判断力和自制力较差，容易受到网上泛滥的色情、暴力等不良信息的危害。

三、电视

电视是宣传报道和文化娱乐的重要载体，在传播先进文化、弘扬文明新风中具有重要的作用。一个人从小时候看动画片开始就接触电视，青少年普遍看新闻、看电视剧、看综艺节目。电视通过各种节目，传播社会生活的知识、技能和经验，对于青少年的思想意识和文化知识施加影响，因而具有青少年社会教育的功能。电视的讲课、讲座、对话、评书、讲故事等都是直接的社会教育。例如，山西电视台《老梁故事汇》这类脱口秀节目就是在传统的电视评书基础上的创新求变，是青少年社会教育的一种方式。美国传播学者施拉姆说："所有的电视都是教育电视，唯一的差别是它在教什么。"①电视是最为直观形象的社会教育者，其播放的内容和画面影响着每一个观众，尤其是对处在人生观、价值观形成时期的青少年会产生很大的教育影响。美国心理学家怀特等人在论述电视对儿童的影响时说："正如在以前的几百年里，儿童应该在家庭完成的社会化过程由学校完成一样，20 世纪下半叶，儿童应该在家庭和学校完成的社会化过程由媒介尤其是电视来完成了。"②青少年把很多闲暇时间用于观看电视，从电视中获取多方面的信息和知识，增进自身的社会化，因此，电视是青少年社会教育的重要途径。

电视作为媒体，在教育方式上与学校教育大为不同。学校教育有明确的教学计划和系统的教学安排，在相当正式、比较严肃的环境中进行

---

① 〔美〕威尔伯·施拉姆、威廉·波特著，陈亮等译：《传播学概论》，新华出版社 1984 年版，第261 页。

② 方建移、胡芸、程昉著：《社会教育与儿童社会性发展》，浙江教育出版社 2005 年版，第 94 页。

教学。电视既没有预设的教学计划，又没有系统的教学安排，教学过程也比较轻松。青少年从兴趣爱好出发观看电视，没有人规定青少年一定要看或不看某个电视节目。电视的教育功能与新闻功能和娱乐功能融为一体，电视教育是一种寓教于乐的青少年教育。即使是专门的知识教育，电视的教育方式也不同于学校。例如，中央电视台《百家讲坛》栏目中，电视台基于收视率和电视传播的特点，对主讲人的造型、讲述方式、语言动作等方面做出了规定。不少学者因为讲稿太过学术化而多次进行改动。人们最终在电视上看到的讲着大白话的文史学者正是经过“重塑”的结果。

电视对青少年的教育集中表现在，为青少年展示一幅幅社会生活的图画，使得青少年在家里就可以看到超越自身生活、更广泛、更丰富的世界。青少年从电视中看到社会生活的万千景象，了解为人处世的行为方式，构建起关于人与社会关系的立体认识。“电视节目中有很多有教育意义的卡通片与故事片，对儿童的社会学习具有积极的价值。这些电视节目通常强调以下行为特质：接受规律、遵守秩序、与人合作；帮助他人，利他主义；主动对人表示友善，关心别人，能设身处地了解他人感受；能自律、抑制冲动、抗拒诱惑；有耐性，坚韧不拔，能容忍短暂的挫折；做错事肯认错，能悔过自新，有补救错失的勇气；爱护动物，热爱自然；勤劳节俭；孝顺父母、爱护幼小孤弱；见义勇为，不畏强暴，热心公益，等等。”①电视通常宣传主流价值观念，传播道德法律规范，引导青少年观察、感受和学习这些思想观念和社会规范。电视对青少年进行教育的主要方式是在节目中提供可敬可学的人物形象，让青少年从人物形象的身上学习到各种有价值的东西。

---

① 胡玉茗：《电视的社会教育功能》，《新闻前哨》2006年第10期。

电视的教育内容并不总是与学校教育和家庭教育相一致，有时会相反，这会削弱父母和教师的教育影响力，妨碍青少年的发展。有研究发现，“由于电视形象充满了刻板印象，使儿童产生了关于现实生活的错误概念，增加了儿童对现实生活理解的难度。例如，一项研究发现，在电视上，45 岁以上的男人和女人在屏幕上几乎消失了，很少出现老年人的形象；如果有的话，男人出现的频率总是比女人多，而且男人总是比女人老得慢；大多数老年妇女是行为古怪的、固执的和不成功的形象。调查结果说明，观看电视较多的儿童比观看电视较少的儿童有更多的对老年人的负面印象。”① “心理学家研究了 3—5 岁孩子观看电视的结果，连续 4 周向一组孩子播放带有攻击性行为的电视节目，向另一组孩子播放亲社会行为的教育电视节目，结果发现，攻击性电视节目严重降低了孩子的自控能力，导致这一组孩子攻击行为明显增加，而亲社会行为的电视片则增强了孩子的自控能力，这一组孩子的亲社会行为也相应增加。所以家长和社会人士特别担心电视的负面影响。”②在既有的少儿节目中，有的动画片不适合青少年观看。例如，日本长篇动画《蜡笔小新》风靡全球。野原新之助的招牌“屁屁舞”和“大象歌”很吸引人。但是，印尼广播委员会 2014 年 9 月把这部日本长篇动画定级为“注意”，仅次于“危险”。印尼媒体监管部门认定《蜡笔小新》不适合儿童观看，责令电视台做出删节或在深夜播出。有的印尼广播委员会委员说，该动画片中一些搞笑场景对儿童而言是“不雅和不妥”的，虽然暴露身体某些部位的内容“并非完全属于色情，但是多少带有色情，可以与色情联系起来”。③1995 年 3 月，71 个国家的广播电视行政部门

① 房建移、胡芸、程昉著：《社会教育与儿童社会性发展》，浙江教育出版社 2005 年版，第 43 页。

② 胡玉著：《电视的社会教育功能》，《新闻前哨》2006 年第 10 期。

③《〈蜡笔小新〉在印尼被定为色情片》，人民网，2014 年 9 月 27 日。

和电视台少儿部的负责人、少儿节目的制片人、研究或关心传媒与少年儿童问题的专家学者和社会活动家等，在澳大利亚墨尔本召开了“电视与儿童”世界高层会议。该会议达成这样的共识：“单纯的保护主义观点并不能从根本上解决问题，重要的是必须确立‘儿童的权利’意识。少年儿童作为社会的‘小公民’，同样拥有从电视媒介上学习有益的知识和文化、享受健康娱乐的权利。只有普及了这种意识，并通过国家行政和社会手段建立保障这种权利得以实现的制度，才能变害为利，使电视成为少年儿童的良师益友。”①根据联合国 1989 年通过的《儿童权利条约》精神，这次会议制定了《少儿电视宪章》，对少儿节目提出了 7 条原则，要求少儿节目优质、去商业化、增强对环境和自我的信心、有利于学习语言和文化、摒弃暴力和性、定时等，强调儿童通过电视学习本国本民族文化的必要性。目前许多国家都制定了儿童电视准则。

青少年是成年人世界的影子，有什么样的成年人世界就会培养出什么样的青少年。电视的少儿节目对青少年具有较大的教育影响，但电视提供的少儿节目范围狭窄、数量有限，这使得青少年不得不将目光转向成年人节目。青少年常常跟随父母、祖辈在黄金时间收看电视剧等各种成年人节目。电视在视觉上会模糊未成年人与成年人生活的区别。青少年通过小小的屏幕，可以看到成年人的家庭生活、职场环境和价值取向。“电视的普及等于社会做出了一个很大的决议：它不得不允许孩子通过视觉参与战争和葬礼、性和爱情、金钱和犯罪。即使电视画面十分‘干净’，孩子也难以理解这些问题。电视把数百年来一直不让孩子知道的话题和行为暴露给了他们，将一个复杂的成人世界推给了儿童。”②电视以形象手段将成年人的生活一览无余地暴露给青少年，使

---

① 胡玉茗：《电视的社会教育功能》，《新闻前哨》2006 年第 10 期。
② 陈力丹：《电视引发社会生活的变革》，《电视研究》2003 年第 5 期。

得青少年过早地了解成年人社会，这容易诱发青少年过早的成人化。美国传播学教授尼尔·波斯曼在1982年出版的《童年的消逝》一书中提出“以电视为中心的媒介环境正在导致童年在北美地区的消逝”①的观点，这引起了较大的社会反响。青少年时代与成年人时代的界限因电视的成年人节目变得模糊了。由于青少年模仿力强、分辨力差，许多不适宜未成年人观看的成年人节目内容很容易对他们产生消极影响。电视节目的具体内容随着时间的推移，也许会被青少年忘记，但是，电视传递的价值观念和生活方式会长久地影响着青少年的思想道德和行为方式。出于收视率的考量和营利的目的，电视的很多节目内容是反映中产阶层的生活，在广告中亮相最多的是面容姣好、打扮入时的文体明星，电视剧中充斥着住别墅、开豪车、穿名牌服装的高富帅和白富美，这些都会对青少年的价值观念和生活方式产生有形或无形的影响。一些成年人责备一些青少年缺乏责任感和道德感，怕吃苦、图享受，然而，恰恰是成年人自己通过电视等把这些价值观念和行为方式传递给了青少年。近年来，电视相亲节目把相亲交友的个人隐私搬到屏幕上，充分满足了观众的好奇心和偷窥欲。这些相亲的青年男女在电视上就情爱问题大胆直言，吸引很多人的眼球，受到一些青年人的关注。有的电视相亲节目赤裸裸地讨论外貌、金钱、房子、车子、两性关系，抛弃了传统的纯真的爱情观念，暴露出的拜金、媚物、炫富等言行常常让人瞠目结舌。例如，有的女嘉宾说：“姑娘们，我告诉你，你们嫁人，嫁老公，没有5克拉以上的钻戒不要嫁。”“我宁愿坐在宝马车里哭，也不愿坐在自行车后笑。”有的点评人毫不留情地质问男嘉宾：“你靠微薄工资多少年才能给女嘉宾买得起宝马？”这些物质第一的思想观念侵蚀了青少年

① 房建移、胡芸、程昉著：《社会教育与儿童社会性发展》，浙江教育出版社2005年版，第44页。

的心灵，错误地诱导人们以为有钱才是人生追求的终极目标。电视可以给有交友需求的人提供平台，但这个平台不能大肆宣传拜金、炫富等非主流的价值观念。炫富男、拜金女、一夜暴富，一段又一段的出格言论一次又一次地挑战着主流价值观的底线，也对青少年的价值观培育带来消极的影响。据2010年6月23日新华网报道，有针对真人秀相亲节目的网络调查显示，高达71.6%的受调查者认为此类节目“对社会道德和风气”有害，更有74.5%的受调查者认为这些节目给青少年带来了有害影响。

与电视相近，电影也具有青少年社会教育的作用。电影与电视一样具有声画同步、生动形象的特点，融表演艺术、视觉艺术和听觉艺术为一体。电影作品一般具有感人的故事情节、鲜明的人物形象、丰富的画面以及悦耳的音乐，其生动的审美表现形式较之枯燥说教而言，更易于为青少年所喜欢。电影除了娱乐作用，也有教育功能，对青少年观众的思想意识和行为方式产生教育影响。电影作品以美感、情感打动人心，能够使青少年在艺术享受中培养正确的思想意识和高尚的道德情操。优秀影片往往通过画面与音乐的完美融合，创造出感人至深的情感效果。例如，长春电影制片厂1963年摄制完成的《冰山上的来客》的主题曲《花儿为什么这样红》共出现三次：第一次是为渲染阿米尔和古兰丹姆被迫分别的悲惨场面；第二次是为试探假古兰丹姆，阿米尔深情而忧伤的演唱与假古兰丹姆的漠然反应形成鲜明对比；第三次是在阿米尔和古兰丹姆重逢相认的喜悦时刻，同一首歌渲染了三种情感场面，观众随之沉浸在对亲友的热爱与对敌特的愤恨之情中，正义感从心底油然而生。

当然，电影如果宣扬消极落后的价值观，就不利于青少年成长。据2014年3月28日新华网报道，中国文联组织编写的《2013中国艺术发展报告》痛斥《小时代》的“伤风败俗”：以物质与欲望架设的“伪现实”，发散着充满商业气质的主观化、个人化情趣；影片以物质化梦幻的“现实”替代了厚重复杂的真实现实，以扁平化、符号化、庸俗化的人物形象肤浅地诠释友情、爱情和青春，而其中诸如对唐宛如种种夸张语言、动作的设计，以及女性对男性非理性情感冲动等，还使影片以某种恶搞式的“审丑”快感，引发带动年轻受众的庸俗情感与心理“共鸣”，这些都使影片内涵呈现了某种价值观念、道德观念上的偏颇。

四、广播

广播以无线电波为传输方式，以声音为传播符号，声情并茂，方便灵活，传播迅速，受众广泛，覆盖面广。在交通不便地区、边远山区、海岛等，广播比电视和报刊更有便捷的优势，是传播信息和知识的首选媒体。当开车等移动过程中不方便看电视和阅读报刊时，听广播是及时快速地获取信息的好方式。

广播的功能可分为新闻报道、社会教育和文化娱乐。广播与电视一样，具有青少年社会教育功能。广播具有时间的连续性、传播的快捷性和影响的广泛性，是实施青少年社会教育的重要手段。广播借助声音向青少年传授维系社会发展所需的规范和知识，帮助青少年提高思想道德素质和科学文化素质。广播通过文艺、科技、地理、法治、健康等各类节目，对青少年进行思想、道德、法治教育，普及科学文化知识。在广播教育中，新闻节目、文化娱乐节目、信息服务节目等，无不体现着社会教育功能，尤其是社教类节目和少儿节目更为直接和突出。在多种青少年社会教育形式中，广播影响面较广，可以说是“空中学堂”。

广播教育不同于学校教育，在教育形式上没有强制性。电台只是把自己认为有价值的信息通过广播传送出去，是否收听、收听什么、不听什么都是青少年自己的选择。在教育内容上，传播者实质上是有选择地传播某些信息和知识，用这些经过选择的内容影响青少年。电台的记者和编辑肩负着向包括青少年在内的听众提供信息和知识的重要责任，是青少年社会教育者。

五、报刊

报刊作为媒体，为青少年所阅读，具有青少年社会教育功能。报刊上的好新闻、好文章是青少年身心发展的助推器，而那些低俗的消息和文章会对青少年身心健康产生负面影响。毛泽东说："报纸的作用和力量，就在它能使党的纲领路线，方针政策，工作任务和工作方法，最迅速最广泛地同群众见面。"①党的报刊能够宣传党的路线、方针、政策、决议，传播党和政府的主张、人民的意见和活动。报刊用新闻作品可以武装人、引导人、塑造人、鼓舞人，这说的正是社会教育。

报纸主要是传播新闻，进行评述。报纸的社会教育体现在新闻报道之中，新闻报道的教育性通过文章和图片得以反映。记者和编辑发现、发掘社会上不一般的人物、事件和社会现象所蕴含的新闻价值，然后在报纸上予以报道。报纸教导青少年如何看待某人某事，如何去做事情、处理矛盾。青少年看了报纸的新闻报道后，了解到社会上新出现的人和事，就会对这些社会现象进行思考，从中得到新的认识和启发。一张报纸呈现在青少年面前，歌颂真善美，鞭挞假恶丑，这能够引导青少年加深对社会的了解，帮助青少年明辨是非，树立正确的世界观、人生观和价值观。青少年每天从报纸获取最新的政治、经济、文化、体育等消息，在思想观念和语言行为上都会受到潜移默化的教育影响。报纸通过

---

① 中共中央文献研究室、新华通讯社编：《毛泽东新闻工作文选》，新华出版社 2014 年版，第 188 页。

新闻、通讯、评论，培育青少年的思想意识，引导青少年的实践活动。报纸是青少年鲜活的教科书和时事读本。报纸提供丰富多彩的资讯，是青少年了解社会、接触社会的重要渠道。

青少年报刊是以青少年为读者对象的新闻性、通俗性和知识性的报纸杂志，是青少年社会教育的重要载体。例如，近年来，《中国中学生报》法治版《本报特稿》《警戒线》《法官断案》等专栏刊登的《少年作案惊动三级公安》（三少年为了炸鱼盗窃炸药）、《花季少年跌入模仿深渊》（少年因迷恋武打影视而模仿打劫）等新闻，涉及未成年人犯罪和被侵害，引起不小的反响，在青少年中传播了法治思想，进行了普法教育。各省份都有青少年报刊。在全国范围内较有影响的包括《中国青年报》《中国少年报》《青年文摘》等。青少年报刊在教育内容上，告诉青少年应该做什么，不应该做什么，引导他们明辨真善美、摒弃假丑恶，养成良好的道德和健全的人格；在教育形式上，不是枯燥的、呆板的说教，而是采用形象化的语言和娓娓动听的故事等，使得青少年乐于阅读，自觉陶冶情操，认同新风正气。青少年报刊要充分考虑青少年的心理特征、理解能力和阅读兴趣，在栏目设置、内容选择、语言使用方面要符合青少年成长的新特点。青少年报刊在色彩、字体、图片、报头等版面符号上，要贴近青少年的阅读爱好和习惯，善于采用形式美抓住青少年的眼球，使他们有兴趣阅读。为了更好地发挥教育作用，青少年报刊要增强青少年社会教育的意识，采用生动活泼的教育形式，提供更多贴近青少年实际、满足青少年需求、促进青少年成长的教育内容。

参考文献

一、著作

1. 顾明远著:《中国教育路在何方: 顾明远教育漫谈》, 人民教育出版社 2016 年版。

2. 石中英著:《教育哲学》, 北京师范大学出版社 2007 年版。

3. 厉以贤主编:《现代教育原理》, 北京师范大学出版社 1988 年版。

4. 全国十二所重点师范大学联合编写:《教育学基础》, 教育科学出版社 2002 年版。

5. 郑也夫著:《吾国教育病理》, 中信出版社 2013 年版。

6. 张斌贤、楼世洲主编:《当代中国教育学术思想研究(1949—2009)》, 中国社会科学出版社 2011 年版。

7. 瞿葆奎主编, 瞿葆奎、沈剑平选编:《教育学文集 · 教育与教育学》, 人民教育出版社 1993 年版。

8. 周作宇著:《教育理论的边缘》, 安徽教育出版社 2009 年版。

9. 陈桂生著:《常用教育概念辨析》, 华东师范大学出版社 2009 年版。

10. 张斌贤主编:《外国教育思想史》, 高等教育出版社 2007 年版。

11. 郭元祥著:《生活与教育——回归生活世界的基础教育论纲》, 华中师范大学出版社 2002 年版。

12. 但武钢著:《活动教育的理论与方法》, 华中师范大学出版社 2005 年版。

13. 张晓静著:《自我教育论》, 黑龙江教育出版社 2004 年版。

14. 项贤明著:《泛教育论》, 山西教育出版社 2004 年版。

15. 张人杰主编:《国外教育社会学基本文选》, 华东师范大学出版社 1989 年版。

16. 吴元训编:《中世纪教育文选》, 人民教育出版社 1989 年版。

17. 吕达、刘立德、邹海燕主编:《杜威教育文集》, 人民教育出版社 2008 年版。

18. [苏] 乌申斯基著, 郑文樾等译:《人是教育的对象》, 人民教育出版社 2007 年版。

19. [德] 沃尔夫冈 · 布列钦卡著, 胡劲松译:《教育科学的基本概念: 分析、批判和建议》，华东师范大学出版社 2001 年版。

20. [美] 罗伯特 · 梅逊著，陆有铨译:《西方当代教育理论》，文化教育出版社 1984 年版。

21. 卓挺亚、张亿钧、李汪洋著:《当代世界教育思潮及教育改革动态》，南海出版公司 2003 年版。

22. [英] 约翰 · 洛克著，杨汉麟译:《教育漫话》，人民教育出版社 2006 年版。

23. [捷克] 夸美纽斯著，任钟印译:《大教学论 · 教学法解析》，人民教育出版社 2006 年版。

24. [德] 赫尔巴特著，李其龙译:《普通教育学》，人民教育出版社 2015 年版。

25. [法] 卢梭著，李兴业、熊剑秋译:《爱弥儿》，人民教育出版社 2017 年版。

26. [美] 约翰 · 杜威著，王承绪译:《民主主义与教育》，人民教育出版社 2001 年版。

27. [美] 约翰 · 杜威著，赵祥麟、任钟印、吴志宏译:《学校与社会 · 明日之学校》，人民教育出版社 1994 年版。

28. 联合国教科文组织国际教育发展委员会编著，华东师范大学比较教育研究所译:《学会生存——教育世界的今天和明天》，教育科学出版社 1996 年版。

29. 联合国教科文组织编，联合国教科文组织总部中文科译:《教育——财富蕴藏其中》，教育科学出版社 1996 年版。

30. 黄武雄著:《学校在窗外》，首都师范大学出版社 2009 年版。

31. 王雷著:《社会教育概论》，光明日报出版社 2007 年版。

32. 王雷著:《社会教育原理》，中国社会科学出版社 2015 年版。

33. 王雷著:《中国近代社会教育史》，人民教育出版社 2003 年版。

34. 杨才林著:《民国社会教育研究》，社会科学文献出版社 2011 年版。

35. 马宗荣著:《社会教育概说》，商务印书馆 1933 年版。

36. 马宗荣著:《社会教育纲要》，商务印书馆 1947 年版。

37. 吴学信著:《社会教育史》，商务印书馆 1939 年版。

38. 吴学信著:《中国社会教育概述》，国民图书出版社 1942 年版。

39. [日] 新堀通也等著，张惠才等译:《社会教育学》，春秋出版社 1989 年版。

40. 詹栋梁著:《社会教育学》，五南图书出版有限公司 1983 年版。

41. 詹栋梁著:《教育社会学》，五南图书出版股份有限公司 2003 年版。

42. 李建兴著:《中国社会教育发展史》,三民书局 1986 年版。
43. 李建兴著:《社会教育新论》,三民书局股份有限公司 1981 年版。
44. 孙启林主编:《社会教育》,吉林教育出版社 2000 年版。
45. 房建移、胡芸、程昉著:《社会教育与儿童社会性发展》,浙江教育出版社 2005 年版。
46. 夏鹏翔编著:《日本战后社会教育政策》,社会科学文献出版社 2008 年版。
47. 龚超著:《马克思社会教育思想研究》,人民出版社 2013 年版。
48. [美]霍华德·加德纳著,沈志隆译:《多元智能》,新华出版社 2004 年版。
49. 夏惠贤著:《多元智力理论与个性化教学》,上海科技教育出版社 2003 年版。
50. [美]阿尔伯特·班杜拉著,陈欣银、李伯黍译:《社会学习理论》,中国人民大学出版社 2015 年版。
51. 高申春:《人性辉煌之路:班杜拉的社会学习理论》,湖北教育出版社 2000 年版。
52. 林钧著:《国外学习化社会理论与实践研究》,中国经济出版社 2013 年版。
53. [德]恩斯特·卡西尔著,关子尹译:《人文科学的逻辑》,上海译文出版社 2004 年版。
54. 杨善华主编:《当代西方社会学理论》,北京大学出版社 1999 年版。
55. 佘双好:《青少年思想道德现状及健全措施研究》,中国社会科学出版社 2010 年版。
56. 中国教育学会少年儿童校外教育专业委员会编:《现代校外教育论》,中国少年儿童出版社 2001 年版。
57. 张宝顺主编:《马克思主义团学概论》,红旗出版社 1992 年版。
58. 徐文新著:《构建党的青年群众工作新格局》,中国青年出版社 2012 年版。
59. 中国儿童中心编:《校外教育的理论与实践》,北京师范大学出版社 2016 年版。
60. 团中央青工部编:《青年文明号之路》,中国青年出版社 1997 年版。
61. 许德馨主编:《少年宫教育史》,海南出版社 2000 年版。
62.《中国校外教育工作年鉴(2001—2003)》,中国福利会出版社 2004 年版。
63. 中国教育学会少年儿童校外教育分会编:《中国校外教育工作年鉴(2005—2006)》,天津人民出版社 2007 年版。
64. 共青团中央编:《中国共青团年鉴(2009)》,中国青年出版社 2010 年版。
65. 团中央国际联络部编:《国外青年与青年工作(2007)》,外文出版社 2007 年版。

66. 张良驯著:《青少年宫公益性研究》，中国社会科学出版社 2012 年版。

二、论文

1. 顾明远:《对教育定义的思考》,《北京大学教育评论》2003 年第 1 期。
2. 顾明远、石中英:《学习型社会：以学习求发展》,《北京师范大学学报（社会科学版）》2006 年第 1 期。
3. 李润洲:《教育定义多元的话语澄明》,《教育发展研究》2015 年第 8 期。
4. [美]法兰肯纳:《关于教育哲学的一般看法》,《外国教育资料》1981 年第 2 期。
5. 于海臣、金志远:《教育概念辨正》,《前沿》2002 年第 12 期。
6. 马凤岐:《教育的概念与本质：一种语言学分析》,《现代教育论丛》2000 年第 1 期。
7. 赵燕、邢俊利:《关于“教育概念”争议的回应》,《现代教育科学》2011 年第 10 期。
8. 周洪宇:《论学习化社会及其建设策略》,《教育科学研究》2005 年第 2 期。
9. 崔余辉:《教育的定义刍议》,《科教文汇（上旬刊）》2014 年第 5 期。
10. 王卫华:《我们如何认识教育世界》,《教育研究》2016 年第 9 期。
11. 谭维智:《不教的教育学——“互联网+”时代教育学的颠覆性创新》,《教育研究》2016 年第 2 期。
12. 余胜泉、汪晓凤:《‘互联网+’时代的教育供给转型与变革》,《开放教育研究》2017 年第 1 期。
13. 茹宁、吴梦林:《超越“工作场”：生活场所学习模式的兴起》,《开放教育研究》2016 年第 6 期。
14. 王德林、李栋、赵明录:《社会教育刍议》,《成人教育》2002 年第 7 期。
15. 侯怀银:《社会教育：不宜是补充》,《中国德育》2013 年第 2 期。
16. 侯怀银:《学习型社会呼唤社会教育》,《教育与职业》2008 年第 13 期。
17. 侯怀银、张宏波:《“社会教育”解读》,《教育学报》2007 年第 4 期。
18. 侯怀银、张宏波:《中国社会教育研究的回顾与展望》,《太原师范学院学报（社会科学版）》2009 年第 3 期。
19. 王雷:《“社会教育”传入中国考略》,《河北师范大学学报（教育科学版）》2000 年第 4 期。

20. 车如山:《社会教育的历史考察》,《继续教育研究》2009 年第 1 期。
21. 杨才林:《民国社会教育论纲》,《甘肃社会科学》2011 年第 2 期。
22. 龚超、尚鹤睿:《社会教育概念探微》,《浙江社会科学》2010 年第 3 期。
23. 杨育智:《社会教育功能解读》,《成人教育》2011 年第 4 期。
24. 殷继国:《我国社会教育权的新现代性解读——以基本公共教育服务均等化为视角》,《国家教育行政学院学报》2013 年第 7 期。
25. 李璐:《西方发达国家社会教育模式及特点探析》,《社科纵横》2009 年第 11 期。
26. 韩卫东:《美国社会教育的历史演变及其启示》,《河北大学成人教育学院学报》2008 年第 4 期。
27. 张昆玲:《社会教育:美国经验与我国选择》,《教育与职业》2009 年第 35 期。
28. 吕慧、侯怀银:《日本社会教育的概念研究》,《日本问题研究》2015 年第 3 期。
29. 王国辉、杨红:《21 世纪日本社会教育改革的理论和实践》,《外国教育研究》2009 年第 7 期。
30. 秦春华:《教育绝不只是学校的事》,《光明日报》2014 年 1 月 28 日。
31. 刘梅:《论思想政治教育的社会教育形态》,《思想教育研究》2011 年第 9 期。
32. 顾李星:《试论社会教育的分类》,《山西师大学报(社会科学版)》2011 年 S1 期。
33. 李楠:《社会教育是提升公民道德素质的有效途径》,《吉林省教育学院学报》2012 年第 9 期。
34. 李忠、王筱宁:《社会教育在底层民众实现社会流动中扮演的角色——以清末民国时期的学徒教育为例》,《教育学研究》2008 年第 4 期。
35. 康喆清:《试论汉代社会教育策略及对当代的启示》,《山西大学学报(哲学社会科学版)》2012 年第 1 期。
36. 张少军、韩秋红:《社会教育理论的实践方式研究——在中外社会教育比较视野下》,《外国教育研究》2006 年第 12 期。
37. 佘双好:《在社会教育中积累成长经验》,《中国德育》2013 年第 2 期。
38. 庄西真:《社会建设中的社会教育》,《教育研究》2017 年第 2 期。
39. 龚超:《国外社会教育理论研究的现状探析》,《理论月刊》2008 年第 2 期。
40. 王美娟:《社会教育资源与素质教育的联系及作用》,《科技风》2012 年第 12 期。

41. 肖俭伟:《开放整合社会教育资源，构建全面素质教育的社会环境研究》,《江西广播电视大学学报》2012 年第 4 期。
42. 续润华、李献奇:《美国发展社会教育的经验与教训》,《河北师范大学学报(教育科学版)》2007 年第 4 期。
43. 孙俠:《发达国家社会教育管理实践研究及其对我国的启示》,《中国校外教育》2012 年第 12 期。
44. 孙成英:《大众传媒在当今社会教育中的功能和作用》,《通化师范学院学报》2009 年第 11 期。
45. 顾渊彦:《中日高中校外教育比较》,《外国中小学教育》1994 年第 5 期。
46. 康丽颖:《现代校外教育的基本特征》,《教育评论》2001 年第 1 期。
47. 杨建珍:《关于中小学生社会教育的若干思考》,《太原师范学院学报(社会科学版)》2011 年第 3 期。
48. 张良驯:《青年社会教育含义探析》,《青年学报》2017 年第 2 期。
49. 佘双好:《青少年社会教育的本质与内涵》,《中国青年研究》2007 年第 12 期。
50. 马云鹏:《我国青少年社会教育的发展》,《当代青年研究》2011 年第 4 期。
51. 陈琛:《论我国新时期青少年社会教育工作的内涵和功能定位》,《科教文汇(下旬刊)》2007 年第 7 期。
52. 关冬生、关淑凡、石军:《青少年社会教育与学校教育、家庭教育的比较研究——以广东为例》,《中国青年研究》2013 年第 3 期。
53. 马云鹏、王雷:《对我国青少年社会教育研究现状的审思》,《基础教育研究》2010 年第 12 期。
54. 张荣:《当前我国青少年社会教育现状的调查与分析——以山东省为例》,《山东青年政治学院学报》2013 年第 5 期。
55. 鲁中华:《流动儿童面临的社会教育问题及对策》,《科教文汇(中旬刊)》2008 年第 9 期。
56. 钟红:《创新社会管理与青少年社会教育体系建设探讨》,《山东青年政治学院学报》2013 年第 2 期。
57. 张岷:《共青团参与青少年社会教育的路径思考》,《中国青年政治学院学报》2011 年第 2 期。

58. 陆士桢、蔡鲁南、徐选国:《论共青团在青少年社会教育中的统筹作用》,《中国青年政治学院学报》2013 年第 1 期。

59. 王轲、吴湘玲:《家长视阈下的青少年社会教育问题探讨——基于对 509 位青少年家长的调查》,《广西社会科学》2016 年第 3 期。

60. 曾令辉、刘欣茹、苏梅芳、韦爱丽、姜旭:《南宁市青少年社会教育教学现状分析——基于南宁市青少年活动中心的调查》,《广西师范学院学报(哲学社会科学版》2015 年第 6 期。

61. 何阳、李芬:《青少年社会教育机构效用研究——以海南省为例》,《乐山师范学院学报》2014 年第 8 期。

62. 袁国富、唐安渝:《当代青少年社会教育现状及对策思考》,《中国校外教育》2012 年第 6 期。

63. 苏敏、倪赤丹:《深圳市青少年社会教育现状研究》,《开封教育学院学报》2015 年第 6 期。

64. 王彦心:《当下社会教育的问题及解决对策》,内蒙古师范大学 2014 年硕士学位论文。

65. 李绍伟:《社会教育的德育功能研究》,中国矿业大学 2014 年博士学位论文。

66. 杨育智:《论社会教育内容》,山西大学 2012 年硕士学位论文。